JN440773

古文観止 譯注 5

古文観止 譯注 5

吳楚材・吳調侯 編
崔奉源 譯注

역락

| 서문 |

≪고문관지(古文觀止)≫는 청초(淸初) 강희(康熙) 연간에 절강(浙江) 산음(山陰) 사람인 오초재(吳楚材)·오조후(吳調侯) 숙질이 글방 훈장(訓長)을 하면서 서생들을 가르치기 위해 편찬한 일종의 고문선본(古文選本)이다. 「고문(古文)」이란 본래 당대(唐代) 한유(韓愈)와 유종원(柳宗元)이 고문운동(古文運動)을 제창할 때 육조(六朝)와 당초(唐初)의 변려문(騈麗文)에 대해 선진(先秦)·양한(兩漢)의 산문(散文)을 가리킨 명칭이었으나, 후에는 이러한 고문을 본보기로 하여 지은 모든 산문 작품을 일컫는 말로 사용되었다. 따라서 고문의 기본 개념은 곧 산문을 말하며, ≪고문관지≫에 수록한 문장 또한 대부분이 이에 속한다. 그러면 오초재 숙질은 어째서 자신들의 선본(選本)에 「관지(觀止)」라는 말을 붙여 서명(書名)으로 삼았는가? 어원을 살펴보면, 관지(觀止)라는 말은 ≪좌전(左傳)·양공(襄公)≫ 29년 「계찰관주악(季札觀周樂)」에 보인다.

> ≪소소(韶箾)≫ 춤 연기를 보고 계찰(季札)이 말했다 : 「덕행이 극치에 도달했도다! 위대하도다! 마치 하늘이 모든 것을 덮은 것과도 같고, 땅이 모든 것을 실은 것과도 같다. 비록 훌륭한 덕망을 충실히 갖추었다 해도, 아마 이를 능가하지는 못할 것이다. 감상을 이만 멈추리라! 만일 다른 가무(歌舞)가 있다 해도, 나는 감히 더 감상하기를 청하지 않으리라!
>
> (見舞 ≪韶箾≫者, 曰 : 「德至矣哉! 大矣! 如天之無不幬也, 如地之無不

載也。雖甚盛德，其蔑以加於此矣。觀止矣！若有他樂，吾不敢請已!)

이는 오(吳)나라 공자 계찰(季札)이 노(魯)나라에서 ≪소소(韶箾)≫라는 가무(歌舞)의 연기를 보고 한 말이다. 여기서 「감상을 이만 멈추리라!(觀止矣!)」라고 한 것은 즉, 연기가 너무 완벽하여 더 이상 보탤 것이 없다고 여겨 칭찬한 말이다. 따라서 오초재·오조후가 「관지」라는 말을 원용한 것 또한 바로 자신들이 선택한 문장보다 더 뛰어난 문장이 없다는 것을 비유한 것이다.

예로부터 중국에는 고문에 관한 선본들이 많았지만 사람들의 기억에 남는 것은 그리 흔치 않다. ≪고문관지≫는 잘 알려지지 않은 평범한 문인들에 의해 편찬된 통속적인 선본임에도 불구하고, 세상에 출현한 이후 지속적으로 읽히면서 독자들에게 지대한 영향을 미쳤다. ≪고문관지≫는 선진(先秦)으로부터 명말(明末)에 이르기까지 222편의 문장을 수록했는데, 그 구성을 보면 : ≪좌전(左傳)≫, ≪공양전(公羊傳)≫, ≪곡량전(穀梁傳)≫, ≪예기(禮記)≫ 등의 경전과 ≪국어(國語)≫, ≪전국책(戰國策)≫, ≪사기(史記)≫, ≪한서(漢書)≫, ≪후한서(後漢書)≫ 등 사서(史書)의 문장을 비롯하여 ≪초사(楚辭)≫·진(秦)·한(漢) 이후 명대(明代)에 이르기까지 47인의 개인 작품으로 엮어져 있다. 이중 ≪좌전≫이 34편, 당송팔대가(唐宋八大家)의 작품이 78편을 차지하고 있는데, 이는 편자(編者)가 ≪좌전≫이 옛날 고문가(古文家)들로부터 작문의 본보기로 중시되었다는 점과 당송팔대가의 문장이 중국 산문의 중심에 자리하고 있다는 점을 반영한 것이다. 그리고 시대적으로는, 선진(先秦) 73편을 비롯하여 한대(漢代) 29편, 삼국(三國)시대 6편, 육조(六朝)시대 6편, 당대(唐代) 43편, 송대(宋代) 51편, 명대(明代) 18편 등으로 구성되어 있다. 이중 당송(唐宋)의 작품이 94편으로, 총 222편 가운데 ≪좌전≫ 34편을 빼고 나면 전체 편수의 절반을 차지하고 있다. 이 또한 편자가 그만큼 당송 문인들의 작품을 중국 고문의 전범(典範)으로 간주하고 있음을 보여주는 것이다.

이 문장들은 대부분 사상성이나 예술성이 뛰어나 오랜 세월에 걸쳐 인구(人口)에 회자(膾炙)되어 왔고, 오랜 세월의 시험을 거쳐 오늘에 남아 있는 훌륭한 문화유산이다. 그리고 ≪고문관지≫에 수록된 문장들은 제재(題材)나 문체(文體) 방면에 있어서도 다양한 면모를 갖추고 있다. 예컨대, 사전(史傳)・논설(論說)을 비롯하여 서발(序跋)・주의(奏議)・증서(贈序)・조령(詔令)・비지(碑誌)・제문(祭文)・잠명(箴銘)・송찬(頌讚)・사부(辭賦)・서찰(書札)・산수유기(山水遊記)・기타 잡문(雜文) 등을 고루 수록하여 고문의 화려하고 다채로운 면모를 반영했다. 문장의 편집 또한 시대순으로 배열하여 두서(頭緖)가 분명하며, 편폭에 있어서도 장문(長文)과 단문(短文)을 적절히 배합하고, 총체적인 분량 또한 독자들이 읽기에 양적인 부담을 주지 않는다. 대체로 이러한 요인들이 독자들로부터 오래도록 환영을 받아온 이유일 것이다. 물론 ≪고문관지≫가 오늘날 우리가 보기에 결코 결점이 없는 것은 아니다. 가장 먼저 눈에 띄는 것은, 문선(文選)에 있어서 ≪상서(尙書)≫를 비롯하여 ≪장자(莊子)≫・≪순자(荀子)≫・≪묵자(墨子)≫・≪한비자(韓非子)≫ 등 선진제자(先秦諸子)의 작품들이 한 편도 수록되지 않았고, 청대 초기 고염무(顧炎武)・황종희(黃宗羲)・왕부지(王夫之) 등의 경세치용(經世致用)에 관한 문장이나 후방역(侯方域)・위희(魏禧)・왕완(汪琬) 등 청초삼대가(淸初三大家)의 문장들도 수록되지 않았다는 점이다. 또한 ≪고문관지≫에 이미 수록된 유명 작가의 작품들도 모두 다 그들의 대표적인 작품은 아니다.

그러나 종합적으로 볼 때, ≪고문관지≫는 고문의 내용이나 문체 및 풍격을 이해하고, 이를 통해 역사와 문학에 대한 인식을 증진하며, 고대 사회를 알고 고문의 독해력을 증진하는 데 있어, 그 나름대로 상당한 가치를 지니고 있다. 그래서 중국이나 대만의 각급 학교에서는 ≪고문관지≫를 고문 학습을 위한 텍스트로 사용하고 있으며, 현재까지 백화(白話)로 번역하고 주석한 교본들도 이미 십여 종에 달하고 있다.

≪고문관지≫의 판본은 강희 34년(1695) 봄에 처음으로 간행되었다. 오초재・오조후는 ≪고문관지≫를 편찬한 후, 이를 양광총독(兩廣總督)으로 있는 오초재의 백부 오흥조(吳興祚)에게 보냈다. 오흥조는 이를 받아 읽고 높이 평가한 후 바로 출간하도록 했는데, 이것이 ≪고문관지≫의 최초 판본이다. 그러나 원각본(原刻本)은 이미 망실되고, 당시 전해진 것은 홍문당본(鴻文堂本)과 영설당본(映雪堂本) 두 번각본(翻刻本)이다. 그 후 강희 37년(1698) 음력 11월, 오초재 숙질은 절강(浙江) 고향 마을 훈장의 요청에 따라 문부당본(文富堂本) ≪고문관지≫를 판각(版刻)했는데, 이 판본은 대체로 앞의 판본들과 동일하지만 약간의 차이가 있고, 이후의 각종 판본들은 대부분 이 판본들로부터 파생되어 나온 것들이다.

≪고문관지≫에 수록된 문장들은 오초재・오조후가 편집할 당시에 이미 증산(增刪)하거나 개자(改字)한 정황이 있었다. 그것이 후에 널리 유포되면서 여러 종의 새로운 판본이 출현했고, 판본 간에도 간혹 일부 문자상의 출입이 발견되기도 했다. 그리하여 근래 학자들이 ≪고문관지≫에 수록된 문장들을 다른 원전(原典)과의 대조・교감・고증을 통해 그러한 문제들을 수정・정리한 후, 현재 여러 출판사에서 다양한 ≪고문관지≫ 역주본(譯注本)이 출간되었다.

본서(本書)는 2008년 6월판 대만(臺灣) 삼민서국(三民書局)의 ≪신역고문관지(新譯古文觀止)≫를 저본(底本)으로 하고 기타 여러 출판사의 역주본들을 참고하여 정리했다. 역주(譯注) 방법에 있어서는 고문 학습을 위해 편찬한 텍스트라는 취지에 맞추어 필자 나름의 색다른 방법을 채택했다. 우리말 번역은 기본적으로 직역을 원칙으로 하되, 원저자의 문자 생략 또는 의미가 함축된 용어 사용으로 인해 직역이 매끄럽지 못할 경우에는 부분적으로 약간의 의역과 의미 보충을 함으로써 이해를 돕고자 했고, 주석(注釋)은 인명·지명이나 전고(典故) 등에 대한 일반적인 풀이 외에, 특히 고문 학습에 요긴한 문법이나 기타 허사(虛詞) 및 일반 단어에 이르기까지 상세하게 설명함으로써, 어느 정도 한자를 공부한 사람이라면 본서를 가지고 독학이 가능할 수 있도록 심혈을 기울였다.

이러한 노력에도 불구하고 여전히 우려되는 것은, 고문 해석상의 난해한 점으로 인해 적지 않은 오류가 있을 것이라는 점이다. 이는 물론 필자의 천학비재(淺學菲才)가 가장 큰 원인이기도 하지만, 역주 과정에서 동일한 문구에 대해 여러 학자들의 견해가 일치하지 않아 어려움을 겪는 경우도 적지 않았다. 이럴 때는 난감한 마음에, 작품을 쓴 작자에게 직접 문의하고 싶은 적도 한두 번이 아니었다. 이러한 난제들은 독자들의 부단한 관심과 아낌없는 질정(叱正)으로 부단히 개선되기를 바랄뿐이다.

2013년 3월 1일

최봉원

| 일러두기 |

• 본서는 ≪고문관지≫ 222편의 방대한 분량을 편의상 1~5권으로 나누어 엮었다. 2008년 6월판 대만(臺灣) 삼민서국(三民書局)의 ≪신역고문관지(新譯古文觀止)≫를 저본(底本)으로 하되, 다만 원문을 제외한 문장의 단락·구두점의 위치·문장부호의 표기 등은 상황에 따라 저본 외에 여러 출판사의 역주본들을 참고하여 필자 나름대로 가장 문의(文意)에 적합하다고 판단되는 방향으로 정리하였으며, 간혹 저본과 기타 판본 간에 나타나는 이자(異字)에 대해서는 각주에 설명을 첨가하였다. 그 외에 매 작품에 대해서는 '작자', '원문 및 주석', '번역문', '해제(解題) 및 본문요지 설명'의 네 부분으로 나누어 다음과 같은 원칙을 적용하였다.

1. 공통부분

1) 본서의 '작자', '번역문', '해제(解題) 및 본문요지 설명' 부분의 우리말 설명에 한자 표기가 필요할 경우 우리말 뒤의 ( ) 속에 표기했다.

예 가의(賈誼 : B.C.200~B.C.168)는 낙양(洛陽) 사람으로 서한(西漢)의 정론가(政論家)요 문학가(文學家)이다.

2) 인용문 또는 들어낼 필요가 있는 문구에 대해서는 「 」를 사용하여 표시하였다.

예 원매(袁枚)는 「시는 성정으로, 성정을 제외한 시는 존재할 수 없다. (詩者, 性情也。 性情之外無詩。)」라고 할 정도로 시의 성령(性靈)을 중시하여 청대(淸代) 시단에서 「성령설(性靈說)」의 창도자로…

3) 서명(書名), 작품 등은 ≪ ≫로 표시하였다.

예 ≪예기(禮記)≫·≪상서(尙書)≫·≪춘추(春秋)≫·≪논어(論語)≫

4) 옛 지명 또는 용어 등에 간단한 해석이 필요할 경우 [ ] 안에 처리했다.

예 고종(高宗)의 노여움을 사서 쫓겨나 월주(越州)[지금의 절강성 소흥(紹興)]로 갔다가, 총장2년(669) 촉(蜀)[지금의 사천성]으로 갔다.
왕숙문은 순종(順宗) 때 동중서문하평장사(同中書門下平章事)[재상]의 자리에 올라…

5) 본서에 나오는 인명 · 지명 · 작품명 등은 모두 우리말 발음으로 표기하고 ( ) 속에 한자를 넣되, 같은 것이 자주 나올 경우 처음에만 한자를 표기하고 나머지는 주로 우리말 발음으로 표기했다.

예 문왕(文王) · 무왕(武王) · 주공(周公) · 공자(孔子)의 배척을 받지 않았고, 그들은 또한 불행히도 삼대 이전에 태어나지 않아 문왕 · 무왕 · 주공 · 공자의 교정을 받지 못했다.

6) 중국의 현행 성(省) 이름은 모두 우리말 발음으로 표기했다.

甘肅省 → 감숙성　江西省 → 강서성　江蘇省 → 강소성　廣東省 → 광동성
廣西省 → 광서성　貴州省 → 귀주성　吉林省 → 길림성　福建省 → 복건성
四川省 → 사천성　山東省 → 산동성　山西省 → 산서성　陝西省 → 섬서성
新疆省 → 신강성　安徽省 → 안휘성　寧夏省 → 영하성　遼寧省 → 요녕성
雲南省 → 운남성　浙江省 → 절강성　青海省 → 청해성　河南省 → 하남성
河北省 → 하북성　湖南省 → 호남성　湖北省 → 호북성　黑龍江省 → 흑룡강성

2. '작자' 부분

1) 본서의 작자에 관한 소개는 작품을 ≪좌전(左傳)≫, ≪국어(國語)≫, ≪공양전(公羊傳)≫, ≪곡량전(穀梁傳)≫, ≪예기(禮記)≫, ≪전국책(戰國策)≫, ≪초사(楚辭)≫, ≪사기(史記)≫, ≪한서(漢書)≫, ≪후한서(後漢書)≫ 등에서 발췌하였을 경우 그 서명(書名)과 저자를 함께 소개하고, 단일 작품의 경우 작자 개인을 소개했다.

2) ≪좌전(左傳)≫이나 한유(韓愈) 등의 예처럼 한 책이나 한 사람의 작품이 다수일 경우, 맨 앞의 작품에 작자를 소개하고 나머지는 맨 앞을 참조하도록 했다.

3. '원문 및 주석' 부분

1) 원문에 한하여 인명 · 지명 · 국명 등 고유명사는 밑줄 ' __ '로 표시했다.

예 秦孝公據殽函之固，擁雍州之地，君臣固守而窺周室；…

2) 주석은 각주 형식을 취하되, 원문에서 한 문구를 따온 후 번역을 첨가하고, 그 문구 중에서 필요한 부분을 취해 【 】로 묶어 설명했으며, 한자는 노출시켰다.

예 秦孝公據殽函之固，擁雍州之地，君臣固守而窺周室；→ 秦孝公은 殽山과 函谷關의 견고한 요새를 점거하고, 雍州의 땅을 보유하여, 군신이 굳게 지키며 周나라 왕실을 엿보았다.

【秦孝公】: 秦의 임금으로 성은 嬴, 이름은 渠梁이다. 그는 商鞅을 기용하여 법령을 개혁하고 부국강병 정책을 써서 나라가 강성하기 시작했다. 【據(jù)】: 점거하다.

3) 중국 발음으로 읽을 경우, 읽기 어려운 글자는 한어병음(漢語拼音) 방식으로 발음을 표기하여 읽기에 편리하도록 했다.

예 願大王少留意，臣請奏其效。: 원컨대 대왕께서 좀 유념하시어, 제가 그 효능을 설명할 수 있도록 청하고자 합니다.

【奏(zòu)】: 진언하다.

4) 인명이나 관직 명칭, 주(州)·군(郡)·현(縣) 등의 행정단위 및 일반 지명, 산이나 강 등의 자연 지명 등은 명칭 앞에 식별이 용이하지 않을 경우에 한해 [인명] [지명] [州이름] [산이름] 등을 별도로 표기하여 알기 쉽게 했다.

5) 보충 설명이 필요하다고 여겨지는 경우에는 '※'표를 사용하여 설명을 추가했다.

예 徐孺下陳蕃之榻 : 徐孺가 陳蕃의 걸상을 내려놓게 하다.

※陳蕃은 豫章太守로 있으면서 줄곧 빈객을 맞아들이지 않았으나 특별히 徐穉를 위해 걸상을 만들어 벽에 걸어두었다가 徐穉가 찾아오면 그것을 내려 그를 접대했다.

4. '번역문' 부분

1) 본서의 우리말 번역은 직역을 원칙으로 하되, 직역으로 인해 문맥이 매끄럽지 못할 경우 본래의 뜻을 훼손하지 않는 범위 안에서 약간의 의역

을 했다.

2) 원문에 문자의 생략 또는 의미의 함축으로 인해 보충 설명이 필요할 경우 ( ) 안에 넣어 문맥을 원활하도록 했다.

예 (연회에 참석하는 손님들의) 마차는 길에서 정연하게 왕래하고, (고적을 관람하는 사람들은) 좋은 경치를 찾아 높은 산에 오른다.

5. '해제(解題) 및 본문요지 설명' 부분

1) '해제(解題)' 부분에서는 먼저 작품의 출처를 밝히고 나서, 다음에 작품 전체의 요지를 간략히 설명했다.

2) '본문요지 설명' 부분에서는 본문 전체를 단락으로 나누어 각 단락의 요지를 구체적으로 설명했다.

| 차례 |

권12 명문(明文)

권 11

송문宋文

상매직강서 / 희우정기 / 능허대기 / 초연대기 / 방학정기 / 석종산기 / 조주한문공묘비 / 걸교정육지주의진어차자 / 전적벽부 / 후적벽부 / 삼괴당명 / 방산자전 / 육국론 / 상추밀한태위서 / 황주쾌재정기 / 기구양사인서 / 증여안이생서 / 독맹상군전 / 동학일수별자고 / 유포선산기 / 태주해릉현주부허군묘지명

184 상매직강서(上梅直講書)

[宋] 蘇軾

■ | 작자

179. 범증론(范增論) 참조

■ | 원문 및 주석

上梅直講書[1)]

軾每讀≪詩≫至≪鴟鴞≫，讀≪書≫至≪君奭≫，常竊悲周公之不遇。[2)] 及觀史，見孔子厄於陳、蔡之間，而絃歌之聲不絕，

1) 上梅直講書 → 梅直講께 올리는 글
【梅直講】: 梅堯臣. 北宋 宣州 宣城[지금의 안휘성 宣城縣] 사람으로 자는 聖兪이며 北宋의 저명한 시인이다. 國子監直講을 지냈다.

2) 軾每讀≪詩≫至≪鴟鴞≫，讀≪書≫至≪君奭≫，常竊悲周公之不遇。→ 저는 매번 ≪詩經≫을 읽다가 ≪鴟鴞≫에 이르거나, 또 ≪尙書≫를 읽다가 ≪君奭≫에 이르면, 항상 남몰래 周公이 불우했던 것을 슬퍼했습니다.
【軾】: 소식이 「나, 저」라는 의미로 자신의 이름을 사용했다. 【≪詩≫】: ≪詩經≫. 【≪鴟鴞≫】: ≪詩經 · 豳風 · 鴟鴞≫. 【≪書≫】: ≪尙書≫. 【≪君奭≫】: ≪尙書 · 君奭≫. 【常】: 항상. 【竊(qiè)】: 남몰래. 【周公】: 성은 姬, 이름은 旦. 周武王의 동생으로 武王을 도와 殷을 멸하고 周의 기반을 확립했다. 周에 봉해져 周公이라 불렀다. 【不遇】: 불우하다.

顔淵、仲由之徒，相與問答。[3] 夫子曰：「『匪兕匪虎，率彼曠野。』吾道非邪？ 吾何爲於此？」[4] 顔淵曰：「夫子之道至大，故天下莫能容。雖然，不容何病？ 不容然後見君子。」[5] 夫子油然而笑曰：「回，使爾多財，吾爲爾宰。」[6] 夫天下雖不能容，而其徒自足以相樂如此，乃今知周公之富貴，有不如夫子之貧賤。[7] 夫以召公之

---

3) 及觀史，見孔子厄於陳、蔡之間，而絃歌之聲不絶，顔淵、仲由之徒，相與問答。→(그 후) 史書를 읽고 나서, 孔子가 陳·蔡의 경계에서 곤경에 처해서도, 거문고를 타고 시를 노래하는 소리가 끊이지 않는 가운데, 顔淵·仲由 등의 제자들과, 함께 문답한 것을 알았습니다.

【及】: …에 이르러, …하고 나서.【見】: 알다.【厄(è)】: 곤경에 처하다.【陳、蔡】: 춘추시대의 나라 이름.【絃(xián)歌】: 거문고를 타고 시를 노래하다.【顔淵(yán yuān)】: [인명] 안연. 춘추시대 魯나라 사람으로 성은 顔, 이름은 回, 자는 子淵이며, 공자의 제자.【仲由】: [인명] 중유. 춘추시대 卞 지방 사람으로 자는 子路, 또는 季路이며, 공자의 제자.【相與】: 서로 더불어, 함께.

4) 夫子曰：「『匪兕匪虎，率彼曠野。』吾道非邪？ 吾何爲於此？」→ 공자는：「『들소도 아니고 호랑이도 아닌데, 저 넓은 들판에서 이리저리 헤맨다.』 나의 도리가 옳지 못한가? 내가 왜 이러한 지경에 처해 있는가?」라고 말했습니다.

【夫子】: [스승에 대한 존칭] 선생님. 여기서는 「공자」를 가리킨다.【『匪兕(sì)匪虎，率(shuài)彼曠(kuàng) 野。』】: 『들소도 아니고 호랑이도 아닌데, 저 넓은 들판에서 이리저리 헤맨다.』 ※이 말은 ≪詩經·小雅·何草不黃≫에 보인다. 「匪」: 非. 「兕」: 들소. 「率」: 이리저리 헤매다.【何爲】: 왜, 어째서.

5) 顔淵曰：「夫子之道至大，故天下莫能容。雖然，不容何病？ 不容然後見君子。」→ 이에 顔回가：「선생님의 도리는 지극히 크기 때문에, 그래서 천하가 담아낼 수 없습니다. 비록 그렇지만, 수용하지 못한다 해서 무슨 문제가 있습니까? 수용하지 못해야 그런 다음에 군자임이 더욱 드러나는 것입니다.」라고 했습니다.

【莫能】: …할 수가 없다.【容】: 수용하다, 받아들이다, 담아내다.【病】: 탈, 문제.【見】: 드러나다.

6) 夫子油然而笑曰：「回，使爾多財，吾爲爾宰。」→ 공자가 살며시 미소를 지으며：「回야, 만일 네가 부자가 되면, 내가 너의 관리인이 되어주마.」라고 했습니다.

【油然】: 살며시.【使】: 만일, 만약.【爾(ěr)】: 너, 당신.【宰(zǎi)】: 관리인, 家臣.

7) 夫天下雖不能容，而其徒自足以相樂如此，乃今知周公之富貴，有不如夫子之貧賤。→ 무릇 천하가 비록 (공자를) 받아들이지는 않았지만, 그러나 그들은 스스로 만족해하며 이처럼 서로 즐거워했으니, (저는) 비로소 지금 주공의 부귀함이, 공자

賢, 以管、蔡之親, 而不知其心, 則周公誰與樂其富貴?[8] 而夫子之所與共貧賤者, 皆天下之賢才, 則亦足與樂乎此矣。[9]

軾七八歲時, 始知讀書。聞今天下有歐陽公者, 其爲人如古孟軻、韓愈之徒; 而又有梅公者, 從之遊, 而與之上下其議論。[10] 其後益壯, 始能讀其文詞, 想見其爲人, 意其飄然脫去世俗之樂, 而自樂其樂也。[11] 方學爲對偶聲律之文, 求斗升之祿, 自度無以

의 빈천함만 못하다는 것을 알았습니다.

【夫】: [발어사] 무릇, 대저. 【以】: 而. 【乃】: 비로소.

8) 夫以召公之賢, 以管、蔡之親, 而不知其心, 則周公誰與樂其富貴? → 무릇 召公과 같은 현명함이나, 管叔·蔡叔과 같은 친족으로써도, 周公의 마음을 알지 못했으니, 그렇다면 주공은 누구와 더불어 그 부귀를 즐겼겠습니까?

【管、蔡】: 管叔과 蔡叔. 관숙의 이름은 鮮, 채숙의 이름은 度이며, 두 사람 모두 周公의 동생이다. 【其心】: 그 마음, 즉 「周公의 마음」. 【誰與】: [與誰의 도치형태] 누구와 더불어.

9) 而夫子之所與共貧賤者, 皆天下之賢才, 則亦足與樂乎此矣。→ 그러나 공자와 더불어 가난을 함께했던 사람들은, 모두 천하의 현명한 인재들이었으니, 또한 이 한 가지만으로도 더불어 즐기기에 충분했을 것입니다.

【與共…】: 더불어 …을 함께하다.

10) 軾七八歲時, 始知讀書。聞今天下有歐陽公者, 其爲人如古孟軻、韓愈之徒; 而又有梅公者, 從之遊, 而與之上下其議論。→ 저는 칠팔 세 때, 비로소 글 읽는 것을 알았습니다. 그 당시 천하에는 歐陽公이란 분이 계셨는데, 그 사람됨이 마치 옛날 孟軻·韓愈 등과 같았고; 또 梅公이란 분이 있어, 구양공을 좇아 교유하면서, 구양공과 더불어 문제를 토론했다고 들었습니다.

【軾】: 소식이 「나, 저」라는 의미로 자신의 이름을 사용했다. 【始】: 비로소, 처음으로. 【歐陽公】: 歐陽脩. 北宋 廬陵[지금의 강서성 吉安] 사람으로 자는 永叔. 北宋의 저명한 文人이며, 唐宋八大家의 한 사람. 【爲人】: 사람됨. 【孟軻(kē)】: [인명] 맹자의 이름. 전국시대 鄒[지금의 산동성 鄒縣] 지방 사람으로 성은 孟, 이름은 軻, 자는 子輿이며, 儒家의 대표적 인물. 후세 사람들은 공자를 至聖, 맹자를 亞聖이라 불렀다. 【韓愈】: [인명] 한유. 자는 退之, 唐代의 저명한 문인. 唐宋八大家의 한 사람. 【梅公】: 梅堯臣. 北宋 宣州 宣城[지금의 안휘성 宣城縣] 사람으로, 자는 聖兪. 북송의 저명한 문인. 【上下其議論】: 의론을 주고받다.

11) 其後益壯, 始能讀其文詞, 想見其爲人, 意其飄然脫去世俗之樂, 而自樂其樂也。→ 그

進見於諸公之間。12) 來京師逾年，未嘗窺其門。13)

今年春，天下之士，群至於禮部，執事與歐陽公實親試之。軾不自意，獲在第二。14) 旣而聞之人，執事愛其文，以爲有孟軻

후 장성하여, 비로소 그분들의 문장을 읽을 수 있었는데, 그분들의 사람됨을 상상하며, 그분들이 표연히 세속의 쾌락을 벗어나, 스스로 자신의 즐거움을 찾아 즐기신다는 것을 깨달았습니다.

【益壯】: 점차 성장하다. 【始】: 비로소. 【文詞】: 글, 문장. 【想見】: 상상하다. 【意】: 깨닫다, 추측하다. 【飄(piāo)然】: 표연히, 홀연히. 【脫去】: 벗어나다, 이탈하다. 【自樂其樂】: 스스로 자신의 즐거움을 찾아 즐기다.

12) 方學爲對偶聲律之文，求斗升之祿，自度無以進見於諸公之間。→ 제가 막 詩歌나 辭賦 짓는 법을 배워, 적은 봉록을 구하고자 했을 때는, 스스로 그 분들을 알현할 방법이 없다고 생각했습니다.

【方】: 이제 막. 【爲】: 짓다, 쓰다. 【對偶聲律之文】: 對偶와 韻律을 따지는 글, 즉 시가·사부 등. 【斗升之祿】: 적은 봉록, 낮은 벼슬. 【度(duó)】: 추측하다, 헤아리다. 【無以】: …할 수가 없다, …할 방법이 없다. 【進見】: 알현하다, 배알하다.

13) 來京師逾年，未嘗窺其門。→ (그리하여) 京城에 와서 일 년이 지나도록, 그분들을 방문한 적이 없었습니다.

【京師】: 京城. 【逾(yú)年】: 일 년이 지나다, 한 해가 지나다. 「逾」: 넘다, 지나다. 【未嘗】: …한 적이 없다. 【窺(kuī)其門】: 그 대문을 엿보다, 즉 「그 집을 방문하다, 그 분들을 찾아뵙다」.

14) 今年春，天下之士，群至於禮部，執事與歐陽公實親試之。軾不自意，獲在第二。→ 금년 봄, 천하의 선비들이, 禮部에 집결했을 때, 공께서 구양공과 함께 친히 이들을 시험하셨습니다. 저는 뜻밖에도, 이등으로 합격하였습니다.

【群至】: 집결하다. 【禮部】: 옛날 尙書省에 속한 六部 중의 하나로, 예교·학교·科擧 등에 관한 업무를 관장했다. 【執事】: 본래는 「주인의 일을 도와 관리하는 사람」을 가리키는 말이나, 후인들의 서신에서 감히 상대방을 직접 호칭하지 않고 「집사」로 대신함으로써 상대방에 대한 존경을 표시했다. 그러나 실제로는 상대방을 가리킨다. 여기서는 매요신을 가리킨다. 【實親】: 친히, 직접. 【不自意】: 뜻하지 않게, 뜻밖에. 【獲在第二】: 이등으로 합격하다. ※仁宗 嘉祐 2년(1057) 구양수가 예부의 진사 시험을 주관하고, 매요신이 參評官의 한 사람으로 참여했다. 당시 試題는 「刑賞忠厚之至論」이었는데, 구양수가 소식의 답안지를 보고 「세속의 문장을 짓지 않았다(不爲世俗之文)」라고 칭찬하며 1등으로 발탁하려 했으나 문하생인 曾鞏을 고려하여 2등으로 발탁했다.

之風，而歐陽公亦以其能不爲世俗之文也而取焉，是以在此。[15] 非左右爲之先容，非親舊爲之請屬，而嚮之十餘年間，聞其名而不得見者，一朝爲知己。[16] 退而思之，人不可以苟富貴，亦不可以徒貧賤。有大賢焉而爲其徒，則亦足恃矣。[17] 苟其僥一時之幸，從車騎數十人，使閭巷小民聚觀而贊歎之，亦何以易此樂也![18]

---

15) 旣而聞之人，執事愛其文，以爲有孟軻之風，而歐陽公亦以其能不爲世俗之文也而取焉，是以在此。→ 얼마 후 사람들로부터, 공께서 저의 문장을 좋아하시어, 孟子의 풍격이 있다고 여기셨고, 구양공께서도 또한 제가 세속의 詩文을 짓지 않았다고 여기시어 합격시킴으로써, 이로 인해 제가 이 반열에 있게 되었다는 말을 들었습니다.

【旣而】: 그 뒤, 얼마 후. 【以爲】: …라 여기다, …라고 생각하다. 【以】: 以爲, …라 여기다, …라고 생각하다. 【取】: 뽑다, 선발하다, 합격시키다. 【是以】: 그래서, 이로 인해.

16) 非左右爲之先容，非親舊爲之請屬，而嚮之十餘年間，聞其名而不得見者，一朝爲知己。→ 주변 사람들이 저를 위해 사전에 추천한 것도 아니고, 친척과 친구들이 저를 위해 청탁한 것도 아닌데, 과거 십여 년 동안, 명성만 들었을 뿐 뵐 수 없었던 분들이, 하루아침에 知己가 되었습니다.

【左右】: 주변. 즉 「구양수·매요신의 주변 사람들」을 가리킨다. 【先容】: 사전에 소개 또는 추천하다. 【親舊】: 친척과 친구. 【請屬(zhǔ)】: 청탁하다, 부탁하다. 「屬」: 囑. 【嚮(xiàng)】: 과거, 지난날.

17) 退而思之，人不可以苟富貴，亦不可以徒貧賤。有大賢焉而爲其徒，則亦足恃矣。→ 물러나와 생각해 보니, 사람은 함부로 부귀를 얻고자 해도 안 되고, 또한 헛되이 빈천하게 살아도 안 됩니다. 다만 훌륭한 현인이 계셔서 그의 제자가 된다면, 또한 의지하기에 족할 것입니다.

【苟(gǒu)】: 함부로, 경솔히. 【徒】: 헛되이, 공연히. 【大賢】: 훌륭한 현인. 【徒】: 학생, 제자. 【恃(shì)】: 믿다, 의지하다.

18) 苟其僥一時之幸，從車騎數十人，使閭巷小民聚觀而贊歎之，亦何以易此樂也! → 만약 일시적인 요행으로, 수레와 시종 수십 명이 따르고, 마을의 백성들로 하여금 모여서 구경하며 찬탄하게 한다 해도, 또한 어찌 이러한 즐거움과 바꿀 수 있겠습니까!

【苟】: 만일, 만약. 【閭巷(lǘ xiàng)】: 마을. 【小民】: 백성, 서민. 【聚(jù)觀】: 모여서 구경하다. 【何以】: 어찌. 【易】: 바꾸다.

傳曰：「不怨天，不尤人。」蓋「優哉游哉，可以卒歲」。[19] 執事名滿天下，而位不過五品，其容色溫然而不怒，其文章寬厚敦朴而無怨言，此必有所樂乎斯道也，軾願與聞焉。[20]

■ | 번역문

매직강(梅直講)께 올리는 글

저는 매번 ≪시경(詩經)≫을 읽다가 ≪치효(鴟鴞)≫에 이르거나, 또 ≪상서(尙書)≫를 읽다가 ≪군석(君奭)≫에 이르면 항상 남몰래 주공(周公)이 불우했던 것을 슬퍼했습니다. (그 후) 사서(史書)를 읽고 나서 공자(孔子)

19) 傳曰：「不怨天，不尤人。」蓋「優哉游哉，可以卒歲」。→ 古書에：「하늘을 원망하지 않고, 사람을 탓하지 않는다.」라고 한 것은, 아마도 「유유자적하며, 세월을 보낼 수 있다」라는 말일 것입니다.

※「不怨天，不尤人。」 구절은 ≪論語・憲問≫에 보이고, 「優哉游哉，可以卒歲」 구절은 ≪左傳・襄公 二十一年≫에서 ≪詩≫를 인용한 것인데, 원래는 「優哉游哉，聊以卒歲」라고 되어 있다.

【傳】：古書. 【尤(yóu)】：탓하다, 질책하다. 【蓋】：대체로, 아마도. 【優哉游哉】：유유자적한 모양. 【卒歲】：해를 마치다, 세월을 보내다.

20) 執事名滿天下，而位不過五品，其容色溫然而不怒，其文章寬厚敦朴而無怨言，此必有所樂乎斯道也，軾願與聞焉。→ 공께서는 천하에 명성이 자자하신데, 지위는 오품에 지나지 않습니다. 그러나 얼굴빛은 온화하고 노기를 띠지 않으시며, 문장은 너그럽고 후박하고 돈후하고 소박하여 원망하는 말이 없습니다. 이는 반드시 이 道를 즐기는 까닭이 있는 것이니, 저도 참여하여 (그 비결을) 듣고 싶습니다.

【五品】：관직 등급의 하나. ※중국은 魏晉이래로 관직을 나누는데 九品제도를 채택했다가, 後魏부터는 각 품을 다시 正・從으로 구분하여 18등급으로 나누었고, 宋・元・明・淸대는 모두 이를 따랐다. 【溫然】：온화한 모양. 【寬厚】：너그럽고 후덕하다. 【敦朴(dūn pǔ)】：돈후하고 소박하다. 【怨言】：원망하는 말. 【與】：참여하다.

가 진(陳)·채(蔡)의 경계에서 곤경에 처해서도 거문고를 타고 시를 노래하는 소리가 끊이지 않는 가운데, 안연(顔淵)·중유(仲由) 등의 제자들과 함께 문답한 것을 알았습니다. 공자는 : 「『들소도 아니고 호랑이도 아닌데 저 넓은 들판에서 이리저리 헤맨다.』 나의 도리가 옳지 못한가? 내가 왜 이러한 지경에 처해 있는가?」라고 말했습니다. 이에 안회(顔回)가 : 「선생님의 도리는 지극히 크기 때문에, 그래서 천하가 담아낼 수 없습니다. 비록 그렇지만 수용하지 못한다 해서 무슨 문제가 있습니까? 수용하지 못해야 그런 다음에 군자임이 더욱 드러나는 것입니다.」라고 했습니다. 공자가 살며시 미소를 지으며 : 「회(回)야, 만일 네가 부자가 되면 내가 너의 관리인이 되어주마.」라고 했습니다. 무릇 천하가 비록 (공자를) 받아들이지는 않았지만, 그러나 그들은 스스로 만족해하며 이처럼 서로 즐거워했으니, (저는) 비로소 지금 주공의 부귀함이 공자의 빈천함만 못하다는 것을 알았습니다. 무릇 소공(召公)과 같은 현명함이나 관숙(管叔)·채숙(蔡叔)과 같은 친족으로써도 주공(周公)의 마음을 알지 못했으니, 그렇다면 주공은 누구와 더불어 그 부귀를 즐겼겠습니까? 그러나 공자와 더불어 가난을 함께했던 사람들은 모두 천하의 현명한 인재들이었으니, 또한 이 한 가지만으로도 더불어 즐기기에 충분했을 것입니다.

저는 칠팔 세 때 비로소 글 읽는 것을 알았습니다. 그 당시 천하에는 구양공(歐陽公)이란 분이 계셨는데 그 사람됨이 마치 옛날 맹가(孟軻)·한유(韓愈) 등과 같았고, 또 매공(梅公)이란 분이 있어, 구양공을 좇아 교유하면서 구양공과 더불어 문제를 토론했다고 들었습니다. 그 후 장성하여 비로소 그분들의 문장을 읽을 수 있었는데, 그분들의 사람됨을 상상하며 그분들이 표연히 세속의 쾌락을 벗어나 스스로 자신의 즐거움을 찾아 즐기신다는 것을 깨달았습니다. 제가 막 시가(詩歌)나 사부(辭賦) 짓는 법을 배워 적은 봉록을 구하고자 했을 때는, 스스로 그 분들을 알현할 방법이 없다고 생각했습니다. (그리하여) 경성에 와서 일 년이 지나도록 그분들을 방문한 적이 없었습니다.

금년 봄 천하의 선비들이 예부(禮部)에 집결했을 때, 공께서 구양공과 함께 친히 이들을 시험하셨습니다. 저는 뜻밖에도 이등으로 합격하였습니다. 얼마 후 사람들로부터, 공께서 저의 문장을 좋아하시어 맹자(孟子)의 풍격이 있다고 여기셨고, 구양공께서도 또한 제가 세속의 시문(詩文)을 짓지 않았다고 여기시어 합격시킴으로써, 이로 인해 제가 이 반열에 있게 되었다는 말을 들었습니다. 주변 사람들이 저를 위해 사전에 추천한 것도 아니고 친척과 친구들이 저를 위해 청탁한 것도 아닌데, 과거 십여 년 동안 명성만 들었을 뿐 뵐 수 없었던 분들이 하루아침에 지기(知己)가 되었습니다. 물러나와 생각해 보니, 사람은 함부로 부귀를 얻고자 해도 안 되고 또한 헛되이 빈천하게 살아도 안 됩니다. 다만 훌륭한 현인이 계셔서 그의 제자가 된다면 또한 의지하기에 족할 것입니다. 만약 일시적인 요행으로 수레와 시종 수십 명이 따르고, 마을의 백성들로 하여금 모여서 구경하며 찬탄하게 한다 해도, 또한 어찌 이러한 즐거움과 바꿀 수 있겠습니까!

고서(古書)에 :「하늘을 원망하지 않고 사람을 탓하지 않는다.」라고 한 것은 아마도「유유자적하며 세월을 보낼 수 있다」라는 말일 것입니다. 공께서는 천하에 명성이 자자하신데 지위는 오품에 지나지 않습니다. 그러나 얼굴빛은 온화하고 노기를 띠지 않으시며, 문장은 너그럽고 후박하고 돈후하고 소박하여 원망하는 말이 없습니다. 이는 반드시 이 도(道)를 즐기는 까닭이 있는 것이니, 저도 참여하여 (그 비결을) 듣고 싶습니다.

■ | 해제(解題) 및 본문요지 설명

본문은 소식(蘇軾)이 과거 시험에 급제한 후 매요신(梅堯臣)에게 보낸 서신이다. 매요신은 북송(北宋)의 저명한 시인으로 국자감직강(國子監直講)을 지냈다. 소식의 시험 답안인 ≪형상충후지지론(刑賞忠厚之至論)≫은 시험을 주관한 구양수(歐陽脩)와 평가에 참여한 매요신으로부터 「세속의 문장을 짓지 않았다(不爲世俗之文)」라는 칭찬을 받고 2등으로 합격했다. 이에 소식이 감격하여 매요신에게 서신을 보낸 것이다.

본문은 네 단락으로 나눌 수 있는데, 첫째 단락에서는 소식이 주공(周公)과 공자(孔子)의 사적을 들어 주공의 부귀함이 공자의 빈천함만 못하다 여기고, 이를 빌려 자신과 구양수·매요신의 관계를 부각시키는 동시에, 매요신을 칭송하기 위한 포석을 깔았고; 둘째 단락에서는 완곡한 어조로 매요신에 대해 공경하는 마음을 표하면서, 아울러 자신이 경성에 와서 일 년이 지나도록 그 집을 방문한 적이 없었던 까닭을 말했고; 셋째 단락에서는 구양수·매요신과 같은 스승을 만날 수 있었던 것을 가장 기쁜 일로 여기며 자신의 이상을 말했고; 마지막 단락에서는 회재불우로 인해 비록 지위가 오품(五品)에 지나지 않지만 오히려 얼굴빛이 온화하고 노기를 띠지 않으며 문장이 너그럽고 후박하여 원망하는 말이 없는 매요신의 넓은 도량에 대해 찬사를 표했다.

185 희우정기(喜雨亭記)

[宋] 蘇軾

■ | 작자

179. 범증론(范增論) 참조

■ | 원문 및 주석

喜雨亭記[1)]

亭以雨名，志喜也。[2)] 古者有喜，卽以名物，示不忘也。[3)] 周公得禾，以名其書，漢武得鼎，以名其年，叔孫勝狄，以名其子。[4)]

---

1) 喜雨亭記 → 喜雨亭에 대해 적은 글

【喜雨亭】 : [정자 이름] 희우정. 소식이 鳳翔府簽書判官에 부임하고 나서 관사 북쪽에 지은 정자. 오랜 가뭄에 시달리다가 단비가 흡족하게 내리고 마침 짓고 있던 정자가 낙성되자 소식이 백성들과 더불어 이 단비의 기쁨을 잊지 않기 위해 정자를 「喜雨亭」이라 이름 지었다.

2) 亭以雨名，志喜也。→ 亭子를 「雨」자로써 命名한 것은, 기쁜 일을 기록하기 위해서이다.

【名】 : [동사용법] 命名하다, 이름을 짓다. 【志】 : 誌, 기록하다.

3) 古者有喜，卽以名物，示不忘也。→ 옛사람들은 기쁜 일이 있으면, 곧 그것을 가지고 사물을 명명하여, 잊지 않는다는 것을 나타냈다.

【卽】 : 곧, 바로. ※판본에 따라서는 「卽」을 「則」이라 했다. 【以】 : 以之, 이로써, 이를 가지고. 【示】 : 보이다, 나타내다.

其喜之大小不齊，其示不忘一也。[5)]

余至扶風之明年，始治官舍，爲亭於堂之北，而鑿池其南，引流種木，以爲休息之所。[6)] 是歲之春，雨麥於岐山之陽，其占爲

---

4) 周公得禾，以名其書，漢武得鼎，以名其年，叔孫勝狄，以名其子。→ 周公은 벼를 얻어, 이로써 자신의 책 이름을 지었고, 漢武帝는 寶鼎을 얻고, 이로써 자기의 연호를 지었으며, 叔孫은 狄을 제압하고, 이로써 자기 아들의 이름을 지었다.
※周武王이 죽은 뒤 그 아들 成王이 즉위했으나 나이가 어려 삼촌인 周公이 섭정을 했는데, 당시 成王의 아우 唐叔虞의 영지에서 진기한 곡물이 나와 이를 成王에게 바치니, 成王이 그 곡물의 이삭 끝에 열매가 풍만한 것을 보고 천하가 화목할 조짐이라 여겨 크게 기뻐하며 주공에게 글을 짓도록 했다. 이에 주공이 ≪嘉禾篇≫[본래 ≪書經≫에 들어 있었으나 지금은 실전되었다]을 지었다. 그리고 漢武帝는 元狩 6년(B.C.116) 汾水에서 寶鼎을 얻은 후 연호를 元鼎으로 바꾸었으며, 叔孫은 북쪽 오랑캐의 일족인 長狄과 싸워 장적의 군주 僑如를 사로잡자, 자기 아들의 이름을 僑如라 지었다.
【周公】: 周武王의 아우. 武王을 도와 殷의 폭군인 紂를 정벌했다. 【禾(hé)】: 벼. 【以】: 以之, 이로써, 이를 가지고. 【鼎(dǐng)】: 정. ※전설에 의하면 鼎은 夏나라 禹임금이 9州에서 바친 銅으로 모두 아홉 개를 주조한 후, 夏·商·周 삼대에 걸쳐 전국 九州를 상징하는 보물로 전해왔다. 따라서 고대의 통치자들은 鼎을 나라를 세우는 중요한 기구인 동시에 정권의 상징으로 여겼다. 【年】: 연호. 【叔孫】: [인명] 叔孫得臣. 춘추시대 魯나라 사람. 【狄(dí)】: 북방 오랑캐의 총칭.

5) 其喜之大小不齊，其示不忘一也。→ 그 기쁨의 정도는 같지 않았으나, 그 잊지 않음을 나타내고자 한 것은 똑같다.
【其】: 대명사, 즉 周公이 벼를 얻고 漢武帝가 寶鼎을 얻고 叔孫이 狄을 물리친 것. 【不齊】: 가지런하지 않다, 같지 않다, 다르다. 【示】: 나타내다. 【一】: 한가지다, 똑같다.

6) 余至扶風之明年，始治官舍，爲亭於堂之北，而鑿池其南，引流種木，以爲休息之所。→ 나는 扶風縣에 부임해 온 이듬해, 비로소 관사를 수리한 후, 본관의 북쪽에 정자를 짓고, 그 남쪽에 못을 파서, 흐르는 물을 끌어오고 나무도 심어, 휴식의 장소로 삼았다.
【余】: 나. ※판본에 따라서는 「余」를 「予」라 했다. 【扶風】: [郡이름] 宋代에는 鳳翔府[지금의 섬서성 鳳翔縣]로 개칭. 仁宗 嘉祐 6년(1061), 蘇軾은 鳳翔府簽書判官으로 부임했다. 【明年】: 이듬해. 【始】: 비로소. 【治】: 손질하다, 수리하다. 【爲亭】: 정자를 짓다. 【鑿(záo)】: 파다. 【木】: ※판본에 따라서는 「木」을 「樹」라 했다. 【以爲】: 以(之)爲, 이로써 …을 삼다.

有年。[7] 旣而彌月不雨, 民方以爲憂。[8] 越三月乙卯乃雨, 甲子又雨, 民以爲未足; 丁卯大雨, 三日乃止。[9] 官吏相與慶於庭, 商賈相與歌於市, 農夫相與抃於野。[10] 憂者以樂, 病者以愈, 而吾亭適成。[11]

於是擧酒於亭上, 以屬客而告之曰 :「五日不雨可乎?」[12] 曰 :

---

7) 是歲之春, 雨麥於岐山之陽, 其占爲有年。→ 이 해 봄에, 岐山의 남쪽에 보리비가 내렸는데, 그 점괘는 풍년이 들것이라 했다.

【是歲】: 이 해. 【雨麥】: 보리비가 내리다. ※세찬 회오리바람이 보리알을 공중으로 말아 올렸다가 비가 내리듯 떨어지는 현상을 말한다.「雨」: [동사] 내리다, 떨어지다. 【岐(qí)山】: [산이름] 섬서성 岐山縣 동북쪽에 위치. 【陽】: 양지쪽, 남쪽. 【爲有年】: 풍년이 들다.「有年」: 풍년.

8) 旣而彌月不雨, 民方以爲憂。→ 그 후 한 달이 다되도록 비가 오지 않자, 백성들은 비로소 이를 걱정하기 시작했다.

【旣而】: 그 후. 【彌(mí)月】: 한 달을 채우다, 한 달이 다되다.「彌」: 滿, 채우다. 【方】: 비로소. 【以爲】: 以(之)爲, 이를 …로 삼다. 【憂】: 걱정하다.

9) 越三月乙卯乃雨, 甲子又雨, 民以爲未足; 丁卯大雨, 三日乃止。→ 3월 8일 을묘일에 이르러 비로소 비가 내리고, 3월 17일 갑자일에 또 비가 내렸으나, 백성들은 아직 부족하다 여겼고; 3월 20일 정묘일에 큰비가 내리기 시작하더니, 삼 일이 지나 비로소 그쳤다.

【越…】: …로 넘어가다. 여기서는「이르다, 되다」의 뜻. 【三月乙卯(mǎo)】: 음력 3월 8일. 【甲子】: 음력 3월 17일. 【丁卯】: 음력 3월 20일. 【乃】: 비로소. 【雨(yù)】: [동사] (눈・비가) 내리다.

10) 官吏相與慶於庭, 商賈相與歌於市, 農夫相與抃於野。→ 관리들은 서로 함께 (관청의) 뜰에서 경축하고, 상인들은 서로 함께 저자에서 노래를 부르고, 농부들은 서로 함께 들에서 박수를 치며 기뻐했다.

【相與】: 서로 함께. 【商賈(gǔ)】: 상인. 【抃(biàn)】: 박수를 치다.

11) 憂者以樂, 病者以愈, 而吾亭適成。→ 근심하던 사람들은 이로 인해 즐거워하고, 병든 사람들은 이로 인해 병이 나았으며, 나의 정자도 마침 완공되었다.

【以】: 以(之), 因(之), 이로 인하여, 이로 말미암아. 【愈(yù)】: 낫다, 쾌유하다. 【適(shì)】: 마침.

12) 於是擧酒於亭上, 以屬客而告之曰 :「五日不雨可乎?」→ 그리하여 정자에서 술잔을 들어, 손님들에게 권하며 그들에게 고했다 :「닷새 동안 (더) 비가 내리지 않아도 되겠소?」

「五日不雨則無麥。」[13] 「十日不雨可乎?」[14] 曰:「十日不雨則無禾。」[15] 「無麥無禾, 歲且薦饑, 獄訟繁興, 而盜賊滋熾。[16] 則吾與二三子, 雖欲優游以樂於此亭, 其可得耶?[17] 今天不遺斯民, 始旱而賜之以雨, 使吾與二三子, 得相與優游而樂於此亭者, 皆雨之賜也, 其又可忘耶?」[18]

【於是】: 이에, 그리하여. 【擧酒】: 술잔을 들다. 【屬(zhǔ)客】: 손님에게 권하다. 「屬」: 囑, 권하다. 【之】: [대명사] 그들, 즉 손님. 【可乎】: 되는가?

13) 曰:「五日不雨則無麥。」→(그들이) 대답했다:「닷새 동안 (더) 비가 내리지 않으면 보리가 없을 것입니다.」

14) 「十日不雨可乎?」→(내가 물었다):「열흘 동안 (더) 비가 내리지 않아도 되겠소?」

15) 曰:「十日不雨則無禾。」→(손님들이 말했다):「열흘 동안 (더) 비가 내리지 않으면 벼가 없을 것입니다.」

16) 「無麥無禾, 歲且薦饑, 獄訟繁興, 而盜賊滋熾。→(내가 말했다):「보리도 없고 벼도 없으면, 연중 내내 거푸 기근이 들어, 訟事가 빈번하게 일어나고, 도적들이 갈수록 기승을 부리게 될 것이오.
【歲】: 연중 내내. 【且】: (장차) …할 것이다. 【薦饑(jiàn jī)】: 계속 기근이 들다. 「薦」: 거푸, 연이어. 【饑(jī)】: 기근이 들다. 【獄訟(yù sòng)】: 송사, 소송사건. 【繁興(fán xīng)】: 빈번하게 일어나다. 【滋熾(zī chì))】: 갈수록 기승을 부리다.

17) 則吾與二三子, 雖欲優游以樂於此亭, 其可得耶? → 그러면 내가 여러 분들과 더불어, 비록 이 정자에서 한가롭게 노닐며 즐기고 싶어도, 어찌 할 수 있겠소?
【則】: 그러면, 그렇게 되면. 【二三子】: 여러 분. 【優游以樂】: 한가롭게 노닐며 즐기다. 「以」: [연사] 而. 【其】: 豈, 어찌. 【可得】: 可能, 가능하다. 【耶】: [어조사] ※의문·반문·추측·감탄 등을 표시한다.

18) 今天不遺斯民, 始旱而賜之以雨, 使吾與二三子, 得相與優游而樂於此亭者, 皆雨之賜也, 其又可忘耶?」→ 오늘 하늘이 이 백성들을 버리지 않고, 처음에 가물었지만 비를 내려주시어, 나로 하여금 여러 분들과 함께, 이 정자에서 마음 편히 놀며 즐길 수 있게 한 것은, 모두 비의 덕택이니, 어찌 또 잊을 수가 있겠소?」
【遺(yí)】: 버리다. 【斯(sī)】: 此, 이. 【始】: 처음에. 【旱(hàn)】: 가뭄이 들다. 【賜(cì)之以雨】: 백성들에게 비를 내려주다. 「賜」: [동사] (윗사람이 아랫사람에게) 주다, 하사하다. 「之」: [대명사] 그들, 즉 백성. 【雨之賜】: 비의 덕택. 「賜」: [명사] 덕택, 혜택.

既以名亭，又從而歌之，歌曰：「使天而雨珠，寒者不得以爲襦；使天而雨玉，飢者不得以爲粟。[19] 一雨三日，繄誰之力?[20] 民曰太守，太守不有，歸之天子；天子曰不然，歸之造物；造物不自以爲功，歸之太空。[21] 太空冥冥，不可得而名，吾以名吾亭。[22]」

---

19) 既以名亭, 又從而歌之, 歌曰 : 「使天而雨珠, 寒者不得以爲襦; 使天而雨玉, 飢者不得以爲粟。→ 정자의 이름을 짓고 나서, 또 이어서 이를 노래했다 : 「만일 하늘이 진주를 내린다 해도, 추위에 떠는 사람이 이것으로 저고리를 만들어 입을 수 없고; 만일 하늘이 옥을 내린다 해도, 굶주린 사람들이 이것으로 곡식을 만들어 먹을 수 없네.

【既…又…】 : …도 하고 또 …도 하다. 【從而】 : 이어서. 【歌】 : [동사] 노래하다. 【使】 : 만일, 만약. 【雨(yù)】 : [동사] (비가) 내리다. 【不得】 : 不能, …할 수가 없다. 【以爲】 : 以(之)爲, 이로써 …을 삼다, 이것으로 …을 만들다. 【襦(rú)】 : 짧은 저고리, 여기서는 「옷, 의복」을 가리킨다. 【粟(sù)】 : 조, 좁쌀. 여기서는 「곡식」을 가리킨다.

20) 一雨三日, 繄誰之力? → 한 번의 큰 비가 삼 일 동안 내렸으니, 이것이 누구의 힘인가?

【繄(yì)】 : 是, 이, 이것.

21) 民曰太守, 太守不有, 歸之天子; 天子曰不然, 歸之造物; 造物不自以爲功, 歸之太空。→ 백성들은 태수라 하고, 태수 자신은 (공이) 없다 하여, 그것을 천자께 돌리고; 천자께서는 그렇지 않다 하여, 그것을 조물주에게 돌리고; 조물주는 이를 자신의 공으로 여기지 않고, 그것을 하늘에 돌렸다.

【歸】 : …에게 돌리다. 【之】 : [대명사] 그, 그것, 즉 「공로」. 【造物】 : 조물주. 【以爲】 : 以(之)爲…, 그것을 …으로 여기다. 【太空】 : 하늘.

22) 太空冥冥, 不可得而名, 吾以名吾亭。」→ 하늘은 멀고 아득하여, 이름을 지을 수가 없기에, 나는 雨로써 나의 정자 이름을 짓는다.」

※太空은 너무나 추상적인 개념이기 때문에 정자의 이름으로는 적당하지 않다는 말이다.

【太空】 : 끝없는 우주 공간. 【冥(míng)冥】 : 아득하고 까마득한 모양. 【不可得】 : 不能, …할 수 없다. 【而】 : [연사].

■ | 번역문

희우정(喜雨亭)에 대해 적은 글

정자를 「우(雨)」자로써 명명(命名)한 것은 기쁜 일을 기록하기 위해서이다. 옛사람들은 기쁜 일이 있으면 곧 그것을 가지고 사물을 명명하여 잊지 않는다는 것을 나타냈다. 주공(周公)은 벼를 얻어 이로써 자신의 책 이름을 지었고, 한무제(漢武帝)는 보정(寶鼎)을 얻고 이로써 자기의 연호를 지었으며, 숙손(叔孫)은 적(狄)을 제압하고 이로써 자기 아들의 이름을 지었다. 그 기쁨의 정도는 같지 않았으나 그 잊지 않음을 나타내고자 한 것은 똑같다.

나는 부풍현(扶風縣)에 부임해 온 이듬해, 비로소 관사를 수리한 후 본관의 북쪽에 정자를 짓고, 그 남쪽에 못을 파서 흐르는 물을 끌어오고 나무도 심어 휴식의 장소로 삼았다. 이 해 봄에 기산(岐山)의 남쪽에 보리비가 내렸는데, 그 점괘는 풍년이 들것이라 했다. 그 후 한 달이 다되도록 비가 오지 않자 백성들은 비로소 이를 걱정하기 시작했다. 3월 8일 을묘일에 이르러 비로소 비가 내리고 3월 17일 갑자일에 또 비가 내렸으나 백성들은 아직 부족하다 여겼고, 3월 20일 정묘일에 큰비가 내리기 시작하더니 삼 일이 지나 비로소 그쳤다. 관리들은 서로 함께 (관청의) 뜰에서 경축하고, 상인들은 서로 함께 저자에서 노래를 부르고, 농부들은 서로 함께 들에서 박수를 치며 기뻐했다. 근심하던 사람들은 이로 인해 즐거워하고, 병든 사람들은 이로 인해 병이 나았으며, 나의 정자도 마침 완공되었다.

그리하여 정자에서 술잔을 들어 손님들에게 권하며 그들에게 고했다 : 「닷새 동안 (더) 비가 내리지 않아도 되겠소?」 (그들이) 대답했다 :

「닷새 동안 (더) 비가 내리지 않으면 보리가 없을 것입니다.」 (내가 물었다) : 「열흘 동안 (더) 비가 내리지 않아도 되겠소?」 (손님들이 말했다) : 「열흘 동안 (더) 비가 내리지 않으면 벼가 없을 것입니다.」 (내가 말했다) : 「보리도 없고 벼도 없으면, 연중 내내 거푸 기근이 들어 송사(訟事)가 빈번하게 일어나고 도적들이 갈수록 기승을 부리게 될 것이오. 그러면 내가 여러 분들과 더불어 비록 이 정자에서 한가롭게 노닐며 즐기고 싶어도 어찌 할 수 있겠소? 오늘 하늘이 이 백성들을 버리지 않고 처음에 가물었지만 비를 내려주시어 나로 하여금 여러 분들과 함께 이 정자에서 마음 편히 놀며 즐길 수 있게 한 것은, 모두 비의 덕택이니 어찌 또 잊을 수가 있겠소?」

정자의 이름을 짓고 나서 또 이어서 이를 노래했다 : 「만일 하늘이 진주를 내린다 해도 추위에 떠는 사람이 이것으로 저고리를 만들어 입을 수 없고, 만일 하늘이 옥을 내린다 해도 굶주린 사람들이 이것으로 곡식을 만들어 먹을 수 없네. 한 번의 큰 비가 삼 일 동안 내렸으니, 이것이 누구의 힘인가? 백성들은 태수라 하고, 태수 자신은 (공이) 없다 하여 그것을 천자께 돌리고, 천자께서는 그렇지 않다 하여 그것을 조물주에게 돌리고, 조물주는 이를 자신의 공으로 여기지 않고 그것을 하늘에 돌렸다. 하늘은 멀고 아득하여 이름을 지을 수가 없기에, 나는 우(雨)로써 나의 정자 이름을 짓는다.」

■ | 해제(解題) 및 본문요지 설명

소식(蘇軾)은 인종(仁宗) 가우(嘉祐) 6년(1061년) 12월 27세 때 봉상부(鳳翔

府)의 첨서판관(簽書判官)으로 부임했다. 그 이듬해인 가우 7년 봄, 오랜 가뭄에 시달리다가 마침내 단비가 내렸는데, 바로 그 때 소식이 짓고 있던 정자가 낙성되었다. 본문은 소식이 백성들과 더불어 이 단비의 기쁨을 잊지 않기 위해 정자를 「희우정(喜雨亭)」이라 명명(命名)하고, 그 자초지종을 글로 써서 기념한 것이다.

본문은 네 단락으로 나눌 수 있는데, 첫째 단락에서는 먼저 정자의 이름을 지은 취지가 기쁜 일을 기록하기 위한 것임을 밝힌 다음, 옛 사람들의 사례들을 인용하여 명명(命名)의 당위성을 서술했고; 둘째 단락에서는 작자가 부풍현에 부임하여 오랜 가뭄에 시달리다가 단비가 내려 백성들과 더불어 단비의 기쁨을 만끽하는 상황과 아울러 때마침 정자가 낙성된 것을 서술했으며; 셋째 단락에서는 술을 들어 축하하는 한편, 주객의 문답 형식을 통해 사회의 재앙을 없애고 안정된 생활 속에서 여유를 즐길 수 있는 것이 비의 덕택이라는 것을 설명함으로써 정자의 이름을 지은 취지를 더욱 부각시켰고; 마지막 단락에서는 비를 찬미하는 노래를 통해 백성의 생계를 중시하는 작자의 애민사상(愛民思想)과 아울러 「희우정」이라 이름 지은 이유를 밝혔다.

186 능허대기(凌虛臺記)

[宋] 蘇軾

작자

179. 범증론(范增論) 참조

원문 및 주석

凌虛臺記[1)]

國於南山之下，宜若起居飮食與山接也。[2)] 四方之山，莫高於終南；而都邑之麗山者，莫近於扶風。[3)] 以至近求最高，其勢必

1) 凌虛臺記 → 凌虛臺에 대해 적은 글
【凌虛臺】: 凌虛臺. 섬서성 鳳翔縣 경계에 위치한 臺이름. ※「臺」는 멀리 보고 즐기기 위해 높고 평탄하게 만든 축조물.

2) 國於南山之下，宜若起居飮食與山接也。→ 終南山 아래에 都城을 건설하니, 마치 일상생활이나 음식이 (항상) 산과 접해 있는 듯하다.
【國】: 都城, 도읍. 여기서는 州 또는 府를 가리키며, 동사용법으로 「都城을 건설하다」의 뜻. 【南山】: 終南山. 主峰은 지금의 섬서성 長安縣 경내에 있다. 【宜若】: 마치 …듯하다, 마치 …과 같다. 【起居】: 일상생활.

3) 四方之山，莫高於終南；而都邑之麗山者，莫近於扶風。→ 사방의 산들 중에는, 終南山보다 높은 산이 없고; 도읍으로서 산과 근접해 있는 곳으로는, 扶風보다 가까운 곳이 없다.
【於】: …보다, …에 비해. 【麗】: 근접하다, 이웃하다. 【扶風】: 옛 郡이름. 宋代

得, 而太守之居, 未嘗知有山焉。[4] 雖非事之所以損益, 而物理有不當然者。此凌虛之所爲築也。[5]

方其未築也, 太守陳公, 杖屨逍遙於其下。[6] 見山之出於林木之上者, 纍纍如人之旅行於牆外而見其髻也。[7] 曰 :「是必有異。」使工鑿其前爲方池, 以其土築臺, 高出於屋之檐而止。[8] 然後人之

에는 鳳翔府로 개칭하였으며, 소재지는 지금의 섬서성 鳳翔縣.

4) 以至近求最高, 其勢必得, 而太守之居, 未嘗知有山焉。→ 지근거리에서 가장 높은 곳을 찾고자 했다면, 형세로 보아 반드시 찾을 수 있었겠지만, 그러나 太守는 (여기에) 살면서도 여태까지 종남산이 있다는 것을 알지 못했다.
【以至近】: 지근의 거리를 가지고, 즉「지근의 거리에서」. 【太守】: 郡의 장관. 宋代에는 이미 郡을 州 또는 府로 고쳤기 때문에 太守도「知州」 또는「知府」로 바뀌었으나, 사람들은 여전히 太守라는 호칭을 자주 사용했다. 【未嘗】: …한 적이 없다.

5) 雖非事之所以損益, 而物理有不當然者。此凌虛之所爲築也。→ 비록 이 일이 손익에 관련된 것은 아니지만, 그러나 사리로 보아 당연하지 못한 점이 있다. 이것이 凌虛臺를 짓게 된 이유이다.
【所以損益】: 손익에 관련되다, 利害에 관계되다. 【物理】: 사물의 이치, 事理. 【凌虛】: 凌虛臺.

6) 方其未築也, 太守陳公, 杖屨逍遙於其下。→ 아직 능허대를 축조하지 않았을 당시, 태수 陳公은, 지팡이를 짚고 산 아래에서 거닐며 유유자적했다.
【方】: …때, …할 당시. 【杖屨(zhàng jù)】: 지팡이를 짚고 거닐다. ※판본에 따라서는「屨」를「履」라 했다. 【逍遙】: 소요하다, 유유자적하다. 【太守陳公】: 생애 사적 未詳.

7) 見山之出於林木之上者, 纍纍如人之旅行於牆外而見其髻也。→ (그때) 산이 수목 위로 나타난 것을 보니, 계속 이어진 모습이 마치 사람들이 담장 밖에서 무리를 지어 걸어가는데 (담장 위로) 상투만 보이는 것 같았다.
【纍(léi)纍】: 계속 이어진 모양. 【如】: 마치 …같다. 【旅行】: 여럿이 무리를 지어 걷다. 【髻(jì)】: 상투.

8) 曰 :「是必有異。」 使工鑿其前爲方池, 以其土築臺, 高出於屋之檐而止。→ 태수 진공이 :「여기에 필경 기이한 광경이 있다」라고 말한 후, 공인들로 하여금 그 앞을 파서 네모난 연못을 만들고, 그 흙으로 臺를 축조하게 했는데, 집의 처마보다 높게 하고 나서 멈추었다.
【是】: 이곳, 여기. 【異】: 기이한 광경. 【鑿(záo)】: 파다, 파내다. 【檐(yán)】: 처마,

至於其上者，怳然不知臺之高，而以爲山之踊躍奮迅而出也。9)

公曰：「是宜名凌虛。」以告其從事蘇軾，而求文以爲記。10) 軾復於公曰：「物之廢興成毁，不可得而知也。11) 昔者荒草野田，霜露之所蒙翳，狐虺之所竄伏；方是時，豈知有凌虛臺耶?12) 廢興成毁，相尋於無窮，則臺之復爲荒田野草，皆不可知也。13) 嘗試

추녀.

9) 然後人之至於其上者，怳然不知臺之高，而以爲山之踊躍奮迅而出也。→ 그런 다음에 그 위에 올라온 사람들은, 어리둥절하여 대가 높아진 것을 모르고, (땅이) 갑자기 불쑥 솟아오른 것이라 여겼다.

【怳(huǎng)然】：어리둥절한 모양. ※판본에 따라서는 「怳」을 「恍」이라 했다. 【以爲】：…라 여기다, …라고 생각하다. 【踊躍奮迅(yǒng yuè fèn xùn)而出】：갑자기 불쑥 솟구치다. 「踊躍」：펄쩍 뛰어오르다. 「奮迅」：분발하여 재빨리 행동하다.

10) 公曰：「是宜名凌虛。」以告其從事蘇軾，而求文以爲記。→ 陳公이：「이 대는 마땅히 凌虛臺라 이름을 지어야 한다.」고 말한 후, 이 뜻을 자기의 막료인 蘇軾에게 알려주고, 글을 지어 기념하도록 청했다.

【宜】：마땅히. 【名】：[동사] 이름 짓다. 【凌虛(líng xū)】：「허공 위로 오르다, 하늘 높이 오르다」라는 뜻으로, 대를 終南山의 돌출한 곳에 축조하고 나서 마치 하늘 위로 솟아오른 것과 같은 모습을 나타낸 말이다. 【從事】：막료, 보좌역. 【求】：요구하다, 요청하다. 【以爲…】：以(之)爲…, 이로써 …하다.

11) 軾復於公曰：「物之廢興成毁，不可得而知也。→ 소식이 진공에게 대답해 말했다：「사물의 흥망성쇠는, 알 수 없는 일입니다.

【復(fù)】：대답하다, 회답하다. 【廢興成毁】：흥망성쇠. 【不可得而】：不能, …할 수 없다.

12) 昔者荒草野田，霜露之所蒙翳，狐虺之所竄伏；方是時，豈知有凌虛臺耶? → 옛날 (이곳은) 잡초가 우거진 들판으로, 서리와 이슬이 자욱하고, 이리와 독사가 숨어살던 곳인데, 그 당시, 어찌 (장차) 능허대가 있게 될 줄을 알았겠습니까?

【荒草野田】：잡초가 우거진 들판. 【蒙翳(méng yì)】：덮다, 가리다. 즉 「자욱하다」. 【虺(huǐ)】：독사. 【竄(cuàn)伏】：잠복하다, 숨어 살다.

13) 廢興成毁，相尋於無窮，則臺之復爲荒田野草，皆不可知也。→ 흥망성쇠는, 서로 끝없이 순환하는 것이니, 그렇다면 이 능허대가 다시 잡초 우거진 들판으로 변한다는 것도, 모두 알 수 없는 일입니다.

【相尋】：서로 순환하다. 「尋」：循. 【則】：그렇다면. 【荒田野草】：잡초 우거진 들판. ※판본에 따라서는 「荒田野草」를 「荒草野田」이라 했다.

與公登臺而望, 其東則秦穆之祈年、橐泉也, 其南則漢武之長楊、五柞, 而其北則隋之仁壽、唐之九成也。[14] 計其一時之盛, 宏傑詭麗, 堅固而不可動者, 豈特百倍於臺而已哉![15] 然而數世之後, 欲求其髣髴, 而破瓦頹垣, 無復存者, 旣已化爲禾黍荊棘、丘墟隴畝矣, 而況於此臺歟![16] 夫臺猶不足恃以長久, 而況於人事之得喪, 忽往而忽來者歟![17] 而或者欲以夸世而自足, 則過矣。

---

14) 嘗試與公登臺而望, 其東則秦穆之祈年、橐泉也, 其南則漢武之長楊、五柞, 而其北則隋之仁壽、唐之九成也。→ 제가 일찍이 진공과 함께 능허대에 올라가 멀리 바라다 본 적이 있는데, 그 동쪽은 秦穆公의 祈年宮·橐泉宮이 있던 곳이고, 그 남쪽은 漢武帝의 長楊宮·五柞宮이 있던 곳이며, 그 북쪽은 隋文帝의 仁壽宮·唐의 九成宮이 있던 곳이었습니다.
【嘗試】: 일찍이 …해 보다. 【秦穆(qín mù)】: 秦穆公. 춘추시대 秦나라의 군주. 【祈年、橐(tuó)泉】: 기년궁과 탁천궁. 본래 「祈年宮」이라 불렀던 것을 秦孝公 때 「橐泉宮」이라 불렀다. 【漢武】: 漢武帝. 【長楊、五柞(zuò)】: 長楊宮과 五柞宮. 모두 漢代의 궁이름. 【仁壽】: 仁壽宮. 隋文帝때 지은 궁전. 【九成】: 九成宮. 唐太宗 貞觀 5년(631)에 仁壽宮을 九成宮이라 개칭했다.

15) 計其一時之盛, 宏傑詭麗, 堅固而不可動者, 豈特百倍於臺而已哉! → 한때 그것들의 성대했던 모습을 헤아려볼 때, 웅장하고 아름답고, 튼튼하여 꿈적도 않는 것이, 어찌 다만 능허대의 백 배뿐이겠습니까?
【計】: 헤아리다. 【宏傑詭麗(hóng jié guǐ lì)】: 웅장하고 아름답다. 【特】: 다만, 겨우. 【而已】: …뿐.

16) 然而數世之後, 欲求其髣髴, 而破瓦頹垣, 無復存者, 旣已化爲禾黍荊棘、丘墟隴畝矣, 而況於此臺歟! → 그러나 몇 세대가 지난 후인 지금, 그 궁전들의 윤곽을 찾으려 해도, 깨진 기와나 무너진 담장조차, 다시 존재하는 것이 없이, 이미 논밭이나 가시밭·구릉이나 밭두렁으로 변해버렸는데, 하물며 이 능허대야!
【然而】: 그러나. 【欲求】: 찾고자 하다. 【髣髴(fǎng fú)】: 비슷하다, 유사하다. 여기서는 「대략적인 모습, 윤곽」을 말한다. 【頹垣(tuí yuán)】: 무너져버린 담장. 【旣已】: 이미, 벌써. 【禾黍荊棘】: 전답과 가시밭. 「禾黍」: 벼와 기장. 즉 「논밭」을 가리킨다. 【丘墟隴畝(qiū xū lóng mǔ)】: 구릉과 밭두렁. 【而況】: 하물며, 더구나.

17) 夫臺猶不足恃以長久, 而況於人事之得喪, 忽往而忽來者歟! → 대저 이러한 대조차 오래 보존된다는 것을 장담할 수가 없거늘, 하물며 人事의 득실이야, 홀연히

蓋世有足恃者, 而不在乎臺之存亡也。」[18)]旣已言於公, 退而爲之記。[19)]

■ | 번역문

능허대(凌虛臺)에 대해 적은 글

종남산(終南山) 아래에 도성(都城)을 건설하니 마치 일상생활이나 음식이 (항상) 산과 접해 있는 듯하다. 사방의 산들 중에는 종남산보다 높은 산이 없고, 도읍으로서 산과 근접해 있는 곳으로는 부풍(扶風)보다 가까운 곳이 없다. 지근거리에서 가장 높은 곳을 찾고자 했다면 형세로 보아 반드시 찾을 수 있었겠지만, 그러나 태수(太守)는 (여기에) 살면서도 여태까지 종남산이 있다는 것을 알지 못했다. 비록 이 일이 손익에 관련된 것은 아니지만, 그러나 사리로 보아 당연하지 못한 점이 있다. 이

갔다가 홀연히 오는 것일진대!
【夫】: [발어사] 대저, 무릇. 【猶(yóu)】: …조차도. 【恃(shì)】: 믿다, 즉 「보증하다, 장담하다」의 뜻. 【得喪】: 득실, 성공과 실패. 【忽(hū)】: 홀연히, 갑자기, 문득.

18) 而或者欲以夸世而自足, 則過矣。蓋世有足恃者, 而不在乎臺之存亡也。」→ 그러나 어떤 사람들은 이러한 일들을 가지고 세상 사람들에게 과시하며 스스로 만족하려 하는데, 그것은 잘못입니다. 세상에는 족히 의지할 만한 것들이 있지만, 그러나 대의 존폐에 있지는 않습니다.」
【欲】: …하기를 바라다, …하려 하다, …하고자 하다. 【以】: 以之, 이로써, 이러한 일들을 가지고. 즉 「자신이 득의한 일」. 【夸(kuā)】: 誇, 과시하다. 【蓋】: [어기사] 句의 첫머리에 놓여 어기를 표시한다. 【恃(shì)】: 믿다, 의지하다. 【不在乎】: 不在於, …에 있지 않다.

19) 旣已言於公, 退而爲之記。→ 陳公에게 말하고 나서, 물러 나와 이 記文을 썼다.
【旣已】: …하고 나서. 【之】: 此, 이.

것이 능허대(凌虛臺)를 짓게 된 이유이다.

아직 능허대를 축조하지 않았을 당시, 태수 진공(陳公)은 지팡이를 짚고 산 아래에서 거닐며 유유자적했다. (그때) 산이 수목 위로 나타난 것을 보니 계속 이어진 모습이 마치 사람들이 담장 밖에서 무리를 지어 걸어가는데 (담장 위로) 상투만 보이는 것 같았다. 태수 진공이 : 「여기에 필경 기이한 광경이 있다」라고 말한 후, 공인들로 하여금 그 앞을 파서 네모난 연못을 만들고 그 흙으로 대(臺)를 축조하게 했는데, 집의 처마보다 높게 하고 나서 멈추었다. 그런 다음에 그 위에 올라온 사람들은 어리둥절하여 대가 높아진 것을 모르고 (땅이) 갑자기 불쑥 솟아오른 것이라 여겼다.

진공이 : 「이 대는 마땅히 능허대(凌虛臺)라 이름을 지어야 한다.」고 말한 후, 이 뜻을 자기의 막료인 소식(蘇軾)에게 알려주고 글을 지어 기념하도록 청했다. 소식이 진공에게 대답해 말했다 : 「사물의 흥망성쇠는 알 수 없는 일입니다. 옛날 (이곳은) 잡초가 우거진 들판으로 서리와 이슬이 자욱하고 이리와 독사가 숨어살던 곳인데, 그 당시 어찌 (장차) 능허대가 있게 될 줄을 알았겠습니까? 흥망성쇠는 서로 끝없이 순환하는 것이니, 그렇다면 이 능허대가 다시 잡초 우거진 들판으로 변한다는 것도 모두 알 수 없는 일입니다. 제가 일찍이 진공과 함께 능허대에 올라가 멀리 바라다 본 적이 있는데, 그 동쪽은 진목공(秦穆公)의 기년궁(祈年宮)·탁천궁(槖泉宮)이 있던 곳이고, 그 남쪽은 한무제(漢武帝)의 장양궁(長楊宮)·오작궁(五柞宮)이 있던 곳이며, 그 북쪽은 수문제(隋文帝)의 인수궁(仁壽宮)·당(唐)의 구성궁(九成宮)이 있던 곳이었습니다. 한때 그것들의 성대했던 모습을 헤아려볼 때, 웅장하고 아름답고 튼튼하여 꿈적도 않는 것이, 어찌 다만 능허대의 백 배뿐이겠습니까? 그러나 몇 세대가 지

난 후인 지금, 그 궁전들의 윤곽을 찾으려 해도 깨진 기와나 무너진 담장조차 다시 존재하는 것이 없이 이미 논밭이나 가시밭, 구릉이나 밭두렁으로 변해버렸는데, 하물며 이 능허대야! 대저 이러한 대조차 오래 보존된다는 것을 장담할 수가 없는데, 하물며 인사(人事)의 득실이야 홀연히 갔다가 홀연히 오는 것일진대! 그러나 어떤 사람들은 이러한 일들을 가지고 세상 사람들에게 과시하며 스스로 만족하려 하는데, 그것은 잘못입니다. 세상에는 족히 의지할 만한 것들이 있지만, 그러나 대의 존폐에 있지는 않습니다.」 진공에게 말하고 나서 물러 나와 이 기문(記文)을 썼다.

■ | 해제(解題) 및 본문요지 설명

본문은 부풍태수(扶風太守) 진공(陳公)이 높은 곳에 올라 조망하고자 종남산(終南山)에 토대(土臺)를 축조하고 이를 기념하기 위해 당시 자기의 막료로 있던 소식(蘇軾)에게 기문(記文)을 써달라고 부탁하여 쓴 글이다.

본문은 네 단락으로 나눌 수 있는데, 첫째 단락에서는 봉상부(鳳翔府)의 지리적 위치와 형세에 대해 기술했고; 둘째 단락에서는 능허대(凌虛臺)를 축조하게 된 이유와 경위를 기술했고; 셋째 단락에서는 끝없이 순환하는 흥망성쇠의 무상함에 대한 감개를 말했고; 마지막 단락에서는 세상에 의지하며 보존할 수 있는 것들이 있지만 그것이 무엇인가를 언급하지 않는 채, 다만 능허대의 존폐와 관계가 없다는 말로 끝을 맺었다.

187 초연대기(超然臺記)

[宋] 蘇軾

■ | 작자

179. 범증론(范增論) 참조

■ | 원문 및 주석

超然臺記[1)]

凡物皆有可觀。苟有可觀, 皆有可樂, 非必怪奇偉麗者也。[2)] 餔糟啜醨, 皆可以醉; 果蔬草木, 皆可以飽。推此類也, 吾安往而不樂?[3)]

---

1) 超然臺記 → 超然臺에 대해 적은 글
【超然臺】: 密州[지금의 산동성 諸城縣] 農園의 북쪽 성곽에 있는 누대. 蘇軾이 密州知州로 부임하여 개수한 후 소식의 아우인 蘇轍이 「超然臺」라 명명했다. 소식은 이를 빈객들과 더불어 올라가 관람하며 즐기는 장소로 사용했다.

2) 凡物皆有可觀。苟有可觀, 皆有可樂, 非必怪奇偉麗者也。→ 대저 물(物)이란 모두 다 볼만한 점이 있다. 만일 볼만한 점이 있다면, 모두 다 즐길 수 있으니, 반드시 괴이하고 매우 아름다운 것이라야 하는 것은 아니다.
【凡】: 대저, 무릇. 【苟】: 만일, 만약. ※이를 「但, 다만 …하기만 하면」이라 풀이할 수도 있다. 【怪奇】: 괴이하다, 특이하다. 【偉麗】: 매우 아름답다.

3) 餔糟啜醨, 皆可以醉; 果蔬草木, 皆可以飽。推此類也, 吾安往而不樂? → 술지게미를

夫所爲求福而辭禍者，以福可喜而禍可悲也。4) 人之所欲無窮，而物之可以足吾欲者有盡。5) 美惡之辨戰乎中，而去取之擇交乎前，則可樂者常少，而可悲者常多，是謂求禍而辭福。6) 夫求禍而辭福，豈人之情也哉? 物有以蓋之矣。彼遊於物之內，而不遊於物之外。7) 物非有大小也，自其內而觀之，未有不高且大者也。8)

먹거나 맛이 좋지 않은 술을 먹어도, 모두 취할 수 있고; 과일이나 채소나 草根木皮를 먹어도, 모두 배가 부를 수 있다. 이러한 것들로 미루어 볼 때, 내가 어디에 간들 즐겁지 않겠는가?

【餔(bù)】: 食, 먹다. 【糟(zāo)】: 술지게미. 【啜(chuò)】: 飮, 마시다. 【醨(lí)】: 약한 술, 도수가 낮은 술. 【醉(zuì)】: (술에) 취하다. 【飽(bǎo)】: 배부르다. 【安】: 어디, 어느 곳.

4) 夫所爲求福而辭禍者, 以福可喜而禍可悲也。→ 대저 福을 추구하고 禍를 회피하는 까닭은, 복은 즐겁고 화는 슬프기 때문이다.

【夫】: [발어사] 대저, 무릇. 【辭】: 회피하다, 마다하다. 【以】: 因, …때문, …로 인해.

5) 人之所欲無窮, 而物之可以足吾欲者有盡。→ 사람의 욕망은 무궁하지만, 우리들의 욕망을 만족시킬 수 있는 物은 한계가 있다.

【所欲】: 요구하는 바, 욕구, 욕망. 【盡】: 한계.

6) 美惡之辨戰乎中, 而去取之擇交乎前, 則可樂者常少, 而可悲者常多, 是謂求禍而辭福。→ 美·醜의 분별이 마음속에서 싸움을 벌이고, 取·捨의 선택이 눈앞에서 엇갈리면, 즐거운 일은 항상 적고, 슬픈 일이 항상 많은데, 이를 일러 화를 추구하고 복을 회피하는 것이라 한다.

【美惡(è)】: 美醜, 아름다움과 추함. 【戰乎…】: 戰於…, …에서 싸움을 벌이다. ※ 판본에 따라서는 「乎」를 「於」라 했다. 【中】: 心中, 마음속. 【去取】: 取捨, 버리고 취함. 【是謂…】: 이를 일러 …라 하다, 이를 …라 말하다.

7) 夫求禍而辭福, 豈人之情也哉? 物有以蓋之矣。彼遊於物之內, 而不遊於物之外。→ 대저 화를 추구하고 복을 회피하는 것이, 어찌 인지상정이겠는가? 이는 物에 의해 가려졌기 때문이다. 그들은 物 안에서 노닐고, 物 밖에서 노닐지 않는다.

【蓋】: 가리다, 덮다. 【遊】: 노닐다, 활동하다.

8) 物非有大小也, 自其內而觀之, 未有不高且大者也。→ 物은 본래 크기가 있는 것이 아니지만, 그 내부로부터 살펴보면, 높고 크지 않은 것이 없다.

【大小】: 크기, 크고 작음의 구별. 【自】: …로부터. 【且】: 또한.

彼挾其高大以臨我，則我常眩亂反覆，如隙中之觀鬥，又烏知勝負之所在?[9)]是以美惡橫生，而憂樂出焉，可不大哀乎?[10)]

余自錢塘移守膠西，釋舟楫之安，而服車馬之勞;[11)] 去雕牆之美，而蔽采椽之居；背湖山之觀，而適桑麻之野。[12)] 始至之日，歲比不登，盜賊滿野，獄訟充斥，而齋廚索然，日食杞菊，人固疑余之不樂也。[13)] 處之期年，而貌加豐，髮之白者，日以反黑。[14)]

---

9) 彼挾其高大以臨我，則我常眩亂反覆，如隙中之觀鬥，又烏知勝負之所在? → 그것들이 높고 큰 자태에 의존하여 나에게 다가오면, 나는 항상 혼란에 빠져 이랬다저랬다 방황하며, 마치 틈새로 싸움을 구경하는 것과 같으니, 또한 어찌 승부의 소재를 알 수 있겠는가?
【挾(xié)】: 의지하다, 의존하다.【臨】: 다가오다, 임하다.【眩(xuàn)亂】: 현혹되다, 혼란에 빠지다.【反覆(fù)】: 이랬다저랬다 방황하다.【如】: 마치 …같다.【隙(xì)】: 틈새, 틈바구니.【觀鬥】: 싸움을 구경하다.【烏】: 어찌, 어떻게.

10) 是以美惡橫生，而憂樂出焉，可不大哀乎? → 그래서 아름답고 추함이 마구 생겨나고, 근심과 즐거움이 나타난다. 어찌 매우 슬프지 않겠는가?
【是以】: 그래서, 이로 인해.【橫生】: 마구 생겨나다.【可不】: 어찌 …이 아니겠는가?

11) 余自錢塘移守膠西，釋舟楫之安，而服車馬之勞; → 나는 錢塘으로부터 膠西로 임지를 옮기고 나서, 배를 타는 편안함을 포기하고, 거마를 타는 노고를 견디는가 하면;
【自】: …로부터.【錢塘】: [縣이름] 지금의 절강성 杭州.【移守】: 임지를 옮겨 부임하다.【膠(jiāo)西】: [縣이름] 宋代에는 密州에 속했으며, 지금의 산동성 諸城縣. 여기서는 密州를 가리킨다.【釋(shì)】: 포기하다.【舟楫(jí)】: 배, 선박.【服】: 적응하다, 견디다.

12) 去雕牆之美，而蔽采椽之居；背湖山之觀，而適桑麻之野。→ 화려한 저택을 포기하고, 떡갈나무로 서까래를 한 초라한 집에 거주하며; 호수와 산의 경관을 뒤로하고, 뽕나무와 삼이 우거진 들판으로 갔다.
【去】: 떠나다.【雕牆(diāo qiáng)】: 채색한 담장. 즉「화려한 저택」을 말한다.【蔽(bì)】: 蔽(身), (몸을) 가리다. 즉「살다, 거주하다」의 뜻. ※판본에 따라서는「蔽」를「庇」라 했다.【采椽(cǎi chuán)】: 떡갈나무로 서까래를 하다. 즉 집이 초라한 것을 형용한 말.【居】: 거처, 집.【背】: 뒤로하다, 떠나다.【適】: 往, 가다. ※판본에 따라서는「適」을「行」이라 했다.

余旣樂其風俗之淳，而其吏民亦安予之拙也。15) 於是治其園圃，潔其庭宇，伐安丘、高密之木，以修補破敗，爲茍完之計。16) 而園之北，因城以爲臺者舊矣，稍葺而新之。時相與登覽，放意肆志焉。17)

---

13) 始至之日，歲比不登，盜賊滿野，獄訟充斥，而齋廚索然，日食杞菊，人固疑余之不樂也。→ 부임 초기에는, 해마다 연거푸 작황이 좋지 않아, 들에는 도둑이 들끓고, 訟事가 매우 많았으며, 주방은 텅 비고, 날마다 구기자와 국화 같은 것들을 먹고 살았기 때문에, 사람들은 내가 당연히 즐거워하지 않을 것이라 의심했다.
【比】: 연거푸, 누차. 【不登】: 곡식이 여물지 않다, 즉 「작황이 좋지 않다, 흉년이 들다」의 뜻. 【獄訟】: 송사, 소송사건. 【充斥】: 충만하다, 가득하다, 즉 「매우 많다」. 【齋廚(zhāi chú)】: 주방, 부엌. 【索然】: 텅 빈 모양. 【食】: [동사] 먹다. 【杞(qǐ)菊】: 구기자와 국화. 연한 줄기와 잎을 식용으로 사용할 수 있다. 【固】: 당연히.

14) 處之期年，而貌加豐，髮之白者，日以反黑。→ 이곳에서 일 년을 지내고 나니, 용모는 더욱 풍만해지고, 하얗던 두발은, 날로 검게 변했다
【期(jī)年】: 만 1년, 한 해. 【加豐(fēng)】: 더욱 풍만해지다. 【反黑】: 검게 변하다.

15) 余旣樂其風俗之淳，而其吏民亦安予之拙也。→ 나는 이미 이곳의 순박한 풍속을 즐기게 되었고, 이곳의 관리들과 백성들 또한 나의 치졸한 능력에 대해 익숙해졌다.
【樂(yào)】: [동사] 즐기다, 좋아하다. 【淳(chún)】: 순박하다. 【安】: 편안히 여기다. 즉 「익숙해지다, 습관이 되다」. 【拙(zhuō)】: [겸어] 서투르다, 우둔하다. 여기서는 「치졸한 능력」이란 뜻으로 자신을 낮추어 한 말이다.

16) 於是治其園圃，潔其庭宇，伐安丘、高密之木，以修補破敗，爲茍完之計。→ 그리하여 農園을 손질하고, 정원을 깨끗이 청소하고, 安丘縣·高密縣 지역의 나무를 베어다가, 망가진 곳을 수리하는 것으로, 일시적인 정비 계획을 짰다.
【於是】: 이에, 그리하여. 【治】: 정리하다, 손질하다. 【園圃(yuán pǔ)】: 원포, 農園. ※판본에 따라서는 「圃」를 「囿」라 했다. 【潔(jié)】: 깨끗이 하다. 【庭宇】: 정원. 【伐(fā)】: 베다, 자르다. 【安丘】: [縣이름] 지금의 산동성 安邱縣. ※판본에 따라서는 「丘」를 「邱」라 했다. 【高密】: [縣이름] 지금의 산동성 高密縣. 【修補】: 보수하다, 수리하다. 【破敗】: 부서지다, 망가지다. 【茍(gǒu)完之計】: 일시적인 정비 계획.

17) 而園之北，因城以爲臺者舊矣，稍葺而新之。時相與登覽，放意肆志焉。→ 그리고 농원의 북쪽은, 성곽에 의지하여 축조한 누대가 너무 낡아, 약간 손질을 해서 그

南望<u>馬耳</u>、<u>常山</u>, 出沒隱見, 若近若遠, 庶幾有隱君子乎?[18] 而其東則<u>盧山</u>, <u>秦</u>人<u>盧敖</u>之所從遁也。[19] 西望<u>穆陵</u>, 隱然如城郭, <u>師尙父</u>、<u>齊威公</u>之遺烈, 猶有存者。[20] 北俯<u>濰水</u>, 慨然太息, 思<u>淮陰</u>之功, 而弔其不終。[21]

면모를 일신시켰다. 그리고 때때로 (빈객들과) 함께 올라가 관람하며, 아무 거리낌 없이 마음껏 즐겼다.

【因】: 의거하다, 근거하다. 【爲臺】: 대를 축조하다. 【稍(shāo)】: 약간, 조금. 【葺(qì)】: 수리하다, 손질하다. 【新】: 일신하다, 새롭게 하다. 【相與】: 서로 함께, 더불어. 【放意肆志】: 마음껏 생각을 털어놓다.

18) 南望馬耳、常山, 出沒隱見, 若近若遠, 庶幾有隱君子乎? → 남쪽으로 馬耳山·常山을 바라보면, 나왔다 들어갔다 숨었다 나타났다 하며, 가까운 듯도 하고 먼 듯도 한데, 혹시 그곳에 은둔하는 군자가 있는가?

【馬耳】: [산이름] 馬耳山. 密州의 서남쪽[지금의 산동성 諸城縣 서남쪽 30km 지점]에 있는 산으로, 위로 향한 두 봉우리의 모양이 말의 귀처럼 생겼다고 하여 붙여진 이름이다. 【常山】: [산이름] 密州의 서남쪽[지금의 산동성 諸城縣 서남쪽 15km 지점]에 있는 산. 【庶幾】: 아마도, 혹시. 【隱(yǐn)君子】: 은사, 은둔하는 군자.

19) 而其東則盧山, 秦人盧敖之所從遁也。 → 그리고 그 동쪽은 盧山으로, 秦나라 사람 盧敖가 은둔하던 곳이다.

【盧(lú)山】: 密州[지금의 산동성 諸城縣] 동쪽에 있는 산. 【盧敖(lú áo)】: [인명] 노오. 秦始皇 때의 博士. 진시황이 그에게 神仙을 구해 오도록 했으나, 소득이 없자 마침내 산속으로 도피하여 돌아오지 않았다. 이로 인해 후세 사람들은 그 산을 「盧山」이라 불렀다. 【從遁(cóng dùn)】: 은둔하다.

20) 西望穆陵, 隱然如城郭, 師尙父、齊威公之遺烈, 猶有存者。 → 서쪽으로 穆陵을 바라보면, 어렴풋한 모양이 마치 성곽과도 같은데, 呂尙과 齊桓公의 유업이, 아직도 남아 있다.

【穆(mù)陵】: [關門이름] 목릉관. 지금의 산동성 臨朐縣 남쪽의 大峴山 위에 위치. 춘추시대 齊나라의 남쪽 경계로 산골짜기가 매우 험준하다. 【隱(yǐn)然】: 분명하지 않은 모양, 어렴풋한 모양. 【師尙父(fǔ)】: 사상보. 姜太公 呂尙. ※商末周初 사람으로 周文王과 周武王을 도와 商을 멸하고 齊[지금의 산동성 북부]에 봉해져 齊나라의 시조가 되었다. 周武王은 그를 존경하여 師尙父라 했다. 「師」: 周나라 統兵官 師氏의 약칭. 「尙父」: 존경할 만한 아버지뻘 되는 사람. 【齊威公】: 齊桓公. 春秋五覇의 한 사람. 【遺(yí)烈】: 遺業. 【猶(yóu)】: 아직, 여전히.

臺高而安, 深而明, 夏涼而冬溫。雨雪之朝, 風月之夕, 余未嘗不在, 客未嘗不從。22) 擷園蔬, 取池魚, 釀秫酒, 瀹脫粟而食之, 曰 : 「樂哉遊乎!」 方是時, 余弟子由適在濟南, 聞而賦之, 且名其臺曰超然。23) 以見余之無所往而不樂者, 蓋遊於物之外也。24)

---

21) 北俯濰水, 慨然太息, 思淮陰之功, 而弔其不終。→ 북쪽으로 濰水를 내려다보며, 감개하여 탄식하고, 淮陰侯 韓信의 공훈을 생각하며, 그가 평온하게 생을 마치지 못한 것을 애도한다.

【俯(fǔ)】: 아래로 내려다 보다. 【濰(wéi)水】: [강이름] 유수. 산동성 경계에 있는 강으로 莒縣 濰山에서 발원하여 북쪽으로 흐르다가 昌邑縣을 지나 渤海로 들어간다. 【慨(kǎi)然】: 감개하다. 【太息】: 탄식하다. 【淮陰(huái yīn)之功】: 韓信의 공훈. ※한신은 漢나라 초기의 장군으로 濰水에서 楚나라 장군 龍且를 물리치고 齊나라를 평정한 공으로 淮陰侯에 봉해졌다. 【弔其不終】: 그가 평온하게 생을 마치지 못한 것을 애도하다. ※한신은 후에 모반하려다 高祖妃인 呂后에게 살해되었다.

22) 臺高而安, 深而明, 夏涼而冬溫。雨雪之朝, 風月之夕, 余未嘗不在, 客未嘗不從。→ 누대는 높지만 안정되고, 깊지만 밝으며, 여름에는 시원하고 겨울에는 따뜻하다. 비 오고 눈 내리는 아침이나, 바람 불고 달 밝은 밤이나, 내가 머물지 않은 적이 없고, 손님들이 따르지 않은 적이 없다.

【未嘗】: …한 적이 없다.

23) 擷園蔬, 取池魚, 釀秫酒, 瀹脫粟而食之, 曰 : 「樂哉遊乎!」 方是時, 余弟子由適在濟南, 聞而賦之, 且名其臺曰超然。→ 농원의 채소를 뜯고, 연못의 물고기를 잡고, 곡주를 빚고, 거친 조밥을 지어 먹으면서, 모두가 : 「노니는 즐거움이 그지없구나!」 라고 말한다. 이때, 나의 아우 子由가 마침 濟南에 있었는데, 이 말을 듣고 나서 賦를 짓고, 또한 이 누대를 「超然」이라 이름 지었다.

【擷(xié)】: 따다, 뜯다. 【蔬(shū)】: 채소. ※판본에 따라서는 「蔬」를 「疏」라 했다. 【釀(niàng)】: (술을) 빚다, 담그다. 【秫(shú)酒】: 고량으로 빚은 술, 黃酒. 【瀹(yuè)】: 삶다. 【脫粟(tuō sù)】: 현미, 껍질만 벗긴 쌀. 【方是時】: 바로 이 때, 당시. ※판본에 따라서는 「方是時」 세 글자가 없는 경우도 있다. 【子由】: 蘇轍의 자. 당시 제남에서 벼슬을 하고 있었다. 【適(shì)】: 마침. 【濟南】: [郡이름] 齊州[지금의 산동성 歷城縣 일대]. 【賦(fù)】: 부. 漢・六朝시대에 유행했던 문체의 일종. 【且】: 또한. 【名】: [동사] 이름을 짓다.

24) 以見余之無所往而不樂者, 蓋遊於物之外也。→ (그는) 이로써 내가 어디를 가도 즐겁다는 것을 표현했는데, 그 까닭은 바로 (내가) 세속 밖에서 노닐기 때문이다.

■ | 번역문

초연대(超然臺)에 대해 적은 글

대저 물(物)이란 모두 다 볼만한 점이 있다. 만일 볼만한 점이 있다면 모두 다 즐길 수 있으니 반드시 괴이하고 매우 아름다운 것이라야 하는 것은 아니다. 술지게미를 먹거나 맛이 좋지 않은 술을 먹어도 모두 취할 수 있고, 과일이나 채소나 초근목피(草根木皮)를 먹어도 모두 배가 부를 수 있다. 이러한 것들로 미루어 볼 때, 내가 어디에 간들 즐겁지 않겠는가?

대저 복(福)을 추구하고 화(禍)를 회피하는 까닭은 복은 즐겁고 화는 슬프기 때문이다. 사람의 욕망은 무궁하지만 우리들의 욕망을 만족시킬 수 있는 물(物)은 한계가 있다. 미(美)・추(醜)의 분별이 마음속에서 싸움을 벌이고, 취(取)・사(捨)의 선택이 눈앞에서 엇갈리면 즐거운 일은 항상 적고 슬픈 일이 항상 많은데, 이를 일러 화를 추구하고 복을 회피하는 것이라 한다. 대저 화를 추구하고 복을 회피하는 것이 어찌 인지상정이겠는가? 이는 물(物)에 의해 가려졌기 때문이다. 그들은 물(物) 안에서 노닐고 물(物) 밖에서 노닐지 않는다. 물(物)은 본래 크기가 있는 것이 아니지만 그 내부로부터 살펴보면 높고 크지 않은 것이 없다. 그것들이 높고 큰 자태에 의존하여 나에게 다가오면 나는 항상 혼란에 빠져 이랬다저랬다 방황하며 마치 틈새로 싸움을 구경하는 것과 같으니, 또한 어찌 승부의 소재를 알 수 있겠는가? 그래서 아름답고 추함이 마구 생겨

【以】: 以之, 이로써. 【見】: 나타내다, 표현하다. 【無所往而不樂者】: 가서 즐겁지 않은 곳이 없다는 것. 즉 「어디를 가도 즐겁다는 것」. 【蓋】: [어기사] 앞에서 말한 것을 이어받아 이유나 원인을 나타낸다. 【物之外】: 物外, 세속 밖.

나고 근심과 즐거움이 나타난다. 어찌 매우 슬프지 않겠는가?

나는 전당(錢塘)으로부터 교서(膠西)로 임지를 옮기고 나서, 배를 타는 편안함을 포기하고 거마(車馬)를 타는 노고를 견디는가 하면, 화려한 저택을 포기하고 떡갈나무로 서까래를 한 초라한 집에 거주하며, 호수와 산의 경관을 뒤로하고 뽕나무와 삼이 우거진 들판으로 갔다. 부임 초기에는 해마다 연거푸 작황이 좋지 않아, 들에는 도둑이 들끓고 송사(訟事)가 매우 많았으며, 주방은 텅 비고 날마다 구기자와 국화 같은 것들을 먹고 살았기 때문에, 사람들은 내가 당연히 즐거워하지 않을 것이라 의심했다. 이곳에서 일 년을 지내고 나니 용모는 더욱 풍만해지고 하얗던 두발은 날로 검게 변했다. 나는 이미 이곳의 순박한 풍속을 즐기게 되었고, 이곳의 관리들과 백성들 또한 나의 치졸한 능력에 대해 익숙해졌다. 그리하여 농원(農園)을 손질하고 정원을 깨끗이 청소하고, 안구현(安丘縣)・고밀현(高密縣) 지역의 나무를 베어다가 망가진 곳을 수리하는 것으로 일시적인 정비 계획을 짰다. 그리고 농원의 북쪽은 성곽에 의지하여 축조한 누대가 너무 낡아 약간 손질을 해서 그 면모를 일신시켰다. 그리고 때때로 (빈객들과) 함께 올라가 관람하며 아무 거리낌 없이 마음껏 즐겼다.

남쪽으로 마이산(馬耳山)・상산(常山)을 바라보면, 나왔다 들어갔다 숨었다 나타났다 하며 가까운 듯도 하고 먼 듯도 한데, 혹시 그곳에 은둔하는 군자가 있는가? 그리고 그 동쪽은 노산(盧山)으로, 진(秦)나라 사람 노오(盧敖)가 은둔하던 곳이다. 서쪽으로 목릉관(穆陵關)을 바라보면 어렴풋한 모양이 마치 성곽과도 같은데, 여상(呂尙)과 제환공(齊桓公)의 유업이 아직도 남아 있다. 북쪽으로 유수(濰水)를 내려다보며 감개하여 탄식하고, 회음후(淮陰侯) 한신(韓信)의 공훈을 생각하며 그가 평온하게 생을 마치지 못한 것을 애도한다.

누대는 높지만 안정되고 깊지만 밝으며, 여름에는 시원하고 겨울에는 따뜻하다. 비 오고 눈 내리는 아침이나 바람 불고 닭 밝은 밤이나, 내가 머물지 않은 적이 없고 손님들이 따르지 않은 적이 없다. 농원의 채소를 뜯고 연못의 물고기를 잡고, 곡주를 빚고 거친 조밥을 지어 먹으면서, 모두가 : 「노니는 즐거움이 그지없구나!」라고 말한다. 이때 나의 아우 자유(子由)가 마침 제남(濟南)에 있었는데, 이 말을 듣고 나서 부(賦)를 짓고 또한 이 누대를 「초연(超然)」이라 이름 지었다. (그는) 이로써 내가 어디를 가도 즐겁다는 것을 표현했는데, 그 까닭은 바로 (내가) 세속 밖에서 노닐기 때문이다.

■ | 해제(解題) 및 본문요지 설명

송(宋) 신종(神宗) 희녕(熙寧) 3년(1070) 소식은 밀주지주(密州知州)로 임지를 옮겼다. 이듬해 그는 폐허가 된 농원(農園) 북쪽의 누대를 보수한 후, 항상 빈객들과 함께 그곳에 올라가 술을 마시고 시를 지으며 회포를 풀었다. 소식은 아우 소철이 이 누대의 이름을 지어 「초연대(超然臺)」라 하자, 바로 이에 응해 ≪초연대기(超然臺記)≫를 지어, 어디를 가도 즐겁다는 의미의 세속을 초월한 자신의 사상을 밝혔다.

본문은 다섯 단락으로 나눌 수 있는데, 첫째 단락에서는 만물은 모두 즐길 수 있기 때문에 어디를 가든지 즐겁지 않을 수 없다는 것을 말했고; 둘째 단락에서는 세상 사람들이 대부분 즐겁지 못한 까닭은 욕심이 한이 없어 물질의 노예가 되기 때문이라는 것을 말했고; 셋째 단락에서는 자신이 비록 불우한 처지를 당해 어려운 환경에 처해 있지만 여전히 즐거워한다는 것을 피력한 후, 이어서 누대를 보수한 과정을 서술했고; 넷째 단락에서는 누대에 올라가 조망한 것을 기술하면서, 많은 옛 사람들을 끌어들여 그들의 성패를 허무한 흔적으로 돌려 애도하게 하는 한편, 이를 빌어 은연중 세속을 초탈한 자신의 포부를 부각시켰고; 마지막 단락에서는 초연대라 이름 지은 이유를 설명했다.

188 방학정기(放鶴亭記)

[宋] 蘇軾

■ | 작자

179. 범증론(范增論) 참조

■ | 원문 및 주석

放鶴亭記[1)]

熙寧十年秋, 彭城大水, 雲龍山人張君之草堂, 水及其半扉。[2)] 明年春, 水落, 遷於故居之東, 東山之麓。[3)] 升高而望, 得異境焉,

---

1) 放鶴亭記 → 放鶴亭에 대해 적은 글
【放鶴亭】: 彭城[지금의 강소성 徐州市] 雲龍山에 은거하는 소식의 친구 張天驥이 지은 정자. 운룡산인이 두 마리의 학을 기르는데 이 정자에서 아침에 놓아주고 저녁에 둥지로 불러들인다 하여 정자 이름을 「放鶴亭」이라 했다.

2) 熙寧十年秋, 彭城大水, 雲龍山人張君之草堂, 水及其半扉。→ 神宗 熙寧 10년 가을, 彭城에 홍수가 나서, 雲龍山人 張天驥의 초가집에, 물이 사립문 절반 높이까지 찼다.
【熙寧十年】: 서기 1077년. 「熙寧」: 神宗의 연호. 【彭城】: [縣이름] 지금의 강소성 徐州市. 【大水】: [동사용법] 홍수가 나다. 【雲龍】: [산이름] 강소성 徐州市에 위치. 구불구불한 산세가 마치 용과 같고 항상 구름이 가득하다. 【山人】: 은사들이 항상 자신을 「…산인」이라 칭한다. 【張君】: 張天驥. 소식의 친구로 운룡산에 은거했다. 【及】: 이르다, 차다. 【半扉(shàn)】: 사립문의 절반 높이.

3) 明年春, 水落, 遷於故居之東, 東山之麓。→ 이듬해 봄, 물이 빠지고 나서, 전에 살던

作亭於其上。4) 彭城之山, 岡嶺四合, 隱然如大環, 獨缺其西十二, 而山人之亭適當其缺。5) 春夏之交, 草木際天; 秋冬雪月, 千里一色; 風雨晦明之間, 俯仰百變。6)

山人有二鶴, 甚馴而善飛。7) 旦則望西山之缺而放焉, 縱其所如, 或立於陂田, 或翔於雲表, 暮則傃東山而歸, 故名之曰放鶴亭。8)

곳의 동쪽, 동산 자락으로 이사했다.

【明年】: 이듬 해. 【水落】: 물이 빠지다. 【遷於…】: …으로 옮기다, …으로 이사하다. 【故居】: 전에 살던 곳. 【麓(lù)】: 산기슭, 산자락.

4) 升高而望, 得異境焉, 作亭於其上。→ 높은 곳에 올라 멀리 바라보고, 기이한 곳을 발견한 후, 그 위쪽에 정자를 지었다.

【升高】: 높은 곳에 오르다. 【得】: 발견하다. 【異境】: 기이한 곳.

5) 彭城之山, 岡嶺四合, 隱然如大環, 獨缺其西十二, 而山人之亭適當其缺。→ 팽성의 산들은, 산줄기가 사방으로 이어져, 은연중 마치 큰 고리 모양을 하고 있는데, 유독 서쪽 10분의 2 정도가 이지러져 있으며, 운룡산인의 정자는 바로 그 이지러진 곳과 마주 보고 있다.

【岡嶺】: 산등성이, 산줄기. 【四合】: 사방으로 이어지다. 【隱(yǐn)然】: 어렴풋한 모양. 【大環】: 큰 고리. 【獨】: 다만, 유독. 【缺(quē)】: 앞의 「缺」은 동사로 「이지러지다」의 뜻이고; 뒤의 「缺」은 명사로 「이지러진 곳」의 뜻이다. 【十二】: 10분의 2. ※판본에 따라서는 「十二」를 「一面」이라 했다. 【適】: 바로, 마침. 【當】: 마주 보다, 마주하다.

6) 春夏之交, 草木際天; 秋冬雪月, 千里一色; 風雨晦明之間, 俯仰百變。→ 봄과 여름 동안에는, 초목이 하늘에 닿고; 가을과 겨울에는 달빛과 雪景이, 온통 일색을 이루며; 바람이 불고 비가 내려 어두웠다 밝았다하는 사이에, 아래 위를 쳐다보면 실로 변화무쌍하다.

【…之交】: …의 사이. 여기서는 「…동안」을 의미한다. 【際(jì)】: 닿다, 접하다. 【晦(huì)】: 어둡다. 【俯仰(fǔ yǎng)】: 내려다보고 올려보고 하다. 【百變】: 변화무쌍하다.

7) 山人有二鶴, 甚馴而善飛。→ 운룡산인은 학 두 마리를 기르고 있는데, 잘 길들여지고 날기도 잘한다.

【馴(xùn)】: 길들여지다. 【善飛】: 잘 날다.

8) 旦則望西山之缺而放焉, 縱其所如, 或立於陂田, 或翔於雲表, 暮則傃東山而歸, 故名之曰郡守蘇軾, 時從賓客僚吏, 往見山人, 飮酒於斯亭而樂之。[9] 挹山人而告之曰 : 「子知隱居之樂乎? 雖南面之君可與易也。[10] ≪易≫曰 : 『鳴鶴在陰, 其子和之。』 ≪詩≫曰 : 『鶴鳴於九皐, 聲聞于天。』[11] 蓋其爲物, 淸遠閑放, 超然於塵垢之外, 故≪易≫≪詩≫人以比賢人君子。[12] 隱德之士, 狎而玩之, 宜若有益而無損者, 然衛懿

放鶴亭。→ 아침에 西山의 이지러진 곳을 향해 놓아주고, 학이 가는 대로 내맡겨 두면, 어느 때는 산비탈의 밭두렁에 우뚝 서있기도 하고, 어느 때는 구름 위에서 날기도 하며, 저녁이 되면 동산을 향해 돌아온다. 그래서 그곳을 이름 하여 放鶴亭이라 했다.

【望】 : …을 향해. 【縱(zòng)】 : 마음대로 내맡기다. 【其】 : [대명사] 그들, 저들, 즉 두 마리의 학. 【如】 : 往, 가다. 【陂(pí)】 : 산비탈. 【翔(xiáng)】 : 날다. 【雲表】 : 구름 위. 【傃(sù)】 : 향하다.

9) 郡守蘇軾, 時從賓客僚吏, 往見山人, 飮酒於斯亭而樂之。→ 郡의 太守인 蘇軾이, 때때로 빈객과 부하들을 거느리고, 운룡산인을 찾아가, 이 정자에서 술을 마시며 즐겼다.

【郡守】 : 郡의 太守. 소식은 熙寧 10년(1077) 4월에 密州에서 徐州 知州로 부임했다. 宋나라 때는 이미 郡을 州 또는 府로 바꾸었으나, 여기서는 옛 명칭을 사용한 것이다. 【從】 : 桽다, 따르다. 여기서는 「이끌다, 거느리다」의 뜻. 【僚吏】 : 부하. 【往見】 : 방문하다, 찾아가다. 【斯】 : 此, 이.

10) 挹山人而告之曰 : 「子知隱居之樂乎? 雖南面之君可與易也。→ (소식이) 운룡산인에게 술을 따라 권하며 말했다 : 「그대는 은거의 즐거움을 아십니까? 비록 황제의 자리라 해도 그것과 바꿀 만합니다.」

【挹(yì)】 : 술을 따르다. 【子】 : 그대, 당신. 【南面之君】 : 임금. ※군신의 조회에서 임금의 자리는 북쪽에서 남쪽을 향해 앉고 신하는 남쪽에서 북쪽을 향해 앉았다. 【可與易】 : 그것과 바꿀 만하다. ※판본에 따라서는 「可與易」을 「未可與易」이라 했다.

11) ≪易≫曰 : 『鳴鶴在陰, 其子和之。』 ≪詩≫曰 : 『鶴鳴於九皐, 聲聞于天。』→ ≪周易≫에는 : 『학이 음지에서 울면, 그 새끼가 어미에게 화답한다.』라 했고, ≪詩經≫에는 : 『학이 깊은 못에서 울면, 소리가 하늘까지 들린다.』라고 했습니다.

※이 말은 각각 ≪周易 · 中孚 · 九二爻辭≫와 ≪詩經 · 小雅 · 鶴鳴≫에 보인다.

【子】 : 새끼. 【和】 : 화답하다. 【之】 : [대명사] 그, 즉 학의 울음소리.

12) 蓋其爲物, 淸遠閑放, 超然於塵垢之外, 故≪易≫≪詩≫人以比賢人君子。→ 이는 대체로 학의 성품이, 고결하고 유유자적하여, 세속 밖으로 벗어날 수 있기 때문

公好鶴，則亡其國。[13] 周公作≪酒誥≫，衛武公作≪抑戒≫，以爲荒惑敗亂無若酒者;[14] 而劉伶、阮籍之徒，以此全其眞而名後世。[15] 嗟夫! 南面之君，雖淸遠閑放如鶴者，猶不得好，好之則亡

에, 그래서 ≪周易≫과 ≪詩經≫ 모두 이를 현인과 군자에 비유한 것입니다. 【蓋】: 대개, 대체로. 【爲物】: 됨됨이. 즉 「품성, 성질」. 【淸遠】: 고결하다. 【閑(xián)放】: 한가하고 거리낌이 없다, 유유자적하다. 【超然於…】: …으로부터 벗어나다. 【塵垢(chén gòu)】: 먼지와 때, 즉 「世俗」을 가리킨다. 【≪易≫≪詩≫人】: 「人」자는 작자를 가리킨 것이거나, 또는 잘못 들어간 誤字. 【以】: 以(之), 이로써, 이를 가지고.

13) 隱德之士，狎而玩之，宜若有益而無損者，然衛懿公好鶴，則亡其國。→ 덕망 있는 隱士는, 그것을 가까이하며 즐겨도, 마땅히 이로울지언정 해로움은 없는 듯한데, 그러나 衛懿公은 학을 좋아하다가, 오히려 나라를 망쳤습니다.
※≪左傳・魯閔公二年≫의 기록에 의하면, 衛懿公(B.C.668-B.C.660 재위)은 학을 좋아하여 학에게 수레를 태우고 작위를 봉하고 봉록을 주었다. 후에 오랑캐가 衛를 공격해 오자, 병사들이 모두 나가 싸우기를 거부하여 위의공은 결국 오랑캐에게 살해되고 나라를 망쳤다.
【狎(xiá)】: 친하다, 가까이 하다. 【玩(wán)】: 즐기다, 가지고 놀다. 【之】: [대명사] 그것, 즉 학. 【宜】: 당연히, 마땅히. 【若】: 마치 …듯하다. 【衛懿公】: 춘추시대 衛나라의 군주. 【好(hào)】: [동사] 좋아하다. 【則】: [연사] 오히려.

14) 周公作≪酒誥≫，衛武公作≪抑戒≫，以爲荒惑敗亂無若酒者; → 周公이 ≪酒誥≫를 짓고, 衛武公이 ≪抑≫을 지어 스스로를 훈계한 것은, 방탕하고 미혹에 빠지고 부패하고 혼란을 조장하는 것으로 술과 같은 것이 없다고 여겼기 때문이지만; 【周公】: 周文王의 아들, 武王의 아우. ※武王을 도와 殷을 멸하고 周왕조를 세웠다. 【≪酒誥(gào)≫】: ≪尙書≫의 편명. ※武王이 죽은 후, 成王의 나이가 어려 周公이 섭정하면서, 무왕의 어린 아우 康叔을 衛君으로 봉했는데, 당지의 백성들이 술을 너무 좋아하여 주공이 성왕의 명에 따라 ≪酒誥≫를 지어 강숙을 훈계했다. 【衛武公】: 西周시대 衛의 군주. 【≪抑戒(yì jiè)≫】: ≪詩經・大雅≫ 중의 詩篇. 衛武公은 이 시를 지어 스스로를 훈계했는데, 이 시에 「顚覆厥德, 荒湛于酒.(나의 덕행을 뒤엎고, 술에 빠져 헤어나지 못한다)」라는 구절이 있다. 【以爲…】: …라 여기다. 【無若…】: …만한 것이 없다, …을 능가할 만한 것이 없다.

15) 而劉伶、阮籍之徒，以此全其眞而名後世。→ 그러나 劉伶・阮籍과 같은 사람들은, (오히려) 술로써 자신의 참다운 모습을 보전하며 후세에 이름을 남겼습니다. ※유령과 완적은 당시의 정치에 대한 불만과 아울러 박해를 당할까 두려워한 나머지 항상 술에 만취하여 자신의 정치적 입장을 숨김으로써 생명을 보전할 수

其國。[16] 而山林遁世之士，雖荒惑敗亂如酒者，猶不能爲害，而況於鶴乎![17] 由此觀之，其爲樂未可以同日而語也。」[18] 山人忻然而笑曰：「有是哉!」[19] 乃作放鶴、招鶴之歌，曰：[20]

「鶴飛去兮，西山之缺。高翔而下覽兮，擇所適。[21] 翻然斂翼，宛將集兮，忽何所見，矯然而復擊。[22] 獨終日於澗谷之間兮，

있었다.

【劉伶(liú líng)】：[인명] 유령. 자는 伯倫, 西晉시대 竹林七賢의 한 사람. 【阮籍(ruǎn jí)】：[인명] 완적. 자는 嗣宗, 西晉시대 竹林七賢의 한 사람. 【名】：[동사용법] 이름을 남기다.

16) 嗟夫! 南面之君，雖淸遠閑放如鶴者，猶不得好，好之則亡其國。→ 아! 임금은, 비록 학처럼 고결하고 유유자적한 것조차, 좋아할 수 없고, 그것을 좋아하다가 나라를 망치기도 합니다.

【猶】：…조차도, 여전히.

17) 而山林遁世之士，雖荒惑敗亂如酒者，猶不能爲害，而況於鶴乎! → 그러나 속세를 피해 산림 속에 사는 사람들에게는, 설사 술처럼 방탕・미혹에 빠지게 하고 부패・혼란하게 하는 것들조차도, 해를 끼치지 못하는데, 하물며 학이야 어찌 해를 끼치겠습니까?

【遁(dùn)】：피하다, 숨다. 【荒惑】：[사동용법] 방탕하고 미혹에 빠지게 하다. 【敗亂】：[사동용법] 부패하고 혼란스럽게 하다. 【而況】：하물며.

18) 由此觀之，其爲樂未可以同日而語也。」→ 이로 미루어 보건대, 그 은거하는 즐거움은 무엇으로도 함께 견주어 논할 만한 것이 없습니다.」

【由此觀之】：이로 미루어 보건대. 【未可】：…할 수 없다. 【以】：…으로써, …을 가지고. 【同日而語】：함께 견주어 논하다.

19) 山人忻然而笑曰：「有是哉!」→ 운룡산인이 기쁜 모습으로 웃으며 말했다：「이런 일이 다 있었군요!」

【忻(xīn)然】：기뻐하는 모습. ※판본에 따라서는 「忻」을 「欣」이라 했다. 【是】：[대명사] 이, 이것. 즉 소식이 앞에서 말한 은자의 여러 가지 장점을 가리킨다.

20) 乃作放鶴、招鶴之歌，曰：→ 그리하여 (나는) 放鶴・招鶴의 노래를 지어, 불렀다：

【乃】：이에, 그리하여. 【放鶴、招鶴之歌】：학을 놓아주고 학을 불러들이는 노래.

21) 「鶴飛去兮，西山之缺。高翔而下覽兮，擇所適。→「학이 날아가네, 서산의 이지러진 곳을 향해. 높이 날아 아래를 보며, 적당한 자리를 찾는다.

【兮(xī)】：[어기사] 고대 시가에 많이 쓰인 조사. 【高翔(xiáng)】：높이 날다. 【下覽(lǎn)】：아래를 내려다보다. 【擇(zé)】：고르다, 선택하다. 【所適】：적당한 자리.

啄蒼苔而履白石。」23)

「鶴歸來兮, 東山之陰。其下有人兮, 黃冠草屨, 葛衣而鼓琴。24) 躬耕而食兮, 其餘以飽汝。歸來歸來兮, 西山不可以久留!」25)

■ | 번역문

방학정(放鶴亭)에 대해 적은 글

신종(神宗) 희녕(熙寧) 10년 가을, 팽성(彭城)에 홍수가 나서 운룡산인(雲龍山人) 장천기(張天驥)의 초가집에 물이 사립문 절반 높이까지 찼다. 이

---

22) 翻然斂翼, 宛將集兮, 忽何所見, 矯然而復擊。→ 재빨리 날개를 접고, 마치 내려앉는 듯하다가, 문득 무엇을 보았는지, 힘차게 다시 날개를 치고 오른다.
【翻(fān)然】: 민첩한 모양, 재빠른 모양. 【斂(liǎn)】: 거두다, 접다. 【宛(wǎn)】: 마치, 흡사. 【集】: 내려앉다. 【忽(hū)】: 문득, 갑자기. 【矯(jiǎo)然】: 힘찬 모습. 【擊(jī)】: 치다.

23) 獨終日於澗谷之間兮, 啄蒼苔而履白石。」→ 홀로 온종일 계곡에서, 푸른 이끼를 쪼아 먹으며 하얀 돌 위를 걸어 다닌다.」
【獨】: 홀로, 혼자서. 【澗(jiàn)谷】: 계곡. 【啄(zhuó)】: 쪼다, 쪼아 먹다. 【蒼苔(cāng tái)】: 푸른 이끼. 【履(lǚ)】: 밟다.

24) 「鶴歸來兮, 東山之陰。其下有人兮, 黃冠草屨, 葛衣而鼓琴。→「학이 돌아온다, 동산의 북쪽으로. 그 아래에는 사람이 있는데, 노란 모자를 쓰고 짚신을 신고, 갈포 옷을 걸치고 거문고를 타고 있다.
【陰】: 음지, 즉 「북쪽」을 말한다. 【黃冠(guān)】: 도사들이 쓰는 모자. 여기서는 동사용법으로 「노랑 모자를 쓰다」의 뜻. 【草屨(jù)】: 짚신. 여기서는 동사용법으로 「짚신을 신다」의 뜻. 【葛(gé)衣】: 갈포 옷. 여기서는 동사용법으로 「갈포 옷을 입다」의 뜻. 【鼓(gǔ)琴】: 거문고를 타다. 「鼓」: 치다, 타다.

25) 躬耕而食兮, 其餘以飽汝。歸來歸來兮, 西山不可以久留!」→ 몸소 밭을 갈아 먹고, 남는 것으로 너희들에게 배불리 먹여주마. 돌아와라 돌아와, 서산은 오래 머물 수 없는 곳이니라.」
【躬(gōng)】: 몸소, 친히. 【耕(gēng)】: 밭을 갈다, 농사짓다. 【食】: [동사] 먹다. 【以】: 以(之), 이로써, 이를 가지고. 【飽(bǎo)】: 배부르다. 【汝(rǔ)】: 너.

듬해 봄, 물이 빠지고 나서 전에 살던 곳의 동쪽 동산 자락으로 이사했다. 높은 곳에 올라 멀리 바라보고 기이한 곳을 발견한 후 그 위쪽에 정자를 지었다. 팽성의 산들은, 산줄기가 사방으로 이어져, 은연중 마치 큰 고리모양을 하고 있는데, 유독 서쪽 10분의 2 정도가 이지러져 있으며, 운룡산인의 정자는 바로 그 이지러진 곳과 마주 보고 있다. 봄과 여름 동안에는 초목이 하늘에 닿고, 가을과 겨울에는 달빛과 설경(雪景)이 온통 일색을 이루며, 바람이 불고 비가 내려 어두웠다 밝았다하는 사이에, 아래 위를 쳐다보면 실로 변화무쌍하다.

운룡산인은 학 두 마리를 기르고 있는데, 잘 길들여지고 날기도 잘한다. 아침에 서산(西山)의 이지러진 곳을 향해 놓아주고 학이 가는 대로 내맡겨 두면, 어느 때는 산비탈 밭두렁에 우뚝 서있기도 하고 어느 때는 구름 위에서 날기도 하며 저녁이 되면 동산을 향해 돌아온다. 그래서 그곳을 이름 하여 방학정(放鶴亭)이라 했다

군(郡)의 태수(太守)인 소식이 때때로 빈객과 부하들을 거느리고 운룡산인을 찾아가 이 정자에서 술을 마시며 즐겼다. (소식이) 운룡산인에게 술을 따라 권하며 말했다 : 「그대는 은거의 즐거움을 아십니까? 비록 황제의 자리라 해도 그것과 바꿀 만합니다. ≪주역(周易)≫에는 : 『학이 음지에서 울면 그 새끼가 어미에게 화답한다.』라 했고, ≪시경(詩經)≫에는 : 『학이 깊은 못에서 울면 소리가 하늘까지 들린다.』라고 했습니다. 이는 대체로 학의 성품이 고결하고 유유자적하여 세속 밖으로 벗어날 수 있기 때문에, 그래서 ≪주역≫과 ≪시경≫ 모두 이를 현인과 군자에 비유한 것입니다. 덕망 있는 은사(隱士)는 그것을 가까이하며 즐겨도 마땅히 이로울지언정 해로움은 없는 듯한데, 그러나 위의공(衛懿公)은 학을 좋아하다가 오히려 나라를 망쳤습니다. 주공(周公)이 ≪주고(酒誥)≫를

짓고 위무공(衛武公)이 ≪억(抑)≫을 지어 스스로를 훈계한 것은, 방탕하고 미혹에 빠지고 부패하고 혼란을 조장하는 것으로 술과 같은 것이 없다고 여겼기 때문이지만, 그러나 유령(劉伶)·완적(阮籍)과 같은 사람들은 (오히려) 술로써 자신의 참다운 모습을 보전하며 후세에 이름을 남겼습니다. 아! 임금은 비록 학처럼 고결하고 유유자적한 것조차 좋아할 수 없고, 그것을 좋아하다가 나라를 망치기도 합니다. 그러나 속세를 피해 산림 속에 사는 사람들에게는 설사 술처럼 방탕·미혹에 빠지게 하고 부패·혼란하게 하는 것들조차도 해를 끼치지 못하는데, 하물며 학이야 어찌 해를 끼치겠습니까? 이로 보건대, 그 은거하는 즐거움은 무엇으로도 함께 견주어 논할 만한 것이 없습니다.」 운룡산인이 기쁜 모습으로 웃으며 말했다 : 「이런 일이 다 있었군요!」 그리하여 (나는) 방학(放鶴)·초학(招鶴)의 노래를 지어 불렀다 :

「학이 날아가네, 서산의 이지러진 곳을 향해. 높이 날아 아래를 보며 적당한 자리를 찾는다. 재빨리 날개를 접고 마치 내려앉는 듯하다가, 문득 무엇을 보았는지 힘차게 다시 날개를 치고 오른다. 홀로 온종일 계곡에서 푸른 이끼를 쪼아 먹으며 하얀 돌 위를 걸어 다닌다.」

「학이 돌아온다, 동산의 북쪽으로. 그 아래에는 사람이 있는데, 노란 모자를 쓰고 짚신을 신고, 갈포 옷을 걸치고 거문고를 타고 있다. 몸소 밭을 갈아 먹고 남는 것으로 너희들에게 배불리 먹여주마. 돌아와라 돌아와, 서산은 오래 머물 수 없는 곳이니라!」

■ | 해제(解題) 및 본문요지 설명

≪방학정기(放鶴亭記)≫는 소식(蘇軾)이 서주지주(徐州知州)로 부임했을 때 은사(隱士) 장천기(張天驥)의 정자를 위해 쓴 글이다. 장천기는 서주(徐州) 운룡산(雲龍山) 아래에 방학정(放鶴亭)을 짓고, 항상 높은 곳에 올라 먼 곳을 바라보거나, 술잔을 들고 바람을 맞으며 사계절의 경치를 관람하는가 하면, 자기가 기르는 한 쌍의 선학(仙鶴)이 구름 속을 날거나 물가에 우뚝 서있는 모습을 감상하는 등 자연의 우아한 경관을 즐겼다.

소식은 신종(神宗) 희녕(熙寧) 4년(1071) 왕안석(王安石)의 변법을 반대했다가 항주통판(杭州通判)으로 폄적된 후 밀주지주(密州知州)를 거쳐 희녕 10년 서주지주(徐州知州)로 부임하면서, 이곳에 은거하던 장천기와 매우 가까이 지냈다. 이에 소식은 산림에 은거하는 즐거움을 통해 정신적인 위안을 찾고자 했다.

본문은 다섯 단락으로 나눌 수 있는데, 첫째 단락에서는 친구인 장천기가 팽성(彭城)의 운룡산(雲龍山) 자락에 정자를 지은 것에 대해 기술했고; 둘째 단락에서는 정자의 이름을 방학정(放鶴亭)이라 부르게 된 연유를 밝혔고; 셋째 단락에서는 은자(隱者)와 왕(王)은 생활 정취에서 확연히 달라 은자는 학을 기를 수 있을 뿐만 아니라 술로써 후세에 이름을 전할 수도 있지만, 왕은 그렇지 못하다는 것을 서술했고; 마지막 단락에서는 방학가(放鶴歌)와 초학가(招鶴歌) 두 수의 가사(歌詞)로 끝을 맺었다.

189 석종산기(石鐘山記)

[宋] 蘇軾

■ | 작자

179. 범증론(范增論) 참조

■ | 원문 및 주석

石鐘山記[1)]

≪水經≫云：「彭蠡之口，有石鐘山焉。」[2)] 酈元以爲下臨深潭，微風鼓浪，水石相搏，聲如洪鐘。是說也，人常疑之。[3)] 今以

---

1) 石鐘山記 → 石鐘山산에 대해 적은 글

【石鐘山】: 강서성 湖口縣 鄱陽湖의 東岸에 있는 산. 산은 두 곳이 있는데, 호구현의 남쪽에 있는 산을 上鐘山, 북쪽에 있는 산을 下鐘山이라 한다. 두 산은 각각 높이가 5-6백 尺, 둘레가 10여 리이며, 서로 마주보고 있어 현지 주민들은 이를 「雙鐘」이라 불렀다.

2) ≪水經≫云：「彭蠡之口，有石鐘山焉。」→ ≪水經≫에 이르길：「鄱陽湖의 입구에는, 石鐘山이 있다.」라고 했다.

【≪水經≫】: [서명] 전국 하천의 흐름을 체계적으로 기록한 고대 중국의 지리서. ≪新唐書・藝文志≫에는 작자를 漢 桑欽 또는 西晉 郭璞이라 했으나, 清代 학자의 고증에 의하면 三國시대 사람이 지은 것이라 한다. 【彭蠡(péng lǐ)】: 鄱陽湖. 지금의 강서성 북부에 있으며, 長江과 통한다.

3) 酈元以爲下臨深潭，微風鼓浪，水石相搏，聲如洪鐘。是說也，人常疑之。→ 酈道元은

鐘磬置水中，雖大風浪不能鳴也，而况石乎![4] 至唐，李渤始訪其遺蹤，得雙石於潭上，扣而聆之，南聲函胡，北音淸越，枹止響騰，餘韻徐歇，自以爲得之矣。[5] 然是說也，余尤疑之。石之鏗然有聲者，所在皆是也，而此獨以鐘名，何哉?[6]

(석종산) 아래쪽은 깊은 못과 맞닿아 있는데, 미풍이 파랑을 일으키면, 파도가 바위를 쳐서, 그 소리가 마치 큰 종이 울리는 것과 같다고 여겼다. 이 말을, 사람들은 항상 의심해 왔다.

【酈(lì)元】: [인명] 酈道元. 중국 고대의 지리학자. 北魏 范陽 涿鹿[지금의 하북성 涿鹿縣 남쪽] 사람으로, 자는 善長이며 저서로 ≪水經注≫ 40권이 있다. 【以爲】: …라 여기다, …라고 생각하다. 【臨】: 면하다, 맞닿다. 【潭(tán)】: 연못. 【鼓(gǔ)】: 출렁이다, 일으키다. 【搏(bó)】: 부딪치다. 즉, 호수의 파도가 산의 바위를 치는 것을 가리킨다. 【洪鐘】: 큰 종. 여기서는 「큰 종소리」를 뜻한다. 【是說】: 이 말.

4) 今以鐘磬置水中, 雖大風浪不能鳴也, 而况石乎! → 지금 종과 경쇠를 물속에 놓아 보니, 비록 큰 풍랑이 일어도 소리가 나지 않는데, 하물며 돌이야!

【磬(qìng)】: 경쇠. ※옛날 악기의 일종으로 옥이나 돌로 만든 굽은 모양의 평면체. 매달아 놓고 쳐서 소리를 낸다. 【鳴(míng)】: 울리다, 소리를 내다. 【而况】: 하물며.

5) 至唐, 李渤始訪其遺蹤, 得雙石於潭上, 扣而聆之, 南聲函胡, 北音淸越, 枹止響騰, 餘韻徐歇, 自以爲得之矣。→ 唐代에 이르러, 李渤이 처음으로 그 유적을 탐방하여, 물가에서 한 쌍의 돌을 찾아내, 두드리고 들어보니, 남쪽 면의 소리는 둔탁하고, 북쪽 면의 소리는 맑고 쟁쟁 울리며, 채질을 멈추어도 소리가 여전히 퍼지면서, 여음이 서서히 멈추었는데, (이발은) 스스로 석종산이 유명해진 원인을 찾아냈다고 여겼다.

【李渤(bó)】: [인명] 이발. 唐代 洛陽人으로 자는 濬之. 憲宗 元和 연간에 江州刺史를 지냈으며, 實地踏査를 거쳐 ≪辨石鐘山記≫를 썼다. ≪新唐書≫와 ≪舊唐書≫에 그의 傳이 있다. 【始】: 비로소, 처음으로. 【訪】: 탐방하다. 【遺蹤(yí zōng)】: 유적지. 【潭(tán)】: 못, 물가. 【扣(kòu)】: 치다, 두드리다. 【聆(líng)】: 기울여 듣다. 【函胡(hán hú)】: 둔탁하다. 【淸越】: 맑고 우렁차다. 【枹(fú)】: 桴. 북채. 여기서는 동사용법으로 「채질하다, 두드리다」의 뜻. 【響(xiǎng)】: 울림, 음향. 【騰(téng)】: 널리 퍼지다, 전파되다. 【餘韻(yú yùn)】: 여음. 【徐歇(xiē)】: 서서히 없어지다. 【以爲】: …라 여기다, … 라고 생각하다. 【之】: [대명사] 그것, 즉 석종산이 유명해진 원인, 소리가 나서 석종산이라 부르게 된 원인.

元豐七年六月丁丑，余自齊安舟行適臨汝，而長子邁將赴饒之德興尉。[7] 送之至湖口，因得觀所謂石鐘者。[8] 寺僧使小童持斧，於亂石間擇其一二，扣之，硿硿焉。余固笑而不信也。[9]

至莫夜，月明，獨與邁乘小舟至絶壁下。[10] 大石側立千尺，如猛獸奇鬼，森然欲搏人；而山上栖鶻聞人聲，亦驚起，磔磔雲霄

---

6) 然是說也，余尤疑之。石之鏗然有聲者，所在皆是也，而此獨以鐘名，何哉? → 그러나 이 말을, 나는 더욱 의심했다. 돌이 땡그랑 하고 나는 소리는, 어디서나 다 그러한데, 이곳의 돌을 유독 石鐘으로 명명한 것은, 무슨 까닭인가?
【是說】: 이 말, 즉 이발이 한 말. 【尤(yóu)】: 더욱. 【鏗(kēng)然】: [금속이나 돌이 부딪쳐 나는 소리] 땡그랑. 【所在】: 곳곳, 모든 곳. 【皆是】: 다 그러하다. 【名】: [동사] 命名하다, 이름을 짓다.

7) 元豐七年六月丁丑，余自齊安舟行適臨汝，而長子邁將赴饒之德興尉。→ 神宗 元豐 7년 6월 정축일에, 나는 齊安으로부터 배를 타고 臨汝에 도착했는데, 맏아들 邁가 조만간 饒州 德興縣의 縣尉로 부임하려는 참이었다.
【元豐七年六月丁丑】: 神宗 元豊 7년(1084) 6월 9일. 「元豐」: 神宗의 두 번째 연호. 「丁丑」: 정축일, 당시 9일. 【齊安】: [지명] 지금의 호북성 黃岡市. 【舟行】: 배를 타고 가다. 【適】: 도착하다. 【臨汝】: [지명] 지금의 하남성 臨汝縣. 【邁(mài)】: 소식의 맏아들 蘇邁, 자는 伯達. 【赴(fù)】: 부임하다. 【饒(ráo)之德興】: [지명] 饒州 德興縣. 「饒州」: 지금의 강서성 鄱陽縣. 【尉(wèi)】: 縣尉.

8) 送之至湖口，因得觀所謂石鐘者。→ 그를 湖口까지 전송하면서, 이로 인해 이른바 石鐘이라는 것을 보게 되었다.
【送】: 배웅하다, 전송하다. 【之】: [대명사] 그, 즉 소식의 아들 소매. 【湖口】: [지명] 지금의 강서성 湖口縣. 【因】: 이로 인해, 그리하여. 【得觀】: 보게 되다, 볼 기회를 얻다.

9) 寺僧使小童持斧，於亂石間擇其一二，扣之，硿硿焉。余固笑而不信也。→ 절의 승려가 동자로 하여금 도끼를 가지고, 어지럽게 널린 돌 중에서 한두 개를 골라, 그것을 두들기게 하니, 콩콩 소리가 났다. 나는 물론 웃으면서 믿지 않았다.
【持(chí)】: 잡다, 지니다. 【亂石】: 어지럽게 널린 돌. 【硿(kōng)硿】: [의성어] 콩콩. 돌을 두들겨서 나는 소리. 【固】: 물론, 당연히.

10) 至莫夜，月明，獨與邁乘小舟至絶壁下。→ 저녁이 되어, 달이 밝자, 나 홀로 邁와 함께 작은 배를 타고 절벽 아래에 이르렀다.
【莫(mù)夜】: 저녁. 「莫」: 暮의 本字. ※판본에 따라서는 「莫夜」를 「其夜」라 했다. 【獨】: 홀로, 혼자. 【與】: …와 함께, …와 더불어. 【乘(chéng)】: 타다.

間。[11] 又有若老人欬且笑於山谷中者, 或曰 :「此鸛鶴也。」[12] 余方心動欲還, 而大聲發於水上, 噌吰如鐘鼓不絶。 舟人大恐。[13] 徐而察之, 則山下皆石穴罅, 不知其淺深, 微波入焉, 涵澹澎湃而爲此也。[14] 舟迴至兩山間, 將入港口, 有大石當中流, 可坐百人,[15] 空中而多竅, 與風水相呑吐, 有窾坎鏜鞳之聲, 與向之噌吰

11) 大石側立千尺, 如猛獸奇鬼, 森然欲搏人; 而山上栖鶻聞人聲, 亦驚起, 磔磔雲霄間。→ 큰 바위가 비스듬히 서있는데 높이가 천 척이나 되고, 마치 사나운 맹수나 괴상한 도깨비가, 섬뜩하게 사람을 잡아가려고 하는 듯했다. 그리고 산에 서식하는 송골매가 사람의 소리를 듣자 또한 놀라 날아오르더니, 하늘에서 찍찍거리고 있었다.

【側立】: 비스듬히 서있다. 【千尺】: [상황어] 천 尺이 되다. 【森(sēn)然】: 으스스한 모양, 섬뜩한 모양. 【欲】: …하고자 하다. 【搏(bó)】: 잡다. 【栖(qī)】: 살다, 서식하다. 【鶻(gú)】: 송골매. 【驚起】: 놀라서 날아오르다. 【磔(zhé)磔】: [의성어] 찍찍거리다. 【雲霄(xiāo)】: 높은 하늘.

12) 又有若老人欬且笑於山谷中者, 或曰 :「此鸛鶴也。」→ 또 마치 노인이 산속에서 기침을 하며 웃는 것과 같은 소리가 들렸다. 어떤 사람이 :「이것은 황새나」라고 했다.

【若】: …과 같은. 【欬(kài)】: 기침하다. 【鸛鶴(guàn hè)】: 황새. 【且】: …하고 또한.

13) 余方心動欲還, 而大聲發於水上, 噌吰如鐘鼓不絶。舟人大恐。→ 나는 막 마음이 불안하여 돌아가려고 하는데, 수면에서 큰 소리가 나더니, 종이나 북소리처럼 둥둥 울리며 그치지 않았다. 뱃사공이 매우 두려워했다.

【方】: 막 …하다. 【心動】: 마음이 떨리다, 불안을 느끼다. 【還(huán)】: 돌아가다. 【發】: (소리가) 나다. 【噌吰(chēng hóng)】: [의성어] 땡땡, 둥둥. 종이나 북을 치는 소리. 【舟人】: 뱃사공, 선부. 【恐(kǒng)】: 두려워하다.

14) 徐而察之, 則山下皆石穴罅, 不知其淺深, 微波入焉, 涵澹澎湃而爲此也。→ 천천히 그것을 살펴보니, 바로 산 아래가 온통 石窟과 틈새로 형성되어 있는데, 그 깊이를 알 수 없고, 작은 파도가 그곳에 들어가, 출렁이며 부딪쳐서 이러한 소리를 냈다.

【徐而察(chá)】: 천천히 살피다. 【之】: [대명사] 그것, 즉 「그 소리」. 【石穴】: 석굴. 【罅(xià)】: 틈, 틈새. 【淺深(qiǎn shēn)】: 깊이. 【微波(wēi bō)】: 작은 파도. 【涵澹(hán dàn)】: 물결이 출렁이다. 【澎湃(péng pài)】: 물결이 부딪쳐 솟구치다. 【爲此】: 이를 만들다. 즉, 「이러한 소리를 내다」.

者相應，如樂作焉。[16] 因笑謂邁曰：「汝識之乎？ 噌吰者，周景王之無射也；窾坎鏜鞳者，魏莊子之歌鐘也。古之人不余欺也。」[17]

事不目見耳聞而臆斷其有無，可乎？[18] 酈元之所見聞，殆與

15) 舟迴至兩山間，將入港口，有大石當中流，可坐百人，→ 배가 두 산의 중간쯤까지 돌아와，곧 항구로 진입하려고 할 때，큰 암석 하나가 물 가운데에서 막고 서있었다. (암석 위는) 족히 백 사람이 앉을 수 있을 만큼 넓었고，
【迴(huí)至】：…까지 돌아오다. 【兩山】：두 산，즉 上鐘山과 下鐘山. 【當】：擋. 막다. 【中流】：강 가운데，물 가운데.

16) 空中而多竅，與風水相呑吐，有窾坎鏜鞳之聲，與向之噌吰者相應，如樂作焉。→ (암석의) 중간은 텅 빈 상태로 많은 구멍이 뚫려있는데，바람과 물이 서로 들락거려，쿵쿵 탕탕 소리를 내며，방금 전의 둥둥하는 소리와 서로 어우러져，마치 음악을 연주하는 듯했다.
【空(kōng)中】：가운데가 비어있는 상태. 【竅(qiào)】：굴，구멍. 【呑吐(tūn tǔ)】：삼키고 뱉고 하다，즉「들락거리다，들락날락하다」. 【窾坎(kuān kān)】：[의성어] 쿵쿵，쾅쾅. 물건을 쳐서 나는 소리. 【鏜鞳(tāng tà)】：[의성어] 퉁탕，퉁퉁탕탕. 종이나 북을 쳐서 나는 소리. 【向之】：방금，이전의. 【相應】：서로 어우러지다，서로 호응하다. 【樂(yuè)作】：음악을 연주하다.

17) 因笑謂邁曰：「汝識之乎？ 噌吰者，周景王之無射也；窾坎鏜鞳者，魏莊子之歌鐘也。古之人不余欺也。」→ 그리하여 (나는) 웃으며 매에게 말했다：「너는 (석종산) 명명의 유래를 아느냐? 땡땡 둥둥하는 소리는，周景王의 無射鐘(무역종) 소리와 같고；쿵쿵 탕탕하는 소리는，춘추시대 魏莊子의 編鐘 소리와도 같다. 옛 사람들은 우리를 속이지 않았다.」
【因】：이로 인해，그리하여. 【識(shí)】：알다，이해하다. 【之】：[대명사] 그것，즉「석종산 命名의 유래」. 【周景王】：東周의 제12대 임금. 성은 姬，이름은 貴이다. 【無射(yì)】：무역종. ※본래 고대 音律에서 六律 중의 여섯 번째 명칭인데，종을 주조한 후，음률의 명칭을 가지고 鐘名을 삼았다. ≪國語・周語下≫：「二十三年，王將鑄無射而爲之大林。(周景王 23년，景王이 큰 종을 주조하고 이에 덮개를 만들려고 했다.)」【魏莊子】：춘추시대 晋나라 悼公의 大夫인 魏絳의 시호. 【歌鐘】：編鐘. ※한 개가 한 음씩 내는 종을 음계의 고저에 따라 여러 개를 엮어 음악을 연주할 수 있도록 만든 것으로，≪左傳・襄公十一年≫의 기록에 의하면，B.C. 561년 鄭나라가 晋悼公에게 한 조 16매의 歌鐘 2조와 女樂 16인 및 기타 악기를 선물했는데，晋悼公이 절반을 나누어 위강에게 주었다고 한다. 【不余欺】：不欺余. ※목적어의 도치 형태.

18) 事不目見耳聞而臆斷其有無，可乎？→ 모든 일을 직접 눈으로 보거나 귀로 듣지

余同，而言之不詳；[19] 士大夫終不肯以小舟夜泊絶壁之下，故莫能知；[20] 而漁工水師，雖知而不能言。此世所以不傳也。[21] 而陋者乃以斧斤考擊而求之，自以爲得其實。[22] 余是以記之，蓋歎酈元之簡，而笑李渤之陋也。[23]

않고 有無를 멋대로 단정하는 것이, 될 말인가?

【臆斷(yì duàn)】: 멋대로 단정하다.

19) 酈元之所見聞，殆與余同，而言之不詳；→ 역도원이 보고 들은 바는, 거의 나와 같지만, 그러나 (그가) 한 말은 상세하지 못하고;

【殆(dài)】: 거의, 대체로.

20) 士大夫終不肯以小舟夜泊絶壁之下，故莫能知；→ 사대부들은 끝내 작은 배를 타고 밤중에 절벽의 아래에서 정박하기를 꺼려했기 때문에, 그래서 알 수가 없었고;

【終】: 시종, 끝내. 【不肯(kěn)】: …하려 들지 않다. 【夜泊(bó)】: 밤에 배를 정박하다. 【莫能】: …할 수가 없다.

21) 而漁工水師，雖知而不能言。此世所以不傳也。→ 그리고 어부와 뱃사공은, 비록 알기는 하지만 글로써 표현해 내지 못한다. 이것이 바로 세상에 전해지지 않은 까닭이다.

【漁工】: 어부. 【水師】: 뱃사공, 船夫. 【不能言】: 말해 내지 못하다. 즉,「기록해서 전하지 못하다」의 뜻. 【所以】: 원인, 까닭.

22) 而陋者乃以斧斤考擊而求之，自以爲得其實。→ 그런데 식견이 좁은 사람들이 오히려 도끼로 (돌을) 두들겨 보는 방법으로 (석종산이라 命名한) 근거를 찾고, 스스로 사실의 진상을 찾았다고 여겼다.

【陋(lòu)者】: 견식이 천박한 사람, 식견이 좁은 사람. 【乃】: 오히려, 도리어. 【斧斤(fǔ jīn)】: 도끼. 【考擊(kǎo jī)】: 두들기다, 치다.「考」: 拷. 【以爲】: …라 여기다, …라고 생각하다. 【實】: 진상, 사실.

23) 余是以記之，蓋歎酈元之簡，而笑李渤之陋也。→ 나는 그래서 이를 기록하여, 역도원의 기록이 간략한 것을 한탄하며, 아울러 이발의 식견이 천박함을 비웃는다.

【是以】: 그래서, 이로 인해. 【蓋】: [어조사] 앞의 말을 받아 그 이유나 원인을 나타낸다. 【歎(tàn)】: 한탄하다, 탄식하다. 【簡】: (설명이) 간략하다. 【笑】: 비웃다, 조소하다. 【陋(lòu)】: 천박하다, 미천하다.

■ | 번역문

석종산(石鐘山)에 대해 적은 글

≪수경(水經)≫에 이르길 : 「파양호(鄱陽湖)의 입구에는 석종산(石鐘山)이 있다.」라고 했다. 역도원(酈道元)은 (석종산) 아래쪽은 깊은 못과 맞닿아 있는데, 미풍이 파랑을 일으키면 파도가 바위를 쳐서 그 소리가 마치 큰 종이 울리는 것과 같다고 여겼다. 이 말을 사람들은 항상 의심해 왔다. 지금 종과 경쇠를 물속에 놓아 보니 비록 큰 풍랑이 일어도 소리가 나지 않는데 하물며 돌이야! 당대(唐代)에 이르러 이발(李渤)이 처음으로 그 유적을 탐방하여 물가에서 한 쌍의 돌을 찾아내 두드리고 들어보니, 남쪽 면의 소리는 둔탁하고 북쪽 면의 소리는 맑고 쟁쟁 울리며, 채질을 멈추어도 소리가 여전히 퍼지면서 여음이 서서히 멈추었는데, (이발은) 스스로 석종산이 유명해진 원인을 찾아냈다고 여겼다. 그러나 이 말을 나는 더욱 의심했다. 돌이 땡그랑 하고 나는 소리는 어디서나 다 그러한데, 이곳의 돌을 유독 석종(石鐘)으로 명명(命名)한 것은 무슨 까닭인가?

신종(神宗) 원풍(元豐) 7년 6월 정축일에 나는 제안(齊安)으로부터 배를 타고 임여(臨汝)에 도착했는데, 맏아들 매(邁)가 조만간 요주(饒州) 덕흥현(德興縣)의 현위(縣尉)로 부임하려는 참이었다. 그를 호구(湖口)까지 전송하면서 이로 인해 이른바 석종(石鐘)이라는 것을 보게 되었다. 절의 승려가 동자로 하여금 도끼를 가지고 어지럽게 널린 돌 중에서 한두 개를 골라 그것을 두들기게 하니 콩콩 소리가 났다. 나는 물론 웃으면서 믿지 않았다.

저녁이 되어, 달이 밝자 나 홀로 매(邁)와 함께 작은 배를 타고 절벽

아래에 이르렀다. 큰 바위가 비스듬히 서있는데 높이가 천 척이나 되고, 마치 사나운 맹수나 괴상한 도깨비가 섬뜩하게 사람을 잡아가려고 하는 듯했다. 그리고 산에 서식하는 송골매가 사람의 소리를 듣자 또한 놀라 날아오르더니 하늘에서 찍찍거리고 있었다. 또 마치 노인이 산속에서 기침을 하며 웃는 것과 같은 소리가 들렸다. 어떤 사람이 : 「이것은 황새다」라고 했다. 나는 막 마음이 불안하여 돌아가려고 하는데, 수면에서 큰 소리가 나더니 종이나 북소리처럼 둥둥 울리며 그치지 않았다. 뱃사공이 매우 두려워했다. 천천히 그것을 살펴보니 바로 산 아래가 온통 석굴과 틈새로 형성되어 있는데, 그 깊이를 알 수 없고 작은 파도가 그곳에 들어가 출렁이며 부딪쳐서 이러한 소리를 냈다. 배가 두 산의 중간쯤까지 돌아와 곧 항구로 진입하려고 할 때 큰 암석 하나가 물 가운데에서 막고 서있었다. (암석 위는) 족히 백 사람이 앉을 수 있을 만큼 넓었고, (암석의) 중간은 텅 빈 상태로 많은 구멍이 뚫려있는데, 바람과 물이 서로 들락거려 쿵쿵 탕탕 소리를 내며 방금 전의 둥둥하는 소리와 서로 어우러져 마치 음악을 연주하는 듯했다. 그리하여 (나는) 웃으며 매에게 말했다 : 「너는 (석종산) 명명의 유래를 아느냐? 땡땡 둥둥하는 소리는 주경왕(周景王)의 무역종(無射鐘) 소리와 같고, 쿵쿵 탕탕하는 소리는 춘추시대 위장자(魏莊子)의 편종(編鐘) 소리와도 같다. 옛 사람들은 우리를 속이지 않았다.」

모든 일을 직접 눈으로 보거나 귀로 듣지 않고 유무(有無)를 멋대로 단정하는 것이 될 말인가? 역도원이 보고 들은 바는 거의 나와 같지만, 그러나 (그가) 한 말은 상세하지 못하고, 사대부들은 끝내 작은 배를 타고 밤중에 절벽의 아래에서 정박하기를 꺼려했기 때문에, 그래서 알 수가 없었고, 그리고 어부와 뱃사공은 비록 알기는 하지만 글로써 표현해 내지 못한다. 이것이 바로 세상에 전해지지 않은 까닭이다. 그런데 식견이 없는 사람들이 오히려 도끼로 (돌을) 두들겨 보는 방법으로 (석종산이라 명명한) 근거를 찾고 스스로 사실의 진상을 찾았다고 여겼다. 나는 그래서 이를 기록하여, 역도원의 기록이 간략한 것을 한탄하며 아울러 이발의 식견이 천박함을 비웃는다.

■ | 해제(解題) 및 본문요지 설명

≪석종산기(石鐘山記)≫는 소식이 석종산이라 명명한 유래를 밝힌 글이다. 석종산은 상종산(上鐘山)과 하종산(下鐘山)이 있다. 하종산의 절벽은 장강(長江)에 임해 있는데 형세가 매우 험준하다. 산의 암석에는 동굴이 많아 바람과 물이 들락거리고 파도가 서로 부딪치면서 항상 큰 종과 같은 소리를 낸다. 이러한 현상을 옛사람들이 일찍부터 알고는 있었지만, 송대(宋代) 소식(蘇軾) 이전까지는 줄곧 그 원인을 분명하게 탐구해 내지 못했다. 비록 역도원(酈道元)이 말한 바가 있지만 너무 간략하고, 당(唐) 이발(李渤)이 그 유적을 탐방하여 석종산이 유명해진 원인을 찾았다고 했지만, 그는 식견이 너무 천박하다. 그리하여 소식은 신종(神宗) 원풍(元豊) 7년(1084) 6월에 친히 석종산을 탐방할 기회가 있어 직접 그 진상을 자세히 살피고 그 전말을 유기(遊記)로 써서 석종산이라 명명한 유래를 세상에 알리고자 했다.

본문은 세 단락으로 나눌 수 있는데, 첫째 단락에서는 먼저 석종산의 명명(命名)에 대한 옛 사람들의 탐구 상황을 서술한 후, 작자 자신이 이러한 설을 불신하는 근거를 제시했고; 둘째 단락에서는 작자 자신이 직접 탐구한 석종산의 명명에 대한 경위를 서술했다. 둘째 단락은 다시 두 부분으로 나누어 (1)먼저 물과 돌이 서로 부딪치는 현상을 발견하기 전에, 석종산의 달밤 으스스한 분위기가 공포감을 느끼게 하여 일반 사람들이 감히 발을 들여놓지 못한 상황을 설명한 후, 사람들이 이러한 난관을 겪지 않았기 때문에 석종산의 신비를 몇 백 년 동안 밝혀내지 못했다는 것을 우의적으로 표현했고, (2)그 다음에는 돌과 물이 서로 부딪쳐 소리가 나는 현상을 발견한 사실을 통해, 천고의 수수께끼가 풀리는 감격스런 심정을 술회하였으며; 마지막 단락에서는 자신이 석종산의 신비를 알아낸 뒤의 깨달은 바에 대해 서술했다.

190 조주한문공묘비(潮州韓文公廟碑)

[宋] 蘇軾

■ | 작자

179. 범증론(范增論) 참조

■ | 원문 및 주석

潮州韓文公廟碑[1)]

匹夫而爲百世師, 一言而爲天下法, 是皆有以參天地之化, 關盛衰之運。[2)] 其生也有自來, 其逝也有所爲。[3)] 故申、呂自嶽

1) 潮州韓文公廟碑 → 潮州刺史 韓愈 祠堂의 碑文
【潮州】: [州이름] 지금의 광동성 潮安縣. 【韓文公】: 韓愈. 南陽[지금의 하남성 孟縣] 사람으로 자는 退之. 후에 조상이 昌黎郡[지금의 하북성 徐水縣 서쪽]으로 이주해 살았으므로 스스로 昌黎韓愈라 했고 사람들은 그를 韓昌黎라고 불렀다. 唐代의 저명한 문학가·철학가로, 唐宋八大家의 한 사람이다. 【廟碑】: 祠堂의 비석에 새긴 碑文. 「廟」: 祠堂.

2) 匹夫而爲百世師, 一言而爲天下法, 是皆有以參天地之化, 關盛衰之運。→ 평범한 사람이 백대에 걸쳐 師表가 되기도 하고, 그들의 말 한 마디가 천하의 준칙이 되기도 하는데, 이들은 모두 능히 천지가 만물을 생성하여 기르는 일에 참여할 수 있어, (국가) 흥망성쇠의 명운과 관련이 있다.
【匹夫】: 필부, 평범한 사람, 보통 사람. 【百世】: 百代, 오랜 세월. 【師】: 사표. 【法】: 법도, 준칙. 【有以】: 능히 …할 수 있다, …할 방법이 있다. 【參】: 참여하다. 【化】:

降, 傅說爲列星, 古今所傳, 不可誣也。4)

孟子曰 : 「我善養吾浩然之氣。」 是氣也, 寓於尋常之中, 而塞乎天地之間。5) 卒然遇之, 則王、公失其貴, 晉、楚失其富, 良、平失其智, 賁、育失其勇, 儀、秦失其辯。6) 是孰使之然哉?

化育하다, 자연이 만물을 생성하여 기르다. 【關】 : 관련되다, 관계되다.

3) 其生也有自來, 其逝也有所爲。→ 그들이 탄생하는 데는 내력이 있고, 그들이 죽는 데는 까닭이 있다.

【自來】 : 내력. 【逝(shì)】 : 죽다. 【所爲】 : 까닭, 이유, 원인.

4) 故申、呂自嶽降, 傳說爲列星, 古今所傳, 不可誣也。→ 그래서 申伯과 呂侯는 높은 산으로부터 신이 내려 태어났고, 傅說은 (죽어서) 뭇별이 되었는데, 고금의 전설은, 믿지 않으면 안 된다.

【申、呂】 : 申伯과 呂侯. 신백은 周宣王 때의 공신이고, 여후는 周穆王 때의 공신. 전설에 의하면 신백과 여후가 태어날 때 산악이 신을 내리는 길조가 있어 그들이 장차 周王朝의 보호벽임을 예시했다. ≪詩經・大雅・嵩高≫에 : 「維嶽降神, 生甫及申。(이 봉우리에서 신령을 내려, 보씨와 신씨의 조상을 낳았네.)」라고 했는데, 여기서 「甫」는 呂侯를 말한다. 【傅說(fù yuè)】 : [인명] 부열. 商나라 高宗의 재상. 본래 傅岩에서 담장 쌓는 일을 하던 노예였으나 高宗이 그를 기용하여, 나라가 태평성대를 이루었다. 부열은 죽은 뒤 하늘로 올라가 별자리가 되었다. 【列星】 : 뭇별. 【不可誣(wū)】 : 무함할 수 없다, 날조해서는 안 되다. 즉 「믿지 않으면 안 되다」의 뜻.

5) 孟子曰 : 「我善養吾浩然之氣。」 是氣也, 寓於尋常之中, 而塞乎天地之間。→ 孟子가 말하길 : 「나는 나의 浩然之氣를 잘 기른다.」라고 했는데, 이러한 기는, 일반 사물 속에 머물고 있으며, 천지간에 가득 차 있다.

※맹자의 말은 ≪孟子・公孫丑上≫에 보인다.

【善養】 : 잘 기르다. 【浩然之氣】 : 정당하고 강직한 기운. 【寓(yù)】 : 머물다, 기탁하다. 【尋常】 : 일반, 보통. 여기서는 「일반 사물」을 가리킨다. 【塞】 : 가득 차다. 【乎】 : 於.

6) 卒然遇之, 則王、公失其貴, 晉、楚失其富, 良、平失其智, 賁、育失其勇, 儀、秦失其辯。→ 갑자기 그것을 만나면, 군주와 제후는 그 귀함을 잃게 되고, 晉나라와 楚나라는 그 넉넉함을 잃게 되고, 張良과 陳平은 그 지모를 잃게 되고, 孟賁과 夏育은 그 용기를 잃게 되고, 張儀와 蘇秦은 그 말재주를 잃게 된다.

【卒然】 : 돌연, 갑자기. 【王、公】 : 임금과 제후. 【晉、楚】 : 진나라와 초나라. 즉 春秋시대의 두 强國. 【良、平】 : [인명] 張良과 陳平. 두 사람 모두 西漢의 개국 공

其必有不依形而立，不恃力而行，不待生而存，不隨死而亡者矣。[7] 故在天爲星辰，在地爲河岳，幽則爲鬼神，而明則復爲人。此理之常，無足怪者。[8]

自東漢以來，道喪文弊，異端並起，歷唐貞觀、開元之盛，輔以房、杜、姚、宋，而不能救。[9] 獨韓文公起布衣，談笑而麾

신. 지모가 뛰어나 漢高祖를 도와 천하를 평정하는 데 공을 세웠다.【賁(bēn)、育】: [인명] 孟賁과 夏育. 맹분은 周시대 衛나라의 勇士로 소의 꼬리를 뽑을 만큼 힘이 장사였고, 하육은 戰國시대 齊나라의 용사로 소의 뿔을 뽑을 만큼 힘이 장사였다.【儀、秦】: [인명] 張儀와 蘇秦. 전국시대의 종횡가로 평생 여러 나라에 유세를 다니며 말솜씨를 자랑했다.【辯(biàn)】: 말솜씨, 말재주, 능변.

7) 是孰使之然哉? 其必有不依形而立，不恃力而行，不待生而存，不隨死而亡者矣。→ 이는 무엇이 그들로 하여금 그렇게 되도록 하는 것인가? 그것은 틀림없이 형체에 의지하지 않고 스스로 일어서고, 외부의 힘에 의존하지 않고 스스로 운행하며, 생명을 필요로 하지 않고 스스로 존재하고, 죽음을 따르지 않고 스스로 소멸된다.【孰】: 무엇.【使之然】: 그들로 하여금 그렇게 되도록 만들다.「之」: [대명사] 그들, 즉 앞에서 말한「王、公」등 여러 사람.【恃(shì)】: 믿다, 의존하다.【待】: 필요로 하다.【亡(wáng)】: 사라지다, 소멸되다.

8) 故在天爲星辰，在地爲河岳，幽則爲鬼神，而明則復爲人。此理之常，無足怪者。→ 그래서 하늘에 있으면 별이 되고, 땅에 있으면 강산이 되고, 저승에 있으면 귀신이 되고, 이승에 있으면 다시 사람이 된다. 이는 평범한 이치로, 별로 이상할 게 없다.【幽(yōu)】: 여기서는「저승, 음지」를 가리킨다.【明】: 여기서는「양지, 이승」을 가리킨다.【理之常】: 평범한 이치.【無足】: 별로 …하지 않다.

9) 自東漢以來，道喪文弊，異端並起，歷唐貞觀、開元之盛，輔以房、杜、姚、宋，而不能救。→ 東漢 이후, 儒道가 몰락하고 文風이 퇴폐하여, 異端이 다투어 일어났는데, 唐 貞觀・開元의 태평성세를 거치고, 方玄齡・杜如晦・姚崇・宋璟 등의 보필을 받았지만, 여전히 구제할 수가 없었다.
【道】: 도덕. 여기서는「儒道, 유가의 도덕」을 가리킨다.【文】: 문풍. 여기서는 先秦兩漢의 道가 실린 문풍을 가리킨다.【弊(bì)】: 피폐하다, 퇴폐하다.【異端】: 유가에 위배되는 일체의 학설. 여기서는「老莊과 불교」를 가리킨다.【並起】: 다투어 일어나다.【歷】: 거치다.【貞觀】: 唐太宗의 연호.【開元】: 唐玄宗의 연호.【盛】: 태평성대.【輔(fǔ)】: 돕다, 보필하다.【房】: 方玄齡. 唐太宗 때의 재상.【杜】: 杜如晦. 唐太宗 때의 재상.【姚】: 姚崇. 唐玄宗 때의 재상.【宋】: 宋璟. 唐玄宗 때의 재상.

之，天下靡然從公，復歸於正，蓋三百年於此矣。10) 文起八代之衰，而道濟天下之溺，忠犯人主之怒，而勇奪三軍之帥，此豈非參天地、關盛衰，浩然而獨存者乎?11)

蓋嘗論天人之辨，以謂人無所不至，惟天不容僞。12) 智可以

10) 獨韓文公起布衣，談笑而麾之，天下靡然從公，復歸於正，蓋三百年於此矣。→ 오직 韓文公이 평민에서 일어나, 담소하면서 천하를 지휘하니, 천하 사람들이 무엇에 쏠리듯 한문공을 좇아, 바른 길로 다시 돌아와 지금까지 대략 삼백 년이 되었다.
【獨】: 다만, 오직. 【韓文公】: 한유의 시호. 【起布衣】: 起於布衣, 평민에서 일어나다. 【麾(huī)】: 지휘하다. 【靡(mǐ)然】: 한쪽으로 쏠리는 모양. 【蓋】: 대략.

11) 文起八代之衰，而道濟天下之溺，忠犯人主之怒，而勇奪三軍之帥，此豈非參天地、關盛衰，浩然而獨存者乎? → (한문공의) 문장은 八代에 걸쳐 쇠퇴한 문풍을 일으켰고, 도덕은 천하가 침몰하는 것을 구해냈으며, 충심은 군주의 분노를 촉발했고, 용맹은 三軍의 장수를 제압했으니, 이 어찌 천지가 만물을 化育하는 데 참여하고, 나라의 흥망성쇠에 관련되며, 광명정대하여 독존하는 正氣가 아니겠는가?
【八代】: 東漢·魏·晋·宋·齊·梁·陳·隋의 팔대. ※東漢 이후 문단에서는 내용이 없고 형식의 아름다움을 추구하는 唯美풍조가 일어나 한유는 「文以載道」의 古文運動을 제창했다. 【濟(jì)】: 구하다, 구제하다. 【溺(nì)】: 물에 빠지다, 침몰하다. 여기서는 불교·도교 사상에 빠지는 것을 가리킨다. 【忠犯人主之怒】: 충심이 군주의 분노를 촉발하다. ※唐憲宗 元和 14년(819) 정월, 헌종이 陝西 鳳翔縣 法門寺에서 석가모니의 손가락뼈를 궁중에 들여오자 한유가 ≪論佛骨表≫를 올려 부당함을 간하다가 헌종의 노여움을 사서 처형될 처지에 놓였는데, 재상 裴度 등의 구명 노력으로 겨우 사형을 면하고 刑部侍郎에서 潮州刺史로 폄적되었다. 【勇奪三軍之帥】: 용기가 삼군의 장수를 제압하다. 「奪」: 제압하다, 굴복시키다. 「三軍」: 군대의 총칭. ※唐穆宗 長庚연간에 鎭州[지금의 河北省 正定縣] 병마사 王廷湊가 절도사 田弘正을 살해하고 조정에 대해 진주절도사 자리를 자신에게 위임할 것을 요구했다. 조정에서는 군사를 보내 토벌을 시도했으나 왕정주가 관군을 격파하고 重鎭 深州[지금의 하북성 深縣]를 포위하니, 하는 수 없이 왕정주의 요구를 들어주는 한편, 병부시랑 한유를 보내 鎭州의 叛軍을 달래도록 했다. 한유는 완전무장을 한 반군을 면대하고 태연자약하게 역사적 사실을 인용하여 조정을 배반한 사람들이 결코 좋은 결과가 없었다는 것을 설명했다. 이에 왕정주는 자기의 부하들이 한유의 말에 설득될 것을 두려워하여, 深州에 대한 포위를 풀고 반란을 마무리했다.

欺王公, 不可以欺豚魚; 力可以得天下, 不可以得匹夫匹婦之心。[13) 故公之精誠, 能開衡山之雲, 而不能回憲宗之惑;[14) 能馴鱷魚之暴, 而不能弭皇甫鎛、李逢吉之謗;[15) 能信於南海之民, 廟食百世, 而不能使其身一日安於朝廷之上。[16) 蓋公之所能者, 天也;

---

12) 蓋嘗論天人之辨, 以謂人無所不至, 惟天不容僞。→ (나는) 일찍이 天道와 人事의 분별을 논하면서, 사람이 무엇이든 못하는 바가 없으나, 오직 천도만은 거짓을 용납하지 않는다고 여겼다.
【辨(biàn)】: 구별, 분별. 【以謂】: …라 여기다, …라고 생각하다. 【無所不至】: 못하는 바가 없다. 【容】: 용납하다. 【僞(wěi)】: 허위, 거짓.

13) 智可以欺王公, 不可以欺豚魚; 力可以得天下, 不可以得匹夫匹婦之心。→ 지모는 왕과 귀족들을 속일 수는 있어도, 돼지나 물고기를 속일 수는 없으며; 힘을 가지고 천하를 얻을 수는 있어도, 일반 백성들의 마음을 얻을 수는 없다.
【欺(qī)】: 속이다. 【王公】: 왕과 귀족. 【豚(tún)】: 돼지. 【匹夫匹婦】: 보통 사람들, 일반 백성.

14) 故公之精誠, 能開衡山之雲, 而不能回憲宗之惑; → 그래서 한문공의 정성은, 衡山의 구름을 흩어지게 할 수는 있었어도, 憲宗의 미혹됨을 되돌릴 수는 없었고;
【開衡山之雲】: 唐德宗 貞元 19년(803) 한유는 상소를 올려 關中의 가뭄으로 인한 재해를 반영했다가 陽山[지금의 광동성 連陽縣]현령으로 폄적되었다. 정원 21년 8월 헌종이 즉위하여 대사면을 베풀면서 한유는 江陵[지금의 호북성 江陵縣] 法曹參軍을 제수 받고 북쪽으로 가던 중 衡山[호남성 南岳縣에 위치]을 유람했는데, 마침 계속 가을철 비가 내리고 날씨가 흐려 산의 경치를 감상할 수 없어 성심으로 기도를 올리자 갑자기 하늘이 맑게 개였다고 한다. 한유는 ≪謁衡山南岳廟≫詩에서 이 일을 기록하고 있다. 【憲宗之惑】: 憲宗의 미혹됨. 이는 헌종이 불교에 빠진 것을 말한다.

15) 能馴鱷魚之暴, 而不能弭皇甫鎛、李逢吉之謗; → 악어의 포악한 성질을 길들일 수는 있었어도, 皇甫鎛·李逢吉의 비방을 멈추게 할 수는 없었으며;
【馴(xún)鱷魚】: 악어를 길들이다. 「馴」: 길들이다. ※이는 한유의 ≪祭鱷魚文≫에 보인다. 【弭(mǐ)】: 멈추다, 제지하다. 【皇甫鎛(huáng fǔ bó)】: [인명] 황보박. 헌종 때의 재상. 한유가 潮州로 폄적되고 나서 상소를 올리자 헌종이 회개의 뜻을 표하고 다시 한유를 중용하려 했으나, 황보박이 한유를 모함하여 袁州刺史[지금의 강서성 宜春縣]로 보냈다. 【李逢吉】: [인명] 이봉길. 唐穆宗 때의 재상. 한유를 모함하여 穆宗으로 하여금 한유의 京兆尹兼御使大夫를 박탈하고 兵部侍郎으로 보낸 다음, 다시 吏部侍郎으로 보냈다. 【謗(bàng)】: 비방, 비난.

其所不能者，人也。[17]

始潮人未知學，公命進士趙德爲之師。[18] 自是潮之士，皆篤於文行，延及齊民，至於今號稱易治。[19] 信乎孔子之言：「君子學道則愛人，小人學道則易使也。」[20] 潮人之事公也，飮食必祭，水旱疾疫，凡有求必禱焉。[21] 而廟在刺史公堂之後，民以出入爲艱。

---

16) 能信於南海之民，廟食百世，而不能使其身一日安於朝廷之上。→ 潮州의 백성들로부터 신임을 얻어, 백대 동안 廟祭를 누릴 수는 있었어도, 자신으로 하여금 조정에서 하루도 편안하게 할 수는 없었다.

【南海】：[郡이름] 潮州는 남해군에 속해 있으므로, 여기서는「潮州」를 가리킨다.【廟食】：廟祭.

17) 蓋公之所能者，天也；其所不能者，人也。→ 대저 한문공이 능한 바는, 하늘의 뜻에 순응하는 일이요; 그가 능하지 못한 바는, 人事에 대처하는 일이다.

【天】：하늘, 즉「하늘의 뜻에 순응하는 일」을 말한다.【人】：사람, 즉「人事에 대처하는 일」을 말한다.

18) 始潮人未知學，公命進士趙德爲之師。→ (한문공이) 처음 부임했을 때 潮州 사람들이 배우는 것을 알지 못해, 한문공은 進士 趙德에게 조주 백성들을 위해 스승이 되어 줄 것을 당부했다.

【始】：당초, 처음. 여기서는「한유가 처음 부임했을 때」를 말한다.【命】：당부하다.【趙德】：[인명] 조덕. 생애 사적 未詳. 한유는 백성을 가르치기 위해 조덕을 추천하여 潮州의 州學을 담당하도록 했다.【之】：[대명사] 그들, 즉「조주의 백성」.「師」：[동사용법] 스승이 되다.

19) 自是潮之士，皆篤於文行，延及齊民，至於今號稱易治。→ 이때부터 조주의 선비들이, 모두 문장과 품행을 중시하게 되고, (그 영향이) 평민들에게 파급되어, 오늘에 이르기까지 (조주는) 다스리기에 용이한 지방이라고 불려진다.

【自是】：이로부터, 이때부터.【士】：선비, 학자.【篤(dŭ)】：중시하다.【文行】：문장과 품행.【號稱】：…라고 불리다.【易治】：다스리기 용이하다.

20) 信乎孔子之言：「君子學道則愛人，小人學道則易使也。」→ 孔子가：「군자는 도를 배우면 사람을 사랑하게 되고, 소인은 도를 배우면 부리기에 용이하다.」라고 했는데, 확실히 그렇다.

※공자의 이 말은 ≪論語・陽貨≫에 보인다.

【信】：확실하다.【道】：유가의 예의 도덕 등 행위 규범.【易使】：부리기에 용이하다.

21) 潮人之事公也，飮食必祭，水旱疾疫，凡有求必禱焉。→ 조주 사람들은 한문공을 섬

前太守欲請諸朝作新廟，不果。22) 元祐五年，朝散郎王君滌，來守是邦，凡所以養士治民者，一以公爲師。23) 民旣悅服，則出令曰：「願新公廟者，聽。」民讙趨之。24) 卜地於州城之南七里，期年而廟成。25) 或曰：「公去國萬里而謫於潮，不能一歲而歸，沒而有知，其不眷戀於潮也審矣。」26) 軾曰：「不然。公之神在天下者，

기는 데 있어서, 음식을 먹을 때마다 반드시 제사를 지내고, 수재·한재나 질병 등, 무릇 기원할 일이 생기면 반드시 그에게 빌었다.

【公】: 韓文公 한유. 【飮食】: [동사용법] 음식을 먹다. 【疾疫(jí yì)】: 질병, 돌림병. 【有求】: 기원할 일이 생기다. 【禱(dǎo)】: 빌다, 기도하다.

22) 而廟在刺史公堂之後，民以出入爲艱。前太守欲請諸朝作新廟，不果。→ 그러나 한문공의 사당은 刺史의 官衙 뒤쪽에 있어, 백성들이 출입하기에 어려움이 많았다. 그리하여 전임 태수가 이를 조정에 요청하여 새로운 사당을 지으려 했으나, 결실을 거두지 못했다.

【公堂】: 관청, 관아. 【爲艱】: 어려움이 있다, 불편하다. 【諸】: 之於의 합음. 【果】: 결과, 결실.

23) 元祐五年，朝散郎王君滌，來守是邦，凡所以養士治民者，一以公爲師。→ 哲宗 元祐 5년(1090), 朝散郎 王滌은, 이 고을의 태수로 부임해 온 후, 선비를 양성하고 백성을 다스리는 방법을, 한결같이 한문공을 본보기로 삼았다.

【元祐】: 宋哲宗의 연호. 【朝散郎】: 從七品의 文官. 【王君滌】: [인명] 王滌. 事迹不明. 【來守】: 태수로 부임해오다. 【是邦】: 이 고을, 이 지방. 여기서는 「潮州」를 가리킨다. 【所以…者】: …하는 방법. 【養士】: 선비를 배양하다. 【一】: 한결같이, 일률적으로. 【以…爲…】: …을 …로 삼다. 【師】: 사표, 본보기.

24) 民旣悅服，則出令曰：「願新公廟者，聽。」民讙趨之。→ 백성들이 기뻐하며 복종하자, 그는 명을 내려 말했다: 「한문공의 묘당을 새로 짓는 것을 원하는 사람은, 나의 명을 따르시오.」 백성들은 즐거워하며 그곳으로 달려 나갔다.

【悅(yuè)服】: 기뻐하며 복종하다. 【出令】: 명을 내리다. 【新】: [동사용법] 새로 짓다, 신축하다. 【聽】: 듣다, 따르다. 【讙(huān)】: 기뻐하다, 즐거워하다. 【趨(qū)】: 달려 나아가다. 즉, 「나아가 참여하다」의 뜻.

25) 卜地於州城之南七里，期年而廟成。→ (그리하여) 조주의 성곽 남쪽 7리 떨어진 곳에 부지를 선정하여, 일 년이 지나 사당이 완공되었다.

【卜(bǔ)】: 점치다. 여기서는 「고르다, 선정하다」의 뜻. 【期(jī)年】: 일주년, 만 일 년.

26) 或曰：「公去國萬里而謫於潮，不能一歲而歸，沒而有知，其不眷戀於潮也審矣。」→ 어

如水之在地中, 無所往而不在也。[27] 而潮人獨信之深, 思之至, 焄蒿悽愴, 若或見之。[28] 譬如鑿井得泉, 而曰水專在是, 豈理也哉?」[29] 元豊七年, 詔封公昌黎伯, 故牓曰「昌黎伯韓文公之廟」。[30]

떤 사람이 말했다 : 「한문공은 조정을 떠나 이역만리 조주에 폄적되어 왔다가, 일 년도 되지 않아 돌아갔으니, (그가) 죽어서도 지각이 있다면, 조주에 대해 미련을 두지 않을 것이 분명합니다.」

※한유의 ≪潮州刺史謝上表≫에 「居蠻夷之地, 與魑魅爲群.(오랑캐 땅에 살며, 도깨비와 한 무리를 이루었다.)」이라 하여 조주를 원치 않음을 나타냈다.

【去】: 떠나다. 【國】: 도읍 長安, 즉 「朝廷」을 말한다. 【謫(zhé)】: 폄적되다. 【不能】: 안 되다, 채우지 못하다. 【沒(mò)】: 죽다. 【知】: 知覺. 【眷戀】: 그리워하다, 미련을 두다. 【審(shěn)】: 분명하다.

27) 軾曰 : 「不然。公之神在天下者, 如水之在地中, 無所往而不在也。→ (이에) 내가 말했다 : 「그렇지 않습니다. 한문공의 신령이 인간 세상에 있는 것은, 마치 물이 지하에 있는 것처럼, 가는 곳마다 없는 곳이 없습니다.

【軾】: 소식. 작자 자신의 이름을 「나」라는 의미로 사용한 것. 【天下】: 천하. 여기서는 「인간 세상」을 말한다. 【如】: 마치 …과 같다. 【無所…】: …하는 바가 없다.

28) 而潮人獨信之深, 思之至, 焄蒿悽愴, 若或見之。→ 그리고 조주 사람들은 유독 그를 깊이 신뢰하고, 한없이 그리워하여, (제사를 지낼 때) 향이 피어오르면 슬퍼하고 애통해 하며, 마치 혹여 그를 본 듯합니다.

【獨】: 유독. 【之】: [대명사] 그, 즉 한문공. 【焄(xūn)】: 향기. 【蒿(hāo)】: (향기, 수증기 등이) 피어오르는 모양. 【悽愴(qī chuàng)】: 슬퍼하다, 비통해하다. 【若】: 如, 마치 …하는 듯하다, 마치 …과도 같다. 【或】: 혹여.

29) 譬如鑿井得泉, 而曰水專在是, 豈理也哉?」→ 비유하면 마치 우물을 파서 물을 얻었을 때, 물이 오직 이곳에만 있다고 말하는 것과 같으니, 어찌 옳은 이치라 하겠습니까?」

【譬(pì)如】: 비유하면 마치 …과 같다. 【鑿(záo)】: 파다, 뚫다. 【專】: 오직. 【是】: 여기, 이곳. 【理】: 도리, 이치. 여기서는 「옳은 이치」를 말한다.

30) 元豊七年, 詔封公昌黎伯, 故牓曰「昌黎伯韓文公之廟」。→ 神宗 元豊 7년에, (황제께서) 조서를 내려 한문공을 昌黎伯에 봉하셨으므로, 그래서 사당의 편액에는 「昌黎伯韓文公之廟」라고 썼다.

【元豊七年】: 서기 1084년. 「元豊」: 宋神宗의 연호. 【詔(zhào)】: 황제의 명령, 조서. 여기서는 동사용법으로 「조서를 내리다」의 뜻. 【昌黎(lí)】: 한유는 조상이 昌黎郡[지금의 하북성 徐水縣]으로 이주해 살았으므로 자신을 昌黎韓愈라 불

潮人請書其事於石，因爲作詩以遺之，使歌以祀公。其詞曰：31)

「公昔騎龍白雲鄉， 手抉雲漢分天章。32) 天孫爲織雲錦裳，飄然乘風來帝旁，下與濁世掃粃糠。33) 西游咸池略扶桑，草木衣被昭回光。34) 追逐李、杜參翶翔，汗流籍、湜走且僵，滅沒倒景

렀다.【伯】：작위 이름. 옛날의 작위는 公·侯·伯·子·男의 다섯 등급으로 나누었다.【牓(bǎng)】：사당의 편액.

31) 潮人請書其事於石，因爲作詩以遺之，使歌以祀公。其辭曰：→ 조주 사람들이 (나에게) 그의 사적을 비석에 써달라고 청해 와서, 이로 인해 그들을 위해 시를 지어 주고, (그들로 하여금) 노래를 불러 한문공을 추모하도록 했다. 그 가사는 다음과 같다：

【書】：(글씨를) 쓰다.【其】：[대명사] 그, 즉 한유.【石】：비석.【因】：이로 인해, 그리하여.【爲】：爲之, 그들을 위해.【遺(wèi)】：주다, 증여하다.【使】：…하게 하다.【歌】：[동사용법] 노래를 부르다.【祀】：제사하다. 여기서는 「추모하다」의 뜻.

32) 「公昔騎龍白雲鄉，手抉雲漢分天章。→「공은 옛적에 용을 타고 白雲鄉에서 노닐며, 손으로 銀河를 헤집어 日月星辰을 나누었다.

【白雲鄉】：신선이 사는 곳, 仙界, 仙鄉, 仙境.【抉(jué)】：헤집다, 들추어내다.【雲漢】：은하, 은하수.【天章】：하늘의 아름다운 광채, 즉「日月星辰」을 가리킨다.

33) 天孫爲織雲錦裳，飄然乘風來帝旁，下與濁世掃粃糠。→ 직녀성이 공을 위해 비단옷을 짜주니, 표연히 바람을 타고 天帝 곁으로 갔다가, 다시 (인간세상으로) 내려와 혼탁한 세상을 위해 이단사설을 쓸어 버렸다.

【天孫】：직녀성. ※전설에 의하면 직녀는 천제의 손녀라 한다.【雲錦(jǐn)】：비단, 견직물. ※도안의 화려함이 마치 구름과 같다하여 붙여진 이름.【飄(piāo)然】：가볍고 유쾌한 모양.【乘風】：바람을 타다.【旁】：옆, 곁.【下】：내려오다. 여기서는「인간 세상으로 내려오다」의 뜻.【與…】：…을 위해.【粃糠(bǐ kāng)】：벼의 쭉정이와 쌀겨. 여기서는「異端邪說」을 비유한 말.

34) 西游咸池略扶桑，草木衣被昭回光。→ 서쪽에서 咸池를 유람하고 扶桑을 거쳐 가니, 풀과 나무들은 공의 혜택을 입어 반사의 빛을 발했다.

※한유의 문장이 태양의 찬란한 빛과 같아, 세상 사람들이 모두 그 감화를 받은 것을 비유한 말이다.

【咸池】：신화에서 말하는「해가 목욕을 하던 연못」.【略】：경유하다, 거치다.【扶桑(fú sāng)】：해가 떠오르는 곳의 신령스런 나무.【衣被(bèi)】：옷을 입다. 여기서는「혜택을 받다」의 뜻.【昭(zhāo)】：빛을 발하다.【回光】：반사의 빛.

不可望。[35] 作書詆佛譏君王，要觀南海窺衡、湘，歷舜九嶷弔英、皇。[36] 祝融先驅海若藏，約束蛟鱷如驅羊。鈞天無人帝悲傷，謳吟下招遣巫陽。[37] 犦牲雞卜羞我觴，於粲荔丹與蕉黃。公不少

35) 追逐李、杜參翱翔，汗流籍、湜走且僵，滅沒倒景不可望。→ 李白과 杜甫를 좇아 그들과 함께 날개를 나란히 하여 날아가자, 張籍과 黃甫湜은 땀을 흘리며 좇아가다가 지쳐 쓰러져, 석양의 그림자가 사라지듯 볼 수가 없다.
【追逐(zhuī zhú)】: 좇다, 뒤좇아 가다. 【李、杜】: [인명] 李白과 杜甫. 唐代의 저명한 시인. 【參(cān)】: 함께. 【翱翔(áo xiáng)】: 날다, 비상하다. 【籍(jí)】: [인명] 張籍. 唐代의 시인. 【湜(shí)】: [인명] 黃甫湜. 唐代의 고문가. 【走且僵(jiāng)】: 좇아가다가 지쳐 쓰러지다. 「僵」: 쓰러지다. 【滅沒】: 사라지다, 없어지다. 【倒景(dào yǐng)】: 거꾸로 선 그림자. 여기서는 「석양의 그림자」를 가리킨다. 「景」: 影.

36) 作書詆佛譏君王，要觀南海窺衡、湘，歷舜九嶷弔英、皇。→ 글을 써서 불교를 꾸짖고 임금을 비방했다가, 要服으로 폄적되어, (가는 길에) 남해를 유람하고 衡山과 湘水를 둘러본 후, 九嶷山 舜임금의 묘소를 지나는 길에 女英과 娥皇을 추모했다.
【作書】: 글을 쓰다. 여기서는 한유가 ≪論佛骨表≫를 지어 불교를 신앙하는 헌종에게 올려 충간한 것을 말한다. 【詆(dǐ)】: 나무라다, 꾸짖다. 【譏(jī)】: 비방하다, 비난하다. 【要(yāo)】: 要服. 여기서는 「요복으로 폄적된 것」을 가리킨다. ※옛날에는 京畿 이외의 지역을 경성으로부터 가까운 순서에 따라 甸服·侯服·綏服·要服·荒服 등 「五服」으로 나누었는데, 要服은 京城에서 매우 멀리 떨어진 지역이다. 【窺(kuī)】: 둘러보다, 관람하다. 【衡、湘(héng xiāng)】: 衡山과 湘水. 지금의 호남성 경내에 있는 산과 강으로 한유가 潮州로 폄적되어 갈 때 거쳐 간 곳. 【歷】: 지나다, 거쳐 가다. 【舜】: 虞의 舜임금. 【九嶷(yí)】: 九嶷山. 지금의 호남성 寧遠縣 남쪽. 전설에 의하면 舜의 묘지가 이 산에 있다고 한다. 【英、皇】: [인명] 女英과 娥皇. 唐 堯임금의 두 딸. 堯는 두 딸을 舜에게 시집보냈다. 순이 죽자 여영과 아황이 湘水에 투신해 죽었는데, 두 여인의 무덤이 湘山에 있어, 한유가 조주로 폄적되어 가는 길에 이곳에 들렀고, 唐憲宗 元和 15년 10월에는 ≪祭湘君夫人文≫을 짓기도 했다.

37) 祝融先驅海若藏，約束蛟鱷如驅羊。鈞天無人帝悲傷，謳吟下招遣巫陽。→ 海神 祝融이 앞에서 길을 안내하니 남해의 괴물 海若이 몸을 감추었고, 교룡과 악어를 단속하길 마치 양을 몰 듯 했다. 天宮에 사람이 없어 천제께서 슬퍼하여, 巫陽을 보내 노래를 부르며 속세로 내려가 (한문공을) 초청해 갔다.
【祝融】: 火神의 이름. 【先驅】: 앞에서 길을 안내하다. 【海若】: 海神. 【藏】: 몸을

留我涕滂, 翩然被髮下大荒。」[38]

■ | 번역문

조주자사(潮州刺史) 한유(韓愈) 사당(祠堂)의 비문(碑文)

평범한 사람이 백대(百代)에 걸쳐 사표(師表)가 되기도 하고 그들의 말 한 마디가 천하의 준칙이 되기도 하는데, 이들은 모두 능히 천지가 만물을 생성하여 기르는 일에 참여할 수 있어 (국가) 흥망성쇠의 명운과 관련이 있다. 그들이 탄생하는 데는 내력이 있고 그들이 죽는 데는 까닭이 있다. 그래서 신백(申伯)과 여후(呂侯)는 높은 산으로부터 신이 내려 태어났고 부열(傅說)은 (죽어서) 뭇별이 되었는데, 고금의 전설은 믿지

감추다, 숨다. 【約束】: 단속하다. 【蛟(jiāo)】: 교룡. 【鱷(è)】: 악어. 【如】: 마치 …듯하다. 【驅】: (가축을) 몰다. 【鈞(jūn)天】: 하늘의 중앙, 즉 천자가 거처하는 「天宮」을 가리킨다. 【謳吟(ōu yín)】: 노래를 부르다. 【下招】: 속세로 내려가 불러오다. 【巫(wū)陽】: 占卜神.

38) 犦牲雞卜羞我觴, 於粲荔丹與蕉黃。公不少留我涕滂, 翩然被髮下大荒。」→ 들소를 잡아 제물로 삼고 닭뼈로 점을 쳐서 우리의 좋은 술을 바치니, 붉은 荔枝와 누런 바나나를 드십시오. 공께서 잠시도 머물지 않고 떠나시어 우리들은 한없이 눈물을 흘리고 있으니, 어서 빨리 머리를 풀고 인간 세상으로 내려오소서!」 【犦牲(bào shēng)】: 들소. ※옛사람들은 들소가 성질이 강인하여 이를 제물로 삼아 성대함을 나타냈다. 【雞卜(jī bǔ)】: 닭의 뼈로 치는 점. ※옛사람들은 제사를 지낼 때 닭의 뼈로 점을 쳐서 길흉을 물었다. 【羞(xiū)】: 饈, 드리다, 바치다. 【觴(shāng)】: 술잔. 여기서는 「술」을 가리킨다. 【於(wū)】: [감탄을 나타내는 어조사]. 【粲(càn)】: 餐(cān)의 오류인 듯. 「餐」: 먹다. ※판본에 따라서는 「粲」을 「餐」이라 했다. 【荔(lì)丹】: 붉게 익은 荔枝. 「丹」: 붉은 빛깔. 【蕉黃】: 누렇게 익은 바나나. 【少留】: 잠시 머물다. 【涕滂(tì pāng)】: 눈물을 많이 흘리는 모양. 【翩(piān)然】: 민첩하다, 재빠르다. 【被(pī)髮】: 산발하다, 머리를 풀어 헤치다. 【大荒】: 아주 먼 곳. 여기서는 「인간 세상」을 가리킨다.

않으면 안 된다.

맹자(孟子)가 말하길 :「나는 나의 호연지기(浩然之氣)를 잘 기른다.」라고 했는데, 이러한 기(氣)는 일반 사물 속에 머물고 있으며 천지간에 가득 차 있다. 갑자기 그것을 만나면 군주와 제후는 그 귀함을 잃게 되고, 진(晉)나라와 초(楚)나라는 그 넉넉함을 잃게 되고, 장량(張良)과 진평(陳平)은 그 지모를 잃게 되고, 맹분(孟賁)과 하육(夏育)은 그 용기를 잃게 되고, 장의(張儀)와 소진(蘇秦)은 그 말재주를 잃게 된다. 이는 무엇이 그들로 하여금 그렇게 되도록 하는 것인가? 그것은 틀림없이 형체에 의지하지 않고 스스로 일어서고, 외부의 힘에 의존하지 않고 스스로 운행하며, 생명을 필요로 하지 않고 스스로 존재하고, 죽음을 따르지 않고 스스로 소멸된다. 그래서 하늘에 있으면 별이 되고, 땅에 있으면 강산이 되고, 저승에 있으면 귀신이 되고, 이승에 있으면 다시 사람이 된다. 이는 평범한 이치로 별로 이상할 게 없다.

동한(東漢) 이후 유도(儒道)가 몰락하고 문풍(文風)이 퇴폐하여 이단(異端)이 다투어 일어났는데, 당(唐) 정관(貞觀)·개원(開元)의 태평성세를 거치고 방현령(方玄齡)·두여회(杜如晦)·요숭(姚崇)·송경(宋璟) 등의 보필을 받았지만 여전히 구제할 수가 없었다. 오직 한문공(韓文公)이 평민에서 일어나 담소하면서 (천하를) 지휘하니, 천하 사람들이 무엇에 쏠리듯 한문공을 쫓아 바른 길로 다시 돌아와, 지금까지 대략 삼백 년이 되었다. (한문공의) 문장은 팔대(八代)에 걸쳐 쇠퇴한 문풍을 일으켰고, 도덕은 천하가 침몰하는 것을 구해냈으며, 충심은 군주의 분노를 촉발했고, 용맹은 삼군(三軍)의 장수를 제압했으니, 이 어찌 천지가 만물을 화육(化育)하는데 참여하고 나라의 흥망성쇠에 관련되며 광명정대하여 독존(獨存)하는 정기(正氣)가 아니겠는가?

(나는) 일찍이 천도(天道)와 인사(人事)의 분별을 논하면서, 사람이 무엇이든 못하는 바가 없으나 오직 천도만은 거짓을 용납하지 않는다고 여겼다. 지모는 왕과 귀족들을 속일 수는 있어도 돼지나 물고기를 속일 수는 없으며, 힘을 가지고 천하를 얻을 수는 있어도 일반 백성들의 마음을 얻을 수는 없다. 그래서 한문공의 정성은 형산(衡山)의 구름을 흩어지게 할 수는 있었어도 헌종(憲宗)의 미혹됨을 되돌릴 수는 없었고, 악어의 포악한 성질을 길들일 수는 있었어도 황보박(皇甫鎛)·이봉길(李逢吉)의 비방을 멈추게 할 수는 없었으며, 조주(潮州)의 백성들로부터 신임을 얻어 백대 동안 묘제(廟祭)를 누릴 수는 있었어도 자신으로 하여금 조정에서 하루도 편안하게 할 수는 없었다. 대저 한문공이 능한 바는 하늘의 뜻에 순응하는 일이요, 그가 능하지 못한 바는 인사(人事)에 대처하는 일이다.

(한문공이) 처음 부임했을 때 조주 사람들이 배우는 것을 알지 못해, 한문공은 진사(進士) 조덕(趙德)에게 조주 백성들을 위해 스승이 되어 줄 것을 당부했다. 이때부터 조주의 선비들이 모두 문장과 품행을 중시하게 되고 (그 영향이) 평민들에게 파급되어, 오늘에 이르기까지 (조주는) 다스리기에 용이한 지방이라고 불려진다. 공자(孔子)가 :「군자는 도를 배우면 사람을 사랑하게 되고, 소인은 도를 배우면 부리기에 용이하다.」라고 했는데 확실히 그렇다. 조주 사람들은 한문공을 섬기는 데 있어서 음식을 먹을 때마다 반드시 제사를 지내고, 수재·한재나 질병 등, 무릇 기원할 일이 생기면 반드시 그에게 빌었다. 그러나 한문공의 사당은 자사(刺史)의 관아 뒤쪽에 있어 백성들이 출입하기에 어려움이 많았다. 그리하여 전임 태수가 이를 조정에 요청하여 새로운 사당을 지으려 했으나 결실을 거두지 못했다. 철종(哲宗) 원우(元祐) 5년(1090), 조산랑(朝散

郞) 왕척(王滌)은 이 고을의 태수로 부임해 온 후, 선비를 양성하고 백성을 다스리는 방법을 한결같이 한문공을 본보기로 삼았다. 백성들이 기뻐하며 복종하자 그는 명을 내려 말했다 : 「한문공의 묘당을 새로 짓는 것을 원하는 사람은 나의 명을 따르시오.」 백성들은 즐거워하며 그곳으로 달려 나갔다. (그리하여) 조주의 성곽 남쪽 7리 떨어진 곳에 부지를 선정하여 일 년이 지나 사당이 완공되었다. 어떤 사람이 말했다 : 「한문공은 조정을 떠나 이역만리 조주에 폄적되어 왔다가 일 년도 되지 않아 돌아갔으니, (그가) 죽어서도 지각이 있다면 조주에 대해 미련을 두지 않을 것이 분명합니다.」 (이에) 내가 말했다 : 「그렇지 않습니다. 한문공의 신령이 인간 세상에 있는 것은 마치 물이 지하에 있는 것처럼 가는 곳마다 없는 곳이 없습니다. 그리고 조주 사람들은 유독 그를 깊이 신뢰하고 한없이 그리워하여, (제사를 지낼 때) 향이 피어오르면 슬퍼하고 애통해 하며 마치 혹여 그를 본 듯합니다. 비유하면 마치 우물을 파서 물을 얻었을 때 물이 오직 이곳에만 있다고 말하는 것과 같으니 어찌 옳은 이치라 하겠습니까?」 신종(神宗) 원풍(元豐) 7년에 (황제께서) 조서를 내려 한문공을 창려백(昌黎伯)에 봉하셨으므로, 그래서 사당의 편액에는 「창려백한문공지묘(昌黎伯韓文公之廟)」라고 썼다. 조주 사람들이 (나에게) 그의 사적을 비석에 써달라고 청해 와서, 이로 인해 그들을 위해 시를 지어 주고 (그들로 하여금) 노래를 불러 한문공을 추모하도록 했다. 그 가사는 다음과 같다 :

「공은 옛적에 용을 타고 백운향(白雲鄕)에서 노닐며, 손으로 은하(銀河)를 헤집어 일월성신(日月星辰)을 나누었다. 직녀성이 공을 위해 비단 옷을 짜주니, 표연히 바람을 타고 천제(天帝) 곁으로 갔다가, 다시 (인간 세상으로) 내려와 혼탁한 세상을 위해 이단사설을 쓸어 버렸다. 서쪽에서

함지(咸池)를 유람하고 부상(扶桑)을 거쳐 가니, 풀과 나무들은 공의 혜택을 입어 반사의 빛을 발했다. 이백(李白)과 두보(杜甫)를 쫓아 그들과 함께 날개를 나란히 하여 날아가자, 장적(張籍)과 황보식(黃甫湜)은 땀을 흘리며 쫓아가다가 지쳐 쓰러져, 석양의 그림자가 사라지듯 볼 수가 없다. 글을 써서 불교를 꾸짖고 임금을 비방했다가 요복(要服)으로 폄적되어, (가는 길에) 남해를 유람하고 형산(衡山)과 상수(湘水)를 둘러본 후, 구의산(九嶷山) 순(舜)임금의 묘소를 지나는 길에 여영(女英)과 아황(娥皇)을 추모했다. 해신(海神) 축융(祝融)이 앞에서 길을 안내하니 남해의 괴물 해약(海若)이 몸을 감추었고, 교룡과 악어를 단속하길 마치 양을 몰 듯 했다. 천궁(天宮)에 사람이 없어 천제께서 슬퍼하여, 무양(巫陽)을 보내 노래를 부르며 속세로 내려가 (한문공을) 초청해 갔다. 들소를 잡아 제물로 삼고 닭뼈로 점을 쳐서 우리의 좋은 술을 바치니, 붉은 여지(荔枝)와 누런 바나나를 드십시오. 공께서 잠시도 머물지 않고 떠나시어 우리들은 한없이 눈물을 흘리고 있으니, 어서 빨리 머리를 풀고 인간 세상으로 내려오소서!」

■ 해제(解題) 및 본문요지 설명

조주(潮州)는 한유(韓愈)가 궁중에 불골(佛骨)을 들이는 것을 반대하다가 당(唐) 헌종(憲宗)의 노여움을 사서 폄적된 곳으로, 이곳에는 한유의 사당(祠堂)이 있다.

≪조주한문공묘비(潮州韓文公廟碑)≫는 송(宋) 철종(哲宗) 원우(元祐) 7년(1092) 조주 사람들이 한유의 사당을 중수하고 나서 조주태수(潮州太守)

왕척(王滌)의 요청에 따라 소식이 지은 묘비(廟碑)의 비문(碑文)이다.

본문은 다섯 단락으로 나눌 수 있는데, 첫째 단락에서는 한유가 고문운동을 제창한 공적을 높이 평가하고, 역사상의 성현과 군주를 한유에 비유하며 그의 인격에 대해 최대의 존경을 표했고; 둘째 단락에서는 한유의 문(文)·도(道) 두 방면에 있어서의 성취에 대해 극찬했고; 셋째 단락에서는 대비법을 통해 한유의 정치 업적을 찬양했고; 넷째 단락에서는 한유가 조주(潮州)를 다스린 업적을 높이 평가하고, 조주 사람들의 한유에 대한 존경·추모의 정을 부각시켜 한유의 사당을 보수하고 비를 세우기 위한 근거를 밝혔고; 마지막 단락에서는 한유가 창려백(昌黎伯)으로 봉해진 시간을 말하고 나서, 한유를 찬미하고 추모하는 노래의 가사로 끝을 맺었다.

191 걸교정육지주의진어차자(乞校正陸贄奏議進御箚子)

[宋] 蘇軾

■ | 작자

179. 범증론(范增論) 참조

■ | 원문 및 주석

乞校正陸贄奏議進御箚子1)

臣等猥以空疎，備員講讀。聖明天縱，學問日新。2) 臣等才

1) 乞校正陸贄奏議進御箚子 → 陸贄의 奏議를 교정하여 황제께 올리며 간곡히 청하는 글

【乞(qǐ)】: 빌다, 애걸하다. 즉 「간곡히 청하다」의 뜻. 【陸贄(zhì)】: [인명] 육지. 자는 敬輿. 唐 嘉興[지금의 절강성 嘉興縣] 사람으로, 代宗 大曆 연간에 진사에 급제하여 그 후 中書侍郞·同平章事를 지냈다. 【奏議】: 주의. 신하가 임금께 올리는 상주문의 일종. 【進御】: 황제께 올리다. 【箚(zhá)子】: 차자. 옛날 간단한 형식의 상소문.

2) 臣等猥以空疎，備員講讀。聖明天縱，學問日新。→ 저희들은 외람되게도 부족한 재능을 가지고, 翰林院의 侍讀 자리를 메우고 있습니다. 폐하의 성스럽고 밝으심은 하늘이 내리시어, 학문이 날로 진보하고 계십니다.

【猥(wěi)】: [겸어] 외람되게, 함부로. 【空疎】: 실속이 없다, 내용이 비고 허술하다. 즉 「부족한 재능」을 가리킨다. ※판본에 따라서는 「疎」를 「疏」라 했다. 【備員】: 자리를 메우다. 【講讀】: [翰林院에 속한 관직명] 侍讀, 侍講. 【聖明】: (황제의) 성스럽고 밝음. 【天縱(zòng)】: 하늘이 내리다, 하늘이 부여하다.

有限而道無窮, 心欲言而口不逮, 以此自愧, 莫知所爲。[3] 竊謂人臣之納忠, 譬如醫者之用藥。藥雖進於醫手, 方多傳於古人。[4] 若已經效於世間, 不必皆從於己出。[5]

伏見唐宰相陸贄, 才本王佐, 學爲帝師。論深切於事情, 言不離於道德。[6] 智如子房而文則過, 辯如賈誼而術不疏。[7] 上以格

---

3) 臣等才有限而道無窮, 心欲言而口不逮, 以此自愧, 莫知所爲。→ 저희들의 재능은 한계가 있으나 학문은 무궁무진하여, 마음에서 말을 하고자 해도 입으로 표현해 내지 못하니, 이로 인해 스스로 부끄러워, 어찌 해야 할 바를 모르겠습니다.
【道】: 학문. 【欲】: …하고자 하다. 【不逮(dài)】: 미치지 못하다, 이르지 못하다. 즉「표현해 내지 못하다」의 뜻. 【以此】: 그래서, 이로 인해.

4) 竊謂人臣之納忠, 譬如醫者之用藥。藥雖進於醫手, 方多傳於古人。→ 저는 개인적으로 신하가 충언을 올리는 것은, 비유하자면 의사가 약을 쓰는 것과 같다고 생각합니다. 약이 비록 의사의 손에서 진상되지만, 그 처방은 대부분 옛사람들로부터 전해진 것입니다.
【竊(qiè)】: 개인적으로, 사적으로. 【謂】: …라고 생각하다. 【納忠】: 충언을 올리다. 【譬如…】: 비유하자면 …과 같다. 【進】: 올리다, 드리다. 【方】: 처방.

5) 若已經效於世間, 不必皆從於己出。→ 만일 (처방이) 이미 세상에서 효과를 보았다면, 모두 다 (의사) 자신의 생각에 따라 처방을 낼 필요는 없습니다.
【若】: 만일, 만약. 【經效】: 효과를 경험하다, 효과를 보다. 【從於己】: 자신의 생각을 좇다, 자신의 생각에 따르다. 【出】: (처방을) 내다.

6) 伏見唐宰相陸贄, 才本王佐, 學爲帝師。論深切於事情, 言不離於道德。→ 제가 唐의 재상 陸贄를 보건대, 재능은 본래 왕을 보필할 수 있는 자질이 있었고, 학문은 왕의 스승이 될 수 있었습니다. 논리는 사리에 매우 적합하고, 말은 도덕을 벗어나지 않았습니다.
【伏(fú)】: [상대방에게 자신을 낮추어 하는 말] 엎드려 …하다. 【王佐】: 왕을 보좌하는 신하. 【深切】: 매우 적합하다. 【離】: 벗어나다, 이탈하다.

7) 智如子房而文則過, 辯如賈誼而術不疏。→ 지혜롭기는 張良과 같았으나 글재주는 그를 능가했으며, 口辯은 賈誼와 같았으나 책략은 (가의와 달리) 실속이 있었습니다.
【如】: …과 같다. 【子房】: 張良의 자. 漢高祖 劉邦의 책사로 유방을 도와 천하를 통일하였다. 【過】: 능가하다, 뛰어나다. 【辯】: 구변, 말재주. 【賈誼】: 漢나라 초기의 정론가. 【術】: 책략, 계략, 술수. 【疏(shū)】: 공허하다, 실속이 없다.

君心之非, 下以通天下之志。但其不幸, 仕不遇時。[8] 德宗以苛刻爲能, 而贄諫之以忠厚; 德宗以猜疑爲術, 而贄勸之以推誠;[9] 德宗好用兵, 而贄以消兵爲先; 德宗好聚財, 而贄以散財爲急。[10] 至於用人聽言之法, 治邊馭將之方, 罪己以收人心, 改過以應天道, 去小人以除民患, 惜名器以待有功, 如此之流, 未易悉數。[11]

---

8) 上以格君心之非, 下以通天下之志。但其不幸, 仕不遇時。→ 위로는 임금의 잘못된 생각을 바로잡고, 아래로는 천하 사람들의 마음을 꿰뚫었습니다. 그러나 그는 불행히도, 벼슬길에서 때를 만나지 못했습니다.

【以】: [연사] 而. 【格】: 바로잡다. 【通】: 통달하다, 꿰뚫다. 【但】: 그러나, 다만 【仕】: 관직, 벼슬.

9) 德宗以苛刻爲能, 而贄諫之以忠厚; 德宗以猜疑爲術, 而贄勸之以推誠; → 德宗은 가혹한 정치를 능사로 삼았으나, 陸贄는 충직하고 온후한 방법으로 임금에게 간했고; 덕종은 시기와 의심을 통치 수단으로 삼았으나, 육지는 믿고 정성껏 대하는 방법으로 임금께 권했으며;

【德宗】: 唐代의 황제, 代宗의 아들. 【以…爲…】: …을 …로 삼다. 【苛(kē)刻】: 가혹하다, 모질다. 【忠厚】: 충직하고 온후하다. 【猜(cāi)疑】: 시기하고 의심하다. 【術】: 통치수단. 【推誠】: 믿고 정성껏 대하다.

10) 德宗好用兵, 而贄以消兵爲先; 德宗好聚財, 而贄以散財爲急。→ 덕종은 무력 사용을 좋아했으나, 육지는 전쟁을 없애는 것을 우선시 했고; 덕종은 재물을 긁어모으는 것을 좋아했으나, 육지는 재물을 나누어 주는 것을 급선무로 삼았습니다.

【好(hào)】: [동사] 좋아하다. 【消(xiāo)兵】: 전쟁을 없애다. 【聚(jù)財】: 재물을 긁어모으다. 【散財】: 재물을 나누어주다.

11) 至於用人聽言之法, 治邊馭將之方, 罪己以收人心, 改過以應天道, 去小人以除民患, 惜名器以待有功, 如此之流, 未易悉數。→ 인재를 기용하고 의견을 청취하는 방법이나, 변방을 다스리고 장수를 부리는 방법으로 말하면, 자신을 꾸짖어 민심을 수습하고, 잘못을 고쳐 天道에 순응하며, 소인배를 배척하여 백성들의 재해를 없애고, 官爵을 소중히 여겨 공이 있는 사람을 대우했는데, 이와 같은 사례는, 일일이 다 열거할 수가 없습니다.

【至於】: …로 말하면, …로 말할 것 같으면, …에 관해서는. ※화제를 바꿀 때 사용. 【聽言】: 의견을 청취하다. 【馭(yù)】: 부리다, 관리하다. 【罪】: 꾸짖다, 탓하다. 【去】: 배척하다. 【除】: 없애다, 제거하다. 【惜】: 소중히 여기다. 【名器】: 爵位와 수레・예복. ※이는 통치자의 직위와 그에 따르는 수레・예복으로, 이로써 신분의 고하를 표시했다. 여기서는 「官爵」을 가리킨다. 【待】: 대우

可謂進苦口之藥石, 鍼害身之膏盲。 使德宗盡用其言, 則貞觀可得而復。[12)]

臣等每退自西閣, 卽私相告言, 以陛下聖明, 必喜贄議論。[13)] 但使聖賢之相契, 卽如臣主之同時。[14)] 昔馮唐論頗、牧之賢, 則漢文爲之太息; 魏相條鼂、董之對, 則孝宣以致中興。[15)] 若陛下

하다. 【流】: 類, 종류, 부류. 여기서는 「事例」를 가리킨다. 【未易悉數】: 모두 다 헤아리기가 용이하지 않다, 일일이 다 열거할 수가 없다.

12) 可謂進苦口之藥石, 鍼害身之膏肓。使德宗盡用其言, 則貞觀可得而復。→ 입에 쓴 良藥을 올리고, 몸을 해치는 중병을 치료하는 것이라 말할 수 있습니다. 만일 덕종이 그의 의견을 모두 채용했더라면, 「貞觀의 治」가 다시 출현할 수 있었을 것입니다.

【可謂…】: …라고 말할 수 있다. 【進】: 올리다, 진상하다. 【藥石】: 약품과 돌침. 여기서는 「良藥」을 가리킨다. 【鍼(zhēn)】: [동사용법] 치료하다. 【膏肓(gāo huāng)】: 심장의 아래를 「膏」라하고, 횡격막을 「肓」이라 하는데, 이는 모두 약의 힘이 미치지 못하는 부위로, 즉 「重病」을 뜻한다. 【使】: 만일, 만약. 【盡用】: 모두 채용하다. 【貞觀】: 唐太宗의 연호. 여기서는 「貞觀의 治」를 가리킨다 ※이 시기에는 사회 발전에 유리한 일련의 조치를 채택함으로써 청렴한 정치와 경제의 번영을 이루었는데, 역사에서는 이를 「貞觀의 治」라 일컬었다. 【可得而】: 能, …할 수 있다.

13) 臣等每退自西閣, 卽私相告言, 以陛下聖明, 必喜贄議論。→ 저희들은 매번 西閣에서 물러나올 때마다, 私的으로 서로 의견을 나누며, 폐하께서 현명하시어, 반드시 육지의 의론을 좋아하실 것이라 생각했습니다.

【自】: …로부터. 【西閣】: 宋나라 때 황제가 강연을 듣던 장소. 【告言】: 의견을 나누다, 담론하다. 【以】: 以爲, …라 여기다, …라고 생각하다. 【聖明】: 임금이 현명하다.

14) 但使聖賢之相契, 卽如臣主之同時。→ 다만 聖君과 賢臣이 서로 뜻이 맞기만 하면, 바로 (唐代의) 신하와 (지금의) 군주가 같은 시대에 처해 있는 것이나 다름없습니다.

【但使】: 다만 …만 하면. 【契(qì)】: 맞다, 합치하다, 의기투합하다. 【如】: 마치 …와 같다. 【臣主】: 신하와 임금. 여기서는 「唐代의 陸贄와 현재의 임금인 宋哲宗」을 가리킨다.

15) 昔馮唐論頗、牧之賢, 則漢文爲之太息; 魏相條鼂、董之對, 則孝宣以致中興。→ 옛날 馮唐이 廉頗와 李牧의 현명함을 거론하자, 漢文帝는 이로 인해 탄식했고; 魏相

能自得師, 莫若近取諸贄。夫六經三史, 諸子百家, 非無可觀, 皆足爲治。16) 但聖言幽遠, 末學支離, 譬如山海之崇深, 難以一二而推擇。17) 如贄之論, 開卷了然。聚古今之精英, 實治亂之龜鑑。18)

이 鼂錯과 董仲舒의 대책을 열거하자, 漢宣帝는 이로써 (나라를) 중흥에 이르도록 했습니다.

【馮唐(féng táng)】: [인명] 풍당. 漢 安陵 사람으로 文帝때 中郞署長을 지냈다. ※≪史記·張釋之馮唐列傳≫에 의하면, 漢文帝는 흉노의 침입으로 인해 걱정하다가 풍당에게 전국시대 趙나라의 장군인 李齊를 좋아한다고 하자, 풍당이 李齊를 廉頗·李牧만 못하다고 했다. 이에 문제가 탄식하며: 「만일 염파·이목과 같은 장수를 얻는다면 내가 어찌 흉노를 걱정하겠는가?」라고 했다. 【頗(pō)】: [인명] 廉頗. 전국시대 趙나라의 장수. 齊·魏와의 전쟁에서 여러 차례 승리했다. 【牧】: [인명] 李牧. 전국시대 趙나라의 장수. 趙나라의 북쪽 변경지역을 지키면서 여러 차례 東胡·林胡·흉노의 침략을 격퇴했다. 【爲之】: 因之, 이로 인해. 【太息】: 한숨 쉬다, 탄식하다. 【魏相】: [인명] 위상. 漢 定陶 사람으로 宣帝때 승상을 지내고, 高平侯에 봉해졌다. 【條】: 열거하다. 【鼂(zāo)】: [인명] 鼂錯(조착). 漢景帝때의 정치가로 御史大夫를 지냈다. 【董(dǒng)】: [인명] 董仲舒. 漢武帝 때의 사상가로 무제에게 百家를 배척하고 오직 儒家만 존중할 것을 건의했다. 【對】: 대책. 【孝宣】: 漢宣帝 劉詢. ※宣帝는 승상 霍光의 보필을 받아 인재를 등용하여 농업 생산을 늘리고 변방을 튼튼히 하여 정치·경제 방면에 있어서 과거에 비해 현저한 발전을 이룩함으로써 역사에서는 이를 「中興」이라 일컬었다.

16) 若陛下能自得師, 莫若近取諸贄。夫六經三史, 諸子百家, 非無可觀, 皆足爲治。→ 만일 폐하께서 스스로 스승을 얻으실 수 있다면, 그것을 육지에게서 취하는 것보다 가까운 방법은 없습니다. 무릇 六經·三史와, 諸子百家의 서적들이 결코 볼만한 것이 없는 게 아니며, 모두 나라를 다스리기에 충분합니다.

【若】: 만일, 만약. 【莫若…】: …만한 것이 없다. 【諸】: 之於의 합음. 【夫】: [발어사] 대저, 무릇. 【六經】: ≪詩經≫·≪書經≫·≪易經≫·≪禮記≫·≪春秋≫·≪樂經≫. 【三史】: ≪史記≫·≪漢書≫·≪後漢書≫. 【諸子百家】: 춘추전국시대의 여러 학파. 즉 儒家·道家·陰陽家·法家·名家·墨家·縱橫家·雜家·農家·小說家 등.

17) 但聖言幽遠, 末學支離, 譬如山海之崇深, 難以一二而推擇。→ 다만 성인들의 經傳은 너무 심오하고, 四書나 제자백가의 이론은 너무 산만하여, 비유하자면 마치 산과 바다가 높고 깊은 것과 같아, 한두 가지로 미루어 선택하기가 어렵습니다.

【但】: 다만, 그러나. 【幽(yōu)遠】: 심오하다. 【末學】: 하찮은 학문. 여기서는

臣等欲取其奏議，稍加校正，繕寫進呈。19) 願陛下置之坐隅，如見贄面，反覆熟讀，如與贄言。20) 必能發聖性之高明，成治功於歲月。臣等不勝區區之意，取進止。21)

「제자백가」를 가리킨다.【支離】: 산만하다, 산산이 흩어지다.【推擇】: 미루어 선택하다.

18) 如贄之論，開卷了然。聚古今之精英，實治亂之龜鑑。→ 육지와 같은 이론은, 책을 열어 보면 내용이 매우 분명합니다. 고금의 精髓를 모았기 때문에, 실로 治亂의 귀감이 됩니다.

【了然】: 분명하다, 확실하다.【聚(jù)】: 모으다.【精英】: 精髓, 가장 뛰어난 부분.【龜鑑】: 귀감, 본보기.

19) 臣等欲取其奏議，稍加校正，繕寫進呈。→ 저희들이 육지의 奏議를 취해, 약간 교정을 하고, 다시 정서하여 올립니다.

【其】: [대명사] 그, 즉 「육지」.【稍(shāo)】: 약간.【校(jiào)正】: 교정하다.【繕(shàn)寫】: 淨書하다, 깨끗이 베껴 쓰다.【進呈】: 올리다, 바치다.

20) 願陛下置之坐隅，如見贄面，反覆熟讀，如與贄言。→ 원하옵건대 폐하께서는 그것을 자리 옆에 두고, 마치 육지의 얼굴을 보듯 하시며, 거듭 숙독하여, 마치 육지와 더불어 대화를 하듯 하시기 바랍니다.

【坐隅(yú)】: 자리 옆, 자리 근처.「坐」: 座.【面】: 얼굴.【言】: 이야기하다, 대화하다.

21) 必能發聖性之高明，成治功於歲月。臣等不勝區區之意，取進止。→ (이렇게 하시면) 틀림없이 폐하의 고명하신 성품을 깨우쳐, 단시일 내에 치세의 공업을 이룩하실 것입니다. 저희들은 진지한 뜻을 말로써 다하지 못해, 取捨與否를 (폐하의) 분부에 따를 것입니다.

【發】: 계발하다, 깨우치다.【聖性之高明】: 폐하의 고명하신 성품.【治功】: 치세의 功業.【歲月】: 세월. 여기서는 「단시일, 짧은 기간」을 가리킨다.【不勝】: 다하지 못하다. 즉 「다 말하지 못하다」.【區區之意】: 진지한 뜻.【取進止】: 진퇴를 분부에 따르다.「取」: 분부에 따르다.「進止」: 進退. 즉 「取捨與否」를 말한다.

■ | 번역문

육지(陸贄)의 주의(奏議)를 교정하여 황제께 올리며 간곡히 청하는 글

저희들은 외람되게도 부족한 재능을 가지고 한림원(翰林院)의 시독(侍讀) 자리를 메우고 있습니다. 폐하의 성스럽고 밝으심은 하늘이 내리시어 학문이 날로 진보하고 계십니다. 저희들의 재능은 한계가 있으나 학문은 무궁무진하여, 마음에서 말을 하고자 해도 입으로 표현해 내지 못하니, 이로 인해 스스로 부끄러워 어찌 해야 할 바를 모르겠습니다. 저는 개인적으로 신하가 충언을 올리는 것은 비유하자면 의사가 약을 쓰는 것과 같다고 생각합니다. 약이 비록 의사의 손에서 진상되지만 그 처방은 대부분 옛사람들로부터 전해진 것입니다. 만일 (처방이) 이미 세상에서 효과를 보았다면 모두 다 (의사) 자신의 생각에 따라 처방을 낼 필요는 없습니다.

제가 당(唐)의 재상 육지(陸贄)를 보건대, 재능은 본래 왕을 보필할 수 있는 자질이 있었고 학문은 왕의 스승이 될 수 있었습니다. 논리는 사리에 매우 적합하고 말은 도덕을 벗어나지 않았습니다. 지혜롭기는 장량(張良)과 같았으나 글재주는 그를 능가했으며, 구변(口辯)은 가의(賈誼)와 같았으나 책략은 (가의와 달리) 실속이 있었습니다. 위로는 임금의 잘못된 생각을 바로잡고 아래로는 천하 사람들의 마음을 꿰뚫었습니다. 그러나 그는 불행히도 벼슬길에서 때를 만나지 못했습니다. 덕종(德宗)은 가혹한 정치를 능사로 삼았으나 육지는 충직하고 온후한 방법으로 임금에게 간했고, 덕종은 시기와 의심을 통치 수단으로 삼았으나 육지는 믿고 정성껏 대하는 방법으로 임금께 권했으며, 덕종은 무력 사용을 좋아했으나 육지는 전쟁을 없애는 것을 우선시 했고, 덕종은 재물을 긁어모으는 것을 좋아했으나 육지는 재물을 나누어 주는 것을 급선무로 삼았습니다. 인재를 기용하고 의견을 청취하는 방법이나 변방을 다스리고 장수를 부리는 방법으로 말하면, 자신을 꾸짖어 민심을 수습하고 잘못을 고쳐 천도(天道)에 순응하며, 소인배를 배척하여 백성들의 재해를 없애고 관작(官爵)을 소중히 여겨 공이 있는 사람을 대우했는데, 이와 같은 사례는 일일이 다 열거할 수가 없습니다. 입에 쓴 양약(良藥)을 올리고 몸을 해치는 중병을 치료하는 것이라 말할 수 있습니다. 만일 덕종이 그의 의견을 모두 채용했더라면 「정관(貞觀)의 치(治)」가 다시 출현할 수 있었을 것입니다.

저희들은 매번 서가(西閣)에서 물러나올 때마다 사적(私的)으로 서로 의견을 나누며, 폐하께서 현명하시어 반드시 육지의 의론을 좋아하실 것이라 생각했습니다. 다만 성군(聖君)과 현신(賢臣)이 서로 뜻이 맞기만 히면 바로 당대(唐代)의 신하와 지금의 군주가 같은 시대에 처해 있는 것이나 다름없습니다. 옛날 풍당(馮唐)이 염파(廉頗)와 이목(李牧)의 현명함을 거론하자 한문제(漢文帝)는 이로 인해 탄식했고, 위상(魏相)이 조착(鼂錯)과 동중서(董仲舒)의 대책을 열거하자 한선제(漢宣帝)는 이로써 (나라를) 중흥에 이르도록 했습니다. 만일 폐하께서 스스로 스승을 얻으실 수 있다면 그것을 육지에게서 취하는 것보다 가까운 방법은 없습니다. 무릇 육경(六經)·삼사(三史)와 제자백가(諸子百家)의 서적들이 결코 볼만한 것이 없는 게 아니며 모두 나라를 다스리기에 충분합니다. 다만 성인들의 경전(經傳)은 너무 심오하고 사서(四書)나 제자백가의 이론은 너무 산만하여, 비유하자면 마치 산과 바다가 높고 깊은 것과 같아 한두 가지로 미루어 선택하기가 어렵습니다. 육지와 같은 이론은 책을 열어 보면 내용이 매우 분명합니다. 고금의 정수(精髓)를 모았기 때문에 실로 치란(治亂)의 귀감이 됩니다. 저희들이 육지의 주의(奏議)를 취해 약간 교정을 하고 다시 정서(淨書)하여 올립니다. 원하옵건대 폐하께서는 그것을 자리 옆에 두고 마치 육지의 얼굴을 보듯 하시며, 거듭 숙독하여 마치 육지와 더불어 대화를 하듯 하시기 바랍니다. (이렇게 하시면) 틀림없이 폐하의 고명하신 성품을 깨우쳐, 단시일 내에 치세의 공업을 이룩하실 것입니다. 저희들은 진지한 뜻을 말로써 다하지 못해, 취사여부(取捨與否)를 (폐하의) 분부에 따를 것입니다.

■ 해제(解題) 및 본문요지 설명

육지(陸贄 : 754-805)는 소주(蘇州) 가흥(嘉興)[지금의 절강성 경내] 사람으로 자는 경여(敬輿)이며, 당(唐) 덕종(德宗) 때 재상을 지냈다. 사람됨이 정직하며 정사(政事)의 처리 능력이 뛰어났으나 후에 모함을 받아 물러났다.

「차자(箚子)」는 주의(奏議)의 일종이다. 주의(奏議)는 신하가 황제에게 올리는 상소문으로, 한(漢)나라 이래 표(表)·주(奏)·소(疏)·의(議)·상서(上書)·봉사(封事)·차자(箚子)·대책(對策) 등 각기 다른 명칭으로 불리었으며, 차자(箚子)란 명칭은 송대(宋代)에 처음으로 출현했다.

본문은 소식(蘇軾)이 철종(哲宗) 원우(元祐) 8년(1093) 단명전학사(端明殿學士) 겸 한림시독학사(翰林侍讀學士)에 임명되어 예부상서(禮部尙書)의 업무를 주관할 때, 황제로 하여금 당(唐) 육지(陸贄)의 주의(奏議)를 숙독하여 치국의 귀감으로 삼도록 권하기 위해 여희철(呂希哲)·오안시(吳安詩)·여조우(呂祖禹) 등과 더불어 육지의 주의(奏議)를 교정하여 철종(哲宗)에게 올린 글이다.

본문은 세 단락으로 나눌 수 있는데, 첫째 단락에서는 의사가 약을 처방하는 것을 비유하여 차자(箚子)를 올린 이유를 설명했고; 둘째 단락에서는 육지(陸贄)의 재능이 탁월하여 장량(張良)과 가의(賈誼)를 능가함으로써, 그가 당(唐) 덕종(德宗)에게 권고한 주의(奏議)가 인재를 기용하고 변방을 다스리고 잘못을 고치고 민심을 수습하고 백성들의 우환을 제거하는데 이르기까지 널리 쓰였다는 것을 말했고; 마지막 단락에서는 철종이 능히 육지 주의(奏議) 중의 고심(苦心)을 체득할 수 있기를 기대하면서, 육지의 주의(奏議)를 교정하여 올리는 이유를 밝혔다.

192 전적벽부(前赤壁賦)

[宋] 蘇軾

■ | 작자

179. 범증론(范增論) 참조

■ | 원문 및 주석

前赤壁賦[1)]

壬戌之秋，七月旣望，蘇子與客泛舟遊於赤壁之下。[2)] 淸風

---

1) 前赤壁賦 → 전에 지은 赤壁賦 ※赤壁에 대해 지은 두 편의 賦 가운데 전에 지은 부.
【赤壁(chì bì)】：산의 절벽 이름. ※중국 호북성에 「赤壁」이라 부르는 곳이 네 곳이 있다. ①蒲圻縣 서북쪽, 長江 南岸의 절벽으로 周瑜가 曹操를 물리친 곳. ②武昌縣 동남쪽에 있으며 「赤磯」라고도 한다. ③漢陽縣 沌口 臨漳山의 烏林峯을 일명 「赤壁」이라 한다. ④黃岡縣 성밖에 있으며 「赤鼻磯」라고도 한다. 소식은 이곳을 유람하면서 주유가 조조를 물리친 곳으로 비유했다. 【賦(fù)】：부. 시와 산문이 어우러져 이루어진 문체의 일종. 하나의 사물을 가지고 마음껏 묘사하고 수식하는 특징을 지니고 있다.

2) 壬戌之秋，七月旣望，蘇子與客泛舟遊於赤壁之下。→ 임술년 가을, 칠월 16일에, 내가 손님과 더불어 赤壁의 아래에서 배를 저으며 유람했다.
【壬戌(rén xū)】：宋 神宗 元豊 5년(1082). 【旣望(jì wàng)】：음력으로 매월 16일. ※「旣」：已. 「望」：음력으로 매월 15일을 「望月」이라 하고 약칭으로 「望」이

徐來，水波不興。3) 擧酒屬客，誦明月之詩，歌窈窕之章。4) 少焉，月出於東山之上，徘徊於斗、牛之間。5) 白露橫江，水光接天。6) 縱一葦之所如，凌萬頃之茫然。7) 浩浩乎如馮虛御風，而不知其所止；飄飄乎如遺世獨立，羽化而登仙。8)

라 한다. 【蘇子】: 蘇軾의 자칭. 【泛(fàn)舟】: 배를 젓다. 【遊】: 노닐다, 유람하다.

3) 淸風徐來，水波不興。→ 맑은 바람이 서서히 불어오고, 파도는 일지 않았다.
【徐來】: 서서히 불다. 【水波】: 물결, 파도. 【興】: 일다.

4) 擧酒屬客，誦明月之詩，歌窈窕之章。→ 술잔을 들어 손님에게 권하며, 「明月」詩를 낭송하고, 「窈窕」章을 노래했다.
【擧(jǔ)】: 들다. 【屬(zhǔ)】: 囑, 권하다. 【明月之詩】: ≪詩經・陳風≫ 중의 「月出」詩. ※일설에는, 曹操 ≪短歌行≫에 「明明如月，何時可掇? (賢士는 하늘의 밝은 달과 같은데, 어느 때나 얻을 수 있을까?)」 「月明星稀，烏鵲南飛.(달이 밝아 별이 드문데, 까막까치가 남쪽으로 날아가네.)」라는 구절이 있는데, 「月明之詩」는 비로 이 구절의 시로, 다음에 나오는 조조에 대한 회상과 호응시킨 것이라 했다. 【窈窕(yǎo tiǎo)之章】: 「月出」詩 3章 중의 제1장. 여기에 나오는 詩句(月出皎兮，佼人僚兮．舒窈糾兮，勞心悄兮。) 가운데 「窈糾」를 「窈窕」라고 해석한 것이다. ※일설에는, 「窈窕之章」은 ≪詩經・周南・關雎≫의 「窈窕」章으로, 다음에 나오는 미인을 생각하는 마음과 호응시킨 것이라 했다.

5) 少焉，月出於東山之上，徘徊於斗、牛之間。→ 잠시 후, 달이 동산 위에서 떠올라, 북두성과 견우성 사이에서 배회했다.
【少焉(yān)】: 잠시 후, 얼마 있다가. 【徘徊(pái huái)】: 배회하다. 【斗、牛】: 북두성과 견우성.

6) 白露橫江，水光接天。→ 흰 이슬은 강 위에 가득하고, 강의 푸른빛은 하늘과 맞닿아 있다.
【橫(héng)江】: 강 위에 가득하다. 【水光】: 강물의 푸른빛. 【接(jiē)】: 맞닿다.

7) 縱一葦之所如，凌萬頃之茫然。→ 작은 배가 가는 대로 내맡긴 채, 한없이 넓은 강 위를 떠돌아다녔다.
【縱(zòng)】: 내맡기다, 마음대로 하게 놓아두다. 【一葦(wěi)】: 일엽편주, 작은 배. 【如】: 往, 가다. 【凌(líng)】: 떠돌다. 【萬頃(qǐng)】: 만경의 넓이. 여기서는 「한없이 넓은 모습」을 형용한 말이다. 「頃」: [면적단위] 1頃은 100畝. 사방 6척을 「步」라 하고 100步를 「畝」라 한다. 【茫(máng)然】: 매우 넓어 끝이 없는 모양.

8) 浩浩乎如馮虛御風，而不知其所止；飄飄乎如遺世獨立，羽化而登仙。→ 강물이 한없이 넓어 마치 허공에 의지하여 바람을 탄 듯, 배가 어디 가서 멈출지 알 수가 없고; 가뿐하기가 마치 속세를 버리고 독립하여, 날개를 달고 신선이 되어 하늘로

於是飮酒樂甚, 扣舷而歌之。[9] 歌曰:「桂棹兮蘭槳, 擊空明兮泝流光。渺渺兮予懷, 望美人兮天一方。[10]」客有吹洞簫者, 倚歌而和之, 其聲嗚嗚然, 如怨, 如慕, 如泣, 如訴, 餘音嫋嫋, 不絶如縷。[11] 舞幽壑之潛蛟, 泣孤舟之嫠婦。[12]

올라가는 듯했다.

【浩浩】: 끝없이 넓은 모양. 【乎】: [어조사] 형용사나 부사의 뒤에 붙어 뜻이 없이 語氣를 나타낸다. 【如】: 마치 …같다. 【馮(píng)】: 憑, 기대다, 의지하다. 【虛(xū)】: 허공, 하늘. 【御(yù)風】: 바람을 타다. ※≪莊子·逍遙≫:「夫列子御風而行。(열자가 바람을 타고 다닌다.)」【其】: [대명사] 그것, 즉 「배」. 【飄(piāo)飄】: 가뿐한 모양. 【遺(yí)世】: 속세를 버리다. 【羽(yǔ)化】: 날개를 달다. ※道家에서 신선이 되면 날아다닐 수 있기 때문에 마치 날개를 단 듯하다고 표현한 말. 【登仙】: 신선이 되어 하늘로 올라가다.

9) 於是飮酒樂甚, 扣舷而歌之。→ 그리하여 술을 마시고 매우 즐거워서, 뱃전을 두드리며 노래를 불렀다.

【於是】: 이에, 그리하여. 【樂甚】: 매우 즐겁다. 【扣(kòu)】: 치다, 두드리다. 【舷(xián)】: 배의 가장자리, 뱃전.

10) 歌曰:「桂棹兮蘭槳, 擊空明兮泝流光。渺渺兮予懷, 望美人兮天一方。」→ 노래 가사는 이렇다:「계수나무 긴 노와 목란 나무 짧은 노로, 물속에 잠긴 달을 치며 물 위에 흐르는 달빛을 거슬러 올라간다. 아득하여라 내 마음, 임을 보고자 하나 하늘 저 끝에 있다.」

【棹(zhào)】: 船尾에서 배를 저을 때 쓰는 기다란 노. 【兮(xī)】: [어조사] 辭賦에서 자주 사용. 【蘭(lán)】: 목란 나무. 【槳(jiǎng)】: 배의 가장자리에서 저을 때 사용하는 짧은 노. 【空明】: 물속에 비쳐 잠겨있는 달. 【泝(sù)】: 거슬러 올라가다. 【流光】: 물위에 흐르는 달빛. 즉, 물위에 비쳐 물결을 따라 움직이는 달빛. 【渺(miǎo)渺】: 아득히 먼 모양. 【懷(huái)】: 마음, 심정. 【望】: 보고 싶어 하다, 그리워하다. 【美人】: 임, 자기를 알아 줄 사람, 혹은 임금. 【天一方】: 하늘의 저쪽 끝, 즉「머나먼 곳」.

11) 客有吹洞簫者, 倚歌而和之, 其聲嗚嗚然, 如怨, 如慕, 如泣, 如訴, 餘音嫋嫋, 不絶如縷。→ 손님 중에 퉁소를 부는 사람이 있어, 노래에 맞추어 합주하는데, 그 소리가 우~우~하고 구슬프게 울려, 마치 원망하는 듯도 하고, 사모하는 듯도 하고, 흐느끼는 듯도 하고, 하소연하는 듯도 한데, 여음이 길게 이어지며, 실처럼 끊어지지 않았다.

【洞簫(dòng xiāo)】: 퉁소. 【倚(yǐ)】: …에 따라, …에 맞추어. 【和(hè)】: 합주

蘇子愀然，正襟危坐，而問客曰：「何爲其然也?」[13] 客曰：「『月明星稀，烏鵲南飛』，此非曹孟德之詩乎?[14] 西望夏口，東望武昌，山川相繆，鬱乎蒼蒼，此非孟德之困於周郎者乎?[15] 方其破

하다, 호응하다. 【嗚(wū)嗚然】 : [의성어] 우~ 우~ 하고 가라앉은 구슬픈 소리. 【怨(yuàn)】 : 원망하다. 【慕】 : 사모하다. 【泣】 : 흐느껴 울다. 【訴】 : 하소연하다. 【餘音】 : 여운, 여음, 끝에 남는 소리. 【嫋(niǎo)嫋】 : 끊이지 않고 가늘게 이어지는 모양. 【縷(lǚ)】 : 가느다란 실.

12) 舞幽壑之潛蛟，泣孤舟之嫠婦。→ 깊은 골짜기에 잠긴 용을 춤추게 하고, 외로운 배에 타고 있는 과부를 울게 하는 듯했다.
【舞】 : [사동용법] 춤을 추게 하다. 【幽壑(yōu hè)】 : 깊은 골짜기. 「幽」 : 그윽한, 깊은. 「壑」 : 골짜기. 【潛蛟(qián jiāo)】 : 잠복해 있는 용. 【泣】 : [사동용법] 울게 하다. 【嫠婦(lí fù)】 : 과부.

13) 蘇子愀然，正襟危坐，而問客曰：「何爲其然也?」→ 내가 정색을 하며, 옷깃을 바로 하고 정좌를 한 후, 손님에게 물었다 : 「어째서 퉁소 소리가 그처럼 구슬픕니까?」
【愀(qiǎo)然】 : 정색을 하다. 【正】 : 바로 하다. 【襟(jīn)】 : 옷깃. 【危坐】 : 똑바로 앉다, 정좌하다. 「危」 : 直, 똑바로. 【何爲其然也?】 : 어째서 (퉁소 소리가) 그러한가? 즉, 「어째서 퉁소 소리가 그처럼 처량한가?」의 뜻. 「其」 : [대명사] 그것, 즉 「퉁소 소리」. 「然」 : 그러하다, 즉 「그렇게 처량하다, 그처럼 구슬프다」의 뜻.

14) 客曰：「『月明星稀，烏鵲南飛』，此非曹孟德之詩乎? → 손님이 대답했다 : 『달은 밝고 별은 희귀한데, 까막까치가 남쪽으로 날아가네』, 이는 曹孟德의 시가 아닙니까?
※이 시는 曹操 ≪短歌行≫의 한 구절이다.
【稀(xī)】 : 드물다, 희귀하다. 【烏鵲(wū què)】 : 까마귀와 까치, 까막까치. 【曹孟德】 : [인명] 曹操. 자는 孟德, 東漢 말 沛나라 譙[지금의 안휘성 亳縣] 지방 사람으로 군사를 일으켜 黃巾賊을 진압하고 董卓을 토벌한 후 丞相이 되어 獻帝를 끼고 천하를 호령하였다. 무예와 지략이 뛰어난 영웅이며 詩文에도 능했다. 魏王에 봉해졌다가 아들 曹丕가 稱帝한 후 武帝로 追尊되었다. 【非…乎?】 : …이 아닌가?

15) 西望夏口，東望武昌，山川相繆，鬱乎蒼蒼，此非孟德之困於周郎者乎? → 서쪽으로 夏口를 바라보고, 동쪽으로 武昌을 바라보며, 산과 강이 서로 휘감고, 수목이 울창한데, 이곳은 맹덕이 周瑜에게 곤욕을 당하던 곳이 아닙니까?
【望】 : 바라보다. 【夏口】 : [지명] 지금의 호북성 漢口. 【武昌】 : [지명] 지금의 호북성 武昌. 【繆(liáo)】 : 휘감다, 얽다. 【鬱(yù)】 : (수목이) 울창하다. 【蒼(cāng)】

荊州, 下江陵, 順流而東也, 舳艫千里, 旌旗蔽空, 釃酒臨江, 橫槊賦詩, 固一世之雄也, 而今安在哉?16) 況吾與子, 漁樵於江渚之上, 侶魚蝦而友麋鹿, 駕一葉之扁舟, 擧匏樽以相屬。17) 寄蜉蝣

蒼】: 짙푸르다. 【困於】: …에게 곤욕을 당하다. 【周郎】: [인명] 周瑜. 廬江 舒 지방 사람으로 자는 公瑾. 「郎」은 소년에 대한 애칭으로 주유가 일찍이 소년으로 군사를 거느렸으므로 吳나라에서 그를 周郎이라 불렀으며, 建安 13년(208) 조조가 荊州로부터 강을 따라 동쪽으로 내려올 때 孫權이 주유로 하여금 劉備와 협력하여 대항토록 했는데, 그 해 11월 赤壁에서 일전을 벌려 주유가 火攻으로 조조를 크게 물리쳤다.

16) 方其破荊州, 下江陵, 順流而東也, 舳艫千里, 旌旗蔽空, 釃酒臨江, 橫槊賦詩, 固一世之雄也, 而今安在哉? → 그가 荊州를 격파하고, 江陵으로 내려가, 강물의 흐름을 따라 동쪽으로 나아갈 때, 전함이 천 리나 이어지고, 군대의 깃발이 하늘을 뒤덮었습니다. (이러한 상황에서) 강물을 대하고 술을 마시며, 긴 창을 눕혀 놓고 시를 읊었으니, 실로 일세의 영웅입니다. 그러나 지금 어디에 있습니까?
【方】: …할 때, …할 당시. 【荊(jīng)州】: [지명] 지금의 호북성 襄陽縣. 【江陵】: [지명] 지금의 호북성 江陵縣. 【順流】: 강물의 흐름을 따라. 【東】: [동사용법] 東進하다, 동쪽으로 나아가다. 【舳艫(zhú lú)】: 선미와 선두. ※여기서는 「전함, 군함」을 가리킨다. 【旌旗(jīng qí)】: 깃발. ※대나무 장대에 털소의 꼬리와 五色의 깃털로 장식한 깃발. 【蔽(bì)】: 가리다, 덮다. 【釃(shī)酒】: 본래 「술을 거르다」는 말이나, 여기서는 「술을 마시다」의 뜻. 【臨江】: 강물을 대하다. 【橫(héng)】: 가로로 눕혀 놓다, 바닥에 눕혀 놓다. ※元稹 ≪杜甫墓地銘≫: 「曹氏父子, 鞍馬間爲文, 往往橫槊賦詩。(조씨 부자는, 전쟁을 하는 중에도 글을 짓고, 왕왕 창을 눕혀 놓은 채 시를 읊었다.)」 【槊(shuò)】: 긴 창. 【賦(fù)】: 짓다, 읊다. 【固】: 실로. 【而】: 그러나, 그런데. 【安在】: 何在, 어디에 있는가?

17) 況吾與子, 漁樵於江渚之上, 侶魚蝦而友麋鹿, 駕一葉之扁舟, 擧匏樽以相屬。→ 하물며 나와 그대는, 강가의 모래톱에서 고기 잡고 나무하며, 물고기·새우를 반려자로 삼고 사슴·고라니를 벗삼아 지내면서, 일엽편주를 몰고, 조롱박 술잔을 들어 서로 권합니다.
【況】: 하물며. 【子】: 그대, 당신. 【漁(yú)】: 고기를 잡다. 【樵(qiáo)】: 나무하다. 【江渚(zhǔ)】: 강가의 모래톱. 【侶(lǚ)】: 반려자로 삼다. 【蝦(xiā)】: 새우. 【友】: 벗을 삼다. 【麋鹿(mí lù)】: 고라니와 사슴. 【駕(jià)】: 몰다, 조종하다. 【一葉之扁舟】: 일엽편주, 작은 배. 【匏樽(páo zūn)】: 조롱박으로 만든 술잔. 【相屬(zhǔ)】: 서로 권하다. 「屬」: 囑, 권하다.

於天地, 渺滄海之一粟, 哀吾生之須臾, 羨長江之無窮。18) 挾飛仙以遨遊, 抱明月而長終, 知不可乎驟得, 託遺響於悲風。19)」

蘇子曰 :「客亦知夫水與月乎? 逝者如斯, 而未嘗往也; 盈虛者如彼, 而卒莫消長也。20) 蓋將自其變者而觀之, 則天地曾不能以一瞬; 自其不變者而觀之, 則物與我皆無盡也, 而又何羨乎?21) 且夫天地之間, 物各有主, 苟非吾之所有, 雖一毫而莫取。22)

---

18) 寄蜉蝣於天地, 渺滄海之一粟, 哀吾生之須臾, 羨長江之無窮。→ 이는 마치 하루살이가 천지에 붙어사는 것과도 같고, 또한 마치 망망대해 속의 좁쌀 한 알과도 같아, 내 인생의 짧음을 슬퍼하고, 장강의 무궁함을 부러워합니다.
※인생이 짧고, 존재가 미미함을 비유한 말.
【寄】: 寄居하다, 붙어살다. 【蜉蝣(fú yóu)】: 하루살이. 【渺(miǎo)】: 매우 작다. 【滄(cāng)海】: 푸른 바다, 大海. 【一粟(sù)】: 한 알의 좁쌀. 【須臾(xū yú)】: 짧은 시간. 【羨(xiàn)】: 부러워하다. 【長江】: 장강, 양자강

19) 挾飛仙以遨遊, 抱明月而長終, 知不可乎驟得, 託遺響於悲風。」→ 신선을 옆에 끼고 멀리 놀러 가고 싶고, 밝은 달을 끌어 앉고 오래도록 함께 살고 싶지만, 쉬사리 얻을 수 없다는 것을 알기 때문에, (그래서) 餘音을 처량한 가을바람에 기탁하는 것입니다.」
【挾(xié)】: 끼다. 【飛仙】: 신선. ※전설속의 신선은 날개가 달려 마음대로 날 수 있다고 하여 부른 명칭. 【遨遊(áo yóu)】: 멀리 놀러가다. 【抱(bào)】: 끌어 앉다. 【長終】: 오래 살다. 【驟(zhòu)】: 별안간, 갑자기, 쉽사리. 【託(tuō)】: 기탁하다. 【遺響(yí xiǎng)】: 餘音, 즉「퉁소 소리의 여음」을 말한다.

20) 蘇子曰 :「客亦知夫水與月乎? 逝者如斯, 而未嘗往也; 盈虛者如彼, 而卒莫消長也。→ 내가 말했다 :「손님도 강물과 달을 아시지요? 흘러서 가버리는 것이 마치 강물 같지만, 그러나 강물은 계속 흐르고; 차고 기우는 것이 마치 달 같지만, 그러나 결국 줄어들거나 늘어난 적이 없습니다.
【夫】: [어조사]. 【逝】: 가다. ※물이 흘러서 가버리는 것을 말한다. 【斯】: [대명사] 이것, 즉「강물」. ※물이 가까이 있기 때문에「이것」이라 했다. 【未嘗往】: 가버린 적이 없다. 즉「계속 흐르고 있다」의 뜻.「未嘗」: …한 적이 없다. 【盈虛(yíng xū)】: 차고 기울다. 【彼(bǐ)】: [대명사] 저것. 즉「달」을 가리킨다. ※달이 멀리 있기 때문에「저것」이라 했다. 【卒(zú)】: 결국, 끝내. 【莫(mò)】: [부정사] …하지 않다. 【消長(xiāo zhǎng)】: 줄어들고 늘어남, 증감.

21) 蓋將自其變者而觀之, 則天地曾不能以一瞬; 自其不變者而觀之, 則物與我皆無盡也, 而惟江上之淸風, 與山間之明月, 耳得之而爲聲, 目遇之而成色, 取之無禁, 用之不竭。[23] 是造物者之無盡藏也, 而吾與子之所共適。」[24]

客喜而笑, 洗盞更酌。肴核旣盡, 杯盤狼藉。[25] 相與枕藉乎舟中, 不知東方之旣白。[26]

又何羨乎? → 만일 변화한다는 측면에서 본다면, 천지는 일찍이 일순간도 그대로 있을 수 없고; 변하지 않는다는 측면에서 본다면, 만물과 나는 모두 다함이 없습니다. 그런데 또 무엇을 부러워하십니까?

【蓋(gài)】: [발어사]. 【將…則…】: 만약 …한다면. 【一瞬(shùn)】: 일순간, 잠시. 【物】: 만물. 【無盡】: 다함이 없다, 무궁무진하다.

22) 且夫天地之間, 物各有主, 苟非吾之所有, 雖一毫而莫取。→ 또한 세상천지에서, 모든 물건은 각기 주인이 있어, 만일 나의 소유가 아니면, 비록 한 올의 터럭이라도 취하지 않습니다.

【且夫】: 또한, 한편. 【苟(gǒu)】: 만약. 【一毫(háo)】: 한 올의 터럭, 즉 「극히 작은 물건」을 뜻한다.

23) 惟江上之淸風, 與山間之明月, 耳得之而爲聲, 目遇之而成色, 取之無禁, 用之不竭。→ 다만 강 위의 맑은 바람과, 산 위에 떠있는 밝은 달은, 귀로 들으면 아름다운 음악이 되고, 눈으로 보면 아름다운 경치가 되는데, 그것을 아무리 취해도 아무도 금하지 않고, 그것을 아무리 써도 소진되지 않습니다.

【惟】: 다만. 【耳得之】: 귀로 그것을 듣다. 「之」: [대명사] 그것, 즉 「맑은 바람이 내는 소리」. 【目遇之】: 눈으로 그것을 보다. 「之」: [대명사] 「산 위에 떠있는 달」. 【成】: …이 되다, …을 이루다. 【色】: 경치. 【之】: [대명사] 그것, 즉 앞의 之는 「淸風」, 뒤의 之는 「明月」을 가리킨다. 【竭(jié)】: 다하다, 소진되다.

24) 是造物者之無盡藏也, 而吾與子之所共適。」→ 이는 조물주가 내린 무한한 寶庫요, 또한 나와 그대가 함께 누릴 수 있는 것입니다.」

【是】: [대명사] 이것, 즉 「淸風이나 明月 등의 자연물」. 【造物者】: 조물주. 【無盡藏(wú jìn zàng)】: 무한한 寶庫. 「藏」: [명사] 창고. 【共適】: 함께 누리다, 함께 즐기다.

25) 客喜而笑, 洗盞更酌。肴核旣盡, 杯盤狼藉。→ 손님이 기뻐서 미소 지으며, 술잔을 씻어 다시 술을 마셨다. 안주가 이미 다 떨어지고, 잔과 접시가 마구 어지럽게 흩어져 있다.

【盞(zhǎn)】: 술잔. 【酌(zhuó)】: 술을 마시다. 【肴核(yáo hé)】: 술안주. 「肴」: 육류 요리. 「核」: 과일 종류. 【杯(bēi)】: 술잔. 【盤(pán)】: 접시, 쟁반. 【狼藉(láng jí)】: 마구 어지럽게 흩어지다.

■ | 번역문

전에 지은 적벽부(赤壁賦)

임술년 가을 칠월 16일에 내가 손님과 더불어 적벽(赤壁)의 아래에서 배를 저으며 유람했다. 맑은 바람이 서서히 불어오고 파도는 일지 않았다. 술잔을 들어 손님에게 권하며 「명월(明月)」시를 낭송하고 「요조(窈窕)」장(章)을 노래했다. 잠시 후 달이 동산 위에서 떠올라 북두성과 견우성 사이에서 배회했다. 흰 이슬은 강 위에 가득하고 강의 푸른빛은 하늘과 맞닿아 있다. 작은 배가 가는 대로 내맡긴 채 한없이 넓은 강 위를 떠돌아다녔다. 강물이 한없이 넓어 마치 허공에 의지하여 바람을 탄 듯, 배가 어디 가서 멈출지 알 수가 없고, 가뿐하기가 마치 속세를 버리고 독립하여 날개를 달고 신선이 되어 하늘로 올라가는 듯했다.

그리하여 술을 마시고 매우 즐거워서 뱃전을 두드리며 노래를 불렀다. 노래 가사는 이렇다. 「계수나무 긴 노와 목란 나무 짧은 노로 물속에 잠긴 달을 치며 물 위에 흐르는 달빛을 거슬러 올라간다. 아득하여라 내 마음, 임을 보고자 하나 하늘 저 끝에 있다.」 손님 중에 퉁소를 부는 사람이 있어 노래에 맞추어 합주하는데, 그 소리가 우~우~하고 구슬프게 울려 마치 원망하는 듯도 하고, 사모하는 듯도 하고, 흐느끼는 듯도 하고, 하소연하는 듯도 한데, 여음이 길게 이어지며 실처럼 끊어지지 않았다. 깊은 골짜기에 잠긴 용을 춤추게 하고, 외로운 배에 타

26) 相與枕藉乎舟中, 不知東方之旣白。→ 배 안에서 서로 더불어 베고 깔리고 뒤엉켜 자면서, 동쪽 하늘이 이미 밝아온 것도 몰랐다.
【枕藉(zhěn jiè)】: 베고 깔리고 하다. 「枕」: 베다. 「藉」: 깔다. 【乎】: 於, …에서. 【旣白】: 이미 밝아지다.

고 있는 과부를 울게 하는 듯했다.

내가 정색을 하며, 옷깃을 바로 하고 정좌를 한 후 손님에게 물었다 :「어째서 퉁소 소리가 그처럼 구슬픕니까?」 손님이 대답했다 :『달은 밝고 별은 희귀한데 까막까치가 남쪽으로 날아가네.』 이는 조맹덕(曹孟德)의 시가 아닙니까? 서쪽으로 하구(夏口)를 바라보고 동쪽으로 무창(武昌)을 바라보며, 산과 강이 서로 휘감고 수목이 울창한데, 이곳은 맹덕이 주유(周瑜)에게 곤욕을 당하던 곳이 아닙니까? 그가 형주(荊州)를 격파하고 강릉(江陵)으로 내려가, 강물의 흐름을 따라 동쪽으로 나아갈 때, 전함이 천 리나 이어지고 군대의 깃발이 하늘을 뒤덮었습니다. (이러한 상황에서) 강물을 대하고 술을 마시며 긴 창을 눕혀 놓고 시를 읊었으니, 실로 일세의 영웅입니다. 그러나 지금 어디에 있습니까? 하물며 나와 그대는 강가의 모래톱에서 고기 잡고 나무하며, 물고기 · 새우를 반려자로 삼고 사슴 · 고라니를 벗삼아 지내면서, 일엽편주(一葉片舟)를 몰고 조롱박 술잔을 들어 서로 권합니다. 이는 마치 하루살이가 천지에 붙어사는 것과도 같고, 또한 마치 망망대해 속의 좁쌀 한 알과도 같아, 내 인생의 짧음을 슬퍼하고 장강(長江)의 무궁함을 부러워합니다. 신선을 옆에 끼고 멀리 놀러 가고 싶고, 밝은 달을 끌어 앉고 오래도록 함께 살고 싶지만, 쉽사리 얻을 수 없다는 것을 알기 때문에, (그래서) 여음(餘音)을 처량한 가을바람에 기탁하는 것입니다.」

내가 말했다 :「손님도 강물과 달을 아시지요? 흘러서 가버리는 것이 마치 강물 같지만, 그러나 강물은 계속 흐르고, 차고 기우는 것이 마치 달 같지만, 그러나 결국 줄어들거나 늘어난 적이 없습니다. 만일 변화한다는 측면에서 본다면 천지는 일찍이 일순간도 그대로 있을 수 없고, 변하지 않는다는 측면에서 본다면 만물과 나는 모두 다함이 없습니다.

그런데 또 무엇을 부러워하십니까? 또한 세상천지에서 모든 물건은 각기 주인이 있어, 만일 나의 소유가 아니면 비록 한 올의 터럭이라도 취하지 않습니다. 다만 강 위의 맑은 바람과 산 위에 떠있는 밝은 달은 귀로 들으면 아름다운 음악이 되고 눈으로 보면 아름다운 경치가 되는데, 그것을 아무리 취해도 아무도 금하지 않고 그것을 아무리 써도 소진되지 않습니다. 이는 조물주가 내린 무한한 보고(寶庫)요 또한 나와 그대가 함께 누릴 수 있는 것입니다.」

손님이 기뻐서 미소 지으며 술잔을 씻어 다시 술을 마셨다. 안주가 이미 다 떨어지고 잔과 접시가 마구 어지럽게 흩어져 있다. 배 안에서 서로 더불어 베고 깔리고 뒤엉켜 자면서 동쪽 하늘이 이미 밝아온 것도 몰랐다.

■ | 해제(解題) 및 본문요지 설명

≪전적벽부(前赤壁賦)≫는 사부류(辭賦類) 중 산문 형식으로 쓴 전형적인 산부(散賦)의 문장으로, 소식이 황주(黃州)[지금의 호북성 황강현(黃岡縣)]에 폄적되어 지내던 시절 어느 날 밤에 성밖의 적벽(赤壁)을 유람하고 나서 쓴 글이다. 이곳은 조조(曹操)가 주유(周瑜)에게 참패했던 실제의 적벽은 아니지만 소식은 적벽이란 같은 이름을 이용하여 역사 고사를 실제의 정경처럼 묘사했다.

본문은 네 단락으로 나눌 수 있는데, 첫째 단락에서는 소식이 손님과 더불어 적벽의 아래에서 배를 타고 유람하며 강산(江山) 풍월(風月)의 아름다운 경치를 감상하니 마치 신선이 된 듯한 기분을 묘사했고; 둘째 단락에서는 흥겨운 분위기에 도취되어 노래를 부르며 즐기던 중, 손님이 통소를 구슬프게 불어 소식이 그 이유를 묻고, 일세의 영웅 조조의 일을 들어 짧은 인생을 안타까워하며 강산 명월의 무궁함을 부러워하는 손님의 모습을 서술했고; 셋째 단락에서는 인간의 생명을 일시적인 것으로 보고 안타까워하는 손님의 소극적 태도에 대해, 소식이 강물과 명월을 예로 들어 인생과 우주 만물의 존재 가치가 「변(變)」과 「불변(不變)」의 관점에 따라 크게 달라질 수 있다는 논리로 손님을 이해시키는 상황을 서술했고; 마지막 단락에서는 손님이 소식의 이치를 깨닫고 기뻐하며, 다시 술을 마시다가 동쪽 하늘이 밝은 줄도 모르고 깊은 잠에 빠져 있는 낭만적 분위기를 서술했다.

193 후적벽부(後赤壁賦)

[宋] 蘇軾

■ | 작자

179. 범증론(范增論) 참조

■ | 원문 및 주석

後赤壁賦[1)]

是歲十月之望, 步自雪堂, 將歸於臨皐。二客從予, 過黃泥之坂。[2)] 霜露旣降, 木葉盡脫。人影在地, 仰見明月。顧而樂之,

1) 後赤壁賦 → 후에 지은 赤壁賦. ※赤壁에 대해 지은 두 편의 부 가운데 후에 지은 부.
【赤壁(chì bì)】: 산의 절벽 이름. ※중국 호북성에 「赤壁」이라 부르는 곳이 네 곳이 있다. ①蒲圻縣 서북쪽, 長江 南岸의 절벽으로 周瑜가 曹操를 물리친 곳. ②武昌縣 동남쪽에 있으며 「赤磯」라고도 한다. ③漢陽縣 沌口 臨漳山의 烏林峯을 일명 「赤壁」이라 한다. ④黃岡縣 성밖에 있으며 「赤鼻磯」라고도 한다. 소식은 이곳을 유람하면서 주유가 조조를 물리친 곳으로 비유했다. 【賦(fù)】: 시와 산문이 어우러져 이루어진 문체의 일종. 하나의 사물을 가지고 마음껏 묘사하고 수식하는 특징을 지니고 있다.

2) 是歲十月之望, 步自雪堂, 將歸於臨皐。二客從予, 過黃泥之坂。→ 이 해 10월 보름날, 雪堂으로부터 걸어 나와, 막 臨皐亭으로 돌아가려는 참이었다. 두 손님이 나를 따라, 黃泥坂 넘었다.

行歌相答。[3] 已而歎曰：「有客無酒，有酒無肴，月白風淸，如此良夜何?」[4] 客曰：「今者薄暮，擧網得魚，巨口細鱗，狀似松江之鱸。顧安所得酒乎?」[5] 歸而謀諸婦，婦曰：「我有斗酒，藏之久矣，以待子不時之須。」[6] 於是攜酒與魚，復游於赤壁之下。[7]

【是歲】: 이 해, 즉 神宗 元豊 5년(1082). 【望】: 보름. 【雪堂】: 설당. ※소식은 원풍 3년(1080) 黃州로 유배되어, 원풍 5년 눈이 내릴 적에 이곳에 초가집을 짓고 이름하여 「설당」이라 했다. 【臨皐(gāo)】: 臨皐亭. 소식이 황주에 있을 때 머물던 정자. 【二客】: 두 손님. 한 사람은 楊世昌으로 廬山에서 황주로 소식을 찾아와 두 차례에 걸쳐 함께 적벽에서 뱃놀이를 했고, 또 한 사람은 누구인지 알 수가 없다. 【黃泥之坂(bǎn)】: [고개 이름] 황니판. 임고정 부근에 있다. 【脫(tuo)】: 벗다. 여기서는 「떨어지다」의 뜻.

3) 霜露旣降, 木葉盡脫。人影在地, 仰見明月。顧而樂之, 行歌相答。→ 서리와 이슬이 내려, 나뭇잎은 다 떨어져 버렸다. 사람의 그림자는 땅에 비추고, 고개를 들어 밝은 달을 쳐다본다. 사방을 둘러보며 즐기고, 걷고 노래하며 서로 화답했다.
【顧(gù)】: 보다, 둘러보다. 【行】: 걷다. 【歌】: [동사] 노래하다.

4) 已而歎曰 :「有客無酒, 有酒無肴, 月白風淸, 如此良夜何?」→ 조금 있다가 (내가) 탄식하며 말했다 :「손님은 있는데 술이 없고, 술은 있는데 안주가 없으면, 달은 밝고 바람은 시원한데, 이처럼 좋은 밤을 어찌하리?」
【已而】: [시간부사] 잠시 후, 얼마 있다가. 【肴(yáo)】: 안주.

5) 客曰 :「今者薄暮, 擧網得魚, 巨口細鱗, 狀似松江之鱸。顧安所得酒乎?」→ 손님이 말했다 :「오늘 저녁 무렵에, 그물을 들어 고기를 잡았는데, 입이 크고 비늘이 가늘어, 모양이 마치 松江의 농어와 같습디다. 다만 어디에서 술을 구해오리까?」
【薄暮(bó mù)】: 해질 무렵, 땅거미. 【狀】: 모양. 【似】: 마치 …같다. 【松江】: [지명] 강소성 松江縣. 【鱸(lú)】: [물고기] 농어. 【顧(gù)】: 그러나, 하지만. 【安所】: 어느 곳, 어디.

6) 歸而謀諸婦, 婦曰 :「我有斗酒, 藏之久矣, 以待子不時之須。」→ 돌아가서 이것을 아내와 상의하니, 아내가 말했다 :「제게 술 한 말이 있어, 저장해 둔 지가 오래되었는데, 당신이 불시에 찾을 것을 기다렸답니다.」
【謀(móu)】: 상의하다. 【諸】: 之於의 합음. 【婦】: 아내, 처. 여기서는 소식의 後妻인 王夫人을 가리킨다. 왕부인은 蜀郡 眉山 靑城 사람으로 鄕貢進士 王方의 딸이다. 【藏(cáng)】: 보관하다, 저장해 두다. 【不時之須】: 불시의 요구, 즉 「뜻하지 않게 필요함」. ※판본에 따라서는 「須」를 「需」라 했다.

7) 於是攜酒與魚, 復游於赤壁之下。→ 그리하여 술과 고기를 가지고, 다시 赤壁 아래

江流有聲，斷岸千尺；山高月小，水落石出。8) 曾日月之幾何，而江山不可復識矣!9) 予乃攝衣而上，履巉巖，披蒙茸，踞虎豹，登虬龍，攀栖鶻之危巢，俯馮夷之幽宮；蓋二客不能從焉。10)

劃然長嘯，草木震動，山鳴谷應，風起水湧。11) 予亦悄然而

에서 놀았다.

【於是】: 이에, 그리하여. 【攜(xié)】: 손에 들다, 휴대하다.

8) 江流有聲，斷岸千尺；山高月小，水落石出。→ 長江의 흐르는 물소리가 들려오고, 강안의 절벽은 높이가 천 尺이다. 산은 높고 달은 조그마한데, 물이 줄어 돌이 드러나 있다.

【斷岸】: 깎아지른 듯한 강 언덕. 【水落】: 물이 줄어들다.

9) 曾日月之幾何，而江山不可復識矣! → 그간 세월이 얼마나 흘렀다고, 강산을 다시금 알아볼 수가 없단 말인가!

【日月之幾何】: 세월이 얼마나 흘렀다고. ※이는 작자가 ≪전적벽부≫를 짓고 나서 지금까지 불과 얼마 지나지 않은 세월을 두고 한 말이다. 【識(shí)】: 알아보다, 식별하다.

10) 予乃攝衣而上，履巉巖，披蒙茸，踞虎豹，登虬龍，攀栖鶻之危巢，俯馮夷之幽宮；蓋二客不能從焉。→ 나는 이내 옷소매를 걷어 부치고 (강기슭에) 올라, 험준한 바위를 밟고, 우거진 숲을 헤쳐 나가, 호랑이·표범 모양의 바위에 걸터앉기도 하고, 虯龍 모양의 나무에 오르기도 하고, 송골매가 서식하는 높고 위험한 둥지에 올라, 水神 馮夷의 깊숙한 물속 궁전을 굽어보기도 했다. 결국 두 손님은 쫓아오지 못했다.

【攝(shè)衣】: 옷을 걷어 올리다. 【履(lǚ)】: 밟다. 【巉巖(chán yán)】: 험준한 바위. 【披(pī)】: 헤치다. 【蒙茸(méng róng)】: 초목이 무성하게 자라는 모양. 여기서는 명사용법으로 「우거진 숲」의 뜻. 【踞(jù)】: 걸터앉다. 【虎豹(bào)】: 호랑이와 표범. 여기서는 「호랑이와 표범 모양의 바위」를 가리킨다. 【虬(qiú)龍】: 뿔 없는 용. 여기서는 용 모양의 나무를 말한다. 【攀(pān)】: 나무를 타거나 산 같은 것을 기어오름. 【鶻(hú)】: 송골매. 【危巢(cháo)】: 높고 위험한 둥지. 【俯】: 고개를 숙이다, 내려 보다. 【馮(píng)夷】: 전설속의 水神 이름. 【幽宮】: 깊은 물속의 궁전. 【焉(yān)】: [어조사].

11) 劃然長嘯，草木震動，山鳴谷應，風起水湧。→ 휴~ 하고 갑자기 길게 휘파람소리가 나더니, 초목이 마구 흔들리고, 산이 울리고 골짜기가 메아리치며, 바람이 일고 파도가 솟구쳤다.

【劃(huà)然】: 휴— 하고 갑자기 나는 소리. 【長嘯(xiào)】: [상황어] 길게 휘파

悲, 肅然而恐, 凜乎其不可留也。[12] 反而登舟, 放乎中流, 聽其所止而休焉。[13]

時夜將半, 四顧寂寥。[14] 適有孤鶴, 橫江東來。翅如車輪, 玄裳縞衣, 戛然長鳴, 掠予舟而西也。[15]

須臾客去, 予亦就睡。夢一道士, 羽衣翩仙, 過臨皐之下, 揖予而言曰 : 「赤壁之遊, 樂乎?」[16] 問其姓名, 俛而不答。[17] 「嗚呼

람소리가 나다. 【湧(yǒng)】 : 솟구치다.

12) 予亦悄然而悲, 肅然而恐, 凜乎其不可留也。→ 나도 초연히 슬퍼지고, 숙연히 두려워져서, 오싹한 마음에 오래 머물 수가 없었다.
【悄(qiǎo)然】 : 근심하는 모습. 【肅(sù)然】 : 엄숙한 모습. 【凜(lǐn)乎】 : 마음이 오싹 두려워하는 모습.

13) 反而登舟, 放乎中流, 聽其所止而休焉。→ 돌아가 배에 올라, 강 가운데에 배를 대고, 배가 멈추는 대로 내맡기며 휴식을 취했다.
【反】 : 返, 돌아오다. 【聽…】 : …하는 대로 내맡기다.

14) 時夜將半, 四顧寂寥。→ 때는 곧 한밤중이 되어 가는데, 사방을 돌아보니 그저 고요할 뿐이다.
【夜將半】 : 한밤중이 되어가다. 【四顧(gù)】 : 사방을 둘러보다. 【寂寥(jì liáo)】 : 고요하다, 조용하다.

15) 適有孤鶴, 橫江東來。翅如車輪, 玄裳縞衣, 戛然長鳴, 掠予舟而西也。→ 마침 외로운 학 한 마리가, 강을 가로질러 동쪽으로 날아왔다. 날개는 마치 수레바퀴처럼 크고, 검은 치마에 흰 저고리를 입었는데, 끼룩끼룩 길게 울며, 내 배를 스치고 서쪽으로 날아갔다.
【翅(chì)】 : 날개. 【車輪】 : 수레바퀴. 【玄裳縞(gǎo)衣】 : 검은 치마에 흰 저고리. 학의 날개 끝과 꼬리 끝이 검고 온몸이 희고 깨끗하여 형용한 말이다. 【戛(jiá)然】 : 금속이 서로 부딪쳐 나는 소리. 여기서는 맑고 격양된 학의 울음소리를 비유한 말이다. 【掠(lüè)】 : 스치다.

16) 須臾客去, 予亦就睡。夢一道士, 羽衣翩仙, 過臨皐之下, 揖予而言曰 : 「赤壁之遊, 樂乎?」→ 조금 후에 손님이 떠나가고 나 또한 잠이 들었다. 꿈속에서 한 도사가 깃으로 만든 옷을 펄럭이며, 임고정 아래를 지나다가, 나에게 揖을 하더니 : 「적벽의 놀이는 즐거웠소?」라고 물었다.
【須臾(xū yú)】 : 잠시. 【就睡】 : 잠이 들다. 【羽衣)】 : 도사가 입는 새의 깃털로 만든 옷. 【翩仙(piān xiān)】 : 선회하며 춤추는 동작. 여기서는 도사의 몸놀림이

噫嘻! 我知之矣! 疇昔之夜, 飛鳴而過我者, 非子也耶?」18) 道士顧笑, 予亦驚悟。開戶視之, 不見其處。19)

■ | 번역문

후에 지은 적벽부(赤壁賦)

이 해 10월 보름날, 설당(雪堂)으로부터 걸어 나와 막 임고정(臨皐亭)으로 돌아가려는 참이었다. 두 손님이 나를 따라 황니판(黃泥坂) 고개를 넘었다. 서리와 이슬이 내려 나뭇잎은 다 떨어져 버렸다. 사람의 그림자는 땅에 비추고, 고개를 들어 밝은 달을 쳐다본다. 사방을 둘러보며 즐기고, 걷고 노래하며 서로 화답했다. 조금 있다가 (내가) 탄식하며 말했다 : 「손님은 있는데 술이 없고 술은 있는데 안주가 없으면, 달은 밝고 바람은 시원한데 이처럼 좋은 밤을 어찌하리?」 손님이 말했다 : 「오늘 저녁 무렵에 그물을 들어 고기를 잡았는데, 입이 크고 비늘이 가늘어 모양이 마치 송강(松江)의 농어와 같습디다. 다만 어디에서 술을 구해오

가벼운 모습을 비유한 말이다. ※판본에 따라서는 「仙」을 「蹮」이라 했다. 【揖(yī)】 : 읍, 즉 두 손을 들어 맞잡고 하는 인사.

17) 問其姓名, 俛而不答。→ 그의 이름을 물었으나, 고개를 숙이고 대답하지 않았다. 【俛(miǎn)】 : 고개를 숙이다.

18) 「嗚呼噫嘻! 我知之矣! 疇昔之夜, 飛鳴而過我者, 非子也耶?」→「아 아! 내 그대를 알겠노라! 지난밤에, 울면서 나를 스치고 날아간 자가, 그대 아닌가?」 【嗚呼噫嘻!】 : 아 아! 놀라며 이상히 여기는 탄사. 【疇昔(chóu xī)】 : 이전, 지난날. 여기서는 「어제 밤, 지난 밤」을 가리킨다. 【也耶】 : [의문조사].

19) 道士顧笑, 予亦驚悟。開戶視之, 不見其處。→ 도사는 돌아보며 웃었고, 나 또한 놀라 잠을 깼다. 문을 열고 바라보니, 그가 어디로 갔는지 보이지 않았다. 【顧(gù)】 : 돌아보다. 【驚悟(jīng wù)】 : 놀라 깨어나다. 「開戶」 : 문을 열다.

리까?」 돌아가서 이것을 아내와 상의하니 아내가 말했다 :「제게 술 한 말이 있어 저장해 둔 지가 오래되었는데, 당신이 불시에 찾을 것을 기다렸답니다.」 그리하여 술과 고기를 가지고 다시 적벽(赤壁) 아래에서 놀았다.

장강(長江)의 흐르는 물소리가 들려오고, 강안의 절벽은 높이가 천 척(尺)이다. 산은 높고 달은 조그마한데 물이 줄어 돌이 드러나 있다. 그간 세월이 얼마나 흘렀다고 강산을 다시금 알아볼 수가 없단 말인가! 나는 이내 옷소매를 걷어 부치고 (강기슭에) 올라, 험준한 바위를 밟고 우거진 숲을 헤쳐 나가, 호랑이·표범 모양의 바위에 걸터앉기도 하고 규룡(虯龍) 모양의 나무에 오르기도 하고, 송골매가 서식하는 높고 위험한 둥지에 올라 수신(水神) 풍이(馮夷)의 깊숙한 물속 궁전을 굽어보기도 했다. 결국 두 손님은 쫓아오지 못했다.

휴~ 하고 갑자기 길게 휘파람소리가 나더니 초목이 마구 흔들리고, 산이 울리고 골짜기가 메아리치며 바람이 일고 파도가 솟구쳤다. 나도 초연히 슬퍼지고 숙연히 두려워져서, 오싹한 마음에 오래 머물 수가 없었다. 돌아가 배에 올라 강 가운데에 배를 대고 배가 멈추는 대로 내맡기며 휴식을 취했다.

때는 곧 한밤중이 되어 가는데 사방을 돌아보니 그저 고요할 뿐이다. 마침 외로운 학 한 마리가 강을 가로질러 동쪽으로 날아왔다. 날개는 마치 수레바퀴처럼 크고 검은 치마에 흰 저고리를 입었는데, 끼룩끼룩 길게 울며 내 배를 스치고 서쪽으로 날아갔다.

조금 후에 손님이 떠나가고 나 또한 잠이 들었다. 꿈속에서 한 도사가 깃으로 만든 옷을 펄럭이며 임고정 아래를 지나다가 나에게 읍(揖)을 하더니 :「적벽의 놀이는 즐거웠소?」라고 물었다. 그의 이름을 물었으나 고개를 숙이고 대답하지 않았다. 「아 아! 내 그대를 알겠노라! 지난 밤에 울면서 나를 스치고 날아간 자가 그대 아닌가?」 도사는 돌아보며 웃었고 나 또한 놀라 잠을 깼다. 문을 열고 바라보니 그가 어디로 갔는지 보이지 않았다.

■ | 해제(解題) 및 본문요지 설명

≪후적벽부(後赤壁賦)≫는 ≪전적벽부(前赤壁賦)≫의 자매편이다. 소식은 황주(黃州)에 유배되어 신종(神宗) 원풍(元豊) 5년(1083) 7월에 황강현(黃岡縣) 성 밖의 적벽(赤壁)에서 뱃놀이를 하고 ≪전적벽부≫를 지은 다음, 3개월 뒤인 그해 10월 15일에 다시 친구 두 사람과 두 번째로 적벽에서 뱃놀이를 하고 ≪후적벽부≫를 지어 그 감회를 서술했다.

≪전적벽부≫가 가을의 전경인데 비해 ≪후적벽부≫는 초겨울의 경관을 주제로 하고 있다. 그러나 소식이 황주로 폄적되어 온 이후의 정치적인 처지를 고민하는 내심(內心) 세계를 반영했다는 점에서 그 주지(主旨)가 일치하고 있다.

본문은 세 단락으로 나눌 수 있는데, 첫째 단락에서는 작자가 적벽을 유람한 날짜 · 행로 · 동행자 · 여행에 대한 준비 등을 말하고 나서, 적벽을 향해 걸어가는 사이 서리와 이슬이 내려 나뭇잎이 다 떨어지고 대지를 비추는 하얀 달빛을 보는 순간, 이러한 분위기에 도취되어 문득 집으로 되돌아와 술과 안주를 찾아 다시 적벽으로 가는 과정을 서술했고; 둘째 단락에서는 술과 안주를 즐기던 작자가 장강(長江)의 흐르는 물소리를 들으며 산은 높고 달은 조그마한데 물이 줄어들어 돌이 드러나 있는 모습을 보고, 불과 석 달 사이에 달라진 풍광에 인생의 무상함을 느끼면서, 홀로 높은 산에 올라 일어나는 비통한 심정을 토로했고; 마지막 단락에서는 백학(白鶴)·도사(道士)라는 꿈속의 세계를 빌려 속세를 떠나고 싶어도 현실을 도피하지 못하는 작자의 모순된 심리 상태를 드러냈다.

194 삼괴당명(三槐堂銘)

[宋] 蘇軾

작자

179. 범증론(范增論) 참조

원문 및 주석

三槐堂銘1)

天可必乎? 賢者不必壽。天不可必乎? 仁者必有後。二者將安取衷哉?2) 吾聞之申包胥曰 :「人衆者勝天, 天定亦能勝人。」3)

1) 三槐堂銘 → 三槐堂에 대해 지은 글
【三槐堂】: 北宋 초기 王祐가 자기 집의 정원에 세 그루의 홰나무를 심고 나서 지은 大廳의 이름. 【銘(míng)】: 箴銘類의 문체로, 쓰거나 새겨서 사람들을 훈계하거나 자신의 교훈으로 삼는 글. ※座右銘 등이 이에 해당한다.

2) 天可必乎? 賢者不必壽。天不可必乎? 仁者必有後。二者將安取衷哉? → 하늘의 뜻은 필연적이라 할 수 있는가? 그러나 현명한 사람이 반드시 장수하는 것은 아니다. 하늘의 뜻은 필연적이라 할 수 없는가? 그러나 인자한 사람은 반드시 좋은 후손이 있다. 이 두 가지는 장차 어찌해야 정확한 뜻을 얻을 수 있을까?
【必】: 필연적인 것. 【壽(shòu)】: 장수하다, 오래 살다. 【後】: 후대, 후손. 【安】: 어찌, 어떻게. 【衷(zhōng)】: 中, 가운데. 여기서는「정확하다」의 뜻.

3) 吾聞之申包胥曰 :「人衆者勝天, 天定亦能勝人。」→ 나는 그것에 대해 申包胥가 :「사람이 많으면 하늘의 뜻을 이길 수 있지만, 하늘의 뜻 또한 사람을 이길 수 있다」

世之論天者，皆不待其定而求之，故以天爲茫茫。[4] 善者以怠，惡者以恣。盜跖之壽，孔、顔之厄，此皆天之未定者也。[5] 松柏生於山林，其始也，困於蓬蒿，厄於牛羊；而其終也，貫四時，閱千歲而不改者，其天定也。[6] 善惡之報，至於子孫，則其定也久矣。[7] 吾以所見所聞所傳聞考之，而其可必也，審矣。[8]

라고 한 말을 들었다.

【申包胥】：[인명] 신포서. 춘추시대 楚나라의 대부. 본래의 성은 公孫이나, 申 지방에 봉해져 신포서라 했다. 【人衆】：사람이 많다. ※판본에 따라서는 「人衆」을 「人定」이라 했다. 【天定】：하늘의 뜻.

4) 世之論天者，皆不待其定而求之，故以天爲茫茫。→ 세간에서 하늘의 뜻을 논하는 자들은, 모두가 하늘의 뜻이 정해지기를 기다리지 않고 그것을 구하기 때문에, 그래서 하늘의 뜻을 망망하여 예측 불가능한 것으로 여긴다.

【以…爲…】：…을 …으로 여기다. 【茫(máng)茫】：망망하다, 아득하다. 즉 「망망하여 예측이 불가능한 것」을 말한다.

5) 善者以怠，惡者以恣。盜跖之壽，孔、顔之厄，此皆天之未定者也。→ 선한 사람은 이로 인해 태만해지고, 악한 사람은 이로 인해 방자해진다. 盜跖이 장수한 것이나, 孔子와 顔回가 곤경에 처했던 것은, 모두 하늘의 뜻이 아직 정해지지 않은 까닭이다.

【以】：因, 이로 인해. 【怠(dài)】：태만해지다. 【恣(zì)】：방자해지다. ※판본에 따라서는 「恣」를 「肆」라 했다. 【盜跖(dào zhí)】：[인명] 도척. 춘추시대의 큰 도적. 이름은 跖. 이며, 盜는 그에 대한 卑稱. 【孔】：孔子. 【顔(yán)】：顔回. 공자의 제자. 【厄(è)】：곤경에 처하다, 수난을 당하다.

6) 松柏生於山林，其始也，困於蓬蒿，厄於牛羊；而其終也，貫四時，閱千歲而不改者，其天定也。→ 소나무와 잣나무가 산림에서 자라면서, 처음에는, 쑥에게 곤욕을 당하고, 소나 양에게 수난을 당했지만; 그러나 마지막에, 사계절 내내 푸르름을 유지하고, 천 년을 지나면서도 변하지 않는 것은, 하늘의 뜻이 정해진 것이다.

【蓬蒿(péng hāo)】：[식물] 쑥. 【貫四時】：사계절을 관통하다. 여기서는 「사계절 내내 푸름을 유지하다」의 뜻이다. 【閱(yuè)】：겪다, 지나다, 경과하다.

7) 善惡之報，至於子孫，則其定也久矣。→ 선악의 응보가, 자손에게까지 미친다는 것은, 이미 오래전부터 (하늘의 뜻으로) 정해진 것이다.

【報】：보응.

8) 吾以所見所聞所傳聞考之，而其可必也，審矣。→ 내가 보고 듣고 전해들은 바를 근거로 살펴보면, 그것은 필연적이라 할 수 있으며, 매우 분명하다.

國之將興，必有世祿之臣，厚施而不食其報。[9] 然後其子孫能與守文太平之主共天下之福。[10] 故兵部侍郎晉國王公，顯於漢、周之際，歷事太祖、太宗。[11] 文武忠孝，天下望以爲相，而公卒以直道不容於時。[12] 蓋嘗手植三槐於庭，曰：「吾子孫必有爲三公者。」[13] 已而，其子魏國文正公，相眞宗皇帝於景德、祥符

【以】：…을 가지고, …을 근거로. 【所傳聞】：전해들은 바. ※판본에 따라서는 「所傳聞」 세 글자가 없는 경우도 있다. 【審(shěn)】：분명하다, 확실하다.

9) 國之將興，必有世祿之臣，厚施而不食其報。→ 나라가 장차 흥하려고 할 때는, 반드시 대대로 덕을 쌓은 신하가 있는데, (그는) 덕을 후하게 베풀지만 보답을 받으려 하지 않는다.

【世德之臣】：대대로 덕을 쌓은 신하. ※판본에 따라서는 「德」을 「祿」이라 했다. 【厚施】：덕을 후하게 베풂다. 【食(shí)】：먹다. 여기서는 「받다, 챙기다」의 뜻.

10) 然後其子孫能與守文太平之主共天下之福。→ 그런 다음에 그 자손들은 법을 지키는 태평성대의 군주와 더불어 하늘에서 내리는 복을 함께 누릴 수 있다.

【守文】：법을 지키다. 【太平之主】：태평성대의 군주. 【共】：함께하다, 즉 「함께 누리다」.

11) 故兵部侍郎晉國王公，顯於漢、周之際，歷事太祖、太宗。→ 작고한 兵部侍郎 晉國公 王祜는, 後漢·後周 시절에 이미 현달하고, (宋의) 太祖·太宗을 연거푸 섬겼다.

【故】：죽다, 작고하다. 【晉國王公】：王祜. 五代末 宋初 사람으로 자는 景叔이며, 병부시랑을 지냈다. 그가 죽은 후 그의 아들 王旦은 재상이 되었고, 그는 晉國公에 봉해졌다. 【顯(xiǎn)】：현달하다, 높은 지위에 오르다. 【漢】：五代의 後漢. 【周】：五代의 後周. 【歷事】：연거푸 섬기다.

12) 文武忠孝，天下望以爲相，而公卒以直道不容於時。→ 문무를 겸비하고 충효를 다하여, 천하 사람들은 그가 재상이 되기를 바랐으나, 공이 끝내 강직함으로 인해 당시에 용납되지 않았다.

【望】：바라다, 희망하다. 【以爲】：以(之)爲…, …로써 …를 삼다. 【卒】：끝내. 【以直道】：강직함으로 인해. 「以」：因, …인해. 【容】：용납되다, 받아들여지다.

13) 蓋嘗手植三槐於庭，曰：「吾子孫必有爲三公者。」→ (그는) 일찍이 손수 세 그루의 홰나무를 정원에 심고, 말하길：「나의 자손은 반드시 三公을 지내는 자가 있을 것이다」라고 했다.

【蓋】：[발어사]. 【槐(huái)】：홰나무. 【三公】：황제를 보필하는 최고의 벼슬. 周나라 때는 太師·太保·太傅를, 西漢 때는 大司馬·大司徒·大司空을, 東漢 때는 太尉·司徒·司空을 삼공이라 했고, 唐·宋 양대에는 삼공이란 직위는 있었

之間。[14] 朝廷清明, 天下無事之時, 享其福祿榮名者十有八年。[15]

今夫寓物於人, 明日而取之, 有得有否。[16] 而晉公修德於身, 責報於天, 取必於數十年之後, 如持左契, 交手相付。[17] 吾是以知天之果可必也。[18] 吾不及見魏公, 而見其子懿敏公, 以直諫事仁宗皇帝, 出入侍從, 將帥三十餘年, 位不滿其德。[19] 天將復興

으나 실권은 없었다. 여기서는 옛날의 고관을 가리킨다.

14) 已而, 其子魏國文正公, 相眞宗皇帝於景德、祥符之間。→ 얼마 후, 그의 아들 魏國公 王旦은, 景德·祥符 연간에 眞宗 황제의 재상을 지냈다.

【已而】: 얼마 후. 【魏國文正公】: 王旦. 자는 子明. 王祐의 둘째 아들. 太宗 때 진사에 급제하여 眞宗 때 재상을 지내고 魏國公에 봉해졌으며, 시호를 文正이라 했다. 【相】: [동사용법] 재상을 지내다. 【景德】: 宋眞宗의 연호. 【祥符】: 大中祥符의 약칭. 宋眞宗의 연호.

15) 朝廷清明, 天下無事之時, 享其福祿榮名者十有八年。→ 조정이 청명하고, 천하가 무사할 때, 그 복록과 영예를 누린 것이 18년이나 되었다.

【榮名】: 명예, 영예.

16) 今夫寓物於人, 明日而取之, 有得有否。→ 지금 물건을 다른 사람에게 맡겨 놓았다가, 다음 날 그것을 돌려받으려면, 돌려받을 수 있는 것도 있고 그렇지 못한 것도 있다.

【寓(yù)】: 맡겨두다. 【得】: 能, 가능하다, 즉 「돌려받을 수 있다」의 뜻.

17) 而晉公修德於身, 責報於天, 取必於數十年之後, 如持左契, 交手相付。→ 그러나 晉國公은 자신에게 덕을 쌓고, 하늘에 보상을 요구하여, 수십 년 후에 틀림없이 보답을 받았으니, 이는 마치 좌계를 가지고, 서로 대조하여 대가를 지불받는 것과도 같다.

【晉公】: 晉國公. 【修德】: 덕을 쌓다. 【責報】: 보상을 요구하다. 【取】: 보답을 받다. 【如】: 마치 …같다. 【持】: 잡다, 소지하다. 【左契(qì)】: 좌계. ※옛날에는 계약이 이루어지면 나무조각이나 두꺼운 종이에 내용을 기록한 후, 이를 左·右 둘로 나누어 거래 쌍방이 각기 하나씩 소지했다가 계약을 이행할 때 서로 맞추어 증거로 삼았는데, 왼쪽 것을 左契, 오른쪽 것을 右契라 했다. 【交手】: 서로 대조하다. 【相付】: 대가를 지불받다.

18) 吾是以知天之果可必也。→ 나는 이로 말미암아 하늘이 과연 가히 필연적이라는 것을 알았다.

【是以】: 그래서, 이로 인해. 【果】: 과연. 【必】: 필연적이다, 즉 「반드시 자기의 뜻을 나타내 보이다」의 뜻.

王氏也歟? 何其子孫之多賢也?[20] 世有以晉公比李栖筠者, 其雄才直氣, 眞不相上下。[21] 而栖筠之子吉甫, 其孫德裕, 功名富貴略與王氏等, 而忠信仁厚不及魏公父子。[22] 由此觀之, 王氏之福, 蓋未艾也。[23]

懿敏公之子鞏, 與吾遊, 好德而文, 以世其家, 吾以是銘之。[24]

---

19) 吾不及見魏公, 而見其子懿敏公, 以直諫事仁宗皇帝, 出入侍從, 將帥三十餘年, 位不滿其德。→ 내가 미처 魏國公을 뵙지는 못했지만, 그 아들인 懿敏公을 보건대, 直諫으로써 仁宗 황제를 섬기고, 나와서나 들어와서나 곁에서 시중들며, 삼십여 년 동안 將帥를 지냈으니, 지위가 오히려 그의 덕행에 미치지 못한다.

【不及】: 미처 …하지 못하다. 【魏公】: 魏國公. 【懿(yì)敏公】: 王素. 王旦의 아들로, 懿敏은 그의 시호이다. 【直諫(jiàn)】: 직간하다, 직언으로 간하다. 【事】: 섬기다. 【侍從】: 곁에서 시중들다. 【將帥】: [동사용법] 장수를 지내다. 【不滿】: 채우지 못하다. 즉 「미치지 못하다」.

20) 天將復興王氏也歟? 何其子孫之多賢也? → 하늘이 장차 王氏를 다시 흥성하게 하려는 것인가? 어찌하여 그 자손들 중에 현명한 사람이 그토록 많은가?

21) 世有以晉公比李栖筠者, 其雄才直氣, 眞不相上下。→ 세상에는 晉國公을 唐의 李栖筠과 비교한 사람이 있는데, 그의 雄才와 강직한 기개는, 실로 우열을 가리기 어렵다.

【晉公】: 晉國公. 【李栖筠(xī yún)】: [인명] 이서균. 唐의 대신. 자는 貞一이며, 御史大夫를 지냈다. 【雄才】: 뛰어난 재능. 【直氣】: 강직한 기개. 【不相上下】: 막상막하이다, 우열을 가리기 어렵다.

22) 而栖筠之子吉甫, 其孫德裕, 功名富貴略與王氏等, 而忠信仁厚不及魏公父子。→ 그리고 이서균의 아들 李吉甫와, 손자 李德裕는, 부귀공명이 대체로 왕씨 집안과 대등하지만, 그러나 忠信仁厚 방면에서는 魏國公 父子에 미치지 못한다.

【吉甫(fǔ)】: [인명] 李吉甫. 李栖筠의 아들로, 자는 弘憲. 元和 연간에 同平章事를 지내고, 贊皇侯에 봉해졌다. 【德裕(yù)】: [인명] 李德裕. 이서균의 손자로 자는 文饒. 武宗 때 재상을 지냈으며 후에 魏國公에 봉해졌다. 【略】: 대략, 대체로. 【等】: 대등하다, 같다. 【忠信仁厚】: 충직하고 신용있고 어질로 후덕하다. ※판본에 따라서는 「忠信仁厚」를 「忠恕仁厚」라 했다. 【不及】: …에 미치지 못하다, …을 따르지 못하다.

23) 由此觀之, 王氏之福, 蓋未艾也。→ 이로부터 볼 때, 왕씨의 복록은, 아마도 아직 끝나지 않은 듯하다.

【蓋】: 아마도. 【未艾(ài)】: 未盡, 아직 끝나지 않다.

銘曰:「嗚呼休哉! 魏公之業, 與槐俱萌。封植之勤, 必世乃成。[25] 旣相眞宗, 四方砥平。歸視其家, 槐陰滿庭。[26] 吾儕小人, 朝不及夕, 相時射利, 皇卹厥德?[27] 庶幾僥倖, 不種而穫。不有君子, 其何能國?[28] 王城之東, 晉公所廬。鬱鬱三槐, 惟德之符。嗚呼休哉!」[29]

---

24) 懿敏公之子鞏, 與吾遊, 好德而文, 以世其家, 吾以是銘之。→ 懿敏公의 아들 王鞏은, 나와 왕래가 있는데, 덕을 닦기를 좋아하고 글재주가 있어, 그 가풍을 이어가기에, 내가 이로 인해 그것을 銘文으로 써서 남긴다.
【鞏(gǒng)】: 王鞏. 王素의 아들로 자는 定國이며, 스스로 호를 淸虛先生이라 했다. 재주가 뛰어나고 시문에 능했지만 성품이 호방하여 평생 벼슬을 하지 않았다. 【遊(yóu)】: 교유하다, 왕래하다. 【好(hào)】: [동사] 좋아하다. 【文】: [동사용법] 글재주가 있다. 【世】: 계승하다, 이어가다. 【以是】: 이로 인해. 【銘】: [동사용법] 명문을 쓰다.

25) 銘曰:「嗚呼休哉! 魏公之業, 與槐俱萌。封植之勤, 必世乃成。→ 銘文은 이렇다: 「아 아름답도다! 魏國公의 업적은, 홰나무와 함께 싹이 텄다. 나무를 심는 수고는, 반드시 몇 대를 지나야 비로소 결실을 맺는다.
【嗚呼】: [감탄사] 아! 【魏公】: 魏國公. 【休】: 美, 아름답다. 【俱(jū)】: 함께, 같이. 【萌(méng)】: 싹이 트다. 【封植】: 심다, 재배하다. 【世】: 몇 대, 여러 세대. 【乃】: 비로소.

26) 旣相眞宗, 四方砥平。歸視其家, 槐陰滿庭。→ 이미 眞宗 황제의 재상을 지냈고, 사방이 평정되었다. 돌아와 집 안을 살펴보니, 홰나무 그늘이 정원을 가득 덮었다.
【旣】: 이미. 【相】: [동사용법] 재상을 지내다. 【砥(dǐ)平】: 숫돌처럼 평평하다. 여기서는 「평정되다」의 뜻.

27) 吾儕小人, 朝不及夕, 相時射利, 皇卹厥德? → 우리와 같은 부류의 평범한 사람들은, 아침에 저녁 일을 대비하지 못하고, 시기를 엿보아 재빨리 이익을 추구할 뿐이니, 어찌 자신의 덕행을 걱정하겠는가?
【儕(chái)】: 부류, 무리. 【不及】: 미치지 못하다. 즉 「돌보지 못하다, 대비하지 못하다」의 뜻. 【相(xiàng)】: 보다, 관찰하다. 【射利】: 재빨리 이익을 추구하다. ※이익을 추구함이 마치 사냥꾼이 활을 쏘는 것과 같다는 데서 나온 말. 【皇】: 遑, 어찌, 어떻게. 【卹(xù)】: 걱정하다, 우려하다. 【厥(jué)】: 其, 그, 즉 「자신」.

28) 庶幾僥倖, 不種而穫。不有君子, 其何能國? → 경작은 하지 않고 수확하는 요행만을 바란다. 군자가 없으면, 어찌 능히 나라를 다스릴 수 있겠는가?
【庶幾】: 바라다, 기대하다. 【穫(huò)】: 거두어들이다, 수확하다.

■ | 번역문

삼괴당(三槐堂)에 대해 지은 글

하늘의 뜻은 필연적이라 할 수 있는가? 그러나 현명한 사람이 반드시 장수하는 것은 아니다. 하늘의 뜻은 필연적이라 할 수 없는가? 그러나 인자한 사람은 반드시 좋은 후손이 있다. 이 두 가지는 장차 어찌해야 정확한 뜻을 얻을 수 있을까? 나는 그것에 대해 신포서(申包胥)가 :「사람이 많으면 하늘의 뜻을 이길 수 있지만 하늘의 뜻 또한 사람을 이길 수 있다」라고 한 말을 들었다. 세간에서 하늘의 뜻을 논하는 자들은 모두가 하늘의 뜻이 정해지기를 기다리지 않고 그것을 구하기 때문에, 그래서 하늘의 뜻을 망망하여 예측 불가능한 것으로 여긴다. 선한 사람은 이로 인해 태만해지고, 악한 사람은 이로 인해 방자해진다. 도척(盜跖)이 장수한 것이나 공자(孔子)와 안회(顏回)가 곤경에 처했던 것은 모두 하늘의 뜻이 아직 정해지지 않은 까닭이다. 소나무와 잣나무가 산림에서 자라면서, 처음에는 쑥에게 곤욕을 당하고 소나 양에게 수난을 당했지만, 그러나 마지막에 사계절 내내 푸르름을 유지하고 천 년을 지나면서도 변하지 않는 것은 하늘의 뜻이 정해진 것이다. 선악의 응보가 자손에게까지 미친다는 것은 이미 오래전부터 (하늘의 뜻으로) 정해진 것이다. 내가 보고 듣고 전해들은 바를 근거로 살펴보면, 그것은 필연적이라 할 수 있으며 매우 분명하다.

---

29) 王城之東, 晉公所廬。鬱鬱三槐, 惟德之符。嗚呼休哉!」→ 王城의 동쪽은, 晉國公이 살던 곳이다. 울창한 세 그루의 홰나무는, 오로지 덕행의 상징이다. 아! 아름답도다!」

【王城】: 北宋의 도읍인 汴京을 가리킨다. 【廬(lú)】: [동사용법] 살다, 기거하다, 거주하다. 【鬱(yù)鬱】: (수목이) 무성하다, 울창하다. 【符】: 符信, 증거, 상징.

나라가 장차 흥하려고 할 때는 반드시 대대로 덕을 쌓은 신하가 있는데, (그는) 덕을 후하게 베풀지만 보답을 받으려 하지 않는다. 그런 다음에 그 자손들은 법을 지키는 태평성대의 군주와 더불어 하늘에서 내리는 복을 함께 누릴 수 있다. 작고한 병부시랑(兵部侍郞) 진국공(晉國公) 왕우(王祐)는 후한(後漢)·후주(後周) 시절에 이미 현달하고 송(宋)의 태조(太祖)·태종(太宗)을 연거푸 섬겼다. 문무를 겸비하고 충효를 다하여, 천하 사람들은 그가 재상이 되기를 바랐으나 공이 끝내 강직함으로 인해 당시에 용납되지 않았다. (그는) 일찍이 손수 세 그루의 홰나무를 정원에 심고 말하길 : 「나의 자손은 반드시 삼공(三公)을 지내는 자가 있을 것이다」라고 했다. 얼마 후 그의 아들 위국공(魏國公) 왕단(王旦)은 경덕(景德)·상부(祥符) 연간에 진종(眞宗) 황제의 재상을 지냈다. 조정이 청명하고 천하가 무사할 때, 그 복록과 영예를 누린 것이 18년이나 되었다.

지금 물건을 다른 사람에게 맡겨 놓았다가 다음 날 그것을 돌려받으려면, 돌려받을 수 있는 것도 있고 그렇지 못한 것도 있다. 그러나 진국공(晉國公)은 자신에게 덕을 쌓고 하늘에 보상을 요구하여, 수십 년 후에 틀림없이 보답을 받았으니, 이는 마치 좌계(左契)를 가지고 서로 대조하여 대가를 지불받는 것과도 같다. 나는 이로 말미암아 하늘이 과연 가히 필연적이라는 것을 알았다. 내가 미처 위국공(魏國公)을 뵙지는 못했지만 그 아들인 의민공(懿敏公)을 보건대, 직간(直諫)으로써 인종(仁宗) 황제를 섬기고 나와서나 들어와서나 곁에서 시중들며 삼십여 년 동안 장수(將帥)를 지냈으니, 지위가 오히려 그의 덕행에 미치지 못한다. 하늘이 장차 왕씨(王氏)를 다시 흥성하게 하려는 것인가? 어찌하여 그 자손들 중에 현명한 사람이 그토록 많은가? 세상에는 진국공을 당(唐)의 이서균(李栖筠)과 비교한 사람이 있는데, 그의 웅재(雄才)와 강직한 기개는 실로 우열을 가리기 어렵다. 그리고 이서균의 아들 이길보(李吉甫)와 손자 이덕유(李德裕)는 부귀공명이 대체로 왕씨 집안과 대등하지만, 그러나 충신인후(忠信仁厚) 방면에서는 위국공 부자(父子)에 미치지 못한다. 이로부터 볼 때 왕씨의 복록은 아마도 아직 끝나지 않은 듯하다.

의민공(懿敏公)의 아들 왕공(王鞏)은 나와 왕래가 있는데, 덕을 닦기를 좋아하고 글재주가 있어 그 가풍을 이어가기에, 내가 이로 인해 그것을 명문(銘文)으로 써서 남긴다. 명문은 이렇다 : 「아 아름답도다! 위국공(魏國公)의 업적은 홰나무와 함께 싹이 텄다. 나무를 심는 수고는 반드시 몇 대를 지나야 비로소 결실을 맺는다. 이미 진종(眞宗) 황제의 재상을 지냈고 사방이 평정되었다. 돌아와 집 안을 살펴보니 홰나무 그늘이 정원을 가득 덮었다. 우리와 같은 부류의 평범한 사람들은 아침에 저녁 일을 대비하지 못하고, 시기를 엿보아 재빨리 이익을 추구할 뿐이니 어찌 자신의 덕행을 걱정하겠는가? 경작은 하지 않고 수확하는 요행만을 바란다. 군자가 없으면 어찌 능히 나라를 다스릴 수 있겠는가? 왕성(王城)의 동쪽은 진국공(晉國公)이 살던 곳이다. 울창한 세 그루의 홰나무는 오로지 덕행의 상징이다. 아! 아름답도다!」

■ | 해제(解題) 및 본문요지 설명

「명(銘)」은 문체의 일종으로, 옛날 정(鼎)·이(彝) 등의 기물(器物)에 새겨 공덕을 찬양하고, 이로써 사람들을 훈계하거나 자신의 교훈으로 삼는 글을 말한다. 은(殷)·주(周)시대부터 비롯되었으나 한대(漢代)에 이르러서는 돌에 새기기도 했다.

삼괴당(三槐堂)은 북송(北宋) 초기에 왕우(王祐)가 자기 집의 정원에 세 그루의 홰나무를 심고 나서 지은 대청(大廳)의 이름이다. ≪삼괴당기(三槐堂記)≫는 작자 소식(蘇軾)이 왕우(王祐)의 집안이 대대로 덕을 쌓음으로써 하늘로부터 보상을 받아 복을 누리게 되었다는 것을 찬양한 글이다.

본문은 네 단락으로 나눌 수 있는데, 첫째 단락에서는 하늘은 반드시 보상한다는 것을 강조했고; 둘째 단락에서는 삼괴당의 이름을 지은 유래와 삼괴당 주인 왕우가 당시에 덕을 베풀고 먼 훗날 보상을 받으려 한 것에 대해 기술했고; 셋째 단락에서는 왕우의 손자에 이르러 큰 벼슬을 하고 집안이 번영하여 당(唐) 이서균(李栖筠)의 집안을 능가하였으나 아직도 그 복록이 끝나지 않았다는 것을 말했고; 마지막 단락에서는 명문(銘文)을 지어 왕씨의 가풍을 찬미하는 것으로 끝을 맺었다.

195 방산자전(方山子傳)

[宋] 蘇軾

■ | 작자

179. 범증론(范增論) 참조

■ | 원문 및 주석

方山子傳[1)]

方山子, 光、黃間隱人也。少時, 慕朱家、郭解爲人, 閭里之俠皆宗之。[2)] 稍壯, 折節讀書, 欲以此馳騁當世, 然終不遇。晚

---

1) 方山子傳 → 方山子 이야기
【方山子】: 陳慥. 宋 永嘉 사람으로 자는 季常이며, 자호를 龍丘子라 했다. 方山冠을 즐겨 썼기 때문에 方山子라 했다. 俠義를 좋아하여 기용되지 못하고 光州[지금의 호북성 光化縣]・黃州[지금의 호북성 黃岡縣] 지역에 은둔하여 살았다.

2) 方山子, 光、黃間隱人也。少時, 慕朱家、郭解爲人, 閭里之俠皆宗之。→ 方山子는, 光州・黃州 지역의 隱士이다. 젊어서, 朱家・郭解의 사람됨을 흠모하여, 마을의 협사들이 모두 그를 존숭했다.
【光】: [州이름] 光州. 소재지는 지금의 호북성 光化縣. 【黃】: [州이름] 黃州. 소재지는 지금의 호북성 黃岡縣. 【慕(mù)】: 흠모하다. 【朱家・郭解(guō xiè)】: [인명] 주가・곽해. 두 사람 모두 西漢 초기의 俠士. ≪史記・遊俠列傳≫에 그들의 사적이 기록되어 있다. 【閭(lǘ)里】: 마을, 동네. 【宗】: 존숭하다, 존경하여 숭배하다. 【之】: [대명사] 그들, 즉「朱家・郭解」.

乃遯於光、黃間，曰岐亭。[3] 庵居蔬食，不與世相聞；棄車馬，毀冠服，徒步往來山中，人莫識也。[4] 見其所著帽，方聳而高，曰：「此豈古方山冠之遺像乎?」因謂之方山子。[5]

余謫居於黃，過岐亭，適見焉。曰：「嗚呼! 此吾故人陳慥季常也，何爲而在此?」[6] 方山子亦矍然，問余所以至此者，余告之故。[7] 俯而不答，仰而笑，呼余宿其家。環堵蕭然，而妻子奴婢，

---

3) 稍壯，折節讀書，欲以此馳騁當世，然終不遇。晩乃遯於光、黃間，曰岐亭。→ 약간 나이가 들자, 비로소 본래의 뜻을 바꾸고 독서에 열중하여, 이로써 당시 사회에서 이름을 날리고자 했지만, 그러나 끝내 때를 만나지 못했다. 만년에는 결국 광주·황주 사이의 岐亭이라고 하는 곳에 은거했다.
【稍(shāo)】: 약간, 어느 정도. 【壯】: 건장하다, 즉 「나이가 들다」의 뜻. 【折節】: 절개를 꺾다, 즉 「지난날의 태도를 바꾸다」. 【馳騁(chí chěng)】: 질주하다, 즉 「활약하다, 이름을 날리다」. 【乃】: 마침내, 결국. 【遯(dùn)】: 은거하다, 은둔해 살다. 【岐(qí)亭】: [宋代의 鎭이름] 지금의 호북성 麻城縣 서남쪽.

4) 庵居蔬食，不與世相聞；棄車馬，毀冠服，徒步往來山中，人莫識也。→ 초막집에 기거하고 채식을 하며, 세상과 서로 왕래를 끊고; 거마를 버리고, 의관을 부숴버린 후, 걸어서 산속을 왕래하니, 사람들이 그를 알아보지 못했다
【庵(ān)居】: 초막집에 기거하다. 【蔬(shū)食】: 채식하다. 【相聞】: 서로 왕래하다. 【毀(huǐ)】: 훼손하다, 부수다. 【冠服】: 보통 선비들이 쓰고 입는 모자와 의복. 【識(shí)】: 알다, 알아보다.

5) 見其所著帽，方聳而高，曰：「此豈古方山冠之遺像乎?」因謂之方山子。→ 그가 쓰고 있는 모자를 보면, 네모에 우뚝하니 높은데, 사람들은 말하길 :「이것이 어찌 옛날 方山冠의 모양이 아니겠는가?」라고 했다. 이로 인해 그를 「方山子」라 불렀다.
【著(zhuó)】: 쓰다, 착용하다. 【方】: 네모. 【聳(sǒng)】: 치솟다, 우뚝하다. 【方山冠】: 관모 이름. 漢代에는 종묘 제사 때 악사들이 썼던 모자이고, 唐·宋 때는 隱士들이 썼던 모자이다. 【遺(yí)像】: 남겨 놓은 모양.

6) 余謫居於黃，過岐亭，適見焉。曰：「嗚呼! 此吾故人陳慥季常也，何爲而在此?」→ 내가 黃州로 폄적되어 가는데, 岐亭을 지나다가, 마침 그를 만났다. 내가 물었다 :「아이고! 이 사람 내 옛 친구 陳慥 季常이군, 어찌하여 여기에 있는가?」
【謫(zhé)】: 폄적되다. 【黃】: 黃州. 【過】: 지나가다. 【適】: 마침. 【故人】: 옛 친구. 【何爲】: 어찌하여, 왜.

7) 方山子亦矍然，問余所以至此者，余告之故。→ 방산자도 역시 놀라 두리번거리며,

皆有自得之意。[8]

余旣聳然異之，獨念方山子少時，使酒好劍，用財如糞土。[9] 前十九年，余在岐山，見方山子從兩騎，挾二矢，遊西山。[10] 鵲起於前，使騎逐而射之，不獲；方山子怒馬獨出，一發得之。[11] 因與余馬上論用兵及古今成敗，自謂一世豪士。[12] 今幾日耳，精悍之

나에게 여기에 온 까닭을 묻기에, 내가 그 연유를 말해 주었다.

【矍(jué)然】: 놀라 두리번거리는 모양. 【所以】: 원인, 까닭. 【故】: 연유, 이유.

8) 俯而不答，仰而笑，呼余宿其家。環堵蕭然，而妻子奴婢，皆有自得之意。→ 그는 고개를 숙인 채 대답을 않고 있다가, (갑자기) 고개를 쳐들고 큰 소리로 웃더니, 나를 불러 자기 집에 묵도록 했다. 그의 집은 사방의 벽이 아무것도 없이 텅 비어 있었으나, 그의 처자식과 노비들은, 모두 매우 만족스런 표정을 짓고 있었다. ※소식은 神宗 元豊 3년(1080) 정월에 黃州로 폄적되어, 가는 길에 岐亭이라는 곳을 지나가다가 陳慥를 만나 그의 집에서 닷새를 묵고 떠났다.

【俯(fǔ)】: 고개를 숙이다. 【仰(yǎng)】: 고개를 쳐들다. 【宿(sù)】: 묵다, 머물다. 【環堵(huán dǔ)】: 사방의 벽. 【蕭(xiāo)然】: 텅 비어 있다. 【自得之意】: 만족스런 표정.

9) 余旣聳然異之，獨念方山子少時，使酒好劍，用財如糞土。→ 나는 놀라서 그들을 매우 이상하게 생각하며, 다만 방산자가 젊은 시절에, 마구 술을 마시고 劍을 좋아하며, 돈 쓰기를 마치 더러운 흙처럼 여기던 일을 상기했다.

【聳(sǒng)然】: 매우 놀라는 모양. 【異】: 이상하게 생각하다. 【獨】: 다만, 오직. 【念】: 상기하다, 생각하다. 【使酒】: 마구 술을 마시다. 【好(hào)】: [동사] 좋아하다. 【糞(fèn)土】: 더러운 흙.

10) 前十九年，余在岐山，見方山子從兩騎，挾二矢，遊西山。→ 19년 전, 나는 기산에서, 방산자가 두 명의 말 탄 사람을 데리고, 두 개의 화살을 옆에 끼고, 서산에서 노니는 것을 보았다.

【岐山】: [지명] 지금의 섬서성 鳳翔縣 동쪽. 【從】: 좇다. 여기서는 「데리다」의 뜻. 【騎(jì)】: 말 탄 사람. 【挾(xié)】: 끼다.

11) 鵲起於前，使騎逐而射之，不獲；方山子怒馬獨出，一發得之。→ 까치가 앞에서 날자, 말 탄 사람으로 하여금 쫓아가 까치를 쏘도록 했으나, 잡지 못했고; 방산자가 말을 재촉하여 홀로 달려 나아가, 단발에 쏘아 잡았다.

【逐(zhú)】: 좇다, 뒤쫓다. 【獲(huò)】: 얻다, 잡다. 【怒馬】: 말을 재촉하다, 말을 채찍질 하다.

12) 因與余馬上論用兵及古今成敗，自謂一世豪士。→ 그리하여 나와 말 위에서 용병과

色，猶見於眉間，而豈山中之人哉?13)

然方山子世有勳閥，當得官，使從事於其間，今已顯聞。14) 而其家在洛陽，園宅壯麗，與公侯等。15) 河北有田，歲得帛千匹，亦足富樂。皆棄不取，獨來窮山中，此豈無得而然哉?16) 余聞光、黃間多異人，往往佯狂垢汙，不可得而見，方山子儻見之歟?17)

고금의 성패에 관해 토론하며, 스스로 일세의 호걸이라 여겼다.

【因】: 이로 인해, 그리하여. 【謂】: …라 여기다, …라고 생각하다.

13) 今幾日耳，精悍之色，猶見於眉間，而豈山中之人哉? → 지금 세월이 얼마 지나지 않았을 뿐이고, 날쌔고 용감한 기색도, 여전히 미간에 보이는데, 어찌 山中의 사람이라 하겠는가?

【幾日】: 몇 날. 여기서는「얼마 되지 않은 세월」을 말한다. 【耳】: …뿐. 【精悍(hàn)】: 날쌔고 용감하다. 【猶(yóu)】: 아직도, 여전히.

14) 然方山子世有勳閥，當得官，使從事於其間，今已顯聞。→ 그러나 방산자의 집안은 대대로 공훈이 있어, 마땅히 관직을 얻어야 했고, 만일 그곳에 종사했더라면, 지금은 이미 높은 지위에 올라 이름을 떨쳤을 것이다.

【勳閥(xūn fá)】: 공적, 공훈, 공로. 【當】: 마땅히, 당연히. 【使】: 만일, 만약. 【其間】: 그곳, 즉「관직」. 【顯(xiǎn)聞】: 높은 지위에 올라 이름을 떨치다.

15) 而其家在洛陽，園宅壯麗，與公侯等。→ 그리고 그의 집은 洛陽에 있었는데, 정원과 저택의 웅장하고 아름다운 모습이, 公侯의 저택과도 같았다.

【洛陽】: [지명] 지금의 하남성 洛陽市. 【壯麗】: 웅장하고 아름답다. 【等】: 같다, 대등하다.

16) 河北有田，歲得帛千匹，亦足富樂。皆棄不取，獨來窮山中，此豈無得而然哉? → 河北에는 전답이 있고, 해마다 비단 천 필의 소득이 있었으므로, 또한 족히 부유하고 즐거운 생활을 할 수 있었다. 그런데 모두 내버리고, 홀로 궁벽한 산중으로 들어왔으니, 이 어찌 인생의 깨달음이 없이 그렇게 할 수 있겠는가?

【歲】: 매년, 해마다. 【得】: 心得한 바. 여기서는「인생의 깨달음」을 뜻한다.

17) 余聞光、黃間多異人，往往佯狂垢汙，不可得而見，方山子儻見之歟? → 나는 光州・黃州 지역에 奇人이 많고, 왕왕 미친 척하며 더러운 모습을 하고 다닌다는 말을 들었으나, 전혀 볼 수가 없었는데, 방산자는 혹시 그들을 본 적이 있을까?

【異人】: 기인, 괴이한 사람. 【佯狂(yáng kuáng)】: 미친 척하다.「佯」: 가장하다, 거짓으로 꾸미다. 【垢汙(gòu wū)】: 때가 묻어 더럽다. 【不可得】: 不能, …

■ | 번역문

방산자(方山子) 이야기

방산자(方山子)는 광주(光州)·황주(黃州) 지역의 은사(隱士)이다. 젊어서 주가(朱家)·곽해(郭解)의 사람됨을 흠모하여 마을의 협사들이 모두 그를 존숭했다. 약간 나이가 들자 비로소 본래의 뜻을 바꾸고 독서에 열중하여 이로써 당시 사회에서 이름을 날리고자 했지만, 그러나 끝내 때를 만나지 못했다. 만년에는 결국 광주·황주 사이의 기정(岐亭)이라고 하는 곳에 은거했다. 초막집에 기거하고 채식을 하며 세상과 서로 왕래를 끊고, 거마를 버리고 의관을 부숴버린 후 걸어서 산속을 왕래하니 사람들이 그를 알아보지 못했다. 그가 쓰고 있는 모자를 보면 네모에 우뚝하니 높은데, 사람들은 말하길 : 「이것이 어찌 옛날 방산관(方山冠)의 모양이 아니겠는가?」라고 했다. 이로 인해 그를 「방산자」라 불렀다.

내가 황주(黃州)로 폄적되어 가는 길에 기정(岐亭)을 지나다가 마침 그를 만났다. 내가 물었다 : 「아이고! 이 사람 내 옛 친구 진조(陳慥) 계상(季常)이군, 어찌하여 여기에 있는가?」 방산자도 역시 놀라 두리번거리며 나에게 여기에 온 까닭을 묻기에 내가 그 연유를 말해 주었다. 그는 고개를 숙인 채 대답을 않고 있다가 (갑자기) 고개를 쳐들고 큰 소리로 웃더니, 나를 불러 자기 집에 묵도록 했다. 그의 집은 사방의 벽이 아무것도 없이 텅 비어 있었으나, 그의 처자식과 노비들은 모두 매우 만족스런 표정을 짓고 있었다.

나는 놀라서 그들을 매우 이상하게 생각하며, 다만 방산자가 젊은 시

할 수 없다. 【儻(tǎng)】 : 혹시.

절에 마구 술을 마시고 검(劍)을 좋아하며 돈 쓰기를 마치 더러운 흙처럼 여기던 일을 상기했다. 19년 전 나는 기산(岐山)에서 방산자가 두 명의 말 탄 사람을 데리고, 두 개의 화살을 옆에 끼고 서산(西山)에서 노니는 것을 보았다. 까치가 앞에서 날자 말 탄 사람으로 하여금 쫓아가 까치를 쏘도록 했으나 잡지 못했고, 방산자가 말을 재촉하여 홀로 달려 나아가 단발에 쏘아 잡았다. 그리하여 나와 말 위에서 용병과 고금의 성패에 관해 토론하며 스스로 일세의 호걸이라 여겼다. 지금 세월이 얼마 지나지 않았을 뿐이고 날쌔고 용감한 기색도 여전히 미간에 보이는데, 어찌 산중(山中)의 사람이라 하겠는가?

그러나 방산자의 집안은 대대로 공훈이 있어 마땅히 관직을 얻어야 했고, 만일 그곳에 종사했더라면 지금은 이미 높은 지위에 올라 이름을 떨쳤을 것이다. 그리고 그의 집은 낙양(洛陽)에 있었는데, 정원과 저택의 웅장하고 아름다운 모습이 공후(公侯)의 저택과도 같았다. 하북(河北)에는 전답이 있고 해마다 비단 천 필의 소득이 있었으므로, 또한 족히 부유하고 즐거운 생활을 할 수 있었다. 그런데 모두 내버리고 홀로 궁벽한 산중으로 들어왔으니, 이 어찌 인생의 깨달음이 없이 그렇게 할 수 있겠는가? 나는 광주(光州)·황주(黃州) 지역에 기인(奇人)이 많고, 왕왕 미친 척하며 더러운 모습을 하고 다닌다는 말을 들었으나 전혀 볼 수가 없었는데, 방산자는 혹시 그들을 본 적이 있을까?

■ | 해제(解題) 및 본문요지 설명

방산자(方山子)는 진조(陳慥)라는 사람이다. 소식(蘇軾)은 지난날 섬서(陜

西) 풍상(風翔)에서 벼슬살이를 할 때 그와 왕래가 있었다. 19년 후 소식은 황주(黃州)[지금의 호북성 황강현(黃岡縣)]로 폄적되어 부임차 가는 길에 그와 다시 만날 수 있었는데, 이때의 진조는 과거의 호걸에서 은사(隱士)의 모습으로 변해 있었다.

본문은 소식이 진조의 변한 모습을 보고 그를 위해 자신이 느낀 바를 전기 형식으로 쓴 글이다.

본문은 네 단락으로 나눌 수 있는데, 첫째 단락에서는 신비롭고 특이한 한 사람의 은사에 대해 소개했고; 둘째 단락에서는 방산자의 진정한 신분과 아울러 오랜만에 옛 사람을 만난 감개를 말했고; 셋째 단락에서는 결말을 먼저 쓴 다음 발단과 전개 과정을 쓰는 도서법(倒敍法)을 취해, 젊은 시절 방산자의 호걸 기질이 현재와 강렬한 대비를 이루어 사람으로 하여금 감개를 금할 수 없게 한다는 것을 말했고; 마지막 단락에서는 방산자가 부귀를 버리고 은둔한 것에 대해, 방산자의 마음속에 독특한 인생의 깨달음이 있어 자신의 특이한 의지와 행동을 보여준 것이라고 여긴 작자의 소감을 말했다.

196 육국론(六國論)

[宋] 蘇轍

■ | 작자

소철(蘇轍 : 1039-1112)은 북송(北宋) 미주(眉州) 미산(眉山)[지금의 사천성 미산현(眉山縣)] 사람으로 자는 자유(子由)이며, 부친 소순(蘇洵) 및 형 소식(蘇軾)과 더불어 당송팔대가(唐宋八大家)의 한 사람이다. 19세의 약관으로 형과 함께 진사에 급제한 후 또 인재를 뽑는 특별 시험에도 응시했는데, 답안을 작성할 때 당시의 정치 득실을 너무 꼬집고 신종(神宗) 황제 개인의 덕행까지 말하여 낙방하게 된 것을 시험관의 한 사람인 사마광(司馬光)의 도움으로 겨우 위험을 모면하였다.

이즈음 와병 중이던 아버지를 돌볼 사람이 없어 부득이 관직을 버리고 아버지 곁으로 갔다가, 아버지가 세상을 떠난 후 다시 복직하여 정책 개혁을 맡아보는 관청에서 일했는데, 그때 신파로 득세한 왕안석(王安石)과 의견이 맞지 않아 하남부(河南府)의 추관(推官)으로 좌천되었다.

그 후, 신종(神宗) 원풍(元豊) 2년(1076) 형 소식(蘇軾)이 「오태시안(烏台詩案)」으로 말미암아 투옥되어, 소철이 자기의 관직을 담보로 형을 속죄해 달라는 상소를 올렸는데, 이것이 받아들여져 다시 균주(筠州)의 감염주세(監鹽酒稅)로 폄적되었다.

그러다가 신종이 죽고 철종(哲宗)이 즉위하면서 나이 어린 철종을 대신하여 고태후(高太后)가 섭정하게 되자 이번에는 구파인 사마광(司馬光)이 다시 권력을 장악하여 소철도 재상에 버금가는 좌승(左丞)의 지위에 올랐다.

그러나 얼마 후 철종이 친정에 나서면서 신파가 또 득세하여 광동(廣東)으로 좌천되었는데, 이때 형 소식도 경주(瓊州)로 쫓겨 왔던 터라 두 사람은 오랜만에 서로 만날 수 있었다. 이렇게 얼마를 지내다가 휘종(徽宗)이 즉위하여 모두 사면을 받아 경사(京師)로 돌아올 기회를 맞았으나, 귀환 도중 형이 먼저 죽고, 소철은 허주(許州)에 은거하며 빈객을 물리친 채 저술에만 종사하다가 휘종(徽宗) 정화(政和) 2년(1112)에 세상을 떠났다.

소철의 문장은 맹자(孟子)와 사마천(司馬遷)의 영향을 받았다. 그러나 오히려 서사(敍事)보다는 의론(議論)에 능하여 ≪상론(商論)≫・≪주론(周論)≫・≪육국론(六國論)≫ 등의 명문을 남겼다. 저서로 ≪시경(詩經)≫을 논평한 ≪시전(詩傳)≫, ≪춘추(春秋)≫에 대한 종래의 해석을 정리한 ≪춘추집전(春秋集傳)≫, ≪노자(老子)≫를 해석한 ≪노자해(老子解)≫와 문집이 전하는데, 이 글들은 현재 모두 ≪소철집(蘇轍集)≫에 수록되어 있다.

■ | 원문 및 주석

六國論[1)]

愚讀六國世家, 竊怪天下之諸侯, 以五倍之地, 十倍之衆, 發憤西向, 以攻山西千里之秦, 而不免於滅亡。[2)] 常爲之深思遠慮, 以爲必有可以自安之計。[3)] 蓋未嘗不咎其當時之士, 慮患之疎而見利之淺, 且不知天下之勢也。[4)]

夫秦之所與諸侯爭天下者, 不在齊、楚、燕、趙也, 而在

---

1) 六國論 → 六國에 대해 논한 글
【六國】: 戰國시대 秦나라를 제외한 韓・趙・魏・齊・楚・燕 등 여섯 나라.

2) 愚讀六國世家, 竊怪天下之諸侯, 以五倍之地, 十倍之衆, 發憤西向, 以攻山西千里之秦, 而不免於滅亡。→ 나는 ≪史記≫ 중의 「六國世家」를 읽고, 개인적으로 천하의 제후들이, 다섯 배의 땅과, 열 배의 군사를 가지고, 분발하여 서쪽을 향해 나아가, 崤山 서쪽 천 리 밖의 秦나라를 공격하고도, (오히려) 멸망을 면치 못한 것을 이상하게 생각했다.
【愚(yú)】: [자기에 대한 겸칭] 저. 【六國世家】: ≪史記≫ 중의 제・초・연・조・한・위 여섯 나라 제후들의 사적에 관한 기록. 「世家」: 傳記 형식의 체제로서 주로 봉건 제후들의 사적을 기술했다. 【竊(qiè)】: 개인적으로, 사사로이. 【怪】: [동사용법] 괴이하게 여기다, 이상하게 생각하다. 【衆】: 군사, 군대. 【發憤(fèn)】: 분발하다. 【山西】: 崤山[지금의 하남성 서쪽]의 서쪽.

3) 常爲之深思遠慮, 以爲必有可以自安之計。→ (나는) 항상 이에 대해 깊이 생각하며, 틀림없이 자신을 안전하게 할 수 있는 계책이 있을 것이라 여겼었다.
【常】: 항상. 【爲之】: 그것에 대해. 【深思遠慮】: 깊이 생각하다. 【以爲】: …라고 여기다.

4) 蓋未嘗不咎其當時之士, 慮患之疎而見利之淺, 且不知天下之勢也。→ 그리하여 그 당시의 모사들이, 재난에 대한 사려가 주도하지 못하고 이익에 대한 식견이 깊지 못하며, 또한 천하의 대세에 대해 알지 못한 것을 책망하지 않은 적이 없었다.
【蓋】: [어기사] ※앞에서 말한 것을 받아 이유나 원인을 나타낸다. 【未嘗】: …한 적이 없다. 【咎(jiù)】: 나무라다, 책망하다. 【慮患之疎(shū)】: 재난에 대한 사려가 周到하지 못하다. 「疏」: 소홀하다, 주도하지 못하다. 【見利之淺】: 이익에 대한 식견이 깊지 못하다. 【且】: 또한.

韓、魏。[5] 秦之有韓、魏, 譬如人之有腹心之疾也。[6] 韓、魏塞秦

---

5) 夫秦之所與諸侯爭天下者, 不在齊、楚、燕、趙也, 而在韓、魏。→ 대저 秦나라가 제후들과 천하를 다투는 목적은, 齊·楚·燕·趙나라에 있지 않고, 韓·魏 두 나라에 있었다.

【夫】: [발어사] 대저, 무릇. 【秦】: 춘추시대에 지금의 섬서성 중부와 감숙성 동남부를 점유하고 있던 나라. 雍[지금의 섬서성 鳳翔縣]에 도읍을 정했으나, 전국시대에 咸陽[지금의 섬서성 西安]으로 옮겼고, B.C. 221년 秦王 政[후의 秦始皇]이 六國을 멸하고 전국을 통일했다. 【諸侯】: 西周시대 分封한 각국의 군주. 여기서는 전국시대의 여러 나라를 가리킨다. 【齊】: 전국시대에 지금의 산동성 및 하북성 일부를 점유하고 있던 나라. 도읍은 臨淄[지금의 산동성 淄博市 동북]이며, B.C. 221년에 秦에 멸망했다. 【楚】: 전국시대에 한때 영토를 지금의 하남성·산동성·호북성·호남성·강소성·절강성 일대까지 확장했다. 처음에 도읍을 郢[지금의 호북성 江陵]에 정했다가 후에 陳[지금의 하남성 淮陽]으로 옮겼고, 후에 또 壽春[지금의 안휘성 壽縣]으로 옮겼다. B.C. 225년 秦에 멸망했다. 【燕】: 전국시대에 지금의 하북성 북부와 요녕성 서남부를 점유하고 있던 나라. 도읍을 薊[지금의 北京]에 정하고, 武陽[지금의 하북성 易縣]을 下都로 삼았다. B.C. 222년 秦에 멸망했다. 【趙】: 전국시대 초기에 지금의 산서성 중부와 섬서성 동북 및 하북성 서남부 일대를 점유했고, 후에 지금의 하북성 서부와 산서성 북부까지 영토를 확장했다. 초기에 도읍을 晉陽[지금의 산서성 太原]으로 정했다가, 후에 邯鄲[지금의 하북성 경내]으로 옮겼다. B.C. 222년 秦에 멸망했다. 【韓】: 전국시대 지금의 산서성 동남부와 하남성 중부를 점유하고 있던 나라. 처음에 도읍을 陽翟[지금의 하남성 禹縣]에 정했다가, 후에 新鄭[지금의 하남성 경내]으로 옮겼다. 지리적으로 魏·秦·楚 세 나라에 사이에 끼어 있어 군사적으로 매우 중요한 요충지이다. B.C. 230년 秦에 멸망했다. 【魏】: 전국시대에 서쪽은 지금의 산서성과 섬서성의 경계인 黃河에 이르고 북쪽은 하북성 定縣, 남쪽은 하남성 開封 등지에 이르렀으며, 秦·趙·韓·楚 등과 국경을 접하고 있어, 지리적으로 매우 중요한 위치에 있다. 처음에 도읍을 安邑[지금의 산서성 夏縣 서북쪽]에 정했다가, 후에 大梁[지금의 하남성 開封]으로 옮겼다. B.C. 225년 秦에 멸망했다.

※판본에 따라서는 이 句를 「夫秦之所與諸侯爭天下者, 不在齊、楚、燕、趙也, 而在韓、魏之郊; 諸侯之所與秦爭天下者, 不在齊、楚、燕、趙也, 而在韓、魏之野。(대저 秦나라가 제후들과 천하를 다투는 목적은, 齊·楚·燕·趙나라에 있지 않고, 韓·魏 두 나라의 영토에 있었으며; 제후들이 秦나라와 천하를 다투는 목적 또한, 제·초·연·조나라에 있지 않고, 한·위 두 나라의 영토에 있었다.)」라고 했다.

之衡，而蔽山東之諸侯，故夫天下之所重者，莫如韓、魏也。[7)]

昔者范雎用於秦而收韓，商鞅用於秦而收魏。[8)] 昭王未得韓、魏之心，而出兵以攻齊之剛、壽，而范雎以爲憂，然則秦之所忌者可以見矣。秦之用兵於燕、趙，秦之危事也。[9)] 越韓過魏而攻人之國都，燕、趙拒之於前，而韓、魏乘之於後，此危道也。[10)]

---

6) 秦之有韓、魏，譬如人之有腹心之疾也。→ 진나라에 있어서 한·위 두 나라의 존재는, 비유하자면 마치 사람이 속병을 지니고 있는 것과도 같다.
【譬(pì)如】: 비유하면 마치 …과 같다.【腹心之疾】: 속병.

7) 韓、魏塞秦之衡，而蔽山東之諸侯，故夫天下之所重者，莫如韓、魏也。→ 한·위는 진나라가 동진할 수 있는 길목을 막고, 山東의 제후들을 엄호하고 있기 때문에, 그래서 천하에서 가장 중요한 곳으로, 한·위에 견줄 만한 곳이 없다.
【塞】: 막다, 가로막다.【衡(chōng)】: 교통 요충지.【蔽(bì)】: 막다, 가리다. 즉 「엄호하다」의 뜻.【山東之諸侯】: 본래는 韓·魏·齊·燕·趙 등 崤山 동쪽의 나라들을 가리켰으나 후에는 秦 이외의 제후국들을 가리키는 말로 사용했다.

8) 昔者范雎用於秦而收韓，商鞅用於秦而收魏。→ 옛날 范雎는 秦나라에 기용되어 韓나라를 점령하고, 商鞅은 秦나라에 기용되어 魏나라를 점령했다.
【范雎(fàn jū)】: [인명] 범저. 전국시대 魏나라 사람으로 자는 叔. 遠交近攻의 정책으로 秦昭王에게 유세하여 재상으로 기용되었다. 이로 인해 應[지금의 하남성 寶豊縣 서남쪽]에 봉해져 應侯라고도 불리었다.【收】: 거두다, 즉 「점령하다」의 뜻.【商鞅(yāng)】: [인명] 상앙. 전국시대 衛나라 사람으로 성은 公孫, 이름은 鞅 또는 衛鞅이라 했다. 후에 秦에 들어가 秦孝公을 보필하여 秦이 부강할 수 있는 기반을 확립했다. 秦은 그의 책략 하에 魏를 여러 차례 공략했고, 진효공 22년(B.C.340)에는 또 魏公子 卬을 포로로 잡아들였다. 이러한 공으로 인해 商[지금의 섬서성 商縣 동남쪽]과 於[지금의 하남성 內鄕縣 동쪽] 15개 邑에 봉해져 商鞅이라 불리었다.

9) 昭王未得韓、魏之心，而出兵以攻齊之剛、壽，而范雎以爲憂，然則秦之所忌者可以見矣。秦之用兵於燕、趙，秦之危事也。→ 秦昭王이 韓·魏의 마음을 얻지 못하고, 출병하여 齊나라의 剛·壽를 공격하니, 범저가 이를 걱정거리로 여겼는데, 그렇다면 진나라가 꺼려하는 것이 무엇인지를 분명히 알 수 있다. 진나라가 연·조 두 나라에 대해 병력을 출동하는 것은, 진나라로서 위험한 일이다.
【昭王】: 秦昭王.【剛】: [지명] 지금의 산동성 袞州 부근.【壽】: [지명] 壽張. 지금의 산동성 東平縣 북쪽.【以爲】: …라 여기다, …라고 생각하다.【然則】: 그렇다면.【忌(jì)】: 꺼리다, 꺼려하다.

而秦之攻燕、趙，未嘗有韓、魏之憂，則韓、魏之附秦故也。[11] 夫韓、魏，諸侯之障，而使秦人得出入於其間，此豈知天下之勢邪?[12] 委區區之韓、魏，以當虎狼之强秦，彼安得不折而入於秦哉?[13] 韓、魏折而入於秦，然後秦人得通其兵於東諸侯，而使天下遍受其禍。[14]

夫韓、魏不能獨當秦，而天下之諸侯藉之以蔽其西，故莫如厚韓親魏以擯秦。[15] 秦人不敢逾韓、魏以窺齊、楚、燕、趙之國,

---

10) 越韓過魏而攻人之國都, 燕、趙拒之於前, 而韓、魏乘之於後, 此危道也。→ 韓나라와 魏나라를 넘어 다른 나라의 도읍을 공격하게 되면, 燕나라와 趙나라가 앞에서 저항할 것이고, 韓나라와 魏나라가 뒤에서 이를 틈타 공격할 것이기 때문에, 이는 위험한 길이다.

【拒(jù)】: 저항하다. 【乘】: 틈타다.

11) 而秦之攻燕、趙, 未嘗有韓、魏之憂, 則韓、魏之附秦故也。→ 그러나 진나라가 연나라와 조나라를 공격하며, 일찍이 한나라와 위나라에 대해 우려하지 않은 것은, 한나라와 위나라가 이미 진나라에 귀순했기 때뮤이다

【未嘗】: …한 적이 없다. 【附】: 귀순하다. 【故】: …때문.

12) 夫韓、魏, 諸侯之障, 而使秦人得出入於其間, 此豈知天下之勢邪? → 대저 한나라와 위나라는, 제후국들의 방벽인데, 진나라로 하여금 그곳에 출입할 수 있게 했으니, 이 어찌 천하의 대세를 알았다고 하겠는가?

【夫】: [발어사] 대저, 무릇. 【障(zhàng)】: 방벽, 보호막. 【得】: 能.

13) 委區區之韓、魏, 以當虎狼之强秦, 彼安得不折而入於秦哉? → 작은 한나라와 위나라를 포기하여, 그들로 하여금 호랑이와 이리 같은 강한 진나라에 대항하도록 한다면, 그들이 어찌 굴복하고 진나라에 들어가지 않을 수 있겠는가?

【委】: 버리다, 포기하다. 【區區】: 작다, 보잘것없다. 【當】: 대적하다, 대항하다. 【彼】: 그들, 저들, 즉「韓、魏」두 나라. 【安得】: 어찌 …할 수 있는가? 【折】: 굴복하다.

14) 韓、魏折而入於秦, 然後秦人得通其兵於東諸侯, 而使天下遍受其禍。→ 한나라와 위나라가 굴복하고 진나라에 들어가자, 그런 다음에 진나라가 병력을 출동하여 동쪽의 제후국들을 통과할 수 있게 됨으로써, 천하로 하여금 두루 그 화를 입도록 했다.

【遍(biàn)】: 두루, 보편적으로.

而齊、楚、燕、趙之國, 因得以自安於其間矣。[16] 以四無事之國, 佐當寇之韓、魏, 使韓、魏無東顧之憂, 而爲天下出身以當秦兵。[17] 以二國委秦, 而四國休息於內, 以陰助其急。[18] 若此, 可以應夫無窮, 彼秦者將何爲哉?[19] 不知出此, 而乃貪疆埸尺寸之利, 背盟敗約, 以自相屠滅, 秦兵未出, 而天下諸侯已自困矣。[20]

---

15) 夫韓、魏不能獨當秦, 而天下之諸侯藉之以蔽其西, 故莫如厚韓親魏以擯秦。→ 대저 한나라와 위나라는 단독으로 秦나라에 대항할 수 없었는데, 오히려 천하의 제후들은 한나라와 위나라를 이용하여 서쪽 국경을 엄호하려 했다. 그러므로 한나라를 우대하고 위나라를 가까이하여 진나라를 배척하는 것만 못했다.

【藉(jiè)】: 빌리다, 이용하다. 【莫如…】: …하는 것만 못하다, …하는 것이 낫다. 【厚】: 우대하다. 【擯(bìn)】: 버리다, 배척하다.

16) 秦人不敢逾韓、魏以窺齊、楚、燕、趙之國, 而齊、楚、燕、趙之國, 因得以自安於其間矣。→ 진나라가 감히 한나라와 위나라를 넘어 제・초・연・조나라를 엿보지 못했다면, 제・초・연・조나라는, 이로 인해 그 곳에서 스스로 안정을 누릴 수 있었을 것이다.

【逾(yú)】: 넘다. 【窺(kuī)】: 엿보다. 【得以】: …할 수 있다. 【自安】: 스스로 안정을 누리다.

17) 以四無事之國, 佐當寇之韓、魏, 使韓、魏無東顧之憂, 而爲天下出身以當秦兵。→ 외환이 없는 네 나라가, 적과 마주하고 있는 한・위 두 나라를 도와, 한・위로 하여금 동쪽을 돌보아야 하는 걱정을 없애고, 천하를 위해 용감히 나서 진나라 군사에 대항하도록 했어야 했다.

【佐】: 돕다. 【當寇(kòu)】: 적과 직면하다, 적과 마주하다. 【東顧(gù)之憂】: 동쪽을 돌보는 걱정. 즉「한나라・위나라가 동쪽에 있는 네 나라의 위협에 대비해야하는 걱정」. 【出身】: 용감히 나서다.

18) 以二國委秦, 而四國休息於內, 以陰助其急。→ (한・위) 두 나라로써 진나라를 대응토록 하고, (나머지) 네 나라가 후방에서 쉬며, 암암리에 한・위의 위급한 상황을 도왔어야 했다.

【委】: 대응하다, 맞서다. 【陰助】: 암암리에 돕다, 모르게 도와주다.

19) 若此, 可以應夫無窮, 彼秦者將何爲哉? → 이렇게 했다면, 무궁한 변화에 부응할 수 있고, 저 진나라가 장차 무슨 행동을 벌일 수 있었겠는가?

【若此】: 如此, 이처럼, 이와 같이. 【應】: 대응하다, 대처하다.

20) 不知出此, 而乃貪疆埸尺寸之利, 背盟敗約, 以自相屠滅, 秦兵未出, 而天下諸侯已自困矣。→ 이러한 책략을 낼 줄은 모르고, 오히려 변방의 조그만 이익을 탐하여,

至使秦人得間其隙以取其國，可不悲哉![21]

■ | 번역문

육국(六國)에 대해 논한 글

나는 ≪사기(史記)≫ 중의 「육국세가(六國世家)」를 읽고, 개인적으로 천하의 제후들이 다섯 배의 땅과 열 배의 군사를 가지고 분발하여 서쪽을 향해 나아가 효산(崤山) 서쪽 천 리 밖의 진(秦)나라를 공격하고도 (오히려) 멸망을 면치 못한 것을 이상하게 생각했다. (나는) 항상 이에 대해 깊이 생각하며 틀림없이 자신을 안전하게 할 수 있는 계책이 있을 것이라 여겼었다. 그리하여 그 당시의 모사들이 재난에 대한 사려가 주도하지 못하고 이익에 대한 식견이 깊지 못하며, 또한 천하의 대세에 대해 알지 못한 것을 책망하지 않은 적이 없었다.

대저 진(秦)나라가 제후들과 천하를 다투는 목적은 제(齊)・초(楚)・연(燕)・조(趙)나라에 있지 않고 한(韓)・위(魏) 두 나라에 있었다. 진나라에

맹약을 저버리고 파괴하며, 자기네끼리 서로 도살을 자행하니, 진나라 군사가 아직 출동하기도 전에, 천하의 제후들은 이미 스스로 곤경에 처하고 말았다. 【此】: 이것, 즉「以二國委秦, 而四國休息於內, 以陰助其急」의 책략. 【乃】: 오히려. 【疆(jiāng)場】: 변경, 국경. 【尺寸之利】: 조그만 이익, 하찮은 이익. 【背盟敗約】: 맹약을 저버리고 파괴하다. ※六國은 周顯王 38년(B.C.333) 合縱 동맹을 맺었으나, 周赧王 2년(B.C.313) 楚나라와 齊나라가 관계를 단절함으로써 맹약이 결국 깨지고 말았다. 【自相屠(tú)滅】: 자기네끼리 도살을 자행하다.

21) 至使秦人得間其隙以取其國, 可不悲哉! → 진나라로 하여금 그 틈새를 노려 그 나라들을 탈취할 수 있도록 만들었으니, 가히 비통하지 않을 수 있으랴! 【至使】: …로 하여금 …하도록 만들다. 【得】: 能, …할 수 있다. 【間(jiàn)】: 살피다, 엿보다, 노리다. 【隙(xì)】: 틈, 기회.

있어서 한·위 두 나라의 존재는, 비유하자면 마치 사람이 속병을 지니고 있는 것과도 같다. 한·위는 진나라가 동진할 수 있는 길목을 막고 산동(山東)의 제후들을 엄호하고 있기 때문에, 그래서 천하에서 가장 중요한 곳으로 한·위에 견줄 만한 곳이 없다.

옛날 범저(范雎)는 진(秦)나라에 기용되어 한(韓)나라를 점령하고, 상앙(商鞅)은 진(秦)나라에 기용되어 위(魏)나라를 점령했다. 진소왕(秦昭王)이 한·위의 마음을 얻지 못하고 출병하여 제(齊)나라의 강(剛)·수(壽)를 공격하니 범저가 이를 걱정거리로 여겼는데, 그렇다면 진나라가 꺼려하는 것이 무엇인지를 분명히 알 수 있다. 진나라가 연·조 두 나라에 대해 병력을 출동하는 것은 진나라로서 위험한 일이다. 한나라와 위나라를 넘어 다른 나라의 도읍을 공격하게 되면, 연나라와 조나라가 앞에서 저항할 것이고, 한나라와 위나라가 뒤에서 이를 틈타 공격할 것이기 때문에, 이는 위험한 길이다. 그러나 진나라가 연나라와 조나라를 공격하며 일찍이 한나라와 위나라에 대해 우려하지 않은 것은, 한나라와 위나라가 이미 진나라에 귀순했기 때문이다.

대저 한나라와 위나라는 제후국들의 방벽인데 진나라로 하여금 그곳에 출입할 수 있게 했으니, 이 어찌 천하의 대세를 알았다고 하겠는가? 작은 한(韓)나라와 위(魏)나라를 포기하여 그들로 하여금 호랑이와 이리 같은 강한 진(秦)나라에 대항하도록 한다면, 그들이 어찌 굴복하고 진나라에 들어가지 않을 수 있겠는가? 한나라와 위나라가 굴복하고 진나라에 들어가자, 그런 다음에 진나라가 병력을 출동하여 동쪽의 제후국들을 통과할 수 있게 됨으로써 천하로 하여금 두루 그 화를 입도록 했다. 대저 한나라와 위나라는 단독으로 진나라에 대항할 수 없었는데, 오히려 천하의 제후들은 한나라와 위나라를 이용하여 서쪽 국경을 엄호하려 했다. 그러므로 한나라를 우대하고 위나라를 가까이하여 진나라를 배척하는 것만 못했다. 진나라가 감히 한나라와 위나라를 넘어 제·초·연·조나라를 엿보지 못했다면, 제·초·연·조나라는 이로 인해 그 곳에서 스스로 안정을 누릴 수 있었을 것이다. 외환이 없는 네 나라가 적과 마주하고 있는 한·위 두 나라를 도와, 한·위로 하여금 동쪽을 돌보아야 하는 걱정을 없애고 천하를 위해 용감히 나서 진나라 군사에 대항하도록 했어야 했다. (한·위) 두 나라로써 진나라를 대응토록 하고 (나머지) 네 나라가 후방에서 쉬며 암암리에 한·위의 위급한 상황을 도왔어야 했다. 이렇게 했다면 무궁한 변화에 부응할 수 있고, 저 진나라가 장차 무슨 행동을 벌일 수 있었겠는가? 이러한 책략을 낼 줄은 모르고 오히려 변방의 조그만 이익을 탐하여, 맹약을 저버리고 파괴하며 자기네끼리 서로 도살을 자행하니, 진나라 군사가 아직 출동하기도 전에 천하의 제후들은 이미 스스로 곤경에 처하고 말았다. 진나라로 하여금 그 틈새를 노려 그 나라들을 탈취할 수 있도록 만들었으니 가히 비통하지 않을 수 있으랴!

■ | 해제(解題) 및 본문요지 설명

육국(六國)은 전국시대(戰國時代) 진(秦)나라를 제외한 한(韓)·조(趙)·위(魏)·제(齊)·초(楚)·연(燕) 등 여섯 나라를 말한다.

≪육국론≫은 작자 소철(蘇轍)이 여섯 나라 제후들의 짧은 안목과 책략의 부재로 인해 공동으로 진(秦)나라에 대응하지 못하여 멸망을 자초한 역사적 사실에 대한 분석을 통해, 현재 북방 요(遼)나라와 서하(西夏)

의 위협에 직면해 있는 북송(北宋) 왕조가 적극적으로 적에 대응할 것을 역설한 글이다.

본문은 네 단락으로 나눌 수 있는데, 첫째 단락에서는 육국이 천하의 형세를 놓고 피차의 이해 관계에 대한 안목이 없어 자신의 안전을 도모할 수 있는 대책을 강구하지 못하고 멸망을 자초했다는 것을 말했고; 둘째 단락에서는 천하의 형세는 한(韓)·위(魏) 두 나라에 관건이 달려 있다는 것을 말했고; 셋째 단락에서는 산동(山東)의 제후들이 한·위 두 나라를 돕지 않아, 진(秦)나라로 하여금 동진정책(東進政策)을 쓰도록 방임했다는 것을 말했고; 마지막 단락에서는 육국의 제후들이 한·위를 도왔을 경우의 몇 가지 이로운 점을 들어, 육국이 상부상조하지 못하고 오히려 서로 도살을 자행함으로써 애석하게도 진나라로 하여금 그 기회를 이용하게 했다는 것을 말했다.

197 상추밀한태위서(上樞密韓太尉書)

[宋] 蘇轍

■ | 작자

196. 육국론(六國論) 참조

■ | 원문 및 주석

上樞密韓太尉書1)

太尉執事：轍生好爲文，思之至深。2) 以爲文者，氣之所形，

1) 上樞密韓太尉書 → 樞密使 韓太尉께 올리는 글
【上…書】: …께 올리는 글. 【樞密】: [관직] 樞密使. 【韓太尉】: 韓琦. 宋 安陽[지금의 하남성 安陽縣] 사람으로 자는 稚圭이며, 仁宗 天聖 연간에 진사에 급제하여 樞密使를 지내고, 神宗때 재상이 되어 魏國公에 봉해졌다. 「太尉」: 秦·漢시기의 최고 무관 직책으로 宋代의 樞密使가 이와 비슷한 직책이다.

2) 太尉執事：轍生好爲文，思之至深。→ 太尉 執事께 올립니다 : 저는 천성이 글쓰기를 좋아하여, 이에 대해 매우 깊이 생각해 보았습니다.
【太尉】: 여기서는 「韓琦」를 가리킨다. 【執(zhí)事】: 주인 가까이서 주인을 도와 사무를 처리하는 사람. ※옛날 서신에서는 상대방을 호칭할 때 흔히 「執事」 또는 「左右」라는 말을 많이 사용했는데, 이는 형식상 감히 상대방을 직접 지칭하지 못하고 「집사」 또는 「좌우」 등 측근을 통해 전달함으로써 상대방에 대한 존경을 표시한 것이며, 실제로는 상대방을 가리킨다. 【轍(zhé)】: 소철이 자신의 이름을 「나, 저」라는 호칭 대신으로 사용한 것이다. 【生】: 천성, 타고난 성품. 【好

然文不可以學而能，氣可以養而致。[3] 孟子曰：「我善養吾浩然之氣。」今觀其文章，寬厚宏博，充乎天地之間，稱其氣之小大。[4] 太史公行天下，周覽四海名山大川，與燕、趙間豪俊交游，故其文疎蕩，頗有奇氣。[5] 此二子者，豈嘗執筆學爲如此之文哉?[6] 其氣充乎其中而溢乎其貌，動乎其言而見乎其文，而不自知也。[7]

(hào)】：[동사] 좋아하다.【爲文】：글을 짓다, 문장을 쓰다.

3) 以爲文者，氣之所形，然文不可以學而能，氣可以養而致。→ 글이란, 氣의 표현이지만, 그러나 글은 배워서 잘 쓸 수 있는 것이 아니며, 氣는 길러서 얻을 수 있는 것이라고 생각합니다.
【以爲】：…라 여기다, …라고 생각하다.【形】：표현.【致】：얻다.

4) 孟子曰：「我善養吾浩然之氣。」今觀其文章，寬厚宏博，充乎天地之間，稱其氣之小大。→ 孟子가 말하길：「나는 나의 浩然之氣를 잘 기른다.」라고 했는데, 지금 그 문장을 보면, 관대하고 후덕하고 크고 넓으며, 천지에 가득 차있어, 그의 기량과 잘 어울립니다.
※맹자의 이 말은 ≪孟子・公孫丑上≫에 보인다.
【善養】：잘 기르다.【浩然之氣】：굳세고 바르고 넓고 큰 기개, 광명정대하고 굳센 기개.【宏(hóng)】：크다.【乎】：於, …에.【稱(chèn)】：어울리다.【氣之小大】：氣의 크기, 즉「氣量」.

5) 太史公行天下，周覽四海名山大川，與燕、趙間豪俊交游，故其文疎蕩，頗有奇氣。→ 太史公은 천하를 돌아다니며, 전국의 명산대천을 두루 살펴보고, 燕나라・趙나라의 호걸들과 교유했기 때문에, 그래서 그의 문장은 유창하고 분방하며, 매우 특이한 기질을 지니고 있습니다.
【太史公】：[관직] 漢의 史官을「太史令」이라 했는데, 지위는 낮지만 朝會때 항상 황제의 좌우에서 公보다 윗자리에 있었기 때문에「太史公」이라 불렀다. 여기서는 司馬遷을 가리킨다.【周覽(lǎn)】：두루 살펴보다.【豪俊(háo jùn)】：호걸.【疎蕩(shū dàng)】：유창하고 분방하다.【頗(pō)】：매우.【奇氣】：독특한 기질, 특이한 기질.

6) 此二子者，豈嘗執筆學爲如此之文哉? → 이 두 분이, 어찌 일찍이 붓을 들고 이와 같은 문장을 배워서 썼겠습니까?
【子】：학문과 도덕이 있는 남자에 대한 미칭.【學爲】：배워서 쓰다.

7) 其氣充乎其中而溢乎其貌，動乎其言而見乎其文，而不自知也。→ 그 氣는 마음속에 가득 차서 외모로 넘쳐 나와, 언행에 반영되고 문장에 타나나는 것이며, 자신은 알지 못합니다.

轍生十有九年矣。其居家所與游者，不過其鄰里鄕黨之人。8) 所見不過數百里之間，無高山大野，可登覽以自廣。9) 百氏之書，雖無所不讀，然皆古人之陳迹，不足以激發其志氣。10) 恐遂汨沒，故決然捨去，求天下奇聞壯觀，以知天地之廣大。11)

過秦、漢之故都，恣觀終南、嵩、華之高，北顧黃河之奔流，慨然想見古之豪傑。12) 至京師，仰觀天子宮闕之壯，與倉廩

【中】: 마음속. 【乎】: 於, …에. 【溢(yì)】: 넘치다. 【動】: 반영되다. 【見(xiàn)】: 나타나다, 표현되다.

8) 轍生十有九年矣。其居家所與游者，不過其鄰里鄕黨之人。→ 저는 출생한지 19년이 되었습니다. 집에 기거하면서 더불어 교유하던 사람은, 겨우 고향 마을 사람들에 불과합니다.

【鄰里鄕黨】: 옛날 周나라의 제도는 가옥 5戶를 「鄰」, 25戶를 「里」, 500戶를 「黨」, 12,500戶를 「鄕」이라 했으나, 후세에는 「마을」이라는 보통명사로 사용했다. 여기서는 「고향 마을」을 가리킨다.

9) 所見不過數百里之間，無高山大野，可登覽以自廣。→ 보아 온 것도 수 백리 범위에 불과하고, 올라가 구경하며 자신의 견문을 넓힐 만한 높은 산이나 넓은 늘판도 없었습니다.

【覽(lǎn)】: 관람하다, 구경하다. 【自廣】: 자신의 시야를 넓히다.

10) 百氏之書，雖無所不讀，然皆古人之陳迹，不足以激發其志氣。→ 諸子百家의 서적들은, 비록 읽지 않은 것이 없지만, 그러나 모두가 옛사람들의 진부한 자취라, 저의 志氣를 불러일으키지 못했습니다.

【百氏之書】: 제자백가의 서적. 【陳迹】: 진부한 자취. 【不足以】: …하기에 부족하다. 【激(jī)發】: 불러일으키다, 분발시키다. 【志氣】: 지기, 의지와 기개.

11) 恐遂汨沒，故決然捨去，求天下奇聞壯觀，以知天地之廣大。→ (이대로 가다가) 마침내 자신이 매몰될 것을 두려워하여, 그래서 결연히 (제자백가의 서적을) 버리고, 천하의 진기한 이야기나 뛰어난 경관을 찾아, 이로써 천지의 광대함을 알고자 했습니다.

【恐(kǒng)】: 두려워하다. 【遂】: 마침내, 결국. 【捨(shě)去】: 떠나다. 【汨(gǔ)沒】: 매몰되다. 【奇聞】: 진기한 이야기. 【壯觀】: 뛰어난 경관.

12) 過秦、漢之故都，恣觀終南、嵩、華之高，北顧黃河之奔流，慨然想見古之豪傑。→ 秦・漢의 옛 도읍을 지나, 終南山・嵩山・華山의 높은 산들을 마음껏 구경하고, 북쪽으로 황하의 세차게 흐르는 물살을 바라보니, 감개하여 옛 호걸들을 보고

府庫、城池苑囿之富且大也，而後知天下之巨麗。13) 見翰林歐陽公，聽其議論之宏辯，觀其容貌之秀偉，與其門人賢士大夫遊，而後知天下之文章聚乎此也。14)

太尉以才略冠天下，天下之所恃以無憂，四夷之所憚以不敢發。15) 入則周公、召公，出則方叔、召虎，而轍也未之見焉。16)

싶은 생각이 들었습니다.

【故都】: 옛 도읍지. 즉 「秦의 咸陽[지금의 섬서성 西安市 동쪽]・西漢의 長安[지금의 섬서성 西安市]・東漢의 洛陽」을 가리킨다. 【恣(zì)觀】: 마음껏 구경하다. 【終南】: 終南山. 지금의 섬서성 西安市 남쪽에 있는 산. 【嵩(sōng)】: 嵩山. 지금의 하남성 登村에 있는 산. 【華(huá)】: 華山. 지금의 섬서성 華陰縣에 있는 산. 【顧(gù)】: 구경하다. 【奔(bēn)流】: 세차게 흐르는 물살, 급류. 【慨(kǎi)然】: 감개한 모양

13) 至京師，仰觀天子宮闕之壯，與倉廩府庫、城池苑囿之富且大也，而後知天下之巨麗。→ 京城에 도착하여, 임금이 계시는 궁궐의 장엄한 모습과, 곡식 창고와 府庫・城池와 園林의 풍족하고 큰 모습을 올려다보고, 연후에 비로소 천하가 거대하고 아름답다는 것을 알았습니다.

【京師】: 京城. 여기서는 宋의 도읍 「汴京[지금의 하남성 開封]」을 가리킨다. 【仰觀】: 올려다보다, 우러러보다. 【倉廩(cāng lǐn)】: 곡식 창고. 【府庫】: 문서나 재물을 넣어 두던 곳간. 【城池】: 성지, 해자. 외부의 침입을 막기 위해 城의 주위에 파놓은 못. 【苑囿(yuàn yòu)】: 園林. 수목을 심어 가꾸고 짐승을 놓아기르기 위해 조성한 동산. 【且】: 또한. 【而後】: 이후에, 연후에.

14) 見翰林歐陽公，聽其議論之宏辯，觀其容貌之秀偉，與其門人賢士大夫遊，而後知天下之文章聚乎此也。→ 翰林學士이신 歐陽公을 뵙고, 그의 능란한 議論을 듣고, 그의 빼어나고 훤칠한 용모를 살펴보고, 그의 문하생인 현명한 사대부들과 교유하고 나서, 그 후에 비로소 천하의 문장이 이곳에 모인다는 것을 알았습니다.

【翰林歐陽公】: 歐陽脩. ※구양수는 仁宗 嘉祐 2년(1057) 翰林學士로 있을 때 과거를 주관했는데, 이때 소철이 진사에 급제했다. 【宏辯(hóng biàn)】: 달변이다, 말솜씨가 능란하다. 【秀偉】: 빼어나고 훤칠하다. 【聚】: 모이다. 【乎】: 於, …에.

15) 太尉以才略冠天下，天下之所恃以無憂，四夷之所憚以不敢發。→ 太尉께서는 재략이 천하에서 가장 뛰어나, 천하가 믿고 걱정을 하지 않으며, 사방의 오랑캐들이 두려워하여 감히 도발을 하지 못합니다.

【冠天下】: 冠(於)天下, 천하에서 으뜸가다, 천하에서 가장 뛰어나다. 【恃(shì)】:

且夫人之學也，不志其大，雖多而何爲?[17] 轍之來也，於山見終南、嵩、華之高，於水見黃河之大且深，於人見歐陽公，而猶以爲未見太尉也![18] 故願得觀賢人之光耀，聞一言以自壯，然後可以盡天下之大觀而無憾者矣。[19]

轍年少，未能通習吏事。嚮之來，非有取於升斗之祿，偶然得之，非其所樂。[20] 然幸得賜歸待選，使得優游數年之間，將歸

믿다. 【憚(dān)】 : 꺼리다, 두려워하여 피하다. 【發】 : 도발하다.

16) 入則周公、召公，出則方叔、召虎，而轍也未之見焉。→ 조정에 들어오면 周公・召公과 같고, 전쟁터에 나가면 方叔・召虎와 같으십니다. 그러나 저는 아직 (태위를) 뵙지 못했습니다.

【周公・召公】 : 周公 旦과 召公 奭 모두 周武王의 대신으로 정치적 업적이 매우 뛰어났다. 【方叔・召虎】 : 두 사람 모두 周宣王 때의 유능한 대신으로, 獫狁・淮夷를 정벌하는데 공을 세웠다. 【未之見】 : 아직 만나보지 못하다.

17) 且夫人之學也，不志其大，雖多而何爲? → 그리고 사람이 배우면서, 뜻을 크게 품지 않는다면, 비록 많이 배운들 무엇 하겠습니까?

【且夫】 : 그리고, 또한. 【何爲】 : 무엇하겠는가? 무슨 소용이 있겠는가?

18) 轍之來也，於山見終南、嵩、華之高，於水見黃河之大且深，於人見歐陽公，而猶以爲未見太尉也! → 저는 여기에 와서, 산에 있어서는 종남산・숭산・화산의 높은 모습을 보았고, 물에 있어서는 黃河의 거대하고 깊은 모습을 보았으며, 사람에 있어서는 歐陽公을 뵈었지만, 아직도 태위를 뵙지 못할 것이라 생각하고 있습니다.

【且】 : …하고도…, 또한. 【猶(yóu)】 : 아직, 여전히. 【以爲】 : …라 여기다, …라고 생각하다.

19) 故願得觀賢人之光耀，聞一言以自壯，然後可以盡天下之大觀而無憾者矣。→ 그래서 현인의 광채를 보고, 한 말씀을 들어 자신을 장대하게 할 수 있기를 바라고 있으며, 그런 다음에야 비로소 천하의 큰 볼거리를 다 보아 유감이 없다고 할 수 있을 것입니다.

【得】 : 能, …할 수 있다. 【自壯】 : 자신을 장대하게 하다. 【盡】 : 다하다. 여기서는 「다 보다」의 뜻. 【憾(hàn)】 : 유감, 아쉽고 한스러운 마음.

20) 轍年少，未能通習吏事。嚮之來，非有取於升斗之祿，偶然得之，非其所樂。→ 저는 젊어서, 아직 관리의 일을 능통하게 익히지 못했습니다. 지난 번 (경성에) 온 것은, 얼마 되지 않는 봉록을 얻으려는 것이 아니었으므로, 우연히 그것을 얻기

益治其文, 且學爲政。[21] 太尉苟以爲可敎而辱敎之, 又幸矣。[22]

■ | 번역문

추밀사(樞密使) 한태위(韓太尉)께 올리는 글

태위(太尉) 집사(執事)께 올립니다 : 저는 천성이 글쓰기를 좋아하여 이에 대해 매우 깊이 생각해 보았습니다. 글이란 기(氣)의 표현이지만 그러나 글은 배워서 잘 쓸 수 있는 것이 아니며, 기(氣)는 길러서 얻을 수 있는 것이라고 생각합니다. 맹자(孟子)가 말하길 :「나는 나의 호연지기(浩然之氣)를 잘 기른다.」라고 했는데, 지금 그 문장을 보면, 관대하고 후덕하고 크고 넓으며 천지에 가득 차있어 그의 기량과 잘 어울립니다. 태사공(太史公)은 천하를 돌아다니며 전국의 명산대천을 두루 살펴보고, 연(燕)나라 · 조(趙)나라의 호걸들과 교유했기 때문에, 그래서 그의 문장

는 했어도, 즐거운 일은 아니었습니다.
【通習】: 숙달되다, 익숙하다, 능통하게 익히다. 【吏事】: 관리의 일, 관리로서 알아야 하는 일. 【嚮(xiàng)】: 접때, 지난 번. 【升斗之祿】: 얼마 되지 않는 봉록.

21) 然幸得賜歸待選, 使得優游數年之間, 將歸益治其文, 且學爲政。→ 그러나 다행히 허락을 얻어 집에 돌아가 조정의 선발을 기다리며, 저로 하여금 몇 년 동안 유유자적하게 지낼 수 있게 되어, 장차 집에 돌아가 더욱 학문을 연마하고, 또한 政事에 관해서도 배울 것입니다.
※소철은 당시 이미 진사에 급제하여 관리가 되는 자격을 얻었지만, 아직 吏部의 시험에 참가해야 관직을 받을 수 있었다.
【得賜】: 허락을 얻다. 【待選】: 조정의 선발을 기다리다. 【優游】: 유유자적하다. 【益治】: 더욱 연마하다. 【且】: 또한.

22) 太尉苟以爲可敎而辱敎之, 又幸矣。→ 태위께서 만일 저를 가르칠만하다 여기시어 몸을 낮추시고 가르쳐 주신다면, 이 또한 저의 행운이라 생각합니다.
【苟(gǒu)】: 만일, 만약. 【以爲】: …라 여기다, …라고 생각하다. 【可敎】: 가르칠만하다. 【辱敎】: [겸어] 몸을 낮추어 가르치다.

은 유창하고 분방하며 매우 특이한 기질을 지니고 있습니다. 이 두 분이 어찌 일찍이 붓을 들고 이와 같은 문장을 배워서 썼겠습니까? 그 기(氣)는 마음속에 가득 차서 외모로 넘쳐 나와 언행에 반영되고 문장에 타나나는 것이며, 자신은 알지 못합니다.

저는 출생한지 19년이 되었습니다. 집에 기거하면서 더불어 교유하던 사람은 겨우 고향 마을 사람들에 불과합니다. 보아 온 것도 수 백리 범위에 불과하고, 올라가 구경하며 자신의 견문을 넓힐 만한 높은 산이나 넓은 들판도 없었습니다. 제자백가(諸子百家)의 서적들은 비록 읽지 않은 것이 없지만, 그러나 모두가 옛사람들의 진부한 자취라 저의 지기(志氣)를 불러일으키지 못했습니다. (이대로 가다가) 마침내 자신이 매몰될 것을 두려워하여, 그래서 결연히 (제자백가의 서적을) 버리고 천하의 진기한 이야기나 뛰어난 경관을 찾아, 이로써 천지의 광대함을 알고자 했습니다.

진(秦)·한(漢)의 옛 도읍을 지나 종남산(終南山)·숭산(嵩山)·화산(華山)의 높은 산들을 마음껏 구경하고, 북쪽으로 황하(黃河)의 세차게 흐르는 물살을 바라보니, 감개하여 옛 호걸들을 보고 싶은 생각이 들었습니다. 경성에 도착하여 임금이 계시는 궁궐의 장엄한 모습과 곡식 창고와 부고(府庫)·성지(城池)와 원림(園林)의 풍족하고 큰 모습을 올려다보고, 연후에 비로소 천하가 거대하고 아름답다는 것을 알았습니다. 한림학사(翰林學士)이신 구양공(歐陽公)을 뵙고, 그의 능란한 의론(議論)을 듣고, 그의 빼어나고 훤칠한 용모를 살펴보고, 그의 문하생인 현명한 사대부들과 교유하고 나서, 그 후에 비로소 천하의 문장이 이곳에 모인다는 것을 알았습니다.

태위(太尉)께서는 재략이 천하에서 가장 뛰어나, 천하가 믿고 걱정을 하지 않으며, 사방의 오랑캐들이 두려워하여 감히 도발을 하지 못합니다. 조정에 들어오면 주공(周公)·소공(召公)과 같고, 전쟁터에 나가면 방숙(方叔)·소호(召虎)와 같으십니다. 그러나 저는 아직 (태위를) 뵙지 못했습니다. 그리고 사람이 배우면서 뜻을 크게 품지 않는다면, 비록 많이 배운들 무엇 하겠습니까? 저는 여기에 와서, 산에 있어서는 종남산·숭산·화산의 높은 모습을 보았고, 물에 있어서는 황하의 거대하고 깊은 모습을 보았으며, 사람에 있어서는 구양공을 뵈었지만 아직도 태위를 뵙지 못할 것이라 생각하고 있습니다. 그래서 현인의 광채를 보고, 한 말씀을 들어 자신을 장대하게 할 수 있기를 바라고 있으며, 그런 다음에야 비로소 천하의 큰 볼거리를 다 보아 유감이 없다고 할 수 있을 것입니다.

저는 젊어서 아직 관리의 일을 능통하게 익히지 못했습니다. 지난 번 (경성에) 온 것은 얼마 되지 않는 봉록을 얻으려는 것이 아니었으므로, 우연히 그것을 얻기는 했어도 즐거운 일은 아니었습니다. 그러나 다행히 허락을 얻어 집에 돌아가 조정의 선발을 기다리며 저로 하여금 몇 년 동안 유유자적하게 지낼 수 있게 되어, 장차 집에 돌아가 더욱 학문을 연마하고 또한 정사(政事)에 관해서도 배울 것입니다. 태위께서 만일 저를 가르칠만하다 여기시어 몸을 낮추시고 가르쳐 주신다면, 이 또한 저의 행운이라 생각합니다.

▪ | 해제(解題) 및 본문요지 설명

한기(韓琦)는 송(宋) 안양(安陽)[지금의 하남성 안양현(安陽縣)] 사람으로 자는 치규(稚圭)이며, 인종(仁宗) 천성(天聖) 연간에 진사에 급제하여 추밀원사(樞密院使)를 지내고 신종(神宗) 때 재상이 되어 위국공(魏國公)에 봉해졌다.

본문은 소철(蘇轍)이 19살 때인 인종(仁宗) 가우(嘉祐) 2년(1057) 진사에 급제하고 나서 추밀사(樞密使) 한기(韓琦)에게 보낸 서신이다.

본문은 다섯 단락으로 나눌 수 있는데, 첫째 단락에서는 문장에 대한 자신의 견해를 설명하고, 아울러 맹자(孟子)의 「호연지기(浩然之氣)」와 태사공(太史公)의 「기기(奇氣)」를 논거로 삼아 문학과 지기(志氣)의 관계를 설명했고; 둘째 단락에서는 「불과(不過)」와 「부족(不足)」 등의 부정적인 문구를 사용하여 자신의 곤란한 처지를 묘사했고; 셋째 단락에서는 자기가 천하의 명산대천을 유람하고 널리 문인 학사들과 교유하여 자아돌파(自我突破)의 길을 찾는 과정을 거침없이 설명했고; 마지막 단락에서는 자신의 본뜻을 밝히고 태위에게 재차 만나 줄 것을 요청했다.

198 황주쾌재정기(黃州快哉亭記)

[宋] 蘇轍

■ | 작자

196. 육국론(六國論) 참조

■ | 원문 및 주석

黃州快哉亭記[1]

江出西陵, 始得平地, 其流奔放肆大。[2] 南合沅、湘, 北合漢、沔, 其勢益張, 至於赤壁之下, 波流浸灌, 與海相若。[3] 清河

1) 黃州快哉亭記 → 黃州 快哉亭에 대해 적은 글
【黃州】: [州이름] 소재지는 지금의 호북성 黃岡縣. 【快哉亭】: 호북성 황강현에 있는 정자 이름. ※소식의 친구 張夢得이 黃州에서 폄적 생활을 할 때 長江 변에 정자를 지었는데 蘇軾이 이 정자의 이름을 「快哉亭」이라 했다.

2) 江出西陵, 始得平地, 其流奔放肆大。→ 長江은 西陵峽을 벗어나면, 비로소 평지에 이르는데, 그 물살이 매우 빠르고 거세다.
【江】: 長江. 【西陵】: 西陵峽. 長江 三峽의 하나로 夷陵峽이라고도 하며, 호북성 宜昌市 서북쪽에 있다. 【始】: 비로소. 【得】: 이르다, 도달하다. 【奔放】: 매우 빠르다. 【肆(sì)大】: 거세다, 세차다.

3) 南合沅、湘, 北合漢、沔, 其勢益張, 至於赤壁之下, 波流浸灌, 與海相若。→ 남쪽에서는 沅江・湘江이 합류하고, 북쪽에서는 漢水・沔水가 합류하여, 그 세력이 더 불어나고, 赤壁 아래에 이르면, 여러 곳의 물줄기가 흘러들어와, 마치 바다와도 같다.

張君夢得謫居齊安，卽其廬之西南爲亭，以覽觀江流之勝，而余兄子瞻，名之曰「快哉」。4)

蓋亭之所見，南北百里，東西一舍。5) 濤瀾洶湧，風雲開闔。晝則舟楫出沒於其前，夜則魚龍悲嘯於其下。變化倏忽，動心駭目，不可久視。6) 今乃得翫之几席之上，擧目而足。7) 西望武昌諸

【沅(yuán)】：[강이름] 沅江. 귀주성에서 발원하여 호남성으로 흐르는 강. 【湘】：[강이름] 湘江. 광서성에서 발원하여 호남성으로 흘러 들어가는 강. 【漢】：[강이름] 漢水. 섬서성과 호북성을 흐르는 강. 【沔(miǎn)】：[강이름] 沔水. 漢水의 상류. 【益】：더욱. 【張】：확장하다, 불어나다. 【至於…】：…에 이르다. 【赤壁】：산의 절벽 이름. ※호북성에 「赤壁」이라 부르는 곳이 네 곳이 있다. ①蒲圻縣 서북쪽, 長江 南岸의 절벽으로 周瑜가 曹操를 물리친 곳. ②武昌縣 동남쪽에 있으며 「赤磯」라고도 한다. ③漢陽縣 沌口 臨漳山의 烏林峯을 일명 「赤壁」이라 한다. ④黃岡縣 성 밖에 있으며 「赤鼻磯」라고도 한다. 소식은 이곳을 유람하면서 주유가 조조를 물리친 곳으로 비유했다. 【波流】：물줄기. 즉, 앞에서 말한 여러 지방의 물줄기. 【浸灌(jìn guàn)】：유입되다, 흘러들다. 【相若】：마치 …와 같다.

4) 淸河張君夢得謫居齊安，卽其廬之西南爲亭，以覽觀江流之勝，而余兄子瞻，名之曰「快哉」。→ 淸河 사람 張夢得 선생이 齊安으로 폄적되어 와 살면서, 자기 집 가까이 서남쪽에 정자를 짓고, 이를 이용하여 강물의 아름다운 경치를 감상했는데, 나의 형 子瞻이, 이 정자를 「快哉」라 이름 지었다.
【淸河】：[郡이름] 지금의 하북성 淸河縣. 【張君夢得】：[인명] 張夢得. 蘇軾의 친구. 「君」：타인에 대한 존칭. 【謫(zhé)居…】：…에 폄적되어 와 살다. 【齊安】：[郡이름] 黃州. 지금의 호북성 黃岡縣. 【卽】：가까이, 근처. 【廬(lú)】：집. 【覽觀】：감상하다, 관람하다. 【勝】：명승, 아름다운 경치. 【子瞻(zhān)】：자첨. 蘇軾의 자.

5) 蓋亭之所見，南北百里，東西一舍。→ 대체로 정자에서 볼 수 있는 바는, (장강의) 남북 백 리와, 동서 삼십 리에 이른다.
【一舍】：삼십 리. ※옛날 행군할 때 하루에 걷는 30리를 「一舍」라 했다.

6) 濤瀾洶湧，風雲開闔。晝則舟楫出沒於其前，夜則魚龍悲嘯於其下。變化倏忽，動心駭目，不可久視。→ 거센 파도가 치솟고, 풍운이 모였다 흩어졌다한다. 낮에는 배가 정자 앞에서 출몰하고, 밤에는 물고기들이 그 아래에서 슬피 울부짖는다. 변화가 너무 빨라, 마음과 눈을 놀라게 하여, 오래 바라볼 수가 없다.
【濤瀾(tāo lán)】：거센 파도. 【洶湧(xiōng yǒng)】：크게 일다, 용솟음치다. 【開闔(hé)】：모였다 흩어지다. 【舟楫(zhōu jí)】：배. 【魚龍】：어룡. 물속에 사는 동

山，岡陵起伏，草木行列，煙消日出，漁夫樵父之舍，皆可指數，此其所以爲「快哉」者也。8) 至於長洲之濱，故城之墟，曹孟德、孫仲謀之所睥睨，周瑜、陸遜之所騁騖，其流風遺跡，亦足以稱快世俗。9)

昔楚襄王從宋玉、景差於蘭臺之宮，有風颯然至者。10) 王

물의 통칭. 【悲嘯(xiào)】: 슬프게 울부짖다. 【倏忽(shū hū)】: 빠르다, 신속하다.

7) 今乃得翫之几席之上，擧目而足。→ 지금은 오히려 그것을 (정자의) 几席 위에서 감상할 수 있으니, 눈을 들어 바라보기만 하면 흡족하다.

【乃】: 오히려. 【得】: 能, …할 수 있다. 【翫(wán)】: 감상하다, 즐기다. 【几(jī)席】: 案席과 돗자리. 【擧目】: 눈을 들어 바라보다.

8) 西望武昌諸山，岡陵起伏，草木行列，煙消日出，漁夫樵父之舍，皆可指數，此其所以爲「快哉」者也。→ 서쪽으로 武昌의 여러 산들을 바라보면, 산등성이와 구릉이 들쑥날쑥 기복이 있고, 초목이 줄지어 늘어서 있으며, 안개가 걷히고 해가 뜨면, 어부와 나무꾼의 집들을, 모두 손가락으로 하나하나 셀 수 있는데, 이런 것들이 그것을 「快哉」라 命名한 까닭이다.

【武昌】: [지명] 지금의 호북성 武昌縣. 【岡陵】: 산등성이와 구릉. 【起伏】: 들쑥날쑥하다. 【行(háng)列】: [동사용법] 줄지어 늘어서다. 【消】: 걷히다, 사라지다. 【樵(qiáo)父】: 나무꾼. 【舍】: 집, 가옥. 【指數】: 손가락으로 하나하나 세다. ※날씨가 맑아 선명한 모습을 말한다. 【所以】: 이유, 까닭.

9) 至於長洲之濱，故城之墟，曹孟德、孫仲謀之所睥睨，周瑜、陸遜之所騁騖，其流風遺跡，亦足以稱快世俗。→ 강가의 긴 모래톱과, 옛 성곽의 유적지로 말하면, 曹操와 孫權이 서로 노려보던 곳이요, 周瑜와 陸遜이 말을 달리던 곳으로, 그들의 유풍과 남긴 흔적 또한 세상 사람들로부터 快事라 불리기에 충분하다.

【長洲】: 긴 모래톱. 【墟(xū)】: 유적지. 【曹孟德】: [인명] 曹操, 자는 孟德. 동한 말 魏나라의 統帥. 【孫仲謀】: [인명] 孫權. 자는 仲謀. 삼국시대 吳나라의 군주. 【睥睨(bì nì)】: 흘겨보다, 오만하게 노려보다. 【周瑜(yú)】: [인명] 주유. 삼국시대 吳나라 孫權 휘하의 장수. 劉備와 함께 赤壁에서 조조의 군대를 대파했다. 【陸遜(xùn)】: [인명] 육손. 삼국시대 오나라 손권 휘하의 장수. 夷陵에서 劉備 군대를 대파하고, 후에 재상이 되었다. 【騁騖(chěng wù)】: 말을 달리다. 【流風】: 유풍, 예로부터 전해 내려오는 풍조. 【足以】: 족히 …할 수 있다, …하기에 충분하다. 【稱快】: 快事라 칭하다, 快事라 불리다. 【世俗】: 세상 사람들.

10) 昔楚襄王從宋玉、景差於蘭臺之宮，有風颯然至者。→ 예전에 楚襄王이 宋玉·景差를 데리고 蘭臺宮에 이르자, 바람이 솨~하고 불어왔다.

披襟當之, 曰：「快哉此風! 寡人所與庶人共者耶?」[11] 宋玉曰：「此獨大王之雄風耳, 庶人安得共之?」玉之言, 蓋有諷焉。[12] 夫風無雌雄之異, 而人有遇不遇之變。[13] 楚王之所以爲樂, 與庶人之所以爲憂, 此則人之變也, 而風何與焉?[14]

士生於世, 使其中不自得, 將何往而非病?[15] 使其中坦然不

【昔】: 이전, 지난날. 【楚襄王】: 전국시대 楚나라의 군주, 楚懷王의 아들. 【從】: [사동용법] 따르게 하다, 좇게 하다.」 즉 「데리다, 이끌다」의 뜻. 【宋玉】: [인명] 송옥. 楚나라 대부. 屈原의 제자로 저명한 楚辭 작가. 【景差(cuò)】: [인명] 경차. 楚나라 대부. 초사 작가. 【蘭臺之宮】: 楚나라의 궁전. 지금의 호북성 鍾祥縣의 동쪽. 【颯(sà)然】: 솨~하고 부는 바람 소리.

11) 王披襟當之, 曰「快哉此風! 寡人所與庶人共者耶?」→ 초양왕이 옷깃을 풀어 제치고 바람을 맞으며 물었다:「상쾌하다 이 바람! 과인이 백성들과 함께 누릴 수 있는 것인가?」
【披(pī)】: 열다, 풀어 제치다. 【襟(jīn)】: 옷깃, 옷섶. 【寡(guǎ)人】: 寡德之人의 준말로 임금이 자신을 부르는 호칭. 【庶(shù)人】: 백성. 【耶】: [어조사] 의문・반문・추측・감탄 등을 표시.

12) 宋玉曰:「此獨大王之雄風耳, 庶人安得共之?」玉之言, 蓋有諷焉。→ 송옥이 대답했다:「이는 오직 대왕의 雄風일 뿐인데, 백성들이 어찌 그것을 함께 누릴 수 있겠습니까?」송옥의 말은, 풍자의 뜻을 담고 있다.
【獨】: 오직, 다만. 【耳】: …뿐이다, …따름이다. 【安得】: 安能, 어찌 …할 수 있는가? 【之】: [대명사] 그것, 즉 바람. 【蓋】: 대체로. ※구의 첫머리에 놓여 서술한 내용에 대해 감히 긍정하지 못하고 대략적인 상황을 표시한다. 전후의 상황에 따라 번역을 하거나 안 할 수도 있다. 【焉】: [어조사].

13) 夫風無雌雄之異, 而人有遇不遇之變。→ 대저 바람은 雌・雄의 구별이 없고, 사람은 행운・불운의 차이가 있다.
【夫】: [발어사] 대저, 무릇. 【異】: 다름. 여기서는 「차이, 구별」의 뜻. 【遇不遇】: 때를 만나고 못 만남, 즉 幸運과 不運. 【變】: 변화. 여기서는 「차이」의 뜻.

14) 楚王之所以爲樂, 與庶人之所以爲憂, 此則人之變也, 而風何與焉? → 楚襄王이 즐거워하는 까닭과, 백성들이 걱정하는 까닭은, 이 모두가 사람으로 인한 차이이지, 바람과 무슨 상관이 있겠는가?
【楚王】: 楚襄王. 【變】: 차이. 【何與】: 무슨 상관이 있겠는가? 「與」: 관여, 관련, 관계, 상관.

15) 士生於世, 使其中不自得, 將何往而非病? → 선비가 세상을 살아가면서, 만일 마음

以物傷性，將何適而非快?16) 今張君不以謫爲患，竊會計之餘功，而自放山水之間，此其中宜有以過人者。17) 將蓬戶甕牖，無所不快，而況乎濯長江之淸流，挹西山之白雲，窮耳目之勝以自適也哉!18) 不然，連山絶壑，長林古木，振之以淸風，照之以明月，此皆騷人、思士之所以悲傷憔悴而不能勝者，烏睹其爲快也哉?19)

에서 스스로 만족하지 못한다면, 장차 어딜 간들 근심하지 않겠는가?

【使】: 만일, 만약. 【其中】: 마음. 【何往】: 어디를 가든지, 어디를 간들. 【自得】: 스스로 만족하다. 【病】: 근심, 걱정, 고민.

16) 使其中坦然不以物傷性，將何適而非快? → 만일 마음이 평온하여 외부 환경으로 인해 본성을 상하게 하지 않는다면, 장차 어딜 간들 유쾌하지 않겠는가?

【使】: 만일, 만약. 【坦(tǎn)然】: 안정된 모습, 평온한 모양. 【以】: 因, …로 인하여. 【物】: 외부 환경. 【性】: 본성, 타고난 성품. 【適】: 往, 가다.

17) 今張君不以謫爲患，竊會計之餘功，而自放山水之間，此其中宜有以過人者。→ 지금 장 선생은 폄적을 우환으로 여기지 않고, 공무의 여가를 이용하여, 자신을 산수에 기탁하고 있으니, 이것은 그 마음의 수양이 당연히 보통 사람보다 뛰어난 점이 있기 때문이다.

【患(huàn)】: 우환, 근심, 걱정. 【竊(qiè)】: 훔치다. 여기서는 「틈타다, 이용하다, 활용하다」의 뜻. 【會(kuài)計】: 공무, 업무. 【餘功】: 여가, 남는 시간. 【自放…】: 자신을 …에 기탁하다. 【宜】: 응당, 당연히. 【以】: [개사] 賓語 앞에 붙는 목적형 개사로, 통상 「…을」이라 해석하거나, 또는 해석하지 않는다. 【過人者】: 보통 사람보다 뛰어난 점.

18) 將蓬戶甕牖，無所不快，而況乎濯長江之淸流，挹西山之白雲，窮耳目之勝以自適也哉! → 비록 쑥을 엮어 대문을 달고 깨진 항아리로 창을 만든 집에 살더라도, 유쾌하지 않음이 없는데, 하물며 長江의 맑은 물에 마음을 씻고, 서산의 흰 구름을 끌어와, 보고 듣는 (산수의) 아름다운 경치를 마음껏 감상하며 스스로 편안함을 추구함에 있어서랴!

【將】: 비록 …라 해도. 【蓬戶甕牖(péng hù wèng yǒu)】: 쑥으로 엮은 대문과 깨어진 항아리로 만든 창문. 즉 생활이 빈곤한 것을 비유한 말. 【況乎】: 하물며. 【濯(zhuó)】: 씻다. 【淸流】: 맑게 흐르는 물. 【挹(yī)】: 끌어오다. ※판본에 따라서는 「挹」을 「揖」이라 했다. 【西山】: 여기서는 호북성 鄂城縣의 「樊山」을 가리킨다. 【窮(qióng)】: 마음껏 즐기다. 【勝(shèng)】: 아름다운 풍경. 【自適】: 스스로 편안함을 추구하다.

19) 不然，連山絶壑，長林古木，振之以淸風，照之以明月，此皆騷人、思士之所以悲傷憔悴

■ | 번역문

황주(黃州) 쾌재정(快哉亭)에 대해 적은 글

장강(長江)은 서릉협(西陵峽)을 벗어나면 비로소 평지에 이르는데, 그 물살이 매우 빠르고 거세다. 남쪽에서는 원강(沅江)·상강(湘江)이 합류하고 북쪽에서는 한수(漢水)·면수(沔水)가 합류하여 그 세력이 더 불어나고, 적벽(赤壁) 아래에 이르면 여러 곳의 물줄기가 흘러들어와 마치 바다와도 같다. 청하(淸河) 사람 장몽득(張夢得) 선생이 제안(齊安)으로 폄적되어 와 살면서, 자기 집 가까이 서남쪽에 정자를 짓고, 이를 이용하여 강물의 아름다운 경치를 감상했는데, 나의 형 자첨(子瞻)이 이 정자를 「쾌재(快哉)」라 이름 지었다.

대체로 정자에서 볼 수 있는 바는 (장강의) 남북 백 리와 동서 삼십 리에 이른다. 거센 파도가 치솟고 풍운이 모였다 흩어졌다한다. 낮에는 배가 정자 앞에서 출몰하고 밤에는 물고기들이 그 아래에서 슬피 울부짖는다. 변화가 너무 빨라 마음과 눈을 놀라게 하여 오래 바라볼 수가 없다. 지금은 오히려 그것을 (정자의) 궤석(几席) 위에서 감상할 수 있으니 눈을 들어 바라보기만 하면 흡족하다. 서쪽으로 무창(武昌)의 여러 산

而不能勝者, 烏睹其爲快也哉? → 그렇지 않으면, 첩첩이 이어진 산들과 깊은 계곡, 길게 펼쳐진 숲과 오래된 나무들은, 청풍이 그것을 흔들고, 밝은 달빛이 그것을 비추면, 이 모두가 실의에 빠져 우울한 문인들이 슬프고 초췌하여 견딜 수 없게 되는 까닭이니, 어찌 그것을 유쾌한 일로 보겠는가?

【不然】: 그렇지 않다. 즉 장몽득과 같이 낙관적이며 현실에 얽매이지 않는 것을 가리킨다. 【連山】: 첩첩이 이어진 산. 【絶壑(jué hè)】: 깊은 계곡. 【長林】: 길게 펼쳐진 숲. 【振(zhèn)】: 흔들다. 【騷(sāo)人思士】: 실의에 빠져 우울한 문인들. 「騷人」: 시인. 「思士」: 근심에 잠겨 있는 선비. 【憔悴(qiáo cuī)】: 초췌하다. 【勝】: 견디다, 감내하다, 감당하다. 【烏(wū)】: 어찌. 【睹(dǔ)】: 보다.

들을 바라보면 산등성이와 구릉이 들쑥날쑥 기복이 있고 초목이 줄지어 늘어서 있으며, 안개가 걷히고 해가 뜨면 어부와 나무꾼의 집들을 모두 손가락으로 하나하나 셀 수 있는데, 이런 것들이 그것을 「쾌재(快哉)」라 명명(命名)한 까닭이다. 강가의 긴 모래톱과 옛 성곽의 유적지로 말하면, 조조(曹操)와 손권(孫權)이 서로 노려보던 곳이요 주유(周瑜)와 육손(陸遜)이 말을 달리던 곳으로, 그들의 유풍과 남긴 흔적 또한 세상 사람들로부터 쾌사(快事)라 불리기에 충분하다.

예전에 초양왕(楚襄王)이 송옥(宋玉)·경차(景差)를 데리고 난대궁(蘭臺宮)에 이르자 바람이 쇄~하고 불어왔다. 초양왕이 옷깃을 풀어 제치고 바람을 맞으며 물었다 : 「상쾌하다 이 바람! 과인이 백성들과 함께 누릴 수 있는 것인가?」 송옥이 대답했다 : 「이는 오직 대왕의 웅풍(雄風)일 뿐인데 백성들이 어찌 그것을 함께 누릴 수 있겠습니까?」 송옥의 말은 풍자의 뜻을 담고 있다. 대저 바람은 자(雌)·웅(雄)의 구별이 없고 사람은 행운·불운의 차이가 있다. 초양왕(楚襄王)이 즐거워하는 까닭과 백성들이 걱정하는 까닭은, 이 모두가 사람으로 인한 차이이지 바람과 무슨 상관이 있겠는가?

선비가 세상을 살아가면서, 만일 마음에서 스스로 만족하지 못한다면 장차 어딜 간들 근심하지 않겠는가? 만일 마음이 평온하여 외부 환경으로 인해 본성을 상하게 하지 않는다면 장차 어딜 간들 유쾌하지 않겠는가? 지금 장선생은 폄적을 우환으로 여기지 않고 공무의 여가를 이용하여 자신을 산수에 기탁하고 있으니, 이것은 그 마음의 수양이 당연히 보통 사람보다 뛰어난 점이 있기 때문이다. 비록 쑥을 엮어 대문을 달고 깨진 항아리로 창을 만든 집에 살더라도 유쾌하지 않음이 없는데, 하물며 장강(長江)의 맑은 물에 마음을 씻고 서산의 흰 구름을 끌어와 보고 듣는 (산수의) 아름다운 경치를 마음껏 감상하며 스스로 편안함을 추구함에 있어서랴! 그렇지 않으면, 첩첩이 이어진 산들과 깊은 계곡, 길게 펼쳐진 숲과 오래된 나무들은, 청풍이 그것을 흔들고 밝은 달빛이 그것을 비추면, 이 모두가 실의에 빠져 우울한 문인들이 슬프고 초췌하여 견딜 수 없게 되는 까닭이니 어찌 그것을 유쾌한 일로 보겠는가?

■ | 해제(解題) 및 본문요지 설명

≪황주쾌재정기(黃州快哉亭記)≫는 소철(蘇轍)이 나이 45세 때인 송(宋) 신종(神宗) 원풍(元豐) 6년(1083) 11월 초에 장몽득(張夢得)의 쾌재정(快哉亭)을 위해 쓴 글이다. 소식의 친구인 장몽득이 황주(黃州)[지금의 호북성 황강현(黃岡縣)]에서 폄적 생활을 할 때, 여가를 틈타 집에서 멀지 않은 장강(長江)의 강가에 정자를 지어, 소식이 이 정자의 이름을 「쾌재정(快哉亭)」이라 지었는데, 당시 균주(筠州)[지금의 강서성 고안현(高安縣)]이 감염주세(監鹽酒稅)로 폄적되어 온 소식의 동생 소철이, 형이 이름 지은 쾌재정을 위해 이 글을 써서 기념하고자 했다.

본문은 네 단락으로 나눌 수 있는데, 첫째 단락에서는 강이 흐르는 아름다운 경치의 소개와 쾌재정이라 부르게 된 경위를 기술했고; 둘째 단락에서는 쾌재정에서 바라 본 경치를 묘사하고, 아울러 삼국시대 영웅들의 유풍과 유적을 추모하는 것 또한 즐거운 일이라는 것을 말했고; 셋째 단락에서는 송옥(宋玉)의 말을 빌려 희로애락(喜怒哀樂)은 모두 자신의 감정에서 비롯된다는 것을 말했고; 마지막 단락에서는 폄적으로 인해 비관하지 않고 오히려 산수의 아름다운 경치에 도취되어 세속에 구애되지 않는 장몽득의 초연한 인생 태도를 찬양했다.

199 기구양사인서(寄歐陽舍人書)

[宋] 曾鞏

■ | 작자

증공(曾鞏 : 1019-1083)은 건창(建昌) 남풍(南豊)[지금의 강서성 남충현(南豊縣)] 사람으로 자는 자고(子固)이며, 당송팔대가(唐宋八大家)의 한 사람이다. 그는 어려서부터 남달리 총명하여 한 번 보면 그대로 암송할 정도였다. 20세에 태학(太學)에 들어가 구양수(歐陽脩)의 인정을 받아 이름이 널리 알려졌다. 그러나 후에 가정 형편이 어려워 오랫동안 집안일에 매달리며 열 식구의 생계를 책임지다가, 인종(仁宗) 가우(嘉祐) 2년(1057)에 비로소 39세의 나이로 과거에 급제했다. 가우 5년(1060) 집현교리(集賢校理)를 맡아 ≪전국책(戰國策)≫ · ≪설원(說苑)≫ · ≪신서(新序)≫ · ≪진서(陳書)≫ · ≪당령(唐令)≫ · ≪이태백집(李太白集)≫ 등의 고적을 정리했고, 그 후 거의 말년에 이르기까지 월주통판(越州通判)을 비롯하여 여러 지방의 지주(知州)를 지내면서 나름대로 정치적인 명성을 얻었다. 그러다가 62세의 나이로 겨우 경성으로 소환되어 황제의 조칙을 기초하는 중서사인(中書舍人)이 되었으나, 이로부터 불과 몇 년 만에 65세의 나이로 세상을 떠났다.

그는 문장을 짓는 데 있어서 객관적으로 사물의 진실을 전달하고자 노력했다. 그래서 상식 밖의 특이한 이론의 전개나 원래의 이론을 뒤집는 일이 없었고, 오로지 있는 그대로를 유가(儒家)의 전통 사상에 따라 착실히 펴나갔다. 그는 서발문(序跋文)에 능하여 남긴 작품 중에서도 ≪전국책목록서(戰國策目錄序)≫ · ≪남제서목록서(南齊書目錄序)≫ · ≪양서목록서(梁書目錄序)≫ ·

≪진서목록서(陳書目錄序)≫ 외에 ≪열녀전(列女傳)≫ · ≪설원(說苑)≫ 등에 붙인 서문이 비교적 유명하다. 저서로 전각(篆刻)을 모은 ≪금석록(金石錄)≫과 시문집(詩文集)으로 ≪원풍유고(元豊類稿)≫가 있다.

■ | 원문 및 주석

寄歐陽舍人書[1]

去秋人還, 蒙賜書及所撰先大父墓碑銘。反覆觀誦, 感與慚幷。[2]

夫銘誌之著於世, 義近於史, 而亦有與史異者。[3] 蓋史之於善惡, 無所不書。而銘者, 蓋古之人有功德、材行、志義之美者, 懼後世之不知, 則必銘而見之。或納於廟, 或存於墓, 一也。[4] 苟

1) 寄歐陽舍人書 → 歐陽舍人께 드리는 글

【寄…書】: …께(에게) 부치는 글, …께(에게) 드리는 글. 「寄」: (서신을) 부치다, 보내다. 【歐陽舍人】: 歐陽脩. 「舍人」: [관직명] 옛날 궁정의 문서를 관장하던 직책. 魏晋시대에는 中書舍人이라 했으나 唐代에 知制誥로 개편하여 宋初까지 이어지다가 神宗 元豊 연간에 다시 中書舍人으로 바꾸었다. 구양수는 仁宗 慶曆 5년(1045) 知制誥에서 물러나 滁州知州로 폄적되었는데, 曾鞏은 구양수를 존경하는 뜻에서 여전히 「舍人先生」이라 호칭했다.

2) 去秋人還, 蒙賜書及所撰先大父墓碑銘。反覆觀誦, 感與慚幷。→ 지난 가을, 제가 보냈던 사람이 돌아와, 보내 주신 편지와 써 주신 祖父의 墓碑銘을 받았습니다. 반복해서 보고 소리 내어 읽으면서, 감격하기도 하고 부끄럽기도 했습니다.

【蒙(méng)】: 받다. 【賜(cì)】: (윗사람이 아랫사람에게) 주다, 하사하다. 【書】: 서신, 편지. 【先大父】: 돌아가신 할아버지. 【墓碑銘】: 墓碑文. 묘비에 새겨 죽은 사람의 공적을 기록한 것으로, 漢代 이전에는 나무로 만들었고, 후에는 돌을 사용했다. 「銘」: 돌에 새긴 글. 【感】: 감격. 【慚(cán)】: 부끄러움. 【幷】: 겸하다, 함께하다.

3) 夫銘誌之著於世, 義近於史, 而亦有與史異者。→ 대저 銘誌가 세상에서 주목받는 것은, 의미가 역사에 가깝기 때문이지만, 그러나 역시 역사와는 다른 점이 있습니다.

【夫】: [발어사], 대저, 무릇. 【銘誌】: 墓誌銘 · 墓碑銘 · 墓表 · 廟碑 등의 총칭. 묘지명은 묘 속에 묻고, 묘비명과 묘표는 묘 앞의 큰길가에 세우며, 廟碑는 개인의 사당에 세운다. 【著(zhù)】: [피동용법] 주목받다. 【義】: 의미.

4) 蓋史之於善惡, 無所不書。而銘者, 蓋古之人有功德、材行、志義之美者, 懼後世之不知, 則必銘而見之。或納於廟, 或存於墓, 一也。→ 대체로 역사는 선악에 대해, 기록하지 못하는 바가 없습니다. 그러나 銘이라는 것은, 대개 옛날 사람들이 공덕 · 재

其人之惡，則於銘乎何有？此其所以與史異也。5) 其辭之作，所使死者無有所憾，生者得致其嚴。6) 而善人喜於見傳，則勇於自立；惡人無有所紀，則以媿而懼。7) 至於通材達識，義烈節士，嘉言善狀，皆見於篇，則足爲後法。8) 警勸之道，非近乎史，其將安近?9)

능・기개 등의 훌륭한 점을 지녔음에도, 후세 사람들이 알지 못할까 염려하여, 반드시 비석에 새겨 그것을 드러내 보이는 것입니다. 혹은 사당에 두기도 하고, 혹은 묘소에 세우기도 하는데, 마찬가지 입니다.

【蓋】: 대개, 대체로. 【無所不書】: 기록하지 못하는 것이 없다. 「書」: 기록하다. 【材行】: 재능. 【志義】: 기개. 【美者】: 훌륭한 점. 【懼(jù)】: 두려워하다. 여기서는 「염려하다, 우려하다」의 뜻. 【見(xiàn)之】: 그것을 드러내 보이다. 「見」: 드러내다, 나타내다. 【納】: 두다. 【一】: 한가지이다, 마찬가지다.

5) 苟其人之惡，則於銘乎何有？此其所以與史異也。→ 만약 그 사람이 악한 짓을 했다면, 묘비명에 쓸 만한 것이 무엇이 있겠습니까? 이것이 역사와 다른 이유입니다.

【苟(gǒu)】: 만약. 【何有】: 무엇이 있겠는가? 【所以…】: …한 까닭.

6) 其辭之作，所使死者無有所憾，生者得致其嚴。→ 銘文의 작성은, 이로써 고인으로 하여금 서운한 바가 없도록 해야 하고, 생존해 있는 사람이 (고인에 대해) 경의를 표할 수 있어야 합니다.

【其辭】: 묘비명의 문장, 銘文. 【所使死者】: ※판본에 따라서는 「所以使死者」라 했다. 【憾(hàn)】: 서운함, 한스러움. 【致】: 주다, 보내다. 즉 「표달하다」의 뜻. 【嚴】: 존경, 경의.

7) 而善人喜於見傳，則勇於自立；惡人無有所紀，則以媿而懼。→ 그리고 착한 사람은 (업적이) 후세에 전해지는 것에 기쁨을 느껴, 자신의 업적을 세우는 일에 과감하고; 악한 사람은 (명문에) 기록할 만한 업적이 없어, 이로 인해 부끄럽고 두렵게 됩니다.

【喜於…】: …에 대해 기뻐하다, …에 기쁨을 느끼다. 【見傳】: [피동용법] (후세에) 전해지다. ※見+동사=피동형. 【勇於…】: …에 과감하다. 【紀】: 기재하다, 기록하다. 【自立】: 자기의 업적을 수립하다. 【以】: 以(之), 因(之), 이로 인해. 【媿(kuì)】: 부끄럽다, 창피하다. ※판본에 따라서는 「媿」를 「愧」라 했다.

8) 至於通材達識，義烈節士，嘉言善狀，皆見於篇，則足爲後法。→ 다재다능하고 박학다식한 사람, 정의롭고 장렬하고 절개 있는 사람들의 경우, 그들의 훌륭한 언행이, 모두 銘文에 보이게 되면, 족히 후세의 본보기로 삼을 만합니다.

【至於】: …로 말하면, …로 말할 것 같으면. ※화제를 바꿀 때 사용. 【通材達識】: 다재다능하고 박학다식하다. 【義烈節士】: 정의롭고 장렬하고 절개 있는

及世之衰，人之子孫者，一欲褒揚其親，而不本乎理。10) 故雖惡人，皆務勒銘，以誇後世。11) 立言者，旣莫之拒而不爲，又以其子孫之所請也，書其惡焉，則人情之所不得，於是乎銘始不實。12) 後之作銘者，當觀其人。13) 苟托之非人，則書之非公與是，則不

사람. 【嘉言善狀】: 아름다운 말과 착한 행위, 훌륭한 언행. 「狀」: 품행, 행위. 【篇】: 완결된 문장. 여기서는 「묘비명의 銘文」을 가리킨다. 【足爲】: 족히 …로 삼을만하다, …로 삼기에 족하다. 【後法】: 후세의 본보기.

9) 警勸之道, 非近乎史, 其將安近? → 경계하고 격려하는 작용이, 역사에 가깝지 않다면, 또 무엇에 가깝겠습니까?

【警勸之道】: 경계하고 격려하는 작용, 勸戒의 작용. 【其將安近】: 또 무엇과 가깝겠는가? 「其」: [연사] 又, 또, 그렇지 않으면. ※말을 전환할 때 사용. 「將」: 同, …과(와). 「安」: 무엇.

10) 及世之衰, 人之子孫者, 一欲褒揚其親, 而不本乎理。→ 사회의 풍조가 쇠퇴하기에 이르자, 자손된 자들은, 오로지 자기 조상을 찬양하려 할 뿐, 사리에 의거하지 않았습니다.

【一】: 오로지, 단순히. 【褒(bāo)揚】: 찬양하다, 기리다. 【親】: 혈육, 육친. 여기서는 「조상」을 가리킨다. 【本乎…】: 本於…, …에 의거하다. 【理】: 사리.

11) 故雖惡人, 皆務勒銘, 以誇後世。→ 그래서 설사 악한 사람이라 해도, 모두가 반드시 묘비명을 새겨, 후세에 과시하게 되었습니다.

【務】: 꼭, 반드시. 【勒(lè)】: 새기다. 【誇(kuā)】: 과시하다.

12) 立言者, 旣莫之拒而不爲, 又以其子孫之所請也, 書其惡焉, 則人情之所不得, 於是乎銘始不實。→ 묘비명을 쓴 사람은, 묘비명 써 주는 일을 거절하여 쓰지 않을 수도 없고, 또 자손의 요청이기 때문에, 나쁜 점을 쓴다는 것은, 인정상 할 수 없는 일이어서, 이에 묘비명이 비로소 진실을 잃게 되었습니다.

【立言者】: 후세에 모범이 될 말을 한 사람. 여기서는 「묘비명을 쓴 사람」을 가리킨다. 【旣…又…】: …도 하고 또한 …도 하다. 【莫之拒】: 莫拒之, 묘비명 쓰는 것을 거절하지 못하다. 「莫」: …하지 못하다. 「之」: [대명사] 그것, 즉 「묘비명 쓰는 일」. 【以】: …로 인해, …때문에. 【書】: [동사] 쓰다, 기록하다. 【人情之所不得】: 인정상 그렇게 할 수 없다. 【於是乎】: 이에, 그리하여. 「乎」: [어기사]. 【始】: 비로소.

13) 後之作銘者, 當觀其人。→ 이후 묘비명을 제작하고자 하는 사람은, 당연히 묘비명 쓰는 사람을 잘 살펴야 합니다.

【其人】: 묘비명을 쓰는 사람, 즉 묘비명의 作者.

足以行世而傳後。[14] 故千百年來，公卿大夫至于里巷之士，莫不有銘，而傳者蓋少。[15] 其故非他，託之非人，書之非公與是故也。[16]

然則孰爲其人，而能盡公與是歟? 非畜道德而能文章者，無以爲也。[17] 蓋有道德者之於惡人，則不受而銘之，於衆人則能辨焉。[18] 而人之行，有情善而迹非，有意奸而外淑，有善惡相懸而

---

14) 苟托之非人，則書之非公與是，則不足以行世而傳後。→ 만일 그것을 적절하지 못한 사람에게 부탁하여, 써낸 글이 공정하지 못하고 바르지 못하면, 세상에 통행되어 후세에 전하는 것이 불가능합니다.

【苟(gǒu)】: 만일, 만약. 【非人】: 적절하지 못한 사람. 【公】: 공정하다. 【是】: 옳다, 바르다. 【不足以…】: …하기에 부족하다, …이 불가능하다. 【行世】: 세상에서 통행되다, 세간에서 통행되다.

15) 故千百年來，公卿大夫至于里巷之士，莫不有銘，而傳者蓋少。→ 그래서 아주 오랜 옛날부터, 公卿大夫에서 고을의 선비에 이르기까지, 묘비명이 없는 사람이 없었지만, 그러나 전해진 것은 대체로 적었습니다.

【故】: 그래서. 【至于…】: …에 이르기까지. 【莫不有…】: [이중부정] …하지 않음이 없다. 【蓋】: 대체로.

16) 其故非他，託之非人，書之非公與是故也。→ 그 까닭은 다름이 아니라, 그것을 적절하지 못한 사람에게 부탁하여, 그것을 공정하고 바르게 쓰지 못했기 때문입니다.

【故】: 까닭, 때문.

17) 然則孰爲其人，而能盡公與是歟? 非畜道德而能文章者，無以爲也。→ 그렇다면 누가 그런 사람이 되어, 공정하고 바르게 쓰는 일을 다 할 수 있겠습니까? 도덕 수양을 쌓고 동시에 문장에도 능한 사람이 아니면, 할 수가 없습니다.

【然則】: 그렇다면. 【其人】: 그러한 사람. 즉 묘비명을 쓰기에 적절한 사람. 【盡】: …을 다하다. 【畜(xù)】: 蓄, 쌓다. 【無以…】: …할 수 없다, 할 방법이 없다.

18) 蓋有道德者之於惡人，則不受而銘之，於衆人則能辨焉。→ 대체로 도덕을 갖춘 사람들은 악한 사람에 대해, 청탁을 받아도 그들에게 묘비명을 써 주지 않으며, 일반 사람들에 대해서도 능히 (선인과 악인을) 분별할 수 있습니다.

【於惡人】: 악한 사람에 대하여. 「於」: …에 대하여. 【受】: 받다. 여기서는 「청탁을 받다」의 뜻. 【銘之】: 그들에게 묘비명을 써 주다. 「銘」: [동사용법] 묘비명을 써 주다. 「之」: 그들, 즉 「묘비명을 부탁한 사람」. 【衆人】: 보통 사람, 일반 사람. 【辨(biàn)】: 분별하다.

不可以實指，有實大於名，有名侈於實。[19] 猶之用人，非畜道德者，惡能辨之不惑，議之不徇?[20] 不惑不徇，則公且是矣。[21] 而其辭之不工，則世猶不傳，於是又在其文章兼勝焉。[22] 故曰非畜道德而能文章者無以爲也，豈非然哉?[23]

然畜道德而能文章者，雖或並世而有，亦或數十年或一二百年而有之。[24] 其傳之難如此，其遇之難又如此。[25] 若先生之道德

19) 而人之行，有情善而迹非，有意奸而外淑；有善惡相懸而不可以實指，有實大於名，有名侈於實。→ 그런데 사람의 행위는, 마음은 착하지만 남긴 행적이 좋지 않은 경우가 있고, 마음은 간악한데 겉으로 착하게 보이는 경우도 있으며, 선과 악이 크게 차이가 나지만 실제로 지적해 낼 수 없는 경우가 있는가 하면, 실제가 이름보다 큰 경우도 있고, 이름이 실제보다 큰 경우도 있습니다.
【行】: 행위, 행동. 【情】: 내심, 속마음. 【迹】: 행위 사적. 【意奸(jiān)】: 마음이 간악하다. 【外淑(shū)】: 겉으로 착하게 보이다. 【相懸(xuán)】: 서로 큰 차이가 나다. 【實指】: 실제로 지적해 내다. 【實大於名】: 실제가 이름보다 크다. 「於」: …보다, …에 비해. 【侈(chǐ)】: 초과하다, 크다.

20) 猶之用人，非畜道德者，惡能辨之不惑，議之不徇? → 마치 사람을 기용하는 것과 같아, 도덕 수양을 쌓은 사람이 아니면, 어찌 그들을 분별하는데 미혹되지 않고, 그들을 평가하는데 (사사로운 감정에) 치우치지 않을 수 있겠습니까?
【猶之…】: 마치 …과 같다. 【惡(wū)】: 어찌. 【之】: [대명사] 그들, 즉 묘비명의 대상자. 【議】: 논의하다, 평가하다. 【徇(xùn)】: 따르다, 좇다, 치우치다.

21) 不惑不徇，則公且是矣。→ 미혹되지 않고 사심에 치우치지 않으면, 그것이 곧 공정하고 바른 것입니다.
【且】: …하고도 또한.

22) 而其辭之不工，則世猶不傳，於是又在其文章兼勝焉。→ 그러나 그의 문장이 훌륭하지 못하면, 여전히 세상에 전해지지 않을 것임으로, 이에 또 그 문장에 있어서도 뛰어난 재능을 겸비해야 합니다.
【辭】: 문장. 【猶】: 여전히. 【於是】: 이에, 그리하여. 【兼勝】: 뛰어난 재능을 겸비하다. 「勝」: 뛰어나다, 아름답다.

23) 故曰非畜道德而能文章者無以爲也，豈非然哉? → 그래서 도덕 수양을 쌓고 동시에 문장에도 능한 사람이 아니면 할 수가 없다고 말한 것인데, 어찌 그렇지 않겠습니까?
【豈…哉?】: 어찌 …겠는가? 【非然】: 그렇지 않다.

文章, 固所謂數百年而有者也。[26] 先祖之言行卓卓, 幸遇而得銘, 其公與是, 其傳世行後無疑也。[27] 而世之學者, 每觀傳記所書古人之事, 至其所可感, 則往往衋然不知涕之流落也, 況其子孫也哉! 況鞏也哉![28] 其追睎祖德, 而思所以傳之之繇, 則知先生推一賜於鞏而及其三世。[29] 其感與報, 宜若何而圖之?[30] 抑又思若鞏

24) 然畜道德而能文章者, 雖或並世而有, 亦或數十年或一二百年而有之。→ 그러나 도덕 수양을 쌓고 동시에 문장에도 능한 사람이라면, 비록 간혹 동시대에 나타날 수도 있지만, 또한 수십 년 혹은 일이백 년 만에 나타날 수도 있습니다.
【並世】: 當代, 동시대.

25) 其傳之難如此, 其遇之難又如此。→ 銘文을 후세에 전하는 것도 이처럼 어렵지만, 적절한 사람을 만나는 것도 이처럼 어렵습니다.
【傳之】: 명문을 후세에 전하는 것. 「之」: [대명사] 그것, 즉 銘文. 【遇之】: 적절한 사람을 만나는 것. 「之」: [대명사] 그, 즉 적절한 사람. 즉 도덕 수양도 쌓고 동시에 문장에도 능한 사람.

26) 若先生之道德文章, 固所謂數百年而有者也。→ 선생과 같은 도덕 수양과 문장은, 실로 이른바 수백 년에 겨우 출현하는 경우입니다.
【若】: 如, 같다. 【固】: 실로, 확실히.

27) 先祖之言行卓卓, 幸遇而得銘, 其公與是, 其傳世行後無疑也。→ 저의 조부께서는 언행이 훌륭하셨는데, 다행히 선생을 만나 명문을 얻고, 그 내용이 공정하고 올바르니, 그것이 세간에 알려지고 후세에 전해지는 것은 의심할 바가 없습니다.
【卓卓】: 훌륭하다, 뛰어나다. 【傳世行後】: 세간에 알려지고 후세에 전해지다.

28) 而世之學者, 每觀傳記所書古人之事, 至其所可感, 則往往衋然不知涕之流落也, 況其子孫也哉! 況鞏也哉! → 그리고 세상의 학자들이, 매번 傳記에 기록된 옛 사람들의 사적을 볼 때도, 그 감동되는 부분에 이르면, 왕왕 슬퍼져서 자신도 모르게 눈물이 흐르는데, 하물며 그 자손들은 어떠하겠으며, 하물며 저 曾鞏은 어떠하겠습니까!
【所可感】: 감동되는 부분. 【衋(xì)然】: 슬퍼하는 모습. 【涕(tì)】: 눈물. 【不知】: 자신도 모르게. 【況】: 하물며.

29) 其追睎祖德, 而思所以傳之之繇, 則知先生推一賜於鞏而及其三世。→ 제가 선조의 덕행을 추모하며, 선조의 덕행을 후세에 전할 수 있게 된 까닭을 생각하니, 선생께서 저에게 한 번 은혜를 베풀어 주신 것이 저의 3대에 미쳤다는 것을 알았습니다.
【追睎(xī)】: 추모하다. 【思】: 생각하다. 【所以…之繇】: …한 까닭. 「繇」: 由. 【傳

之淺薄滯拙，而先生進之；先祖之屯蹶否塞以死，而先生顯之。[31] 則世之魁閎豪傑不世出之士，其誰不願進於門?[32] 潛遁幽抑之士，其誰不有望於世?[33] 善誰不爲，而惡誰不媿以懼? 爲人之父祖者，孰不欲教其子孫? 爲人之子孫者，孰不欲寵榮其父祖? 此數美者，一歸於先生。[34]

之】: 그것을 전하다. 「之」: [대명사] 그것, 즉 선조의 덕행. 【推】: 옮기다, 즉 「베풀다, 주다」의 뜻. 【一賜】: 하나의 은혜. 즉 「묘비명을 받은 은혜」를 말한다. 【及】: 미치다. 【三世】: 三代, 즉 할아버지, 아버지, 증공의 삼대.

30) 其感與報, 宜若何而圖之? → 저의 감격과 보답하는 마음을, 마땅히 어떻게 표시해야 합니까?

【感與報】: 감격과 보답. 【宜】: 응당, 마땅히. 【若何】: 어찌, 어떻게. 【圖】: 표시하다, 표달하다, 나타내다.

31) 抑又思若鞏之淺薄滯拙, 而先生進之; 先祖之屯蹶否塞以死, 而先生顯之。→ 그러나 또 생각건대 저와 같은 지식이 천박하고 우둔한 사람이지만, 선생께서 저를 발탁하셨고; 저의 조부가 불운한 처지에서 돌아가셨지만, 선생께서 그를 표창하셨습니다.

【抑(yì)】: 그러나. 【淺薄(qiǎn bó)】: (지식이) 천박하다, 깊이가 없다. 【滯拙(zhì zhuō)】: 우둔하다. 【進】: 추천하다, 발탁하다. 【屯蹶否塞(zhūn jué pǐ sè)】: 불운한 처지에 놓이다. 「屯」: 어렵다, 곤궁하다. 「蹶」: 넘어지다. 「否」: 곤궁하다. 「塞」: 막히다. ※「屯」「否」는 ≪周易≫의 卦이름. 【顯(xiǎn)】: 表彰하다, 드러내 밝히다.

32) 則世之魁閎豪傑不世出之士, 其誰不願進於門? → 그런즉 세상의 걸출한 호걸로서 세상에 이름을 드러내지 못한 선비라면, 누가 (선생의) 문하에 들어가기를 원하지 않겠습니까?

【魁閎(kuí hóng)】: 걸출하다. 【不世出】: 출세하지 못한, 세상에 이름을 드러내지 못한. 【其】: 대명사 앞이나 뒤에 놓여 「其誰, 其孰, 誰其, 此其, 彼其, 夫其, 是其, 何其, 曷其, 胡其」 등을 구성한다. 번역할 필요가 없다. 【門】: 문하.

33) 潛遁幽抑之士, 其誰不有望於世? → 은거하며 때를 만나지 못한 선비라면, 누가 세상에 바라는 것이 없겠습니까?

【潛遁(qián dùn)】: 은거하다. 【幽抑(yōu yì)】: 출세하지 못하다, 때를 만나지 못하다, 세상에 이름이 알려지지 않다.

34) 善誰不爲, 而惡誰不媿以懼? 爲人之父祖者, 孰不欲教其子孫? 爲人之子孫者, 孰不欲寵榮其父祖? 此數美者, 一歸於先生。→ 누가 착한 일을 하지 않겠으며, 누가 나쁜

既拜賜之辱，且敢進其所以然。35) 所諭世族之次，敢不承教而加詳焉? 36) 愧甚不宣。37)

■ | 번역문

구양사인(歐陽舍人)께 드리는 글

지난 가을, 제가 보냈던 사람이 돌아와 보내 주신 편지와 써 주신 조부(祖父)의 묘비명(墓碑銘)을 받았습니다. 반복해서 보고 소리 내어 읽으면서 감격하기도 하고 부끄럽기도 했습니다.

일을 부끄럽고 무서워하지 않겠습니까? 조상된 사람이면, 누가 그 자손을 가르치려 하지 않겠습니까? 자손된 사람이라면, 누가 그 조상을 영광되게 하려 하지 않겠습니까? 이 여러 가지 아름다운 미덕을, 모두 선생께 돌립니다.
【媿以懼】: 부끄러워하고 두려워하다. 「以」: [연사] 而. ※판본에 따라서는 「媿」를 「愧」라 했다. 【寵榮(chǒng róng)】: [사동용법] 영광되게 하다. 【一】: 전부, 모두.

35) 既拜賜之辱, 且敢進其所以然。→ 은혜를 받는 일로 선생을 욕되게 하고 나서, 또 감히 그 감격한 까닭을 말씀드렸습니다.
【既…】: 이미 …, …한 이후. 【拜】: 받다. 【賜】: [명사] 은전, 은혜, 즉 「묘비명을 부탁하여 받은 일」을 가리킨다. 【辱】: 욕되게 하다, 폐를 끼치다. 【且】: 또한. 【進】: 말씀드리다. 【所以然】: 그러한 까닭. 즉 증공이 구양수에게 감격한 까닭.

36) 所諭世族之次, 敢不承教而加詳焉? → 선생께서 언급하신 저희 家系의 순서는, 어찌 감히 가르침을 받은 대로 상세하게 살펴보지 않겠습니까?
※구양수는 ≪與曾鞏論氏族書≫에서 증공에게 曾씨 家系에 대해 수정할 것을 제시한 바 있다.
【諭(yù)】: 제시하다, 언급하다, 알려주다. 【世族】: 씨족, 家系. 【承教】: 가르침을 받다. 【加詳】: 상세히 살피다.

37) 愧甚不宣。→ (감사한 뜻을) 다 펴내지 못해 부끄럽기 그지없습니다.
【不宣】: 다 펴내지 못하다. ※편지 끝머리에 쓰는 상투어.

대저 명지(銘誌)가 세상에서 주목받는 것은 의미가 역사에 가깝기 때문이지만, 그러나 역시 역사와는 다른 점이 있습니다. 대체로 역사는 선악에 대해 기록하지 못하는 바가 없습니다. 그러나 명(銘)이라는 것은 대개 옛날 사람들이 공덕·재능·기개 등의 훌륭한 점을 지녔음에도 후세 사람들이 알지 못할까 염려하여, 반드시 비석에 새겨 그것을 드러내 보이는 것입니다. 혹은 사당에 두기도 하고 혹은 묘소에 세우기도 하는데 마찬가지 입니다. 만약 그 사람이 악한 짓을 했다면 묘비명에 쓸 만한 것이 무엇이 있겠습니까? 이것이 역사와 다른 이유입니다. 명문(銘文)의 작성은, 이로써 고인으로 하여금 서운한 바가 없도록 해야 하고, 생존해 있는 사람이 (고인에 대해) 경의를 표할 수 있어야 합니다. 그리고 착한 사람은 (업적이) 후세에 전해지는 것에 기쁨을 느껴 자신의 업적을 세우는 일에 과감하고, 악한 사람은 (명문에) 기록할 만한 업적이 없어 이로 인해 부끄럽고 두렵게 됩니다. 다재다능하고 박학다식한 사람, 정의롭고 장렬하고 절개 있는 사람들의 경우, 그들의 훌륭한 언행이 모두 명문(銘文)에 보이게 되면 족히 후세의 본보기로 삼을 만합니다. 경계하고 격려하는 작용이 역사에 가깝지 않다면 또 무엇에 가깝겠습니까?

사회의 풍조가 쇠퇴하기에 이르자, 자손된 자들은 오로지 자기 조상을 찬양하려 할 뿐 사리에 의거하지 않았습니다. 그래서 설사 악한 사람이라 해도 모두가 반드시 묘비명을 새겨 후세에 과시하게 되었습니다. 묘비명을 쓴 사람은 묘비명 써 주는 일을 거절하여 쓰지 않을 수도 없고, 또 자손의 요청이기 때문에 나쁜 점을 쓴다는 것은 인정상 할 수 없는 일이어서, 이에 묘비명이 비로소 진실을 잃게 되었습니다. 이후 묘비명을 제작하고자 하는 사람은 당연히 묘비명 쓰는 사람을 잘 살펴야 합니다. 만일 그것을 적절하지 못한 사람에게 부탁하여 써낸 글이 공정하지 못하고 바르지 못하면, 세상에 통행되어 후세에 전하는 것이 불가능합니다. 그래서 아주 오랜 옛날부터 공경대부(公卿大夫)에서 고을의 선비에 이르기까지 묘비명이 없는 사람이 없었지만, 그러나 전해진 것은 대체로 적었습니다. 그 까닭은 다름이 아니라 그것을 적절하지 못한 사람에게 부탁하여 그것을 공정하고 바르게 쓰지 못했기 때문입니다.

그렇다면 누가 그런 사람이 되어 공정하고 바르게 쓰는 일을 다 할 수 있겠습니까? 도덕 수양을 쌓고 동시에 문장에도 능한 사람이 아니면 할 수가 없습니다. 대체로 도덕을 갖춘 사람들은 악한 사람에 대해, 청탁을 받아도 그들에게 묘비명을 써 주지 않으며, 일반 사람들에 대해서도 능히 (선인과 악인을) 분별할 수 있습니다. 그런데 사람의 행위는, 마음은 착하지만 남긴 행적이 좋지 않은 경우가 있고, 마음은 간악한데 겉으로 착하게 보이는 경우도 있으며, 선과 악이 크게 차이가 나지만 실제로 지적해 낼 수 없는 경우가 있는가 하면, 실세가 이름보나 큰 경우도 있고 이름이 실제보다 큰 경우도 있습니다. 마치 사람을 기용하는 것과 같아, 도덕 수양을 쌓은 사람이 아니면 어찌 그들을 분별하는데 미혹되지 않고 그들을 평가하는데 (사사로운 감정에) 치우치지 않을 수 있겠습니까? 미혹되지 않고 사심에 치우치지 않으면 그것이 곧 공정하고 바른 것입니다. 그러나 그의 문장이 훌륭하지 못하면 여전히 세상에 전해지지 않을 것임으로, 이에 또 그 문장에 있어서도 뛰어난 재능을 겸비해야 합니다. 그래서 도덕 수양을 쌓고 동시에 문장에도 능한 사람이 아니면 할 수가 없다고 말한 것인데, 어찌 그렇지 않겠습니까?

그러나 도덕 수양을 쌓고 동시에 문장에도 능한 사람이라면, 비록 간혹 동시대에 나타날 수도 있지만 또한 수십 년 혹은 일이백 년 만에 나타날 수도 있습니다. 명문(銘文)을 후세에 전하는 것도 이처럼 어렵지만 적절한 사람을 만나는 것도 이처럼 어렵습니다. 선생과 같은 도덕 수양과 문장은 실로 이른바 수백 년에 겨우 출현하는 경우입니다. 저의 조부께서는 언행이 훌륭하셨는데, 다행히 선생을 만나 명문을 얻고 그 내용이 공정하고 올바르니, 그것이 세간에 알려지고 후세에 전해지는 것은 의심할 바가 없습니다. 그리고 세상의 학자들이 매번 전기(傳記)에 기록된 옛 사람들의 사적을 볼 때도, 그 감동되는 부분에 이르면 왕왕 슬퍼져서 자신도 모르게 눈물이 흐르는데, 하물며 그 자손들은 어떠하겠으며, 하물며 저 증공(曾鞏)은 어떠하겠습니까! 제가 선조의 덕행을 추모하며 선조의 덕행을 후세에 전할 수 있게 된 까닭을 생각하니, 선생께서 저에게 한 번 은혜를 베풀어 주신 것이 저의 3대에 미쳤다는 것을 알았습니다. 저의 감격과 보답하는 마음을 마땅히 어떻게 표시해야 합니까? 그러나 또 생각건대, 저와 같은 지식이 천박하고 우둔한 사람이지만 선생께서 저를 발탁하셨고, 저의 조부가 불운한 처지에서 돌아가셨지만 선생께서 그를 표창하셨습니다. 그런즉 세상의 걸출한 호걸로서 세상에 이름을 드러내지 못한 선비라면 누가 (선생의) 문하에 들어가기를 원하지 않겠습니까? 은거하며 때를 만나지 못한 선비라면 누가 세상에 바라는 것이 없겠습니까? 누가 착한 일을 하지 않겠으며, 누가 나쁜 일을 부끄럽고 무서워하지 않겠습니까? 조상된 사람이면 누가 그 자손을 가르치려 하지 않겠습니까? 자손된 사람이라면 누가 그 조상을 영광되게 하려 하지 않겠습니까? 이 여러 가지 아름다운 미덕을 모두 선생께 돌립니다.

은혜를 받는 일로 선생을 욕되게 하고 나서 또 감히 그 감격한 까닭을 말씀드렸습니다. 선생께서 언급하신 저희 가계(家系)의 순서는, 어찌 감히 가르침을 받은 대로 상세하게 살펴보지 않겠습니까? (감사한 뜻을) 다 펴내지 못해 부끄럽기 그지없습니다.

■ | 해제(解題) 및 본문요지 설명

≪기구양사인서(寄歐陽舍人書)≫는 증공(曾鞏)이 자기 조부의 묘비명(墓碑銘)을 써준 구양수(歐陽脩)에게 고마움을 표하기 위해 보낸 서신이다.

송(宋) 인종(仁宗) 경력(慶曆) 6년(1046년) 여름, 증공은 구양수에게 자기 조부 증치요(曾致堯)의 묘비명을 써달라고 청했다. 구양수는 그해 가을 묘비명을 써서 증공에게 주었고, 증공은 그 이듬해인 경력 7년(1047년) 이 편지를 보내 감사의 뜻을 전했다.

본문은 다섯 단락으로 나눌 수 있는데, 첫째 단락에서는 묘비명의 권계(勸戒)작용이 사서(史書)와 다름없다는 것을 말하고 나서, 묘비명 작성의 중요성을 강조했고; 둘째 단락에서는 후세 사람들이 선악(善惡)을 구별하지 않고 함부로 묘비명을 쓰는 불량한 풍조를 지적하면서, 만일 묘비명의 작자 선택이 부당하면 망자(亡者)를 공정하게 평가 할 수 없다는 것을 들어, 여하히 작자를 선택하느냐의 문제를 끌어냈고; 셋째 단락에서는 묘비명 작자 선택의 기준으로 재덕(才德)을 겸비한 사람이라야 본질을 잘 간파하여 공정한 평가를 하고, 그래야만 후세에 전해 묘비명의 권계 작용을 충분히 발휘할 수 있다는 것을 말했고; 넷째 단락에서는 덕망과 재능을 겸비한 작자를 만나기가 매우 어렵다는 것을 강조하면서 구양수의 도덕과 문장이 범상을 초월한다는 것을 부각시켰고; 마지막 단락에서는 다시 자신이 느낀 바로부터 논지를 전개하여 구양수가 지은 묘비명이 장차 사회에 많은 영향을 주어 여러 가지 권계 작용을 발휘할 수 있다는 것을 말했다.

증공이 이 글을 쓴 목적은 구양수에 대한 감사의 표시이기도 하지만, 한편 허위로 묘비명을 쓰는 당시 사회의 그릇된 풍조를 들추어 비판함으로써 묘비명의 순수한 의미를 강조한 것이라 할 수 있다.

200 증여안이생서(贈黎安二生序)

[宋] 曾鞏

■ | 작자

199. 기구양사인서(寄歐陽舍人書) 참조

■ | 원문 및 주석

贈黎安二生序[1)]

趙郡蘇軾，余之同年友也。自蜀以書至京師遺余，稱蜀之士曰黎生、安生者。[2)] 既而黎生攜其文數十萬言，安生攜其文亦數

---

1) 贈黎安二生序 → 黎生과 安生 두 서생에게 주는 글
【贈…序】: …에게 드리는(주는) 글. ※「序」는 두 가지가 있다. 하나는「書序」라 하여 자기 또는 타인의 저술에 대해 그 취지 또는 내용·가치 등을 소개함으로써 독자들의 이해를 돕기 위한 序跋 형식의 글로써 예를 들면 ≪史記·太史公自序≫와 같은 것이며, 하나는「送序」또는「贈序」라 하여 唐 이후에 출현했는데, 본래는 親知와 이별할 때 석별의 정을 표하기 위해 送別詩를 짓고 여기에 序를 첨부하는 형식을 취했으나, 후에는 詩를 생략하고 序만으로 대신하기도 했다. 본문은 바로 曾鞏이 黎生·安生 두 서생에게 보낸 贈序이다.【生】: 선비에 대한 호칭.

2) 趙郡蘇軾，余之同年友也。自蜀以書至京師遺余，稱蜀之士曰黎生、安生者。→ 趙郡 사람 蘇軾은, 나와 같은 해 과거에 급제한 친구이다. 그가 蜀 지방으로부터 편지를 써 가지고 京城에 와서 나에게 주었는데, 黎生·安生이라고 하는 蜀지방의

千言，辱以顧余。[3] 讀其文，誠閎壯雋偉，善反復馳騁，窮盡事理。而其材力之放縱，若不可極者也。[4] 二生固可謂魁奇特起之士，而蘇君固可謂善知人者也。[5]

頃之，黎生補江陵府司法參軍，將行，請余言以爲贈。[6] 余曰

서생을 칭찬했다.

【趙郡】：[郡이름] 소식의 원적. 【蘇軾(sū shì)】：[인명] 소식. 宋代의 저명한 문인으로 자는 子瞻, 호는 東坡이며, 唐宋八大家의 한 사람. 【同年】：같은 해 과거에 급제한 사람, 과거 동기생. ※曾鞏과 蘇軾은 仁宗 嘉祐 2년(1057)에 함께 進士에 급제했다. 【蜀(shǔ)】：지금의 사천성 成都 일대. 【京師】：京城. 【遺(wèi)】：주다. 【稱(chēng)】：칭찬하다. 【黎(lí)生、安生】：성이 黎씨와 安씨인 서생. 「生」：선비, 서생 등 공부하는 사람에 대한 통칭.

3) 旣而黎生攜其文數十萬言，安生攜其文亦數千言，辱以顧余。→ 얼마 후 여생은 자신이 쓴 글 수십만 자를 가지고, 안생 또한 자신이 쓴 글 수천 자를 가지고, 몸을 낮추어 나를 찾아왔다.

【旣而】：이후, 얼마 후. 【攜(xié)】：가지다, 휴대하다. 【辱(rǔ)】：몸을 낮추고 …하다. 【顧(gù)】：방문하다.

4) 讀其文，誠閎壯雋偉，善反復馳騁，窮盡事理。而其材力之放縱，若不可極者也。→ 그들의 문장을 읽어 보니, 실로 (규모가) 웅장하고 (언사가) 뛰어나며, 종횡으로 내닫고, 사리를 빠짐없이 철저하게 밝히는 데 매우 능했다. 그리고 그들의 재능이 분방함은, 마치 끝을 가늠할 수 없는 듯했다.

【誠】：실로, 확실히. 【閎壯(hóng zhuàng)】：규모가 웅장하다. 【雋偉(jùn wěi)】：(언사가) 빼어나다, 뛰어나다. 【善】：…에 능하다. 【反復馳騁(chí chěng)】：종횡으로 내닫다. 즉 「문장의 기세가 매우 분방함」을 비유한 말. 【窮盡事理】：사리를 빠짐없이 철저하게 밝히다. 【材力】：재능. 【放縱】：분방하다. 【若】：마치 … 같다. 【不可極】：끝을 헤아릴 수 없다, 끝을 가늠할 수 없다.

5) 二生固可謂魁奇特起之士，而蘇君固可謂善知人者也。→ 두 서생은 확실히 걸출하고 탁월한 선비들이라 말할 수 있고, 蘇軾 선생은 확실히 사람을 알아보는 데 능한 사람이라고 말할 수 있다.

【固】：확실히. 【魁(kuí)奇】：걸출하다, 출중하다. 【特起】：탁월하다, 뛰어나다.

6) 頃之，黎生補江陵府司法參軍，將行，請余言以爲贈。→ 얼마 전에, 여생은 江陵府 司法參軍에 충원되었는데, 떠날 때, 나에게 송별에 갈음하는 몇 마디 말을 청했다.

【頃(qǐng)之】：오래지 않아, 얼마 전에. 【補】：충원되다, 자리를 메우다. 【江陵府】：[府이름] 지금의 호북성 강릉현 소재. 【司法參軍】：獄事를 관리하는 지방

:「余之知生, 既得之於心矣, 乃將以言相求於外邪?」[7] 黎生曰 :「生與安生之學於斯文, 里之人皆笑以爲迂闊。今求子之言, 蓋將解惑於里人。」[8]

余聞之, 自顧而笑。夫世之迂闊, 孰有甚於予乎?[9] 知信乎古, 而不知合乎世; 知志乎道, 而不知同乎俗。[10] 此余所以困於今而不自知也。世之迂闊, 孰有甚於予乎?[11] 今生之迂, 特以文

의 낮은 관직. 【言以爲贈】: 말로써 송별에 갈음하다.

7) 余曰 :「余之知生, 既得之於心矣, 乃將以言相求於外邪?」→ 내가 :「나는 당신을 잘 알아서, 이미 마음속에 간직하고 있는데, 어찌 밖에서 (형식적인) 말을 구하려 합니까?」라고 하자,

【乃】: 어찌. 【將】: (장차) …하려 하다.

8) 黎生曰 :「生與安生之學於斯文, 里之人皆笑以爲迂闊。今求子之言, 蓋將解惑於里人。」→ 여생이 :「저와 안생이 이러한 문장을 배우니, 마을 사람들이 모두 비웃으며 현실에 맞지 않는다고 여깁니다. 지금 선생께 말씀을 청하는 것은, 마을 사람들로부터 의혹을 풀고자 하는 것입니다.」라고 말했다.

【斯文】: 이러한 문장. 즉 당시에 歐陽脩·蘇軾 등이 주창한 「古文」을 가리킨다. 【笑】: 비웃다. 【以爲】: …라 여기다, …라 생각하다. 【迂闊(yū kuò)】: 현실에 맞지 않다. 【子】: 선생, 당신, 그대. 【蓋】: [어기사] 앞에서 한 말을 이어받아 이유나 원인을 나타낸다.

9) 余聞之, 自顧而笑。夫世之迂闊, 孰有甚於予乎? → 나는 이 말을 듣고, 자신을 돌아보며 웃었다. 대저 세상에서 현실에 맞지 않기로 말하면, 어느 누가 나보다 더 심하겠는가?

【自顧】: 자신을 돌아보다. 【夫】: [발어사] 무릇, 대저.

10) 知信乎古, 而不知合乎世; 知志乎道, 而不知同乎俗。→ (나는) 옛것을 믿을 줄만 알고, 세속에 영합할 줄 모르며; 성현의 도리에 뜻을 둘 줄만 알고, 세속과 함께할 줄을 몰랐다.

【同】: 함께하다, 어울리다.

11) 此余所以困於今而不自知也。世之迂闊, 孰有甚於予乎? → 이것이 내가 오늘날 곤란을 겪으면서도 스스로 깨닫지 못하는 까닭이다. 세상에서 현실에 맞지 않기로 말하면, 어느 누가 나보다 더 심하겠는가?

【所以】: 원인, 까닭. 【自知】: 스스로 깨닫다.

不近俗，迂之小者耳，患爲笑於里之人。12) 若余之迂大矣，使生持吾言而歸，且重得罪。庸詎止於笑乎?13)

然則若余之於生，將何言哉?14) 謂余之迂爲善，則其患若此；謂爲不善，則有以合乎世，必違乎古，有以同乎俗，必離乎道矣。15) 生其無急於解里人之惑，則於是焉，必能擇而取之。16) 遂書以贈二生，幷示蘇君，以爲何如也?17)

---

12) 今生之迂，特以文不近俗，迂之小者耳，患爲笑於里之人。→ 지금 서생들이 현실에 맞지 않는 것은, 다만 문장이 세속에 가깝지 않은 것으로, 현실에 맞지 않는 일로 치면 아주 미미할 뿐인데, 마을 사람들에게 비웃음 당하는 것을 걱정하는 것이다.

【特】: 오로지, 다만. 【耳】: …뿐. 【患(huàn)】: 걱정하다, 근심하다.

13) 若余之迂大矣，使生持吾言而歸，且重得罪。庸詎止於笑乎? → 나처럼 현실에 맞지 않음이 심각한데, 만일 서생들이 나의 문장을 가지고 돌아간다면, 장차 갑절로 질책을 받을 것이다. 어찌 비웃음에 그치겠는가?

【若】: (마치) …처럼, …와 같이. 【大】: 심각하다. 【使】: 만일, 만약. 【且】: 장차, 바야흐로. 【重(zhòng)】: 곱으로, 갑절로, 더더욱. 【得罪】: 미움을 사다, 질책을 받다. 【庸詎(yōng jù)】: 어찌.

14) 然則若余之於生，將何言哉? → 그렇다면 나 같은 사람이 서생들에게, 장차 무슨 말로 송별을 표해야 하겠는가?

【然則】: 그렇다면. 【於】: …에게, …에 대해. 【何言】: 무슨 말을 해야 하는가? 즉 「무슨 말로 송별의 뜻을 표해야 하는가?」의 뜻.

15) 謂余之迂爲善，則其患若此；謂爲不善，則有以合乎世，必違乎古，有以同乎俗，必離乎道矣。→ 나의 현실에 맞지 않음을 옳다고 말한다면, 그 후환이 이와 같고; 옳지 않다고 말한다면, 현실에 맞을 수 있지만, 반드시 옛것을 거스르게 되며, 세속과 함께할 수 있지만, 반드시 聖賢의 道에서 멀어지게 된다.

【謂】: …라고 말하다. 【有以】: …할 수가 있다, …할 방법이 있다. 【違(wéi)】: 거스르다, 위배하다. 【離】: 떠나다, 멀어지다.

16) 生其無急於解里人之惑，則於是焉，必能擇而取之。→ 서생들은 마을 사람들의 의혹을 푸는 일에 대해 서두를 필요가 없으며, 그러면 이에 대해, 반드시 선택하여 취할 수 있을 것이다.

【急】: 서두르다. 【於是】: 이에 대해, 이 문제에 있어서.

17) 遂書以贈二生，幷示蘇君，以爲何如也? → 그리하여 (이를) 글로 써서 두 서생에게

■ | 번역문

여생(黎生)과 안생(安生) 두 서생에게 주는 글

조군(趙郡) 사람 소식(蘇軾)은 나와 같은 해 과거에 급제한 친구이다. 그가 촉(蜀) 지방으로부터 편지를 써 가지고 경성에 와서 나에게 주었는데, 여생(黎生)·안생(安生)이라고 하는 촉 지방의 서생을 칭찬했다. 얼마 후 여생은 자신이 쓴 글 수십만 자를 가지고, 안생 또한 자신이 쓴 글 수천 자를 가지고, 몸을 낮추어 나를 찾아왔다. 그들의 문장을 읽어 보니 실로 (규모가) 웅장하고 (언사가) 뛰어나며, 종횡으로 내닫고 사리를 빠짐없이 철저하게 밝히는 데 매우 능했다. 그리고 그들의 재능이 분방함은 마치 끝을 가늠할 수 없는 듯했다. 두 서생은 확실히 걸출하고 탁월한 선비들이라 말할 수 있고, 소식(蘇軾) 선생은 확실히 사람을 알아보는 데 능한 사람이라고 말할 수 있다.

얼마 전에 여생은 강릉부(江陵府) 사법참군(司法參軍)에 충원되었는데, 떠날 때 나에게 송별에 갈음하는 몇 마디 말을 청했다. 내가 :「나는 당신을 잘 알아서 이미 마음속에 간직하고 있는데, 어찌 밖에서 (형식적인) 말을 구하려 합니까?」라고 하자, 여생이 :「저와 안생이 이러한 문장을 배우니 마을 사람들이 모두 비웃으며 현실에 맞지 않는다고 여깁니다. 지금 선생께 말씀을 청하는 것은 마을 사람들로부터 의혹을 풀고자 하는 것입니다.」라고 말했다.

나는 이 말을 듣고 자신을 돌아보며 웃었다. 대저 세상에서 현실에

보내 주고, 아울러 蘇軾 선생에게도 보여 드렸는데, (그는) 어찌 생각하는지?
【遂】: 그리하여, 이에. 【幷】: 그리고, 아울러. 【以爲何如?】: 어찌 생각하는지? 어떻게 여기는지?

맞지 않기로 말하면 어느 누가 나보다 더 심하겠는가? (나는) 옛것을 믿을 줄만 알고 세속에 영합할 줄 모르며, 성현의 도에 뜻을 둘 줄만 알고 세속과 함께 할 줄을 몰랐다. 이것이 내가 오늘날 곤란을 겪으면서도 스스로 깨닫지 못하는 까닭이다. 세상에서 현실에 맞지 않기로 말하면 어느 누가 나보다 더 심하겠는가? 지금 서생들이 현실에 맞지 않는 것은 다만 문장이 세속에 가깝지 않은 것으로, 현실에 맞지 않는 일로 치면 아주 미미할 뿐인데 마을 사람들에게 비웃음 당하는 것을 걱정하는 것이다. 나처럼 현실에 맞지 않음이 심각한데, 만일 서생들이 나의 문장을 가지고 돌아간다면 장차 갑절로 질책을 받을 것이다. 어찌 비웃음에 그치겠는가?

그렇다면 나 같은 사람이 서생들에게 장차 무슨 말로 송별을 표해야 하겠는가? 나의 현실에 맞지 않음을 옳다고 말한다면 그 후환이 이와 같고, 옳지 않다고 말한다면 현실에 맞을 수 있지만 반드시 옛것을 거스르게 되며, 세속과 함께할 수 있지만 반드시 성현(聖賢)의 도(道)에서 멀어지게 된다. 서생들은 마을 사람들의 의혹을 푸는 일에 대해 서두를 필요가 없으며, 그러면 이에 대해 반드시 선택하여 취할 수 있을 것이다. 그리하여 (이를) 글로 써서 두 서생에게 보내 주고, 아울러 소식(蘇軾) 선생에게도 보여 드렸는데, (그는) 어찌 생각하는지?

■ | 해제(解題) 및 본문요지 설명

본문은 작자 증공(曾鞏)이, 고문(古文)을 쓰면서 당시 사람들로부터 조소를 당한 여생(黎生)과 안생(安生) 두 서생에게, 사람들의 비웃음으로 인해 원칙을 포기하면서 세속에 영합하지 말고 자신의 길을 가도록 격려한 글이다.

본문은 네 단락으로 나눌 수 있는데, 첫째 단락에서는 소식(蘇軾)의 추천으로 인해 여생・안생과 맺은 인연을 끌어낸 후, 그들의 탁월한 문장 능력을 들어 사람을 알아보는 소식의 밝은 안목을 칭찬했고; 둘째 단락에서는 여생(黎生)이 증공에게 증서(贈序)를 써 달라고 청한 목적이 마을 사람들의 의혹을 풀고자 하는 데 있다는 것을 말했고; 셋째 단락에서는 「우활(迂闊 : 현실에 맞지 않음)」 두 글자를 가지고 의론을 전개하여, 겉으로는 자신의 심심풀이인 듯하지만 실제로는 자신의 인생 태도와 문학에 대해 견지하는 고도의 긍정이라는 견해를 표명했고; 마지막 단락에서는 여전히 「우(迂)」자를 중심으로 두 서생에게, 그래도 옛것을 믿고 성현의 도리에 뜻을 두어야 한다는 것을 분명히 알려 주었다.

201 독맹상군전(讀孟嘗君傳)

[宋] 王安石

■ | 작자

왕안석(王安石 : 1021-1086)은 무주(撫州) 임천(臨川)[지금의 강서성 무주시(撫州市)] 사람으로 자는 개포(介甫), 호는 반산(半山)이며, 북송(北宋)의 정치가요 사상가인 동시에 저명한 문인이다. 인종(仁宗) 경력(慶歷) 2년(1042) 진사에 급제하여 회남판관(淮南判官)·은현지현(鄞縣知縣)·서주통판(舒州通判)·상주지주(常州知州)·강남동로제점형옥(江南東路提点刑獄) 등을 역임했다. 이처럼 강서(江西)·절강(浙江) 일대에서 오래 지방 관리를 지내는 동안 일련의 개혁 조치를 추진하며 뛰어난 정치적 재능을 보여 주었다.

가우(嘉祐) 3년(1058) 경성(京城)으로 돌아와 삼사탁지판관(三司度支判官)을 지내면서, 얼마 후 이른바 「만언서(萬言書)」라고 하는 ≪상인종황제언사서(上仁宗皇帝言事書)≫를 올려 변법(變法)을 제기, 「적빈적약(積貧積弱)」의 개선을 요구하며 부국강병의 정책을 추진해 나갔는데, 이러한 정책이 인정을 받아 신종(神宗) 희녕(熙寧) 2년(1069) 참지정사(參知政事)를 거쳐 이듬해에는 마침내 동중서문하평장사(同中書門下平章事)라는 재상(宰相)의 자리에 올랐다.

재상에 오른 후, 그는 신종(神宗)을 배경으로 신법(新法)을 추진하고, 관료지주(地主)와 호상(豪商)들의 특권을 억제하면서 자신의 정치 주장과 포부를 기대했으나, 절대다수인 보수파의 격렬한 반대에 부딪쳐 좌절을 당하고, 결국 희녕 7년(1074) 재상의 자리에서 물러나고 말았다. 그 이듬해 다시 재상으로 복귀했으나 이때는 신종(神宗)이 계속되는 개혁에 흥미를 잃고, 변법파(變

法派) 내부에서도 모순이 발생한데다, 아들마저 병사(病死)하는 집안의 우환으로 인해 심한 정신적 타격을 받고, 복귀한지 1년 만에 재상의 자리에서 물러났다. 그후 강녕(江寧)[지금의 강소성 남경(南京)]에 살다가, 원풍(元豐) 8년(1085) 신종(神宗)이 병사하고 구당파(舊黨派)인 사마광(司馬光)이 재상이 되어 신법을 전면 폐지하자, 왕안석은 분개한 나머지 병이 들어 이듬해 65세의 나이로 세상을 떠났다.

왕안석은 문학의 사회적 기능을 중시하여 문장이란 「반드시 세상에 보탬이 되도록 써야 한다.(務爲有補於世.)」고 주장했는데, 그의 시문(詩文)에는 시폐(時弊)를 폭로하고 사회 모순을 반영하는 작품이 매우 많다. 산문은 웅장하고 힘이 있어 당송팔대가(唐宋八大家)의 한 사람이며, 시는 청신하고 힘이 있기로 유명하다. 저서로 ≪임천집(臨川集)≫ 130권을 비롯하여 ≪임천집습유(臨川集拾遺)≫·≪삼경신의(三經新義)≫ 중의 ≪주관신의(周官新義)≫ 잔권(殘卷)·≪노자주(老子注)≫·≪당백가시선(唐百家詩選)≫ 등이 있다. 그의 저서에 대한 후인(後人)들의 주석서(註釋書)로 송(宋) 이벽(李壁)의 ≪왕형공시전주(王荊公詩箋注)≫와 청(淸) 심흠한(沈欽韓)의 ≪왕형공문집주(王荊公文集注)≫가 있다.

■ | 원문 및 주석

讀孟嘗君傳[1)]

世皆稱孟嘗君能得士，士以故歸之，而卒賴其力，以脫於虎豹之秦。[2)] 嗟乎！孟嘗君特雞鳴狗盜之雄耳，豈足以言得士?[3)] 不然，擅齊之强，得一士焉，宜可以南面而制秦，尙何取雞鳴狗盜之力哉?[4)] 夫雞鳴狗盜之出其門，此士之所以不至也。[5)]

---

1) 讀孟嘗君傳 → 孟嘗君傳을 읽고 논평한 글
【孟嘗君】: 田文. 齊나라 靖郭君 田嬰의 아들. ※맹상군은 큰 뜻을 지니고 높은 지위와 풍족한 재산을 바탕으로 천하의 賢者들을 모아 후대하여 식객의 수가 수천에 이르렀다. 그들은 모두 각자 나름대로의 재능을 지니고 있었고, 맹상군은 이들을 신분의 귀천 없이 평등하게 후대했다. 秦의 昭王이 맹상군의 어진 소문을 듣고 재상으로 초빙하니 측근인 蘇代가 음모가 있음을 감지하고 만류하여 가지 않았다. 그 후 소왕이 다시 초빙하자 이번에는 호의를 무시할 수 없다 하여 秦나라에 갔다. 그러자 秦에서는 맹상군을 재상으로 삼을 경우 秦은 망하고 齊가 패권을 잡을 것이라 모함하는 자가 있어, 昭王이 그 말을 믿고 맹상군을 가두어 죽을 처지에 놓였다. 이때 맹상군을 수행한 식객 중에 개 짖는 흉내에 도둑질 잘하는 자와 닭 울음소리를 잘 내는 자가 있어 이들의 도움으로 간신히 秦을 탈출하여 齊로 돌아올 수 있었다.

2) 世皆稱孟嘗君能得士, 士以故歸之, 而卒賴其力, 以脫於虎豹之秦。→ 세상 사람들은 모두 孟嘗君이 인재를 얻는데 능하여, 인재들이 이로 인해 그에게 모여들고; 마침내 그들의 도움을 얻어, 호랑이와 표범 같은 秦나라에서 탈출했다고 칭찬했다.
【稱(chēng)】: 칭찬하다. 【士】: 인재. 【以故】: 이런 연고로 인해, 이로 인해. 「以」: 因, …로 인해. 【歸之】: 맹상군에게 모여들다. 「歸」: 모여들다. 「之」: [대명사] 그, 즉 맹상군. 【賴(lài)】: 힘입다, 도움을 얻다.

3) 嗟乎! 孟嘗君特雞鳴狗盜之雄耳, 豈足以言得士? → 아! 맹상군은 다만 닭 울음소리나 내고 개 짖는 흉내에 도둑질 잘하는 자들의 우두머리일 뿐, 어찌 족히 인재를 얻었다고 말할 수 있겠는가?
【嗟乎】: [감탄사] 아! 【特】: 다만, 오직. 【雞鳴狗盜】: 닭 울음 소리를 잘 내는 자와 개 짖는 흉내에 도둑질 잘하는 자. 【雄】: 두목, 우두머리. 【耳】: …일 뿐. 【足以】: 족히 …라 할 수 있다, …라 하기에 족하다.

■ | 번역문

맹상군전(孟嘗君傳)을 읽고 논평한 글

세상 사람들은 모두 맹상군(孟嘗君)이 인재를 얻는데 능하여 인재들이 이로 인해 그에게 모여들고, 마침내 그들의 도움을 얻어 호랑이와 표범 같은 진(秦)나라에서 탈출했다고 칭찬했다. 아! 맹상군은 다만 닭 울음소리나 내고 개 짖는 흉내에 도둑질 잘하는 자들의 우두머리일 뿐, 어찌 족히 인재를 얻었다고 말할 수 있겠는가? 그렇지 않고 제(齊)나라의 강한 국력을 배경으로 한 사람의 진정한 인재를 얻었다면 마땅히 천자가 되어 진(秦)나라를 제압할 수 있었을 것이다. 또한 어찌 닭 울음소리나 내고 개 짖는 흉내에 도둑질 잘하는 자들의 힘을 빌릴 필요가 있었겠는가? 대저 닭 울음소리나 내고 개 짖는 소리나 내는 사람들이 그의 문하(門下)에서 출입하는 것, 이것이 바로 진정한 인재들이 찾아오지 않는 까닭이다.

---

4) 不然, 擅齊之强, 得一士焉, 宜可以南面而制秦, 尙何取雞鳴狗盜之力哉? → 그렇지 않고, 齊나라의 강한 국력을 배경으로, 한 사람의 진정한 인재를 얻었다면, 마땅히 천자가 되어 秦나라를 제압할 수 있었을 것이다. 또한 어찌 닭 울음소리나 내고 개 짖는 흉내에 도둑질 잘하는 자들의 힘을 빌릴 필요가 있었겠는가?
【擅(shàn)】: 차지하다, 점유하다. 여기서는 「기대다, 의지하다, 배경으로 하다.」의 뜻. 【一士】: 한 사람의 인재. 즉 진정한 한 사람의 인재를 가리킨다. 【宜】: 당연히, 마땅히. 【南面】: 군주, 제왕. ※옛날에는 군신이 함께 자리를 할 때 임금은 남쪽을 향하고, 신하는 북쪽을 향했다. 따라서 南面은 곧 임금의 자리를 상징한다. 【尙】: 또한. 【取】: 취하다, 즉 「얻다, 빌리다」의 뜻.

5) 夫雞鳴狗盜之出其門, 此士之所以不至也。→ 대저 닭 울음소리나 내고 개 짖는 소리나 내는 사람들이 그의 門下에서 출입하는 것, 이것이 바로 진정한 인재들이 찾아오지 않는 까닭이다.
【出】: 나오다. 여기서는 「출입하다」의 뜻. 【門】: 門下. 【所以】: 까닭, 이유, 원인. 【不至】: 이르다, 찾아오지 않다.

■ | 해제(解題) 및 본문요지 설명

본문은 작자가 ≪사기(史記)·맹상군열전(孟嘗君列傳)≫을 읽고 논평한 글이다. 사마천은 ≪사기≫에서 맹상군이 지혜롭고 후덕하여 귀천을 불문하고 빈객들을 평등하게 대함으로써 천하의 사람들이 그에게 모여들어 휘하에 식객 수천을 거느렸다는 것을 말하고, 맹상군을 높은 식견과 포부를 지닌 현명하고 신망있고 「인재를 얻는데 능한 인물」이라 칭찬했다.

그런데, 맹상군은 진(秦)나라 소왕(昭王)에게 속아 주위의 만류에도 불구하고 진(秦)나라에 들어가 죽을 처지에 놓였다가, 마침 동행한 식객 중에 개 짖는 흉내에 도둑질 잘하는 자와 닭 울음소리를 잘 내는 자가 있어 이들의 도움으로 구사일생으로 간신히 탈출하여 돌아왔다.

왕안석(王安石)은 맹상군을 「인재를 얻는데 능한 사람」이라 칭찬한 말에 대해 「다만 닭 울음소리나 개 짖는 소리를 흉내 내는 사람들의 영웅일 뿐」이라고 반박하며, 그 이유로 맹상군이 한 사람이라도 진정한 인재를 얻었다면 굳이 닭 울음소리나 개 짖는 소리를 흉내 내고 도둑질 잘하는 사람들의 힘을 빌릴 필요가 없다고 했다.

여론에 구애받지 않고 자신의 관점과 소신을 서슴없이 밝히는 왕안석의 확고한 주관이 돋보인다.

202 동학일수별자고(同學一首別子固)

[宋] 王安石

■ | 작자

201. 독맹상군전(讀孟嘗君傳) 참조

■ | 원문 및 주석

同學一首別子固[1)]

江之南有賢人焉，字子固，非今所謂賢人者，予慕而友之。[2)] 淮之南有賢人焉，字正之，非今所謂賢人者，予慕而友之。[3)] 二賢

1) 同學一首別子固 → ≪同學≫詩 한 수를 지어 子固와 작별을 고하다
【同學】: ≪同學≫詩. 王安石이 曾鞏을 전송하며 지은 시. 【別】: 송별하다, 작별하다, 전송하다. 【子固】: 曾鞏의 자.

2) 江之南有賢人焉, 字子固, 非今所謂賢人者, 予慕而友之。→ 長江의 남쪽에 현인이 있는데, 자는 子固이며, 오늘날 말하는 현인이 아니다. 나는 그를 흠모하여 친구로 사귀었다.
【江】: 여기서는 「長江」을 가리킨다. 【慕(mù)】: 흠모하다. 【友】: [동사용법] 친구로 사귀다. 【之】: [대명사] 그, 즉 「子固」.

3) 淮之南有賢人焉, 字正之, 非今所謂賢人者, 予慕而友之。→ 淮河의 남쪽에 현인이 있는데, 자는 正之이며, 오늘날 말하는 현인이 아니다. 나는 그를 흠모하여 친구로 사귀었다.
【淮(huái)】: [강이름] 淮河, 淮水. 하남성에서 발원하여 안휘성을 거쳐 강소성으

人者，足未嘗相過也，口未嘗相語也，辭幣未嘗相接也。[4] 其師若友，豈盡同哉? 予考其言行，其不相似者何其少也? 曰：「學聖人而已矣。」[5] 學聖人，則其師若友，必學聖人者。[6] 聖人之言行，豈有二哉? 其相似也適然。[7]

予在淮南，爲正之道子固，正之不予疑也；還江南，爲子固道正之，子固亦以爲然。[8] 予又知所謂賢人者，旣相似又相信不疑也。[9] 子固作≪懷友≫一首遺予，其大略欲相扳以至乎中庸而後

로 들어가는 강. 【正之】: 孫侔의 자. 吳興[지금의 절강성 吳興縣] 사람으로 평생 은둔 생활을 하며 벼슬을 하지 않았다.

4) 二賢人者，足未嘗相過也，口未嘗相語也，辭幣未嘗相接也。→ 두 현인은, 발품을 팔아 서로 방문한 적도 없고, 입으로 서로 대화를 나눈 적도 없으며, 서신이나 예물을 서로 주고받은 적도 없다.

【未嘗】: …한 적이 없다. 【相過】: 서로 방문하다. 【相語】: 서로 이야기를 나누다. 【相接】: 서로 주고받다.

5) 其師若友，豈盡同哉? 予考其言行，其不相似者何其少也? 曰：「學聖人而已矣。」→ (그러니) 그들의 스승과 친구가, 어찌 다 같을 수 있겠는가? (그럼에도) 내가 그들의 언행을 자세히 살펴보니, 서로 다른 점이 어찌 그리 적은가? 어떤 사람이 말하길 : 「이는 오로지 성인을 배운 결과일 뿐이다」라고 했다.

【若】: 與, …와(과). 【盡同】: 모두 똑같다. 【考】: 자세히 살펴보다. 【不相似】: 서로 다르다, 서로 흡사하지 않다. 【何其】: 어찌 그처럼, 어찌 그렇게.

6) 學聖人，則其師若友，必學聖人者。→ 성인을 배웠다면, 그들의 스승이나 친구들도, 반드시 성인을 배운 사람들일 것이다.

7) 聖人之言行，豈有二哉? 其相似也適然。→ 성인의 언행이, 어찌 두 가지 일리가 있겠는가? 그들이 서로 비슷한 것은, 당연한 이치이다.

【適然】: 당연하다.

8) 予在淮南，爲正之道子固，正之不予疑也；還江南，爲子固道正之，子固亦以爲然。→ 내가 淮南에 있을 때, 正之에게 子固에 대해 이야기 하니, 정지는 나를 의심하지 않았고; 강남으로 돌아와, 자고에게 정지에 대해 이야기 하니, 자고 역시 그렇다고 생각했다.

【爲】: …에게. 【不予疑】: 不疑予의 도치. 나를 의심하지 않다. 【還(huán)】: 돌아오다. 【以爲然】: 그렇게 여기다, 그렇다고 생각하다.

已。正之蓋亦常云爾。10)

夫安驅徐行，轔中庸之庭，而造於其堂，舍二賢人者而誰哉?11) 予昔非敢自必其有至也，亦願從事於左右焉爾，輔而進之，其可也。12) 噫! 官有守，私有繫，會合不可以常也。13) 作≪同學≫

---

9) 予又知所謂賢人者, 既相似又相信不疑也。→ 나는 또 이른바 현인들은, 서로 비슷하면서도 서로 믿고 의심하지 않는다는 것을 깨달았다.
【既…又…】: …하고도 …하다.

10) 子固作≪懷友≫一首遺予, 其大略欲相扳以至乎中庸而後已。正之蓋亦常云爾。→ 자고가 ≪懷友≫라는 시 한 수를 지어 나에게 주었는데, 그 요지는 서로 이끌어 中庸의 경지에 이른 후 멈추자는 것이었다. 정지도 역시 항상 이렇게 말해 왔다.
【≪懷友≫】: 증공이 왕안석에게 지어 보낸 시. 【遺(wèi)】: 주다. 【大略】: 요지, 대의. 【扳(bān)】: 이끌다. 【至乎】: 至於, …에 이르다. 【中庸】: 아주 공평하여 어느 한쪽으로 치우치지 않음, 즉 불편부당한 경지. ※이는 儒家에서 신봉하는 도덕의 표준이다. 【而後】: 以後. 【已】: 멈추다, 그만두다. 【蓋】: [어기사]. 【常云】: 항상 말하다. 【爾】: [어말조사].

11) 夫安驅徐行, 轔中庸之庭, 而造於其堂, 舍二賢人者而誰哉? → 대저 안정된 걸음으로 차근차근 전진하여, 中庸의 뜰을 밟고, 그 당상에 도달하려면, 두 현인을 제외하고 누가 있겠는가?
【安驅徐行】: 안정된 걸음으로 차근차근 전진하다. 【轔(lín)】: 수레바퀴. 여기서는 동사용법으로 「(수레바퀴가) 밟고 지나가다」의 뜻. 【造於其堂】: 그 당상에 도달하다. 「造」: 到, 이르다, 도달하다. ※≪論語·先進≫에:「子曰:由也升堂矣, 未入於室也。(공자께서 말씀하시길: 유는 당에 올랐지만, 아직 방에 들지는 못했느니라)」라고 했는데, 후세 사람들은 「升堂入室」로 학문이 얕은 곳에서 깊은 곳으로 들어가는 단계를 비유했다. 【舍(shě)】: 捨, 버리다. 즉 「제외하다」의 뜻.

12) 予昔非敢自必其有至也, 亦願從事於左右焉爾, 輔而進之, 其可也。→ 나는 예전에 감히 스스로 반드시 중용의 경지에 도달할 수 있다고 생각한 것이 아니고, 다만 (두 분) 가까이에서 종사하며, 도움을 받아 그 방향으로 나아가, 도달할 수 있기를 바랐던 것이다.
【有至】: 중용의 경지에 도달하다. 【亦】: 다만. 【焉爾】: [어기사] 행위의 제한을 나타낸다. 【輔(fǔ)】: 돕다.

13) 噫! 官有守, 私有繫, 會合不可以常也。→ 아! 벼슬하는 사람은 맡은 직책이 있고, 개인은 나름대로 얽매인 일이 있어, 자주 만날 수가 없다.
【噫(yī)!】: [감탄사] 아! 【守】: 자리, 직책. 【私】: 개인. 【繫(xì)】: [피동용법]

一首, 別子固, 以相警, 且相慰云。14)

■ | 번역문

≪동학(同學)≫시 한 수를 지어 자고(子固)와 작별을 고하다

장강(長江)의 남쪽에 현인이 있는데 자는 자고(子固)이며 오늘날 말하는 현인이 아니다. 나는 그를 흠모하여 친구로 사귀었다. 회하(淮河)의 남쪽에 현인이 있는데 자는 정지(正之)이며 오늘날 말하는 현인이 아니다. 나는 그를 흠모하여 친구로 사귀었다. 두 현인은 발품을 팔아 서로 방문한 적도 없고, 입으로 서로 대화를 나눈 적도 없으며, 서신이나 예물을 서로 주고받은 적도 없다. (그러니) 그들의 스승과 친구가 어찌 다 같을 수 있겠는가? (그럼에도) 내가 그들의 언행을 자세히 살펴보니 서로 다른 점이 어찌 그리 적은가? 어떤 사람이 말하길 : 「이는 오로지 성인을 배운 결과일 뿐이다.」라고 했다. 성인을 배웠다면 그들의 스승이나 친구들도 반드시 성인을 배운 사람들일 것이다. 성인의 언행이 어찌 두 가지 일리가 있겠는가? 그들이 서로 비슷한 것은 당연한 이치이다.

내가 회남(淮南)에 있을 때 정지(正之)에게 자고에 대해 이야기 하니 정지는 나를 의심하지 않았고, 강남으로 돌아와 자고에게 정지에 대해 이야기 하니 자고 역시 그렇다고 생각했다. 나는 또 이른바 현인들은 서

매이다, 묶이다. 여기서는 「매인 일」을 말한다. 【會合】 : 함께 만나다. 【常】 : 자주, 항상.

14) 作≪同學≫一首, 別子固, 以相警, 且相慰云。→ 이에 ≪同學≫詩 한 수를 지어, 자고와 작별을 고하고, 이로써 서로 격려하며, 또한 서로 위로하고자 한다. 【且】 : 또한. 【警(jǐng)】 : 警戒하다, 훈계하다. 【云】 : [어말조사].

로 비슷하면서도 서로 믿고 의심하지 않는다는 것을 깨달았다. 자고가 ≪회우(懷友)≫라는 시 한 수를 지어 나에게 주었는데, 그 요지는 서로 이끌어 중용(中庸)의 경지에 이른 후 멈추자는 것이었다. 정지도 역시 항상 이렇게 말해 왔다.

대저 안정된 걸음으로 차근차근 전진하여 중용의 뜰을 밟고 그 당상에 도달하려면, 두 현인을 제외하고 누가 있겠는가? 나는 예전에 감히 스스로 반드시 중용의 경지에 도달할 수 있다고 생각한 것이 아니고, 다만 (두 분) 가까이에서 종사하며 도움을 받아 그 방향으로 나아가 도달할 수 있기를 바랐던 것이다. 아! 벼슬하는 사람은 맡은 직책이 있고 개인은 나름대로 얽매인 일이 있어 자주 만날 수가 없다. 이에 ≪동학(同學)≫시 한 수를 지어 자고와 작별을 고하고, 이로써 서로 경계(警戒)하며 또한 서로 위로하고자 한다.

■ | 해제(解題) 및 본문요지 설명

본문은 작자가 23세 때 친구인 증공에게 보낸 글이다. ≪동학(同學)≫이란 시는 먼저 본문을 보내고 나서 후에 첨부했다.

본문은 세 단락으로 나눌 수 있는데, 첫째 단락에서는 증공(曾鞏)과 손모(孫侔) 두 사람을 비교하여 그들의 언행이 같은 점으로 미루어 그들의 학문도 반드시 같을 것이라 판단했고; 둘째 단락에서는 작자와 손모가 증공에 대해 언급한 것과 작자와 증공이 손모에 대해 언급한 것을 통해, 「이른바 현인들은 서로 비슷하면서도 서로 믿고 의심하지 않는다」는 작자의 관점을 검증했고; 마지막 단락에서는 세 사람이 함께 중용(中

庸)의 경지로 나갈 것을 격려하고 아울러 자주 만날 수 없음을 아쉬워했다.

203 유포선산기(遊褒禪山記)

[宋] 王安石

■ | 작자

201. 독맹상군전(讀孟嘗君傳) 참조

■ | 원문 및 주석

遊褒禪山記[1)]

褒禪山亦謂之華山。 唐浮圖慧褒, 始舍於其址, 而卒葬之, 以故其後名之曰褒禪。[2)] 今所謂慧空禪院者, 褒之廬冢也。[3)] 距其

1) 遊褒禪山記 → 褒禪山을 유람하고 적은 글
【褒禪(bāo chán)山】 : [산이름] 지금의 안휘성 含山縣 북쪽에 있는 산. ※판본에 따라서는 「褒」를 「褒」라 했다. 「褒」는 「褒」의 俗字.

2) 褒禪山亦謂之華山。 唐浮圖慧褒, 始舍於其址, 而卒葬之, 以故其後名之曰褒禪。 → 褒禪山은 華山이라고도 한다. 唐의 승려 慧褒가, 처음에 그 산기슭에 살다가, 마지막에 이곳에 묻혀, 이로 인해 그 후부터 포선산이라 불렀다.
【浮圖(fú tú)】 : 梵語 「붓다, 불타」의 음역으로, 본래 「깨달은 사람, 부처」라는 뜻이며, 佛馱 · 浮陀 · 浮屠 · 浮頭라고도 한다. 현재 불교 · 불경 · 사찰 · 불탑 · 승려 등 여러 뜻으로 쓰이고 있다. 여기서는 「승려」를 가리킨다. 【慧褒(huì bāo)】 : [인명] 혜포. 唐代의 고승. 【舍(shè)】 : [동사용법] 살다, 거주하다. 【址(zhǐ)】 : 阯, 산기슭, 산 아래. 【卒】 : 마지막. 【葬】 : 매장하다, 장사지내다. 【以故】 : 이로

院東五里，所謂華陽洞者，以其在華山之陽名之也。[4] 距洞百餘步，有碑仆道，其文漫滅，獨其爲文猶可識，曰「花山」。[5] 今言「華」如「華實」之「華」者，蓋音謬也。[6] 其下平曠，有泉側出，而記遊者甚衆，所謂「前洞」也。[7] 由山以上五六里，有穴窈然，入之甚寒，問其深，則其好遊者不能窮也，謂之「後洞」。[8]

인해, 이로 말미암아.

3) 今所謂慧空禪院者，褒之廬冢也。→ 지금의 이른바 慧空禪院이란, 바로 혜포의 오두막집과 무덤이 있던 곳이다.

【禪院】: 사원. 【廬(lú)】: 초막, 오두막집. 【冢(zhǒng)】: 무덤.

4) 距其院東五里，所謂華陽洞者，以其在華山之陽名之也。→ 혜공선원에서 동쪽으로 5리쯤 떨어져, 華陽洞이라 하는 곳이 있다. 그것은 화산의 남쪽에 있기 때문에 붙여진 이름이다.

【距(jù)】: …에서 떨어지다, …로부터 떨어지다. 【以】: 因, …때문에, …로 인해. 【華陽洞】: [동굴이름] 화양동. 【華山之陽】: 화산의 남쪽. 「陽」: 산의 남쪽.

5) 距洞百餘步，有碑仆道，其文漫滅，獨其爲文猶可識，曰「花山」。→ 동굴에서 백여 보쯤 떨어져, 비석 하나가 길에 넘어져 있었고, 그 비문이 부식되어, 다만 그 문구를 아직 식별할 수 있는 것은, 「花山」이라 한 것뿐이었다.

【仆道】: 길에 넘어져 있다. 【漫滅(màn miè)】: 부식되다, 마모되다. 【獨】: 오직, 다만. 【猶(yóu)】: 아직, 여전히. 【識(shí)】: 식별하다, 알아보다.

6) 今言「華」如「華實」之「華」者，蓋音謬也。→ 오늘날 사람들이 「華」자를 「華實」의 「華」와 같이 읽는데, 아마도 독음이 틀렸을 것이다.

【蓋】: 아마도. 【謬(miù)】: 틀리다, 잘못되다.

7) 其下平曠，有泉側出，而記遊者甚衆，所謂「前洞」也。→ 동굴 아래는, 평탄하고 넓으며, 샘물이 옆에서 솟아나고, (동굴 벽에) 유람한 것을 글씨로 남긴 사람들이 매우 많았다. 이른바 「前洞」이란 곳이다.

【平曠(kuàng)】: 평탄하고 넓다. 【記遊者】: (동굴 벽에) 유람한 것을 글씨로 남긴 사람들.

8) 由山以上五六里，有穴窈然，入之甚寒，問其深，則其好遊者不能窮也，謂之「後洞」。→ 산으로부터 5~6리를 걸어 올라가자, 조용하고 깊은 동굴이 있는데, 들어가 보니 매우 써늘했고, 그 깊이를 물어보니, 유람을 좋아하는 사람들조차 끝까지 들어갈 수가 없었다. 이를 「後洞」이라 불렀다.

【由】: …로부터. 【以】: [연사] 而. 【窈(yǎo)然】: 조용하고 깊은 모양. 【好(hào)】: [동사] 좋아하다. 【窮(qióng)】: 끝까지 들어가다.

余與四人擁火以入，入之愈深，其進愈難，而其見愈奇。[9] 有怠而欲出者，曰：「不出，火且盡。」遂與之俱出。[10]

蓋予所至，比好遊者尙不能十一，然視其左右，來而記之者已少。[11] 蓋其又深，則其至又加少矣。方是時，予之力尙足以入，火尙足以明也。[12] 旣其出，則或咎其欲出者，而予亦悔其隨之，而不得極乎遊之樂也。[13]

---

9) 余與四人擁火以入，入之愈深，其進愈難，而其見愈奇。→ 나는 네 사람과 함께 횃불을 들고 들어갔는데, 깊이 들어갈수록, 나아가기가 더욱 어려웠지만, 볼거리는 더욱 신기했다.

【擁火】: 횃불을 들다. 【愈…愈…】: …할수록 더욱 …하다.

10) 有怠而欲出者，曰：「不出，火且盡。」遂與之俱出。→ 그중 싫증이 나서 나가려고 하는 사람이 있어, 그가 : 「나가지 않으면, 횃불도 곧 다 타버릴 거요.」라고 하여, 결국 그와 함께 모두 밖으로 나왔다.

【怠(dài)】: 싫증나다. 【欲】: …하려 하다. 【且】: 곧, 바야흐로. 【盡】: 다하다. 여기서는 「다 타버리다」의 뜻. 【遂(suì)】: 마침내, 결국. 【俱(jù)】: 모두, 다.

11) 蓋予所至，比好遊者尙不能十一，然視其左右，來而記之者已少。→ 아마도 내가 갔던 곳은, 유람을 좋아하는 사람에 비하면 아직 10분의 1에도 이를 수 없었지만, 그러나 동굴 벽의 좌우 양쪽을 보면, 여기까지 와서 글씨를 남긴 사람도 이미 매우 적었다.

【蓋】: 아마도. 【好遊者】: 유람을 좋아하는 사람. 「好」: [동사] 좋아하다, 즐기다. 【尙】: 아직.

12) 蓋其又深，則其至又加少矣。方是時，予之力尙足以入，火尙足以明也。→ 아마도 깊이 들어갈수록, 들어온 사람이 더욱 더 적을 것이다. 당시에, 나의 체력은 아직 충분히 더 들어갈 수 있었고, 횃불도 아직은 족히 더 밝힐 수 있었다.

【又…又…】: 愈…愈…, …할수록 …하다. 【加少】: 더욱 적다. 【方是時】: 이때에, 당시에. 【足以】: 족히 …할 수 있다.

13) 旣其出，則或咎其欲出者，而予亦悔其隨之，而不得極乎遊之樂也。→ 동굴을 나오자, 곧 어떤 사람이 나가자고 제의했던 그 사람을 질책했고, 나도 역시 그들을 따라 나와, 유람의 즐거움을 마음껏 누릴 수 없었던 것을 후회했다.

【旣其出】: 동굴에서 나온 후. 「其」: [어기사]. 【或】: 어떤 사람. 【咎(jiù)】: 나무라다, 책망하다, 질책하다. 【悔(huǐ)】: 후회하다. 【隨(suí)】: 따르다. 즉 「따라 나오다」의 뜻. 【不得】: 不能, …할 수 없다. 【極乎】: …을 다하다. 여기서는

於是予有歎焉。 古人之觀於天地、山川、草木、蟲魚、鳥獸，往往有得，以其求思之深而無不在也。[14] 夫夷以近，則遊者衆；險以遠，則至者少。[15] 而世之奇偉瑰怪非常之觀，常在於險遠，而人之所罕至焉，故非有志者不能至也。[16] 有志矣，不隨以止也，然力不足者，亦不能至也；有志與力，而又不隨以怠，至於幽暗昏惑，而無物以相之，亦不能至也。[17] 然力足以至焉而不至，於人爲可譏，而在己爲有悔。[18] 盡吾志也，而不能至者，可以無

「…을 만끽하다, …을 마음껏 누리다」의 뜻. ※판본에 따라서는 「乎」를 「夫」라 했다.

14) 於是予有歎焉。古人之觀於天地、山川、草木、蟲魚、鳥獸，往往有得，以其求思之深而無不在也。→ 그리하여 나는 탄식했다. 옛사람들은 천지 · 초목 · 곤충과 물고기 · 금수에 대해 관찰하게 되면, 왕왕 마음으로 얻는 바가 있는데, 이는 깊이 탐구하여 모두 섭렵하기 때문이다.

【於是】: 이에, 그리하여. 【得】: 心得하다, 마음으로 얻다. 【以】: 因, …로 인하여, …로 말미암아. 【求思】: 탐구하다, 사색하다. 【無不在】: 섭렵하지 않는 것이 없다, 모두 섭렵하다, 고려하지 않는 것이 없다, 모두 고려하다.

15) 夫夷以近，則遊者衆；險以遠，則至者少。→ 대저 평탄하고 가까운 곳에는, 유람객들이 많고; 험하고 먼 곳에는 가는 사람이 적다.

【夫】: [발어사] 무릇, 대저. 【夷】: 평탄하다. 【以】: [연사] 而.

16) 而世之奇偉瑰怪非常之觀，常在於險遠，而人之所罕至焉，故非有志者不能至也。→ 그러나 세상의 아름답고 기이하며 흔치 않은 경관은, 항상 험하고 먼 곳에 있어, 사람들이 잘 가지 않기 때문에, 그래서 뜻이 있는 사람이 아니면 갈 수가 없다.

【奇偉瑰(guī)怪】: 아름답고 기이하다. 【非常之觀】: 흔치 않은 경관, 보기 드문 경치. 【罕至】: 잘 가지 않다, 드물게 가다.

17) 有志矣，不隨以止也，然力不足者，亦不能至也；有志與力，而又不隨以怠，至於幽暗昏惑，而無物以相之，亦不能至也。→ 뜻이 있고, 남이 그만둘 때 그들을 따라 그만두지 않는다 해도, 그러나 힘이 부족한 사람은, 역시 갈 수가 없으며; 뜻과 힘이 있고, 또 남을 따라 싫증을 내지 않는다 해도, 캄캄하고 어두워 정신이 혼미한 곳에 이르러, 다른 도와 줄 물건이 없으면, 역시 갈 수가 없다.

【以】: [연사] 而. 【幽(yōu)暗】: 깊숙하고 어둡다. 【昏惑】: 정신이 혼미해지다. 【相(xiàng)】: 돕다.

悔矣, 其孰能譏之乎? 此予之所得也。[19)]

余於仆碑, 又以悲夫古書之不存, 後世之謬其傳而莫能名者, 何可勝道也哉?[20)] 此所以學者不可以不深思而愼取之也。[21)]

四人者 : 廬陵蕭君圭君玉, 長樂王回深父, 余弟安國平父、安上純父。[22)]

---

18) 然力足以至焉而不至, 於人爲可譏, 而在己爲有悔。→ 그러나 충분히 갈 수 있는 힘이 있는데도 가지 않으면, 다른 사람의 입장에서는 비웃을 만한 일이 되고, 자신의 입장에서는 후회하는 마음을 갖게 된다.

【焉(yān)】: [어조사]. 【譏(jī)】: 비웃다, 비방하다. 【悔(huǐ)】: 후회하다.

19) 盡吾志也, 而不能至者, 可以無悔矣, 其孰能譏之乎? 此予之所得也。→ 나의 의지를 다하고도, 이를 수 없는 경우에는, 후회하는 마음이 있을 수도 없지만, 어느 누가 그를 비웃을 수 있겠는가? 이것이 내가 마음으로 얻은 것이다.

【盡】: 다하다. 【所得】: 心得, 마음으로 얻은 것.

20) 余於仆碑, 又以悲夫古書之不存, 後世之謬其傳而莫能名者, 何可勝道也哉? → 나는 넘어져 있는 비석에 대해서도, 또한 이로 인해 古書들이 보존되지 못한 것을 슬퍼한다. 후세에 잘못 전해져 진상을 밝힐 수 없는 일들을, 어찌 말로 다할 수 있겠는가?

【於】: …에 대해. 【以】: 因, 이로 인해. 【謬(miù)】: 틀리다, 잘못되다. 【莫能】: …할 수가 없다. 【名】: [동사용법] 이름을 밝혀내다, 즉 「진상을 밝혀내다」의 뜻. 【何可勝道】: 어찌 말로 다할 수 있는가? 【也哉】: 句末에 놓여 반문 · 감탄을 나타내는 어기사.

21) 此所以學者不可以不深思而愼取之也。→ 이것이 바로 학자들이 깊이 생각하고 신중히 채택하지 않을 수 없는 이유이다.

【所以】: 이유, 까닭. 【愼(shèn)取】: 신중히 선택하다, 신중히 채택하다.

22) 四人者 : 廬陵蕭君圭君玉, 長樂王回深父, 余弟安國平父、安上純父。→ (함께 유람한) 네 사람은 : 廬陵 사람 蕭君圭 君玉과, 長樂 사람 王回 深父와, 나의 아우 安國 平父와 安上 純父이다.

【廬陵(lú líng)】: [지명] 지금의 강서성 吉安. 【蕭(xiāo)君圭】: [인명] 소순규. ※생애 사적 미상. 【君玉】: 蕭君圭의 자. 【長樂】: [지명] 지금의 복건성 長樂縣. 【王回】: [인명] 왕회. 宋代의 理學者. 【深父(fǔ)】: 심보. 王回의 자. ※「父」는 이름자로 사용할 경우 「보」로 읽는다. 【安國】: [인명] 왕안국. 【平父】: 평보. 왕안국의 자. 【安上】: [인명] 왕안상. 【純父】: 순보. 왕안상의 자.

■ | 번역문

포선산(褒禪山)을 유람하고 적은 글

포선산(褒禪山)은 화산(華山)이라고도 한다. 당(唐)의 승려 혜포(慧褒)가 처음에 그 산기슭에 살다가 마지막에 이곳에 묻혀, 이로 인해 그 후부터 포선산이라 불렀다. 지금의 이른바 혜공선원(慧空禪院)이란 바로 혜포의 오두막집과 무덤이 있던 곳이다. 혜공선원에서 동쪽으로 5리쯤 떨어져 화양동(華陽洞)이라 하는 곳이 있다. 그것은 화산의 남쪽에 있기 때문에 붙여진 이름이다. 동굴에서 백여 보쯤 떨어져 비석 하나가 길에 넘어져 있었고, 그 비문이 부식되어 다만 그 문구를 아직 식별할 수 있는 것은 「화산(花山)」이라 한 것뿐이었다. 오늘날 사람들이 「화(華)」자를 「화실(華實)」의 「화(華)」와 같이 읽는데, 아마도 독음이 틀렸을 것이다. 동굴 아래는 평탄하고 넓으며 샘물이 옆에서 솟아나고, (동굴 벽에) 유람한 것을 글씨로 남긴 사람들이 매우 많았다. 이른바 「전동(前洞)」이란 곳이다. 산으로부터 5~6리를 걸어 올라가자 조용하고 깊은 동굴이 있는데, 들어가 보니 매우 써늘했고, 그 깊이를 물어보니 유람을 좋아하는 사람들조차 끝까지 들어갈 수가 없었다. 이를 「후동(後洞)」이라 불렀다.

나는 네 사람과 함께 횃불을 들고 들어갔는데, 깊이 들어갈수록 나아가기가 더욱 어려웠지만 볼거리는 더욱 신기했다. 그중 싫증이 나서 나가려고 하는 사람이 있어, 그가 : 「나가지 않으면 횃불도 곧 다 타버릴 거요.」라고 하여, 결국 그와 함께 모두 밖으로 나왔다.

아마도 내가 갔던 곳은 유람을 좋아하는 사람에 비하면 아직 10분의 1에도 이를 수 없었지만, 그러나 동굴 벽의 좌우 양쪽을 보면 여기까지 와서 글씨를 남긴 사람도 이미 매우 적었다. 아마도 깊이 들어갈수록

들어온 사람이 더욱 더 적을 것이다. 당시에 나의 체력은 아직 충분히 더 들어갈 수 있었고 횃불도 아직은 족히 더 밝힐 수 있었다. 동굴을 나오자 곧 어떤 사람이 나가자고 제의했던 그 사람을 질책했고, 나도 역시 그들을 따라 나와 유람의 즐거움을 마음껏 누릴 수 없었던 것을 후회했다.

그리하여 나는 탄식했다. 옛사람들은 천지 · 초목 · 곤충과 물고기 · 금수에 대해 관찰하게 되면 왕왕 마음으로 얻는 바가 있는데, 이는 깊이 탐구하여 모두 섭렵하기 때문이다. 대저 평탄하고 가까운 곳에는 유람객들이 많고, 험하고 먼 곳에는 가는 사람이 적다. 그러나 세상의 아름답고 기이하며 흔치 않은 경관은 항상 험하고 먼 곳에 있어 사람들이 잘 가지 않기 때문에, 그래서 뜻이 있는 사람이 아니면 갈 수가 없다. 뜻이 있고 남이 그만둘 때 그들을 따라 그만두지 않는다 해도, 그러나 힘이 부족한 사람은 역시 갈 수가 없으며, 뜻과 힘이 있고 또 남을 따라 싫증을 내지 않는다 해도, 캄캄하고 어두워 정신이 혼미한 곳에 이르러 다른 도와 줄 물건이 없으면 역시 갈 수가 없다. 그러나 충분히 갈 수 있는 힘이 있는데도 가지 않으면, 다른 사람의 입장에서는 비웃을 만한 일이 되고, 자신의 입장에서는 후회하는 마음을 갖게 된다. 나의 의지를 다하고도 이를 수 없는 경우에는 후회하는 마음이 있을 수도 없지만 어느 누가 그를 비웃을 수 있겠는가? 이것이 내가 마음으로 얻은 것이다.

나는 넘어져 있는 비석에 대해서도, 또한 이로 인해 고서(古書)들이 보존되지 못한 것을 슬퍼한다. 후세에 잘못 전해져 진상을 밝힐 수 없는 일들을 어찌 말로 다할 수 있겠는가? 이것이 바로 학자들이 깊이 생각하고 신중히 채택하지 않을 수 없는 이유이다.

(함께 유람한) 네 사람은 : 여릉(廬陵) 사람 소군규(蕭君圭) 군옥(君玉)과 장락(長樂) 사람 왕회(王回) 심보(深父)와 나의 아우 안국(安國) 평보(平父)와 안상(安上) 순보(純父)이다.

■ | 해제(解題) 및 본문요지 설명

≪유포선산기(遊褒禪山記)≫는 왕안석(王安石)이 포선산(褒禪山)을 유람하고 느낀 바를 펴낸 글이다.

본문은 여섯 단락으로 나눌 수 있는데, 첫째 단락에서는 포선산의 연원(淵源)과 경관에 대해 기술했고; 둘째와 셋째 단락에서는 화양후동(華陽後洞)을 유람한 경과에 대해 기술했고; 넷째 단락에서는 이번 유람에서 마음으로 얻은 바, 즉 의지와 체력과 보조 도구가 있어야 중도에 포기하지 않고 목적을 이룰 수 있다는 것을 말했고; 다섯째 단락에서는 넘어진 비석의 비문이 마모된 것을 보고 고서(古書)가 보존되지 못한 것에 대한 아쉬움을 말했고; 마지막 단락에서는 함께 유람한 사람들의 명단을 열거했다.

204 태주해릉현주부허군묘지명(泰州海陵縣主簿許君墓誌銘)

[宋] 王安石

■ | 작자

201. 독맹상군전(讀孟嘗君傳) 참조

■ | 원문 및 주석

泰州海陵縣主簿許君墓誌銘[1)]

君諱平, 字秉之, 姓許氏。余嘗譜其世家, 所謂今泰州海陵縣主簿者也。[2)] 君既與兄元相友愛稱天下, 而自少卓犖不羈, 善辯

---

1) 泰州海陵縣主簿許君墓誌銘 → 泰州 海陵縣 主簿 許君 墓誌銘
【泰州海陵縣】: 「泰州」: [州이름]. 「海陵縣」: [현이름] 지금의 강소성 泰州市, 즉 泰州의 소재지. 【主簿】: [관직] 주부, 현령의 보좌역. 【許君】: 주2) 참조. 【墓誌銘】: 묘지명. ※墓誌銘은 죽은 사람을 기리기 위해 죽은 사람의 덕과 공로를 찬양하는 내용을 돌에 새겨 묘에 묻어 후세에 전하는 성격의 글로서 「誌」와 「銘」으로 구분하는데, 誌에는 죽은 사람의 家系·이름·본적·관직·생애 등을 새기고, 銘에는 찬양하는 내용을 새긴다.

2) 君諱平, 字秉之, 姓許氏。余嘗譜其世家, 所謂今泰州海陵縣主簿者也。→ 선생의 이름은 平, 자는 秉之이며, 성은 許氏이다. 나는 일찍이 그의 家系에 대해 系譜를 편찬한 적이 있는데, 바로 오늘날 泰州 海陵縣의 主簿를 지낸 분이다.
【君】: 타인에 대한 존칭. 【諱(huì)】: 휘, 죽은 윗사람의 생전의 이름. 【譜(pǔ)】: [동사용법] 系譜를 편찬하다. 【世家】: 家系, 가문의 계통.

說, 與其兄俱以智略, 爲當世大人所器。[3] 寶元時, 朝廷開方略之選, 以招天下異能之士。[4] 而陝西大帥范文正公、鄭文肅公爭以君所爲書以薦, 於是得召試, 爲太廟齋郎, 已而選泰州海陵縣主簿。[5] 貴人多薦君有大才, 可試以事, 不宜棄之州縣; 君亦常慨然

---

3) 君既與兄元相友愛稱天下, 而自少卓犖不羈, 善辯說, 與其兄俱以智略, 爲當世大人所器。→ 선생은 형인 許元과 서로 우애가 좋기로 세상에서 칭찬이 자자했을 뿐만 아니라 또한 어려서부터 재능이 출중하여 (윗사람들로부터) 통제를 받지 않았으며, 변론에 능하여 그의 형과 함께 지략으로써, 당시 사대부들로부터 중시를 받았다.

【既…而…】: 既…且…, …할 뿐만 아니라 또한…. 【元】: [인명] 許元. 자는 子春. 宣城[지금의 안휘성 宣城縣] 사람으로 宋 仁宗 慶曆 연간에 江淮制置發運判官에 발탁되었다. 【稱天下】: 세상에서 칭찬이 자자하다, 세상 사람들로부터 칭찬을 받다. 【卓犖(luò)】: 탁월하다, 특출하다. 【不羈(jī)】: 제제를 받지 않다, 통제를 받지 않다. 【善】: …을 잘하다, …에 능하다. 【辯(biàn)說】: 변론, 언변. 【俱】: 함께, 모두. 【當世】: 당시, 當代. 【大人】: 지위와 명망이 있는 사람. 【器】: 중시하다, 신임하다.

4) 寶元時, 朝廷開方略之選, 以招天下異能之士。→ 仁宗 寶元 연간에, 조정에서는 方略科를 개설하여, 천하의 특수한 재능을 가진 사람을 모집했다.

【寶元】: 宋仁宗의 연호. 【方略】: 宋代 임시 과거 시험 과목의 하나. 仁宗 寶元 2년(1039)에 황제가 측근 신하에게 명을 내려 方略과 材武 각 2인을 선발하도록 했다. 따라서 황제 측근 신하의 추천이 없으면 응시할 수가 없었다. 【招】: 뽑다, 모집하다, 선발하다.

5) 而陝西大帥范文正公、鄭文肅公爭以君所爲書以薦, 於是得召試, 爲太廟齋郎, 已而選泰州海陵縣主簿。→ 陝西大帥 范文正公과 鄭文肅公이 다투어 선생의 저서를 가지고 추천하자, 이에 부름을 받아 응시할 기회를 얻어, 太廟齋郎이 되었는데, 얼마 후 바로 태주 해릉현의 主簿로 선임되었다.

【陝(shǎn)西】: 陝西路. 「路」는 宋代 지방 행정 구역의 최고 등급. 【大帥】: 군사를 통솔하는 최고위 장수. 【范文正公】: 范仲淹. 범중엄은 陝西四路經略副使를 지냈으며, 「文正」은 그의 시호이다. 【鄭文肅公】: 鄭戩. 蘇州 吳縣 사람으로 자는 天休, 陝西四路都總管 겸 經略·按撫·招討使를 지냈으며, 「文肅」은 그의 시호이다. 【所爲書】: 지은 책, 저서. 【於是】: 이에, 그리하여. 【召試】: 응시하다. 【太廟齋郎】: [관직] 종묘와 능묘의 제사에 관한 일을 담당하던 관리. 「太廟」: 종묘, 천자의 조상을 모신 사당. 【已而】: 이윽고, 얼마 후 바로.

自許, 欲有作爲。[6] 然終不得一用其智能以卒。 噫! 其可哀也已。[7]

士固有離世異俗, 獨行其意, 罵譏笑侮, 困辱而不悔。[8] 彼皆無衆人之求, 而有所待於後世者也, 其齟齬固宜。[9] 若夫智謀功名之士, 窺時俯仰, 以赴勢物之會, 而輒不遇者, 乃亦不可勝數。[10]

---

6) 貴人多薦君有大才, 可試以事, 不宜棄之州縣; 君亦常慨然自許, 欲有作爲。→ 높은 직위에 있는 사람들은 許선생이 큰 재능을 지니고 있어, 일로써 시험해 볼만하니, 그를 州縣에 방치해 두어서는 옳지 않다고 여러 차례 추천했고; 허선생 역시 항상 강개하게 자부하면서, 역할을 하고자 했다.

【多薦(jiàn)】: 여러 차례 추천하다. 【可試】: 시험해 볼만하다. 【棄(qì)】: 버리다, 방치하다. 【慨(kǎi)然】: 강개하다, 격앙되다. 【自許】: 자부하다, 자신하다. 【欲】: …하고자 하다. 【作爲】: 역할.

7) 然終不得一用其智能以卒。 噫! 其可哀也已。→ 그러나 끝내 자신의 지혜와 능력을 한 번 펼쳐 보이지도 못하고 세상을 떠나고 말았다. 아! 참으로 슬픈 일이다.

【終】: 시종, 끝내. 【不得一用】: 한 번 써 보지도 못하다, 한 번 펼쳐 보이지도 못하다. 【以】: [연사] 而. 【卒】: 죽다, 세상을 떠나다. 【噫(yī)!】: [감탄사] 아! 【可哀】: 참으로 슬프다.

8) 士固有離世異俗, 獨行其意, 罵譏笑侮, 困辱而不悔。→ 선비 중에는 본래 세속을 등지고, 홀로 자기의 뜻을 수행하며, 남에게 욕먹고 비방당하고 조소당하고 모욕당하고, 심지어 곤욕을 치러도 후회하지 않는 사람이 있다.

【固】: 본래, 원래. 【離世異俗】: 세상을 떠나 습속을 달리하다, 세속을 등지다. 【罵譏笑侮(mà jī xiào wǔ)】: [피동용법] 욕먹고 비방당하고 비웃음을 사고 모욕을 당하다. 【困辱(rǔ)】: [피동용법] 곤욕을 당하다. 【悔(huǐ)】: 후회하다.

9) 彼皆無衆人之求, 而有所待於後世者也, 其齟齬固宜。→ 그들은 모두 (부귀・공명 등) 보통 사람의 요구가 없고, 오히려 후세에 기대하는 바가 있기 때문에, 그들이 시의에 맞지 않는 것은 본래 당연한 이치이다.

【衆人】: 보통 사람, 일반 사람. 【齟齬(jǔ yǔ)】: 아랫니와 윗니가 서로 맞물리지 않다. 즉 「의견이 엇갈리다」의 비유. 여기서는 「시의에 맞지 않나, 시대에 적합하지 않다」의 뜻이다. 【固】: 본래. 【宜】: 당연하다.

10) 若夫智謀功名之士, 窺時俯仰, 以赴勢物之會, 而輒不遇者, 乃亦不可勝數。→ 지모를 가지고 공명을 이루고자 열중하는 선비들로 말하면, 시기를 엿보아 임기응변하며, 권세와 이록을 추구해 보지만, 그러나 매번 뜻을 이루지 못하는 경우가, 의외로 또한 셀 수 없이 많다.

【若夫】: 至於, …로 말하면, …로 말할 것 같으면, …에 관해 말하면. 【智謀功名

辯足以移萬物, 而窮於用說之時; 謀足以奪三軍, 而辱於右武之國, 此又何說哉?[11] 嗟呼! 彼有所待而不悔者, 其知之矣。[12]

君年五十九, 以嘉祐某年某月某甲子, 葬眞州之揚子縣甘露鄕某所之原。[13] 夫人李氏。子男瓌, 不仕; 璋, 眞州司戶參軍; 琦, 太廟齋郞; 琳, 進士。[14] 女子五人, 已嫁二人 : 進士周奉先, 泰州

之士】: 지모를 지니고 공명을 이루고자 열중하는 선비. 【窺(kuī)時】: 시기를 엿보다. 【俯仰(fǔ yǎng)】: 임기응변하다. 【赴(fù)勢物之會】: 권세와 이록의 회합에 가다, 즉 「권세와 이록을 추구하다」의 뜻. 「赴」: (…로) 가다. 「物」: 물질, 즉 「이록」을 가리킨다. ※판본에 따라서는 「物」을 「利」라 했다. 【輒(zhé)】: 번번이, 언제나. 【乃】: 의외로, 뜻밖에도. 【不可勝數】: 헤아릴 수 없이 많다, 셀 수 없이 많다.

11) 辯足以移萬物, 而窮於用說之時; 謀足以奪三軍, 而辱於右武之國, 此又何說哉? → (그들의) 언변은 족히 만물을 감화시킬 수 있으나, 오히려 유세를 중시하는 시대에서 어려움을 겪었고; 지모는 족히 三軍을 빼앗을 수 있으나, 오히려 무력을 숭상하는 나라에서 치욕을 당했으니, 이를 또 어찌 해석해야 하는가?
【足以】: 족히 …할 수 있다, …하기에 충분하다. 【窮(qióng)】: 어려움을 겪다, 곤란을 당하다. 【用說(shuì)】: 遊說를 중시하다. 【奪(duó)】: 빼앗다, 탈취하다. 【三軍】: 옛날에는 군대를 左·中·右 삼군으로 나누었다. 【辱(rǔ)】: 치욕을 당하다. 【右武】: 무력을 숭상하다. 【何說】: 어떻게 말해야 하는가? 어찌 해석해야 하는가?

12) 嗟呼! 彼有所待而不悔者, 其知之矣。→ 아! 저 (후세에) 기대를 걸고 후회하지 않는 사람들은, 아마도 그러한 이치를 알고 있을 것이다.
【嗟(jiē)呼!】: [감탄사] 아! 【其】: 아마도. 【之】: [대명사] 그것, 즉 「그러한 이치」.

13) 君年五十九, 以嘉祐某年某月某甲子, 葬眞州之揚子縣甘露鄕某所之原。→ 선생은 향년 59세로, 仁宗 嘉祐 모년 모월 모일에, 眞州의 揚子縣 甘露鄕 모처의 묘지에 안장되었다.
【以】: …(때)에. 【嘉祐(jiā yòu)】: 宋仁宗의 연호. 【某甲子】: 某日. ※옛날에는 干支로 날짜를 기록했다. 【眞州】: 宋代의 州이름. 【揚子縣】: 眞州의 소재지[지금의 강소성 儀徵縣]. 【鄕】: 縣 아래의 행정 단위. 【原】: 무덤, 묘지.

14) 夫人李氏。子男瓌, 不仕; 璋, 眞州司戶參軍; 琦, 太廟齋郞; 琳, 進士。→ 부인은 李氏이다. 아들 瓌는, 관직에 나가지 않았고; 璋은, 眞州 司戶參軍; 琦는, 太廟齋郞이며; 琳은 進士이다.

泰興縣令陶舜元。15)

銘曰：「有拔而起之, 莫擠而止之。嗚呼! 許君而已於斯, 誰或使之?」16)

■ | 번역문

태주(泰州) 해릉현주부(海陵縣主簿)

허군(許君) 묘지명(墓誌銘)

선생의 이름은 평(平), 자는 병지(秉之)이며 성은 허씨(許氏)이다. 나는 일찍이 그의 가계(家系)에 대해 계보(系譜)를 편찬한 적이 있는데, 바로 오늘날 태주(泰州) 해릉현(海陵縣)의 주부(主簿)를 지낸 분이다. 선생은 형인 허원(許元)과 서로 우애가 좋기로 세상에서 칭찬이 자자했을 뿐만 아

【子男】: 아들. 【仕(shì)】: 벼슬하다, 관직에 나가다. 【司戶參軍】: 州郡에서 주민을 관리하던 직책.

15) 女子五人, 已嫁二人：進士周奉先, 泰州泰興縣令陶舜元。→ 딸은 다섯으로, 둘은 이미 출가했는데, 하나는 進士 周奉先에게 시집갔고, 하나는 泰州 泰興縣令 陶舜元에게 시집갔다.
【女子】: 딸. 【嫁(jià)】: 출가하다, 시집가다. 【周奉先】: [인명] 주봉선. 생애 사적 미상. 【泰興】: 지금의 강소성 泰興縣. 【陶舜元】: [인명] 도순원. ※생애 사적 미상.

16) 銘曰：「有拔而起之, 莫擠而止之。嗚呼! 許君而已於斯, 誰或使之?」→ 銘文에 이르길:「어떤 사람이 그를 발탁하여 기용하는데, 그를 배척하거나 저지한 사람은 없다. 아! 그러나 許선생은 이 낮은 관직에 그쳤으니, 누가 그로 하여금 이렇게 되도록 했는가?」라고 했다.
【拔(bá)】: 발탁하다. 【起】: 기용하다. 【之】: [대명사] 그, 즉 許平. 【已】: 그치다, 멈추다. 【斯(sī)】: [대명사] 이, 여기, 즉「泰州 海陵縣 主簿」의 낮은 관직. 【或】: [어조사]. 【使之】: 그로 하여금 이렇게 되도록 하다. 【之】: [대명사] 그, 즉, 許平.

니라 또한 어려서부터 재능이 출중하여 (윗사람들로부터) 통제를 받지 않았으며, 변론에 능하여 그의 형과 함께 지략으로써 당시 사대부들로부터 중시를 받았다. 인종(仁宗) 보원(寶元) 연간에 조정에서는 방략과(方略科)를 개설하여 천하의 특수한 재능을 가진 사람을 모집했다. 섬서대수(陝西大帥) 범문정공(范文正公)과 정문숙공(鄭文肅公)이 다투어 선생의 저서를 가지고 추천하자, 이에 부름을 받아 응시할 기회를 얻어 태묘재랑(太廟齋郎)이 되었는데, 얼마 후 바로 태주 해릉현의 주부로 선임되었다. 높은 직위에 있는 사람들은 허선생이 큰 재능을 지니고 있어, 일로써 시험해 볼만하니 그를 주현(州縣)에 방치해 두어서는 옳지 않다고 여러 차례 추천했고, 허선생 역시 항상 강개하게 자부하면서 역할을 하고자 했다. 그러나 끝내 자신의 지혜와 능력을 한 번 펼쳐 보이지도 못하고 세상을 떠나고 말았다. 아! 참으로 슬픈 일이다.

선비 중에는 본래 세속을 등지고 홀로 자기의 뜻을 수행하며, 남에게 욕먹고 비방당하고 조소당하고 모욕당하고 심지어 곤욕을 치러도 후회하지 않는 사람이 있다. 그들은 모두 (부귀 · 공명 등) 보통 사람의 요구가 없고 오히려 후세에 기대하는 바가 있기 때문에, 그들이 시의에 맞지 않는 것은 본래 당연한 이치이다. 지모를 가지고 공명을 이루고자 열중하는 선비들로 말하면, 시기를 엿보아 임기응변하며 권세와 이록을 추구해 보지만, 그러나 매번 뜻을 이루지 못하는 경우가 의외로 또한 셀 수 없이 많다. (그들의) 언변(言辯)은 족히 만물을 감화시킬 수 있으나 오히려 유세(遊說)를 중시하는 시대에서 어려움을 겪었고, 지모는 족히 삼군(三軍)을 빼앗을 수 있으나 오히려 무력을 숭상하는 나라에서 치욕을 당했으니 이를 또 어찌 해석해야 하는가? 아! 저 (후세에) 기대를 걸고 후회하지 않는 사람들은 아마도 그러한 이치를 알고 있을 것이다.

선생은 향년 59세로 인종(仁宗) 가우(嘉祐) 모년 모월 모일에 진주(眞州)의 양자현(揚子縣) 감로향(甘露鄕) 모처의 묘지에 안장되었다. 부인은 이씨(李氏)이다. 아들 괴(瓌)는 관직에 나가지 않았고, 장(璋)은 진주(眞州) 사호참군(司戶參軍), 기(琦)는 태묘재랑(太廟齋郎)이며, 림(琳)은 진사(進士)이다. 딸은 다섯으로 둘은 이미 출가했는데, 하나는 진사(進士) 주봉선(周奉先)에게 시집갔고, 하나는 태주(泰州) 태흥현령(泰興縣令) 도순원(陶舜元)에게 시집갔다.

명문(銘文)에 이르길 : 「어떤 사람이 그를 발탁하여 기용하는데 그를 배척하거나 저지한 사람은 없다. 아! 그러나 허(許)선생은 이 낮은 관직에 그쳤으니 누가 그로 하여금 이렇게 되도록 했는가?」라고 했다.

■ | 해제(解題) 및 본문요지 설명

본문은 왕안석(王安石)이 뛰어난 재능을 지니고도 평생 뜻을 이루지 못하고 낮은 관리직에 몸담아 왔던 태주(泰州) 해릉현주부(海陵縣主簿) 허평(許平)을 위해 쓴 묘지명이다.

본문은 네 단락으로 나눌 수 있는데, 첫째 단락에서는 허평이 뛰어난 지략과 언변을 지니고도 끝내 포부를 펼쳐 보이지 못한 것을 안타까워 했고; 둘째 단락에서는 세속을 떠난 선비와 지모를 지니고 공명을 추구한 선비를 함께 들어, 허평이 전자에 속한다는 것을 말했고; 셋째 단락에서는 허평의 나이·묘소와 가정 상황에 대해 간략하게 기술했고; 마지막 단락은 간단한 명문(銘文)으로, 허평이 평생 낮은 관직을 지낸 것에 대한 작자의 비분한 감정을 표현했다.

그러나 본문의 논조를 살펴보면, 작자의 의도는 허평에 대한 안타까운 심정을 표현한 것 외에도, 묘지명을 빌어 인재를 매몰했던 당시의 과거제도에 대한 불만을 표시한 것이라 할 수 있다.

권 12

명문 明文

송천태진정학서 / 열강루기 / 사마계주논복 / 매감자언 / 심려론 / 예양론 / 친정편 / 존경각기 / 상사기 / 예려문 / 신릉군구조론 / 보유일장서 / 오산도기 / 창랑정기 / 청하선생문집서 / 인상여완벽귀조론 / 서문장전 / 오인묘비기

205 송천태진정학서(送天台陳庭學序)

[明] 宋濂

■ | 작자

송렴(宋濂 : 1310-1381)은 명초(明初)의 저명한 문인으로, 자는 경렴(景濂), 호는 잠계(潛溪)이며, 금화(金華) 포강(浦江)[지금의 절강성 의오현(義烏縣) 서북쪽] 사람이다. 어려서부터 총명하고 독서를 좋아하였으며 집안이 가난하여 책을 빌려다 공부했다. 원말(元末) 지정(至正) 연간에 한림원편수(翰林院編修)로 선거되었으나 부모가 연로하여 부임을 사양하고 10여 년간 용문산(龍門山)에 은거하며 저술에 열중했다.

명초(明初)에 태조(太祖) 주원장(朱元璋)의 부름을 받아 ≪원사(元史)≫의 편찬 책임을 맡아 10여 년을 거쳐 완성했고, 예악(禮樂)의 제정에도 참여했다. 관직은 군학오경사(郡學五經師)·강남유학제거(江南儒學提擧) 등을 거쳐 한림학사승지지제고(翰林學士承旨知制誥)에 올랐으나, 만년인 태조 홍무(洪武) 14년(1381) 장손(長孫)인 송신(宋愼)이 법을 어겨, 온가족이 무주(茂州)[지금의 사천성 무현(茂縣)]로 폄적되어 가던 중 병으로 세상을 떠났다.

시호는 문헌(文憲)이며 저서로 ≪송학사전집(宋學士全集)≫이 있다.

■ | 원문 및 주석

送天台陳庭學序[1)]

西南山水, 惟川蜀最奇。然去中州萬里, 陸有劍閣棧道之險, 水有瞿唐、灩澦之虞。[2)] 跨馬行篁竹間, 山高者, 累旬日不見其顚際;[3)] 臨上而俯視, 絶壑萬仞, 杳莫測其所窮, 肝膽爲之掉栗。[4)] 水

---

1) 送天台陳庭學序 → 天台 사람 陳庭學을 餞送하는 글

【送…序】: …을(를) 餞送하는 글, …을(를) 송별하는 글. 「序」: 贈序, 送序. 친지와 이별할 때 석별의 정을 서술한 글. ※'해제(解題) 및 본문요지 설명' 참조. 【天台】: [지명] 지금의 절강성 天台縣. 【陳庭學】: [인명] 진정학. 절강성 天台縣 사람으로 四川 都指揮司照磨를 지냈으며 송렴의 친구라는 것 외에 알려진 바가 없다.

2) 西南山水, 惟川蜀最奇。然去中州萬里, 陸有劍閣棧道之險, 水有瞿唐、灩澦之虞。→ 서남쪽의 山水는, 오직 四川 지방이 가장 특이하다. 그러나 중원에서 만 리나 떨어져 있고, 육로에는 劍閣棧道라는 험준한 곳이 있으며, 수로에는 瞿唐峽과 灩澦堆라는 골칫거리가 있다.

【惟】: 다만, 오직. 【川蜀】: 四川 지방. 【去】: …에서 떨어지다, …로부터 떨어지다. 【中州】: 中原. 【劍閣棧道(jiàn gé zhàn dào)】: 지금의 사천성 劍閣縣 동북쪽 大劍山과 小劍山 사이에 있는 棧道 이름. 전하는 바로는 諸葛亮이 만든 길이라 한다. 「棧道」: 험준한 절벽에 나무를 박아 선반처럼 만든 길. 【瞿唐(qú táng)】: 瞿唐峽. 중국 사천성 奉節縣 동쪽 30리에 있는 長江의 협곡으로, 巫峽·西陵峽과 더불어 長江 三峽의 하나이며, 일명 廣溪峽이라고도 한다. 【灩澦(yán yù)】: 灩澦堆. 구당협 입구의 강물 속에 돌출한 거대한 바위로 일명 淫預堆라고도 한다. 이는 옛날 삼협에서 위험하기로 유명한 여울이었으나, 현재의 중국 정부에서 삼협 댐을 건설하면서 폭파하여 지금은 이미 사라졌다. 【虞(yú)】: 걱정, 염려. 즉 「두통거리, 골칫거리」를 말한다.

3) 跨馬行篁竹間, 山高者, 累旬日不見其顚際; → 말을 타고 竹林 속을 가다 보면, 높은 산은, 연이어 10여 일을 가도 그 정상이 보이지 않는다.

【跨(kuà)馬】: 말을 타다. 【篁(huáng)竹】: 죽림. 【累旬日】: 연이어 10일 동안. 【顚際(diān jì)】: 정상, 꼭대기.

4) 臨上而俯視, 絶壑萬仞, 杳莫測其所窮, 肝膽爲之掉栗。→ 높은 곳에 올라 아래를 내려다보면, 가파른 골짝이가 수천 길이 되는데, 까마득하여 끝을 헤아릴 수 없고, 그로 인해 간담이 서늘해진다.

行則江石悍利，波惡渦詭，舟一失尺寸，輒糜碎土沈，下飽魚鼈。[5] 其難至如此。故非仕有力者，不可以遊；非材有文者，縱遊無所得；非壯强者，多老死於其地。嗜奇之士恨焉。[6]

天台陳君庭學，能爲詩，由中書左司掾，屢從大將北征有勞，擢四川都指揮司照磨，由水道至成都。[7] 成都，川蜀之要地，揚子

【臨(lín)】：(어떤 장소에) 임하다. 【俯(fǔ)視】：아래를 굽어보다, 내려다보다. 【絶壑(hè)】：가파른 골짜기. 【萬仞(rèn)】：만 인. 즉「한없이 길다」의 비유. 「仞」：[길이의 단위] 1仞은 7~8자. 【杳(yǎo)】：아득하다, 까마득하다. 【爲之】：그로 인해, 그로 말미암아. 【掉栗(diào lì)】：전율을 느끼다, 부들부들 떨다, (간담이) 서늘해지다.

5) 水行則江石悍利，波惡渦詭，舟一失尺寸，輒糜碎土沈，下飽魚鼈。→ 水路로 가면 강물 속의 암석이 흉악하고 날카로우며, 파도가 험악하고 소용돌이가 괴이하여, 배가 조금만 실수를 해도, 즉시 박살나서 진흙처럼 가라앉고, (사람도) 물속으로 떨어져 물고기와 자라를 포식하게 한다.
【水行】：수로로 가다. 【悍(hàn)利】：흉악하고 날카롭다. 【惡(è)】：험악하다. 【渦(wō)】：소용돌이. 【詭(guǐ)】：괴이하다, 변화가 심하다. 【一失尺寸】：약간 실수를 하다. 「尺寸」：한 자와 한 치, 즉「약간, 조금」의 뜻. 【輒(zhé)】：곧, 비로, 즉시. 【糜碎(mí suì)】：박살나다. 【土沈(chén)】：진흙처럼 가라앉다. 【下】：물에 빠지다. 【飽(bǎo)】：[사동용법] 배를 불리다, 포식하게 하다. 【鼈(biē)】：[동물] 자라.

6) 其難至如此。故非仕有力者，不可以遊；非材有文者，縱遊無所得；非壯强者，多老死於其地。嗜奇之士恨焉。→ 이처럼 가기가 어렵다. 그래서 능력이 있는 관리가 아니면, 유람할 수가 없고; 재능이 뛰어난 문인이 아니면, 설사 유람을 한다 해도 얻는 바가 없으며; 신체가 건장한 사람이 아니면, 대부분 그곳에서 늙어 죽는다. 기이한 것을 즐기는 사람들은 (이를) 매우 유감으로 생각한다.
【仕有力者】：벼슬을 하여 힘이 있는 사람, 즉「능력 있는 관리」. 【材有文者】：재능이 있어 글을 잘 쓰는 사람, 즉「재능이 뛰어난 문인」. 【縱(zòng)】：설사, 비록. 【壯强】：(신체가) 건장하다. 【多】：대부분, 대체로. 【嗜(shì)奇】：기이한 것을 즐기다. 【恨(hèn)】：유감으로 생각하다, 한스럽게 여기다.

7) 天台陳君庭學，能爲詩，由中書左司掾，屢從大將北征有勞，擢四川都指揮司照磨，由水道至成都。→ 天台 사람 陳庭學은, 시를 잘 지었는데, 中書左司掾을 지낼 때부터, 누차 대장을 좇아 북벌에 나서 공을 세우고, 四川 都指揮司照磨로 발탁되어, 수로를 따라 成都에 왔다.

雲、司馬相如、諸葛武侯之所居。[8] 英雄俊傑戰攻駐守之迹，詩人文士遊眺飮射賦咏歌呼之所，庭學無不歷覽。[9] 旣覽，必發爲詩，以記其景物時世之變，於是其詩益工。[10] 越三年，以例自免歸，會余於京師。其氣愈充，其語愈壯，其志意愈高，蓋得於山水之助者侈矣。[11]

【由】: …로부터. 【中書左司掾(yuàn)】: [관직] 元代에 尙書省을 中書省에 합병하고 그 아래에 左·右司를 두어 省의 일을 나누어 다스리게 했는데, 明初에 이를 그대로 답습했다. 「掾」: 屬官, 屬吏, 하급 관리. 【屢(lǚ)】: 누차, 여러 차례. 【勞】: 공로. 【擢(zhuó)】: 발탁되다. 【都指揮司照磨】: [관직] 都指揮使司의 속관. 즉 「都指揮司」는 「都指揮使司」로 어느 한 분야의 軍事를 담당하는 관공서이며, 「照磨」는 都指揮使司 밑에서 문서를 대조·교감하는 일을 담당하던 직책. 【由水道】: 수로를 따라. 「由」: …을(를) 따라. 【成都】: [府이름] 成都府. 소재지는 지금의 사천성 成都市.

8) 成都, 川蜀之要地, 揚子雲、司馬相如、諸葛武侯之所居。→ 성도는, 四川의 요지로, 揚雄·司馬相如·諸葛亮이 살던 곳이다.

【川蜀】: 四川 지방. 지금의 사천성 일대. 【揚子雲】: [인명] 揚雄. 자는 子雲. 西漢 成都 사람으로 賦의 대가이다. 【司馬相如】: [인명] 자는 長卿. 西漢 成都 사람으로 賦의 대가이다. 【諸葛武侯】: [인명] 諸葛亮. 자는 孔明, 삼국시대 蜀漢의 군사전략가로 劉備의 재상을 지냈으며 武鄕侯로 봉해졌다. 【所居】: 살던 곳.

9) 英雄俊傑戰攻駐守之迹, 詩人文士遊眺飮射賦咏歌呼之所, 庭學無不歷覽。→ 영웅호걸들이 전쟁을 일으켜 공격하고 군대를 주둔시켜 방어하던 자취와, 시인 문사들이 유람하고 술을 마시며 投壺하고 시를 지어 노래하던 장소들을, 庭學은 두루 유람하지 않은 곳이 없다.

【戰攻駐守】: 전쟁을 벌여 공격하고 주둔하여 방어하다. 【迹】: 유적, 자취. 【遊眺(tiào)】: 유람하며 조망하다. 【飮】: 술 마시다. 【射】: 投壺. 옛날 술을 마실 때 하는 놀이의 일종. 목이 긴 항아리에 화살 모양의 산가지를 던져 들어간 수에 따라 승부를 결정하고 지는 사람이 벌주를 마신다. 【賦咏歌呼】: 시를 지어 노래하다. 【歷覽】: 일일이 유람하다, 두루 구경하다.

10) 旣覽, 必發爲詩, 以記其景物時世之變, 於是其詩益工。→ 유람을 하고 나서는, 반드시 시로 펴내, 그 경물과 시대의 변화를 기록했고, 그리하여 그의 시는 더욱 공교해졌다.

【發爲詩】: 시로 펴내다. 【時世】: 시대. 【於是】: 이에, 그리하여. 【益】: 더욱. 【工】: 공교해지다, 세련되다.

余甚自愧, 方余少時, 嘗有志於出遊天下, 顧以學未成而不暇。[12] 及年壯可出, 而四方兵起, 無所投足。[13] 逮今聖主興而宇內定, 極海之際, 合爲一家, 而余齒已加耄矣。欲如庭學之遊, 尙可得乎?[14] 然吾聞古之賢士, 若顏回、原憲, 皆坐守陋室, 蓬蒿沒戶, 而志意常充然, 有若囊括於天地者。[15] 此其故何也? 得無有

---

11) 越三年, 以例自免歸, 會余於京師。其氣愈充, 其語愈壯, 其志意愈高, 蓋得於山水之助者侈矣。→ 삼 년이 지난 뒤, 관례에 따라 스스로 사직하고 고향으로 돌아가다가, 京城에서 나와 만났다. 그의 혈기는 더욱 왕성했고, 그의 말씨는 더욱 우렁찼으며, 그의 의지는 더욱 높았는데, 이는 아마도 산수에서 받은 도움이 컸을 것이다.

【越(yuè)】: 넘다, 지나다. 【以例】: 관례에 따라. 【自免】: 스스로 사직하다, 스스로 그만두다. 【京師】: 京城. 【氣】: 원기, 혈기. 【愈】: 더욱. 【充】: 왕성하다. 【蓋】: 아마도. 【侈(chǐ)】: 크다.

12) 余甚自愧, 方余少時, 嘗有志於出遊天下, 顧以學未成而不暇。→ 나는 내가 젊었을 때, 일찍이 천하 유람에 대해 뜻을 가지고 있었으나, 다만 아직 학업을 이루지 못해 겨를이 없었던 것을 스스로 매우 부끄럽게 생각했다.

【方】: 한창, 바야흐로. 【顧(gù)】: 다만. 【以】: 因, …로 인해. 【暇(xiá)】: 겨를, 틈, 여가.

13) 及年壯可出, 而四方兵起, 無所投足。→ 장년에 이르러 (유람에) 나설 수도 있었지만, 그러나 사방에서 병란이 일어나, 발을 디딜 만한 곳이 없었다.

【及】: …에 이르다, …에 도달하다. 【年壯】: 장년. 【兵起】: 병란이 일어나다. 【投足】: 발을 딛다, 발을 들여놓다.

14) 逮今聖主興而宇內定, 極海之際, 合爲一家, 而余齒已加耄矣。欲如庭學之遊, 尙可得乎? → 오늘에 이르러 聖君이 출현하여 천하가 안정되고, 온 세상이, 합쳐져 한 집안으로 변했지만, 그러나 나의 나이가 이미 늙어 버렸다. 정학처럼 유람하고자 해도, 또한 할 수 있겠는가?

【逮(dài)今】: 오늘에 이르러. 즉, 朱元璋이 천하를 통일하여 明나라를 세운 것을 말한다. 「逮」: 이르다, 미치다. 【聖主】: 聖君. 여기서는 明太祖 주원장을 가리킨다. 【宇內】: 천하, 국내. 【極海】: 온 세상. 【際】: 사이, 상호간. 【齒】: 나이, 연령. 【加耄(mào)】: 늙음을 더하다. 즉 「늙어버리다」의 뜻. 【尙】: 또한. 【可得】: 能, …할 수 있다.

15) 然吾聞古之賢士, 若顏回、原憲, 皆坐守陋室, 蓬蒿沒戶, 而志意常充然, 有若囊括於天地者。→ 그러나 내가 듣건대 顏回와 原憲 같은 옛날의 현명한 선비들은, 모두

出於山水之外者乎?[16] 庭學其試歸而求焉, 苟有所得, 則以告余, 余將不一愧而已也。[17]

■ 번역문

천태(天台) 사람 진정학(陳庭學)을 전송하는 글

서남쪽의 산수(山水)는 오직 사천(四川) 지방이 가장 특이하다. 그러나 중원에서 만 리나 떨어져 있고, 육로에는 검각잔도(劍閣棧道)라는 험준한 곳이 있으며 수로에는 구당협(瞿唐峽)과 염여퇴(灩澦堆)라는 골칫거리가 있다. 말을 타고 죽림(竹林) 속을 가다 보면 높은 산은 연이어 10여 일을 가도 그 정상이 보이지 않는다. 높은 곳에 올라 아래를 내려다보면 가

누추한 집을 떠나지 않고, 잡초가 사립문을 덮었어도, 의지는 항상 충만하여, 마치 천지를 망라하는 듯했다고 한다.

【若】: …와 같은. 【顔(yán)回】: [인명] 안회. 顔淵이라고도 한다. 춘추시대 魯나라 사람으로 자는 子淵이며, 孔子의 제자이다. 【原憲】: [인명] 원헌. 춘추시대 魯나라 사람으로 자는 子思이며, 공자의 제자이다. 【坐守】: 앉아서 지키다, 자리를 떠나지 않다, 꼼짝하지 않다. 【陋室】: 누추한 집. 【蓬蒿(péng hāo)】: 쑥대. 여기서는 「잡초」를 가리킨다. 【沒(mò)戶】: 출입문을 덮다. 【充然】: 가득 차다, 충만하다. 【若】: 마치 …같다. 【囊括(náng guā)】: 포괄하다, 망라하다.

16) 此其故何也? 得無有出於山水之外者乎? → 이는 무슨 까닭이겠는가? 산수를 초월하는 그 무엇을 가지고 있기 때문이 아니겠는가?

【得無】: 莫非, …이 아닐까? 【出於山水之外者】: 산수를 초월하는 것.

17) 庭學其試歸而求焉, 苟有所得, 則以告余, 余將不一愧而已也。→ 정학이 고향에 돌아가 (그러한 이치를) 탐구해 보고, 만일 얻은 바가 있어, 바로 그것을 나에게 알려준다면, 내가 장차 (전에 유람하지 못한 것을) 오로지 부끄럽게만 생각하지는 않을 것이다.

【試】: (시험 삼아) …해보다. 【焉(yān)】: [어조사]. 【苟(gǒu)】: 만일. 【將不】: (장차) …하지 않을 것이다. 【一愧(kuì)而已】: 오로지 부끄럽게 생각할 뿐이다. 「而已」: …뿐.

파른 골짝이가 수천 길이 되는데, 까마득하여 끝을 헤아릴 수 없고, 그로 인해 간담이 서늘해진다. 수로(水路)로 가면 강물 속의 암석이 흉악하고 날카로우며 파도가 험악하고 소용돌이가 괴이하여, 배가 조금만 실수를 해도 즉시 박살나서 진흙처럼 가라앉고, (사람도) 물속으로 떨어져 물고기와 자라를 포식하게 한다. 이처럼 가기가 어렵다. 그래서 능력이 있는 관리가 아니면 유람할 수가 없고, 재능이 뛰어난 문인이 아니면 설사 유람을 한다 해도 얻는 바가 없으며, 신체가 건장한 사람이 아니면 대부분 그곳에서 늙어 죽는다. 기이한 것을 즐기는 사람들은 (이를) 매우 유감으로 생각한다.

천태(天台) 사람 진정학(陳庭學)은 시를 잘 지었는데, 중서좌사연(中書左司掾)을 지낼 때부터 누차 대장을 좇아 북벌에 나서 공을 세우고 사천도지휘사조마(四川都指揮司照磨)로 발탁되어 수로를 따라 성도(成都)에 왔다. 성도는 사천(四川)의 요지로 양웅(揚雄)·사마상여(司馬相如)·제갈량(諸葛亮)이 살던 곳이다. 영웅호걸들이 전쟁을 일으켜 공격하고 군대를 주둔시켜 방어하던 자취와, 시인 문사들이 유람하고 술을 마시며 투호(投壺)하고 시를 지어 노래하던 장소들을, 정학(庭學)은 두루 유람하지 않은 곳이 없다. 유람을 하고 나서는 반드시 시(詩)로 펴내 그 경물과 시대의 변화를 기록했고, 그리하여 그의 시는 더욱 공교해졌다. 삼 년이 지난 뒤 관례에 따라 스스로 사직하고 고향으로 돌아가다가 경성(京城)에서 나와 만났다. 그의 혈기는 더욱 왕성했고 그의 말씨는 더욱 우렁찼으며 그의 의지는 더욱 높았는데, 이는 아마도 산수에서 받은 도움이 컸을 것이다.

나는 내가 젊었을 때 일찍이 천하 유람에 대해 뜻을 가지고 있었으나, 다만 아직 학업을 이루지 못해 겨를이 없었던 것을 스스로 매우 부끄럽게 생각했다. 장년에 이르러 (유람에) 나설 수도 있었지만, 그러나 사방에서 병란이 일어나 발을 디딜 만한 곳이 없었다. 오늘에 이르러 성군(聖君)이 출현하여 천하가 안정되고 온 세상이 합쳐져 한 집안으로 변했지만, 그러나 나의 나이가 이미 늙어버렸다. 정학처럼 유람하고자 해도 또한 할 수 있겠는가? 그러나 내가 듣건대 안회(顏回)와 원헌(原憲) 같은 옛날의 현명한 선비들은 모두 누추한 집을 떠나지 않고, 잡초가 사립문을 덮었어도 의지는 항상 충만하여 마치 천지를 망라하는 듯했다고 한다. 이는 무슨 까닭이겠는가? 산수를 초월하는 그 무엇을 가지고 있기 때문이 아니겠는가? 정학이 고향에 돌아가 (그러한 이치를) 탐구해 보고, 만일 얻은 바가 있어 바로 그것을 나에게 알려준다면, 내가 장차 (전에 유람하지 못한 것을) 오로지 부끄럽게만 생각하지는 않을 것이다.

■ | 해제(解題) 및 본문요지 설명

「서(序)」는 두 가지가 있다. 하나는 「서서(書序)」라 하여 자기 또는 타인의 저술에 대해 그 취지 또는 내용·가치 등을 소개하여 독자들의 이해를 돕기 위한 서발(序跋) 형식의 글로써 예를 들면 ≪사기(史記)·태사공자서(太史公自序)≫와 같은 것이며, 하나는 「증서(贈序)」라 하여 당(唐) 이후에 출현했는데, 본래는 친지(親知)와 이별할 때 석별의 정을 표하기 위해 송별시(送別詩)를 짓고 여기에 서(序)를 첨부하는 형식을 취했으나, 후에는 시(詩)를 생략하고 서(序)만으로 대신하기도 했으며, 내용은 주로 권면하고 찬양하는 문구들로 구성되어 있다.

본문은 진정학(陳庭學)이 사천(四川) 성도(成都)에서 도지휘사조마(都指揮

司照磨)로 근무하다가 사직하고 고향으로 돌아가는 길에 경성(京城)에 들러 송렴(宋濂)을 만나, 송렴이 진정학과 작별하면서 보낸 증서(贈序)이다.

본문은 세 단락으로 나눌 수 있는데, 첫째 단락에서는 산수(山水)의 기이하고 험준함을 들어 사천(四川)지방의 유람에 대한 어려움을 부각시켰고; 둘째 단락에서는 진정학이 사천 지방을 유람하고 산수(山水)의 진수를 체험했기 때문에, 그래서 돌아온 후에는 그의 시(詩)가 더욱 세련되고 원기가 더욱 충만했으며 말씨가 더욱 우렁찼다는 것을 말했고; 마지막 단락에서는 작자가 평생 멀리 유람을 떠나 견문을 넓히지 못한 것을 부끄러워하며, 진정학이 안회(顔回)·원헌(原憲)의 안빈낙도(安貧樂道)를 본받아 자기 수양을 증진하도록 격려했다.

206 열강루기(閱江樓記)

[明] 宋濂

■ | 작자

205. 송천대진정학서(送天台陳庭學序) 참조

■ | 원문 및 주석

閱江樓記1)

金陵爲帝王之州。自六朝迄於南唐，類皆偏據一方，無以應山川之王氣。2) 逮我皇帝，定鼎於茲，始足以當之。由是聲教所

1) 閱江樓記 → 閱江樓에 대해 적은 글
【閱江樓】: 明나라 太祖 朱元璋이 金陵[지금의 강소성 南京市] 근교 江寧縣 북쪽의 獅子山에 지은 누각.

2) 金陵爲帝王之州。自六朝迄於南唐，類皆偏據一方，無以應山川之王氣。→ 金陵은 帝王의 고을이다. 六朝시대부터 南唐에 이르기까지는, (나라들이) 대체로 모두 일부 지역에 치우쳐 있어, (금릉 주변) 산천의 王氣와 호응할 수 없었다.
【州】: 고장, 고을. 【自…迄…】: …로부터 …에 이르기까지. 【六朝】: 三國의 吳・東晉과 南朝의 宋・齊・梁・晉 등 여섯 나라. 【南唐】: 五代시기 十國의 하나. 【類】: 대개, 대체로, 거의. 【偏據(piān jù)】: 치우쳐 점거하다. 【一方】: 일부 지역, 한 지방. 【無以】: …할 수가 없다, …할 방법이 없다. 【應】: 호응하다, 어울리다. 【王氣】: 제왕의 기운.

暨，罔間朔南，存神穆清，與道同體，雖一豫一游，亦思爲天下後世法。[3] 京城之西北有獅子山，自盧龍蜿蜒而來，長江如虹貫，蟠繞其下。[4] 上以其地雄勝，詔建樓於巓，與民同游觀之樂。遂錫嘉名爲「閱江」云。[5]

---

3) 逮我皇帝，定鼎於茲，始足以當之。由是聲教所暨，罔間朔南，存神穆淸，與道同體，雖一豫一游，亦思爲天下後世法。→ 우리 황제께서 이곳에 도읍을 정하시기에 이르러, 비로소 족히 王氣와 서로 잘 어울릴 수 있었다. 이로부터 (황제의) 명성과 교화가 미친 곳은, 남북의 간격이 없어지고, (황제의) 마음이 화목하고 청명하여, 天道와 일체가 됨으로써, 비록 한 번 향락을 즐기고 한 번 유람을 한다 해도, 역시 천하와 후세의 본보기가 되리라 생각했다.
【逮(dài)】: …에 이르다, …에 도달하다. 【皇帝】: 황제. 여기서는 「明太祖 朱元璋」을 가리킨다. 【定鼎(dǐng)】: 도읍을 정하다. ※「鼎」은 전설에 의하면 夏의 禹임금이 九鼎을 주조하여 이로써 전국 9州의 영토를 상징했는데, 夏・商・周 삼대에는 이를 나라를 전하는 보물로 삼아 도읍을 옮길 때마다 함께 옮겨 다녔다. 그리하여 후대에는 도읍을 정하는 것을 「定鼎」이라 했다. 【茲(zī)】: [대명사] 이곳, 즉 「金陵」. 【始】: 비로소, 처음으로. 【足以】: 족히 …할 수 있다, …하기에 충분하다. 【當】: 서로 걸맞다, 대등하다, 잘 어울리다. 【之】: [대명사] 그것, 즉 「王氣」. 【由是】: 이로부터, 이때부터. 【聲教】: 명성과 교화. 【暨(jì)】: 及, 미치다, 파급되다. 【罔間】: 간격이 없다. 「罔」: 無. 【朔(shuò)】: 북쪽. 【存神】: 마음, 정신. 【穆(mù)淸】: 화목하고 청명하다. 【法】: 본보기, 모범.

4) 京城之西北有獅子山，自盧龍蜿蜒而來，長江如虹貫，蟠繞其下。→ 京城의 서북쪽에 獅子山이 있다. 盧龍山으로부터 구불구불 뻗어 내려왔는데, 長江이 마치 무지개처럼 관통하여, 산 아래를 휘감고 있다.
【京城】: 도읍. 여기서는 「金陵」을 가리킨다. 【獅子山】: [산이름] 지금의 강소성 江寧縣 북쪽에 있는 산으로 산의 모습이 마치 사자 같다 하여 붙여진 이름이다. 【自】: …로부터. 【盧龍(lú lóng)】: [산이름] 노룡산. 지금의 강소성 강녕현 서북쪽에 있는 산. 【蜿蜒(wān yán)】: 구불구불 뻗은 모양. 【虹(hóng)】: 무지개. 【貫(guàn)】: 꿰뚫다, 관통하다. 【蟠繞(pán rào)】: 둘러싸다, 휘감다.

5) 上以其地雄勝，詔建樓於巓，與民同游觀之樂。遂錫嘉名爲「閱江」云。→ 황제께서는 그 지세가 웅장하고 아름다움으로 인해, 명을 내려 산 정상에 누각을 건립하게 하고, 백성들과 유람하는 즐거움을 함께했다. 이에 아름다운 이름을 하사하여 「閱江樓」라 했다.
【上】: 황상, 황제. 【以】: 因, …로 인해, …때문에. 【雄勝(xióng shèng)】: 웅장

登覽之頃，萬象森列，千載之秘，一旦軒露。6) 豈非天造地設，以俟大一統之君，而開千萬世之偉觀者歟?7) 當風日清美，法駕幸臨，升其崇椒，凭欄遙矚，必悠然而動遐思。8) 見江、漢之朝宗，諸侯之述職，城池之高深，關阨之嚴固，必曰：「此朕櫛風沐雨、戰勝攻取之所致也。」中夏之廣，益思有以保之。9) 見波濤之

하고 아름답다.【詔(zhào)】: 명을 내리다.【巓(diān)】: 꼭대기, 정상.【同】: [동사] 함께하다.【游觀】: 유람하다.【遂】: 그리하여, 이에.【錫(xī)】: 賜, 하사하다, 내리다.【嘉(jiā)名】: 아름다운 이름.【云】: [어조사].

6) 登覽之頃，萬象森列，千載之秘，一旦軒露。→ (열강루에) 올라가 구경할 때 보면, 만물의 온갖 형상들이 빼곡히 줄지어 늘어서 있는데, 천 년의 신비한 모습이, 한순간에 확연히 드러난다.

【頃(qǐng)】: 순간, 때.【萬象】: 만물의 온갖 형상.【森(sēn)列】: 빼곡히 줄지어 늘어서 있다.【千載(zài)】: 천 년.【一旦】: 한순간.【軒露(xuān lù)】: 확연히 드러나다.

7) 豈非天造地設，以俟大一統之君，而開千萬世之偉觀者歟? → 이 어찌 하늘과 땅이 만들어 두었다가, 천하를 통일한 군주를 기다려, 천추만대의 뛰어난 경관을 펼쳐 놓은 것이 아니겠는가?

【天造地設】: 하늘과 땅이 만들어 두다.【俟(sì)】: 기다리다.【大一統】: 천하를 통일하다.【開】: 열어 놓다, 펼쳐 놓다.【千萬世】: 천추만대.【偉觀】: 뛰어난 경관.

8) 當風日清美，法駕幸臨，升其崇椒，凭欄遙矚，必悠然而動遐思。→ 바람이 맑고 날씨가 화창할 때, 황제께서 왕림하여, 산의 정상에 올라, 난간에 기대 멀리 바라다보게 되면, 틀림없이 심원한 생각이 유유하게 떠오를 것이다.

【當】: …때에.【風日清美】: 바람이 맑고 날씨가 화창하다.【法駕(jià)】: 천자의 어가. 여기서는「황제」를 가리킨다.【幸臨】: 왕림하다.【升】: 오르다, 올라가다.【崇椒(chóng jiāo)】: 산의 정상.【凭(píng)】: 기대다, 의지하다.【欄(lán)】: 난간.【遙矚(yáo zhǔ)】: 멀리 바라보다.【悠然而動】: 유유하게 떠오르다.【遐(xiá)思】: 심원한 생각.

9) 見江、漢之朝宗，諸侯之述職，城池之高深，關阨之嚴固，必曰：「此朕櫛風沐雨、戰勝攻取之所致也。」中夏之廣，益思有以保之。→ 長江・漢水가 바다에 흘러 들어가고, 제후들이 자기의 업무를 보고하고, 높은 성벽과 깊은 해자와, 관문과 요새가 엄밀하고 견고한 것을 보게 되면, 틀림없이:「이는 짐이 갖은 고생을 하고 전쟁에서 승리하여 얻은 것이다.」라고 말씀하실 것이다. 중국의 영토는 광활하여, 더

浩蕩，風帆之下上，番船接跡而來庭，蠻琛聯肩而入貢，必曰：「此朕德綏威服，覃及外內之所及也。」四夷之遠，益思有以柔之。[10] 見兩岸之間，四郊之上，耕人有炙膚皸足之煩，農女有捋桑行饁之勤，必曰：「此朕拔諸水火，而登於衽席者也。」萬方之民，益思有以安之。[11] 觸類而推，不一而足。臣知斯樓之建，皇上所以

욱더 이를 보전할 방법을 생각해야 한다.

【江、漢】：長江과 漢水. 【朝宗】：본래「제후들이 천자를 알현하다」라는 뜻이나, 여기서는 이 말을 가지고「모든 강물이 바다로 흘러 들어가다」라는 의미로 사용했다. 【述職】：업무를 보고하다. 【城池】：성벽과 해자. 【關阨(è)】：관문과 요새. 【嚴固】：엄밀하고 견고하다. 【朕(zhèn)】：짐. 황제의 자신에 대한 호칭으로 秦始皇 때부터 사용했다. 【櫛(zhì)風沐雨】：바람으로 머리를 빗질하고 비로 머리를 감다. 즉「온갖 고생을 하며 동분서주하다」의 뜻. 【中夏】：중국. 【益】：더욱. 【有以】：…할 수가 있다, …할 방법이 있다.

10) 見波濤之浩蕩，風帆之下上，番船接跡而來庭，蠻琛聯肩而入貢，必曰：「此朕德綏威服，覃及外內之所及也。」四夷之遠，益思有以柔之。→ 長江의 거대하고 세찬 파도와, 돛단배들이 파도를 따라 오르락내리락하며, 외국의 선박들이 끊임없이 들어와 입조하고, 南蠻의 진귀한 보석이 잇달아 조공으로 들어오는 것을 보게 되면, 틀림없이：「이는 짐이 덕으로 편안하게 하고 위엄으로 복종하게 하여, 국내외에 파급된 것이다.」라고 말씀하실 것이다. 멀리 떨어진 사방 오랑캐에 대해, 더욱더 이들을 회유할 방법을 생각해야 한다.

【浩蕩(dàng)】：거대하고 세차다. 【風帆(fán)】：돛단배. 【下上】：[동사용법] 오르락내리락하다. 【番(fān)】：외국. 【接跡(jī)】：잇달아, 연이어, 끊임없이. 【庭】：廷, 조정. 여기서는 동사용법으로「입조하다」의 뜻. 【蠻(mán)】：南蠻, 남쪽 오랑캐. 【琛(chēn)】：진귀한 보석. 【聯肩(lián jiān)】：연이어, 잇달아. 【德綏(suí)】：덕으로 편안하게 하다. 【威服】：위엄으로 복종하게 하다. 【覃(tán)】：파급되다. 【四夷】：사방의 오랑캐. ※고대 중국은 中原 이외의 사방 이민족에 대해 東夷・西戎・南蠻・北狄으로 호칭했다. ※판본에 따라서는「夷」를「陲」라 했다. 【柔(róu)】：회유하다.

11) 見兩岸之間，四郊之上，耕人有炙膚皸足之煩，農女有捋桑行饁之勤，必曰：「此朕拔諸水火，而登於衽席者也。」萬方之民，益思有以安之。→ 長江의 양안과, 사방의 교외 들판에서, 밭을 가는 사람들이 뙤약볕에 피부를 태우고 추위에 발이 갈라지는 고통스런 모습이나, 농가의 여자들이 뽕잎을 따고 들에 밥을 나르며 수고하는 모습을 보게 되면, 틀림없이：「이는 짐이 물과 불길 속에서 구출하여, 침상에

發舒精神。 因物興感， 無不寓其致治之思， 奚止閱夫長江而已哉?[12]

彼臨春、結綺， 非弗華矣; 齊雲、落星， 非不高矣。[13] 不過樂管絃之淫響， 藏燕、趙之豔姬， 一旋踵間而感慨係之， 臣不知

올려놓은 사람들이다.」라고 말씀하실 것이다. 천하의 백성들에 대해, 더욱더 이들을 편안하게 할 방법을 생각해야 한다.

【兩岸】: 양안. 여기서는 「長江의 양안」을 가리킨다. 【四郊(jiāo)】: 사방의 교외 들판. 【炙膚(zhì fū)】: 뙤약볕에 피부를 태우다. 【皸(jūn)足】: 추위에 발이 얼어서 터지다. 【煩(fán)】: 고통. 【捋(luō)】: (손으로) 훑다. 즉 「따다, 채취하다」의 뜻. 【行饁(yè)】: 들에 밥을 나르다. 【勤(qín)】: 수고하다, 애쓰다. 【拔(bá)】: 뽑다, 빼다. 즉 「구출하다, 구제하다」의 뜻. 【諸】: 之於의 합음. 【衽(rèn)席】: 침상, 잠자리. 【萬方】: 천하.

12) 觸類而推, 不一而足。臣知斯樓之建, 皇上所以發舒精神。因物興感, 無不寓其致治之思, 奚止閱夫長江而已哉? → (황제께서는) 비슷한 사물을 접하면 다른 것을 미루어 생각하고, 결코 하나로 만족하지 않으신다. 나는 이 누각을 지은 뜻이, 황제께서 이를 이용하여 정신을 진작시키고자 한 것임을 안다. 경물에 따라 각기 다른 靈感을 떠오르게 하여, 치세에 이르고자 하는 생각을 기탁하고 있으니, 어찌 다만 長江을 감상하려는 것뿐이겠는가?

【觸類而推】: 비슷한 사물을 접하고 다른 것을 미루어 생각하다. 「類」: 유사하다. 「推」: 추론하다, 미루어 생각하다. 【斯樓】: 이 누각, 즉 閱江樓. 【所以】: 이로써, 이를 이용하여. 【發舒(shū)】: 진작시키다. 【因物興感】: 경물에 따라 (각기 다른) 영감을 떠오르게 하다. 【無不】: …하지 않음이 없다. 【寓(yù)】: 기탁하다. 【致治之思】: 치세에 이르고자 하는 생각. 【奚(xī)】: 어찌. 【止】: 오직, 다만. 【閱(yuè)】: 관람하다, 감상하다. 【夫】: [어조사]. 【而已】: …뿐이다.

13) 彼臨春、結綺, 非弗華矣; 齊雲、落星, 非不高矣。→ 저 臨春閣·結綺閣이, 화려하지 않은 것은 아니고; 齊雲樓·落星樓가, 높지 않은 것은 아니다.

【臨春、結綺(qǐ)】: 臨春閣과 結綺閣. 모두 南朝시대 陳나라 後主가 세운 누각 이름. 陳의 後主는 張貴妃와 이곳에 살면서 정사를 게을리 하다가 결국 隋나라 군사에게 살해되었다. 【非弗】: 非不, …아닌 것이 아니다. 【齊雲、落星】: [망루이름] 齊雲樓와 落星樓. 「齊雲」: 제운루. 강소성 吳縣에 있는 망루로 唐나라 때 건축했다. 明太祖 朱元璋이 長江을 점령하자 吳王 張世誠의 여러 첩들이 이 망루에서 몸을 불살라 죽었다. 「落星」: 落星樓. 삼국시대 吳나라가 건축한 망루로 강소성 江寧縣 동북쪽 落星山 위에 있다.

其爲何說也。[14] 雖然，長江發源岷山，委蛇七千餘里而始入海，白湧碧翻。[15] 六朝之時，往往倚之爲天塹。[16] 今則南北一家，視爲安流，無所事乎戰爭矣。然則果誰之力歟?[17] 逢掖之士，有登斯樓而閱斯江者，當思帝德如天，蕩蕩難名，與神禹疏鑿之功同一罔極。[18] 忠君報上之心，其有不油然而興者耶?[19] 臣不敏，奉

---

14) 不過樂管絃之淫響，藏燕、趙之豔姬，一旋踵間而感慨係之，臣不知其爲何說也。→ 다만 관현의 음란한 소리를 즐기고, 燕·趙지방의 미녀들을 숨겨 두는 장소에 불과하여, 한순간에 사라져 감회가 이에 따라 일어나니, 나는 그것이 무슨 의미인지 모르겠다.

【不過】: 다만 …에 불과하다. 【樂(lè)】: [동사] 즐기다. 【淫響(yín xiǎng)】: 음란한 소리. 【燕、趙】: 전국시대의 나라 이름. 여기서는「燕·趙나라가 있던 지방」을 가리킨다. 【豔姬(yàn jī)】: 미녀, 아리따운 여인. 【旋踵(xuán zhǒng)】: 발뒤꿈치를 돌리다. 즉「순간, 눈 깜빡할 사이」. 여기서는 한순간에 사라져버린 것을 뜻한다. 【感慨係之】: 감회가 이에 따라 일어나다.「係之」: 이와 연계되다. 즉「이에 따라 일어나다」의 뜻. ※이 말은 王羲之 ≪蘭亭集序≫에도 보인다. 【臣】: [자신에 대한 낮춤말] 신, 저. 【何說】: 무슨 뜻, 어떤 의미.

15) 雖然，長江發源岷山，委蛇七千餘里而始入海，白湧碧翻。→ 비록 그렇지만, 長江은 岷山에서 발원하여, 굽이굽이 7천여 리를 흘러 비로소 바다로 들어가, 하얀 파도와 푸른 물이 솟구치며 뒤집힌다.

【岷(mín)山】: 사천성 북쪽에 있는 산 이름. ※옛 사람들은 長江이 이곳에서 발원하는 것이라 여겼다. 【委蛇(wēi yí)】: (길이) 구불구불한 모양, (물이) 굽이굽이 흐르는 모양. 【始】: 비로소. 【白】: 하얗다. 여기서는「하얀 파도」를 가리킨다. 【湧(yǒng)】: 솟구치다. 【碧(bì)】: 푸르다. 여기서는「푸른 바닷물」을 가리킨다. 【翻(fān)】: 뒤집히다.

16) 六朝之時，往往倚之爲天塹。→ 六朝시대에는, 왕왕 이를 의지하여 천연의 요새로 삼았다.

【倚(yǐ)】: 의지하다, 기대다. 【之】: [대명사] 이것, 즉「長江」. 【塹(qiàn)】: 참호, 도랑. 여기서는「요새, 해자」를 뜻한다.

17) 今則南北一家，視爲安流，無所事乎戰爭矣。然則果誰之力歟? → 오늘날은 남북이 한 집안이 되어, 평화로운 강물로 보기 때문에, 전쟁에 사용할 일이 없다. 그렇다면 이는 과연 누구의 힘이겠는가?

【視爲】: …로 보다, …로 간주하다. 【安流】: 조용히 흐르는 강물. 【無所事】: …할 일이 없다. 【乎】: 於, …에. 【然則】: 그렇다면. 【果】: 과연.

旨撰記。故上推宵旰圖治之切者，勒諸貞岷。他若留連光景之辭，皆略而不陳，懼褻也。[20]

---

18) 逢掖之士，有登斯樓而閱斯江者，當思帝德如天，蕩蕩難名，與神禹疏鑿之功同一罔極。→ 선비들로서, 이 망루에 올라 이 강을 관람하는 사람들은, 당연히 황제의 덕이 하늘처럼, 형용할 수 없을 만큼 넓고 커서, 禹임금이 막힌 물길을 파서 소통시킨 공로와 똑같이 망극하다고 생각한다.

【逢掖(féng yè)之士】：옛날 선비들이 입던 소매가 넓은 옷. 여기서는「선비」를 가리킨다.【斯(sī)】：이, 이것.【當】：당연히.【蕩(dàng)蕩】：광대한 모양.【難名】：형용하기 어렵다.【神禹】：夏의 禹임금.【疏鑿(shū záo)】：(막힌 물길을) 파서 소통시키다.【罔(wǎng)極】：망극하다, 한이 없다.

19) 忠君報上之心，其有不油然而興者耶? → 군주께 충성하고 보답해야 한다는 마음이, 어찌 저절로 일어나지 않겠는가?

【其】：豈, 어찌.【油然】：저절로, 자연스레.【不敏(mǐn)】：불민하다, 총명하지 못하다.【旨】：聖旨, 임금의 뜻.【撰(zhuàn)】：짓다, 쓰다.

20) 臣不敏，奉旨撰記。故上推宵旰圖治之切者，勒諸貞岷。他若留連光景之辭，皆略而不陳，懼褻也。→ 내가 불민하지만, 황제의 뜻을 받들어 이 記文을 썼다. 그리고 황제께서 날이 새기 전에 옷을 입고 해가 진 뒤에 식사를 하며 나라를 다스릴 방법을 강구시하던 절박한 상황을 探求하여, 이를 비석에 새기고자 한다. 기타 경치에 연연하는 것 같은 말은, 모두 생략하고 서술하지 않았는데, 이는 (열강루를 건립한 황제의 본뜻을) 욕되게 하지 않을까 두려웠기 때문이다.

【故】：그래서, 그러므로. ※판본에 따라서는「故」를「欲」이라 했다.【上】：주상, 황제.【推】：探求하다, 조사하여 찾아내다.【宵旰(xiāo gàn)】：宵衣旰食, 날이 새기 전에 옷을 입고 해가 진 뒤에 밥을 먹다. 즉「政事에 열중하다」의 비유.【圖治】：나라를 잘 다스릴 방법을 강구하다.【切】：절박한 상황. ※판본에 따라서는「切」을「功」이라 했다.【勒(lè)】：새기다.【諸】：之於의 합음.【貞岷(zhēn mín)】：비석에 대한 미칭.【若】：마치 …과 같은, …하는 듯한.【留連】：연연하다, 집착하다.【懼(jù)】：두려워하다, 우려하다.【褻(xiè)】：경시하다, 능멸하다, 욕되게 하다.

■ | 번역문

열강루(閱江樓)에 대해 적은 글

금릉(金陵)은 제왕(帝王)의 고읍이다. 육조시대(六朝時代)부터 남당(南唐)에 이르기까지는 (나라들이) 대체로 모두 일부 지역에 치우쳐 있어 (금릉 주변) 산천의 왕기(王氣)와 호응할 수 없었다. 우리 황제께서 이곳에 도읍을 정하시기에 이르러 비로소 족히 왕기와 서로 잘 어울릴 수 있었다. 이로부터 (황제의) 명성과 교화가 미친 곳은 남북의 간격이 없어지고, (황제의) 마음이 화목하고 청명하여 천도(天道)와 일체가 됨으로써, 비록 한 번 향락을 즐기고 한 번 유람을 한다 해도 역시 천하와 후세의 본보기가 되리라 생각했다. 경성(京城)의 서북쪽에 사자산(獅子山)이 있다. 노룡산(盧龍山)으로부터 구불구불 뻗어 내려왔는데, 장강(長江)이 마치 무지개처럼 관통하여 산 아래를 휘감고 있다. 황제께서는 그 지세가 웅장하고 아름다움으로 인해, 명을 내려 산 정상에 누각을 선립하게 하고, 백성들과 유람하는 즐거움을 함께했다. 이에 아름다운 이름을 하사하여 「열강루(閱江樓)」라 했다.

(열강루에) 올라가 구경할 때 보면 만물의 온갖 형상들이 빼곡히 줄지어 늘어서 있는데, 천 년의 신비한 모습이 한순간에 확연히 드러난다. 이 어찌 하늘과 땅이 만들어 두었다가 천하를 통일한 군주를 기다려 천추만대의 뛰어난 경관을 펼쳐놓은 것이 아니겠는가? 바람이 맑고 날씨가 화창할 때 황제께서 왕림하여 산의 정상에 올라 난간에 기대 멀리 바라다보게 되면, 틀림없이 심원한 생각이 유유하게 떠오를 것이다. 장강(長江)・한수(漢水)가 바다에 흘러 들어가고, 제후들이 자기의 업무를 보고하고, 높은 성벽과 깊은 해자와 관문과 요새가 엄밀하고 견고한 것

을 보게 되면, 틀림없이 : 「이는 짐이 갖은 고생을 하고 전쟁에서 승리하여 얻은 것이다.」라고 말씀하실 것이다. 중국의 영토는 광활하여 더욱더 이를 보전할 방법을 생각해야 한다. 장강(長江)의 거대하고 세찬 파도와 돛단배들이 파도를 따라 오르락내리락하며, 외국의 선박들이 끊임없이 들어와 입조하고, 남만(南蠻)의 진귀한 보석이 잇달아 조공으로 들어오는 것을 보게 되면, 틀림없이 : 「이는 짐이 덕으로 편안하게 하고 위엄으로 복종하게 하여, 국내외에 파급된 것이다.」라고 말씀하실 것이다. 멀리 떨어진 사방 오랑캐에 대해, 더욱더 이들을 회유할 방법을 생각해야 한다. 장강(長江)의 양안과 사방의 교외 들판에서 밭을 가는 사람들이 뙤약볕에 피부를 태우고 추위에 발이 갈라지는 고통스런 모습이나, 농가의 여자들이 뽕잎을 따고 들에 밥을 나르며 수고하는 모습을 보게 되면, 틀림없이 : 「이는 짐이 물과 불길 속에서 구출하여 침상에 올려놓은 사람들이다.」라고 말씀하실 것이다. 천하의 백성들에 대해 더욱더 이들을 편안하게 할 방법을 생각해야 한다. (황제께서는) 비슷한 사물을 접하면 다른 것을 미루어 생각하고 결코 하나로 만족하지 않으신다. 나는 이 누각을 지은 뜻이 황제께서 이를 이용하여 정신을 진작시키고자 한 것임을 안다. 경물에 따라 각기 다른 영감(靈感)을 떠오르게 하여 치세에 이르고자 하는 생각을 기탁하고 있으니, 어찌 다만 장강(長江)을 감상하려는 것뿐이겠는가?

저 임춘각(臨春閣)・결기각(結綺閣)이 화려하지 않은 것은 아니고, 제운루(齊雲樓)・낙성루(落星樓)가 높지 않은 것은 아니다. 다만 관현(管絃)의 음란한 소리를 즐기고 연(燕)・조(趙)지방의 미녀들을 숨겨 두는 장소에 불과하여, 한순간에 사라져 감회가 이에 따라 일어나니, 나는 그것이 무슨 의미인지 모르겠다. 비록 그렇지만 장강(長江)은 민산(岷山)에서 발원하여 굽이굽이 7천여 리를 흘러 비로소 바다로 들어가 하얀 파도와 푸른 물이 솟구치며 뒤집힌다. 육조시대에는 왕왕 이를 의지하여 천연의 요새로 삼았다. 오늘날은 남북이 한 집안이 되어 평화로운 강물로 보기 때문에 전쟁에 사용할 일이 없다. 그렇다면 이는 과연 누구의 힘이겠는가? 선비들로서 이 망루에 올라 이 강을 관람하는 사람들은, 당연히 황제의 덕이 하늘처럼 형용할 수 없을 만큼 넓고 커서, 우(禹)임금이 막힌 물길을 파서 소통시킨 공로와 똑같이 망극하다고 생각한다. 군주께 충성하고 보답해야 한다는 마음이 어찌 저절로 일어나지 않겠는가? 내가 불민하지만, 황제의 뜻을 받들어 이 記文을 썼다. 그리고 황제께서 날이 새기 전에 옷을 입고 해가 진 뒤에 식사를 하며 나라를 다스릴 방법을 강구하시던 절박한 상황을 탐구(探求)하여 이를 비석에 새기고자 한다. 기타 경치에 연연하는 것 같은 말은 모두 생략하고 서술하지 않았는데, 이는 (열강루를 건립한 황제의 본뜻을) 욕되게 하지 않을까 두려웠기 때문이다.

■ | 해제(解題) 및 본문요지 설명

명태조(明太祖) 주원장(朱元璋)은 금릉(金陵)[지금의 남경시(南京市)] 근교의 사자산(獅子山)에 열강루(閱江樓)를 건립하고, 송렴(宋濂)에게 기문(記文)을 짓도록 명했다. 이에 송렴은 주원장을 위해 공덕을 찬양하는 미사여구를 많이 들고, 동시에 주원장이 힘을 다해 나라를 다스리기를 바라는 잠언(箴言)을 많이 첨가하였다.

본문은 네 단락으로 나눌 수 있는데, 첫째 단락에서는 금릉이 제왕의 고을로 기세가 비범하다는 것을 말한 다음, 이어서 열강루의 위치 및 명명의 유래를 들어 제목에 부응했고; 둘째 단락에서는 경물 묘사와 감정 표현을 융합시키는 방법으로, 황제가 열강루에 올라 멀리 바라보며 떠올릴 수 있는 여러 가지 심원한 생각, 즉 장강(長江)·한수(漢水)가 바다에 흘러 들어가는 것을 보면, 반드시 제후들을 끌어안을 방법을 생각하게 되리라는 것; 외국의 선박들이 끊임없이 들어와 입조하는 것을 보면, 반드시 변방 멀리 떨어져 있는 오랑캐들을 회유할 방법을 생각하게 되리라는 것; 사방의 교외 들판에서 밭을 갈고 뽕잎 따는 사람들이 고생하는 것을 보면, 반드시 백성들이 편안하게 생활 할 수 있는 방법을 생각하게 되리라는 것 등, 황제가 열강루에서 다만 장강(長江)의 아름다운 경치를 관람하는데 그치지 않고 경물에 따라 각기 다른 생각을 떠올린다는 것을 말했고; 셋째 단락에서는 지난날 금릉에 지은 많은 누각과 망루가 오직 제왕들이 향락을 즐긴 장소로 이용되어 순식간에 사라진 사례를 들고, 이와 대비하여 열강루는 천하 사람들에게 볼거리를 제공함으로써 사람들로 하여금 황제의 은혜가 하늘과 같다는 것을 알게 하는 한편, 나라에 보답하는 마음을 갖게 한다는 것을 말했고; 마지막 단락에서는 황제의 뜻을 받들어 기문(記文)을 쓰고, 아울러 황제가 밤낮으로 정사에 진력한 공덕을 비석에 새기겠다는 것을 말했다.

207 사마계주논복(司馬季主論卜)

[明] 劉基

■ | 작자

유기(劉基 : 1311-1375)는 명(明) 처주(處州) 청전(青田)[지금의 절강성 청전현(青田縣)] 사람으로 자가 백온(伯溫)이다. 어려서부터 매우 총명하였으며 성장해서는 경사(經史)에 통달하고 특히 천문(天文)과 병법(兵法)에 뛰어났다. 원말(元末) 지순(至順) 연간에 진사(進士)에 급제하여 강서(江西) 고안현승(高安縣丞)·상절유학부제거(江浙儒學副提擧)를 지냈는데, 후에 정치적으로 암흑기에 접어들자 관직을 버리고 고향으로 돌아와 청전산(青田山)에 은거했다.

그 후 원말(元末) 농민 봉기 때 명태조(明太祖) 주원장(朱元璋)이 부름을 받고 청전산에서 나와 주원장의 참모가 되어 진우량(陳友諒)·장사성(張士誠)을 소탕하고 중원(中原)을 정벌하여 천하를 통일하는 데 공을 세워 벼슬이 어사중승(御史中丞) 겸 태사령(太史令)에 오르고 성의백(誠意伯)에 봉해졌으나, 후에 호유용(胡惟庸)의 모함을 받아 울분 끝에 세상을 떠났다.

유기(劉基)는 시문(詩文) 각 방면에서도 나름대로 성취가 있다. 원말(元末)에 지은 ≪욱리자(郁離子)≫ 18편은 우언체(寓言體)의 산문집으로 당시 사회의 중대한 문제점을 들어 풍자한 사상성과 예술성이 뛰어난 작품이라는 평가를 받고 있으며, ≪명사(明史)≫ 본전(本傳)에는 그의 문기(文氣)가 왕성하고 특이하여 송렴(宋濂)과 더불어 일대의 거장이라 칭찬했다. 저서로 ≪성의백문집(誠意伯文集)≫이 있다.

■ | 원문 및 주석

司馬季主論卜[1]

東陵侯旣廢, 過司馬季主而卜焉。季主曰:「君侯何卜也?」[2] 東陵侯曰:「久臥者思起, 久蟄者思啟, 久懣者思嚏。[3] 吾聞之:『蓄極則洩, 閟極則達, 熱極則風, 壅極則通。一冬一春, 靡屈不伸; 一起一伏, 無往不復。』僕竊有疑, 願受教焉!」[4]

---

1) 司馬季主論卜 → 司馬季主가 占치는 것에 대해 논하다

【司馬季主】: [인명] 사마계주. 전국시대 말기의 楚나라 대부. 漢初에 長安에서 점쟁이로 이름이 났다. 【卜(bǔ)】: 占(치다).

2) 東陵侯旣廢, 過司馬季主而卜焉。季主曰:「君侯何卜也?」→ 東陵侯가 작위를 잃고 나서, 司馬季主를 찾아가 점을 쳐달라고 청했다. 司馬季主가 물었다:「君侯께서는 무슨 점을 보려고 하십니까?」

【東陵侯】: 邵平. 秦나라 때 東陵侯로 봉해졌다가 秦이 망하여 廢侯되었다. 집이 가난하여 長安城 동쪽에서 오이를 재배하여 생계를 꾸려갔다. 【過】: 방문하다, 찾아가다. 【君侯】: 東陵侯에 대한 존칭.

3) 東陵侯曰:「久臥者思起, 久蟄者思啟, 久懣者思嚏。→ 동릉후가 말했다:「오래 누워 있는 사람은 일어나려는 생각을 하고, 오래 칩거한 사람은 밖으로 나오려는 생각을 하고, 오래 번민하는 사람은 재채기 하려는 생각을 합니다.

【蟄(zhé)】: 칩거하다. 【啟(qǐ)】: 밖으로 나오다. 【懣(mèn)】: 번민하다. 【嚏(tì)】: 재채기하다.

4) 吾聞之:『蓄極則洩, 閟極則達, 熱極則風, 壅極則通。一冬一春, 靡屈不伸; 一起一伏, 無往不復。』僕竊有疑, 願受教焉!」→ 내가 듣건대:『쌓인 것이 너무 지나치면 배출시켜야 하고, 닫힌 것이 너무 지나치면 열어서 통하게 해야 하고, 열기가 너무 지나치면 바람을 불어 식혀야 하고, 막힌 것이 너무 지나치면 소통시켜야 한다. 겨울이 지나 봄이 오면, 굽었다가 펴지지 않는 것이 없고; 일어났다 엎어지면, 가서 되돌아오지 않는 것이 없다.』라고 하는데, 제가 개인적으로 의혹을 지니고 있어, 가르침을 받고자 합니다.」

【蓄(xù)】: 쌓다. 【洩(xiè)】: 배출시키다. 【閟(bì)】: (문을) 닫다, 닫히다. 【達】: 열다. 【風】: 바람을 불어넣다. 【壅(yōng)】: 막히다. 【通】: 소통시키다, 통하게 하다. 【靡(mǐ)】: 無. 【復】: 되돌아오다. 【僕(pú)】: [겸칭] 저. 【竊(qiè)】: 사사로

季主曰：「若是, 則君侯已喩之矣。又何卜爲?」東陵侯曰：「僕未究其奧也, 願先生卒敎之。」[5]

季主乃言曰：「嗚呼! 天道何親? 惟德之親。鬼神何靈? 因人而靈。[6] 夫蓍, 枯草也; 龜, 枯骨也, 物也。人, 靈於物者也, 何不自聽而聽於物乎?[7] 且君侯何不思昔者也? 有昔者必有今日。[8] 是故碎瓦頹垣, 昔日之歌樓舞館也; 荒榛斷梗, 昔日之瓊蕤玉樹也;[9] 露蛬風蟬, 昔日之鳳笙龍笛也; 鬼燐螢火, 昔日之金缸華燭

이, 개인적으로. 【願】: 원하다, …하고자 하다.

5) 季主曰：「若是, 則君侯已喩之矣。又何卜爲?」東陵侯曰：「僕未究其奧也, 願先生卒敎之。」→ 사마계주가 말했다：「그러시다면, 군후께서는 이미 그에 대해 잘 알고 계십니다. 그런데 또 무슨 점을 보려고 하십니까?」동릉후가 말했다：「나는 아직 그 오묘한 이치를 탐구하지 못했습니다. 선생께서 그것을 철저하게 가르쳐 주시기 바랍니다.」.

【喩(yù)】: 잘 알다, 이해하다. 【之】: [대명사] 그것, 즉 『蓄極則洩,… 無往不復。』【爲】: [어기사] 문구의 말미에 놓여 반문을 나타낸다. 【究】: 연구하다, 탐구하다. 【卒】: 끝까지, 철저하게, 모두 다.

6) 季主乃言曰：「嗚呼! 天道何親? 惟德之親。鬼神何靈? 因人而靈。→ 이에 사마계주가 말했다：「天道는 누구를 가까이 하겠습니까? 오직 덕이 있는 사람을 가까이합니다. 귀신은 어째서 영험합니까? 사람으로 인해서 영험한 것입니다.

【乃】: 이에, 그리하여. 【嗚呼】: [감탄사] 아! 【惟】: 오로지, 오직. 【因】: 의존하다, 의지하다.

7) 夫蓍, 枯草也; 龜, 枯骨也, 物也。人, 靈於物者也, 何不自聽而聽於物乎? → 대저 蓍草는, 마른 풀에 불과하고; 龜甲은, 마른 뼈에 불과하며, 물건일 뿐입니다. 사람이, 물건보다 영험한데, 어째서 자신을 믿지 않고 물건을 믿으려 하십니까?

【夫】: [발어사] 대저, 무릇. 【蓍(shī)】: [식물] 蓍草. ※옛날에 점을 칠 때 시초의 줄기를 사용했다. 【枯(kū)】: 마르다. 【龜(guī)】: 거북. 여기서는 「龜甲, 거북의 등껍질」을 말한다. ※옛날에는 귀갑을 불살라 갈라지는 모양을 보고 점을 쳤다. 【聽】: 믿다.

8) 且君侯何不思昔者也? 有昔者必有今日。→ 또한 군후께서는 어째서 과거를 생각하지 않으십니까? 과거가 있으면 반드시 현재가 있는 것입니다.

9) 是故碎瓦頹垣, 昔日之歌樓舞館也; 荒榛斷梗, 昔日之瓊蕤玉樹也; → 그래서 부서진 기

也;[10] 秋荼春薺, 昔日之象白駝峰也; 丹楓白荻, 昔日之蜀錦齊紈也。[11] 昔日之所無, 今日有之不爲過; 昔日之所有, 今日無之不爲不足。[12] 是故一晝一夜, 華開者謝; 一春一秋, 物故者新;[13] 激

와나 무너진 담장은, 과거의 妓樓와 무도회장이고; 황량한 숲과 잘려진 가지는, 과거의 아름답던 꽃과 나무이고;

【是故】: 그래서. 【碎(suì)瓦】: 부서진 기왓장. 【頹垣(tuí yuán)】: 무너진 담장. 【歌樓】: 妓樓. 【舞館】: 舞蹈會場. 【荒榛(zhén)】: 황폐한 숲. 【斷梗(gěng)】: 잘린 줄기. 【瓊蕤(qióng ruí)玉樹】: 옥처럼 아름다운 화초와 수목. 「瓊」: 아름다운 옥. 「蕤」: 초목의 꽃이 늘어진 모양.

10) 露蛬風蟬, 昔日之鳳笙龍笛也; 鬼燐螢火, 昔日之金缸華燭也; → 이슬 속의 귀뚜라미 소리와 바람 속의 매미 소리는, 과거의 鳳笙과 龍笛의 소리이고; 도깨비불과 반딧불은, 과거의 金燈과 華燭이고;

【蛬(gǒng)】: 귀뚜라미. ※판본에 따라서는 「蛬」을 「蚤」이라 했다. 【蟬(chán)】: 매미. 【鳳笙(fèng shēng)】: [악기] 봉생. 모양이 봉황과 같다 하여 붙여진 이름. 【龍笛(lóng dí)】: [악기] 용적. 【鬼燐(lín)】: 도깨비불. 【螢(yíng)火】: 반딧불이. 【金缸華燭】: 황금으로 만든 등과 화려한 촛대. 「缸」: 釭, 등불.

11) 秋荼春薺, 昔日之象白駝峰也; 丹楓白荻, 昔日之蜀錦齊紈也。→ 가을철의 씀바귀와 봄철의 냉이는, 과거의 코끼리 지방과 낙타의 肉峰이며; 붉은 단풍과 하얀 물억새는, 옛날 四川 지방의 비단과 山東 지방의 명주입니다.

【荼(tú)】: 씀바귀. 【薺(jì)】: 냉이. 【象白駝峰】: 코끼리의 脂肪과 낙타 등의 肉峰. 두 가지 모두 진귀한 요리의 재료라 전한다. ※「象白」을 「코끼리의 코」라고 풀이한 경우도 있다. 【荻(dí)】: [식물] 물억새. 【蜀錦齊紈(shǔ jǐn qí wán)】: 옛 蜀나라 지역[지금의 四川 지방]에서 생산되는 비단과 옛 齊나라 지역[지금의 산동 지방]에서 생산되는 명주. 두 가지 모두 옛날에 품질이 좋기로 이름난 직물이다.

12) 昔日之所無, 今日有之不爲過; 昔日之所有, 今日無之不爲不足。→ 옛날에 없었던 것이, 현재 있다 하여 지나친 것이 아니고; 옛날에 있었던 것이, 현재 없다 하여 부족한 것이 아닙니다.

【過】: 지나치다.

13) 是故一晝一夜, 華開者謝; 一春一秋, 物故者新; → 그래서 하루 낮과 밤이 지나면, 피었던 꽃이 시들고; 한 해 봄과 가을이 지나면, 오래된 것이 새것으로 변하며;

【是故】: 그래서. 【華】: 花, 꽃. 【故】: 오래된 것.

湍之下，必有深潭；高丘之下，必有浚谷。君侯亦知之矣，何以卜爲?」14)

■ | 번역문

사마계주(司馬季主)가 점(占)치는 것에 대해 논하다

동릉후(東陵侯)가 작위를 잃고 나서 사마계주(司馬季主)를 찾아가 점을 쳐달라고 청했다. 사마계주가 물었다 : 「군후(君侯)께서는 무슨 점을 보려고 하십니까?」 동릉후가 말했다 : 「오래 누워있는 사람은 일어나려는 생각을 하고, 오래 칩거한 사람은 밖으로 나오려는 생각을 하고, 오래 번민하는 사람은 새채기 하려는 생각을 합니다. 내가 듣건대 : 『쌓인 것이 너무 지나치면 배출시켜야 하고, 닫힌 것이 너무 지나치면 열어서 통하게 해야 하고, 열기가 너무 지나치면 바람을 불어 식혀야 하고, 막힌 것이 너무 지나치면 소통시켜야 한다. 겨울이 지나 봄이 오면 굽었다가 펴지지 않는 것이 없고, 일어났다 엎어지면 가서 되돌아오지 않는 것이 없다.』라고 하는데, 제가 개인적으로 의혹을 지니고 있어 가르침을 받고자 합니다.」

사마계주가 말했다 : 「그러시다면, 군후께서는 이미 그에 대해 잘 알

14) 激湍之下，必有深潭；高丘之下，必有浚谷。君侯亦知之矣，何以卜爲?」→ 여울 아래에는, 반드시 깊은 못이 있고; 높은 언덕 아래에는, 반드시 깊은 골짜기가 있는 것입니다. 군후께서도 역시 이런 이치를 아실 터인데, 어찌 점을 보려하십니까?」
【激湍(jī tuān)】: 여울, 급류. 【潭(tán)】: 못. 【浚(jùn)谷】: 깊은 계곡, 깊은 골짜기. 「浚」: 深. 【何以】: 어째서. 【爲】: [어기사] ※문구의 말미에 놓여 반문을 나타낸다.

고 계십니다. 그런데 또 무슨 점을 보려고 하십니까?」 동릉후가 말했다 : 「나는 아직 그 오묘한 이치를 탐구하지 못했습니다. 선생께서 그것을 철저하게 가르쳐주시기 바랍니다.」

이에 사마계주가 말했다 : 「천도(天道)는 누구를 가까이 하겠습니까? 오직 덕이 있는 사람을 가까이합니다. 귀신은 어째서 영험합니까? 사람으로 인해서 영험한 것입니다. 대저 시초(蓍草)는 마른 풀에 불과하고, 귀갑(龜甲)은 마른 뼈에 불과하며 물건일 뿐입니다. 사람이 물건보다 영험한데 어째서 자신을 믿지 않고 물건을 믿으려 하십니까? 또한 군후께서는 어째서 과거를 생각하지 않으십니까? 과거가 있으면 반드시 현재가 있는 것입니다. 그래서 부서진 기와나 무너진 담장은 과거의 기루(妓樓)와 무도회장이고, 황량한 숲과 잘려진 가지는 과거의 아름답던 꽃과 나무이고, 이슬 속의 귀뚜라미 소리와 바람 속의 매미 소리는 과거의 봉생(鳳笙)과 용적(龍笛)의 소리이고, 도깨비불과 반딧불은 과거의 금등(金燈)과 화촉(華燭)이고, 가을철의 씀바귀와 봄철의 냉이는 과거의 코끼리 지방과 낙타의 육봉(肉峰)이며, 붉은 단풍과 하얀 물억새는 옛날 사천(四川) 지방의 비단과 산동(山東) 지방의 명주입니다. 옛날에 없었던 것이 현재 있다 하여 지나친 것이 아니고, 옛날에 있었던 것이 현재 없다 하여 부족한 것이 아닙니다. 그래서 하루 낮과 밤이 지나면 피었던 꽃이 시들고, 한 해 봄과 가을이 지나면 오래된 것이 새것으로 변하며, 여울 아래에는 반드시 깊은 못이 있고, 높은 언덕 아래에는 반드시 깊은 골짜기가 있는 것입니다. 군후께서도 역시 이런 이치를 아실 터인데 어찌 점을 보려하십니까?」

■ 해제(解題) 및 본문요지 설명

본문은 ≪욱리자(郁離子)·천도(天道)≫의 일부분으로, 내용은 진(秦)나라 때의 동릉후(東陵侯) 소평(邵平)이 진나라가 망하고 한대(漢代)로 들어와 평민이 된 후 사마계주(司馬季主)를 찾아가 점 친 것을 통해, 인간의 흥망성쇠에 때가 있다는 것을 풍자한 글이다.

본문은 네 단락으로 나눌 수 있는데, 첫째 단락에서는 동릉후가 사마계주를 찾아가 점을 봐 달라고 청한 것을 말했고; 둘째 단락에서는 동릉후가 「무왕불복(無往不復)」의 이치에 대한 의혹을 가지고 사마계주에게 가르침을 청한 것을 말했고; 셋째 단락에서는 사마계주가 동릉후에게 점을 보지 말라고 권하자 동릉후가 사마계주에게 재차 가르침을 청한 것을 말했고; 마지막 단락에서는 「인간의 흥망성쇠에 때가 있다」라고 하는 사마계주의 「천도무상(天道無常)」의 이치를 말했다.

208 매감자언(賣柑者言)

[明] 劉基

■ | 작자

207. 사마계주논복(司馬季主論卜) 참조

■ | 원문 및 주석

賣柑者言[1)]

杭有賣果者, 善藏柑, 涉寒暑不潰, 出之燁然, 玉質而金色。[2)] 置于市, 賈十倍, 人爭鬻之。予貿得其一, 剖之, 如有烟撲口鼻, 視其中, 則乾若敗絮。[3)] 予怪而問之曰:「若所市於人者, 將以實

---

1) 賣柑者言 → 감귤 파는 사람의 말
【賣柑(gān)者】: 감귤 파는 사람, 귤 장사. 「柑」: 감귤.

2) 杭有賣果者, 善藏柑, 涉寒暑不潰, 出之燁然, 玉質而金色。→ 杭州에 과일을 파는 사람이 있었는데, 감귤을 잘 저장하여, 추위와 더위가 지나도 상하지 않아, 꺼내 보면 여전히 광택이 나고, 마치 玉과 같은 바탕에 금빛을 띠었다.
【杭】: [지명] 杭州. 지금의 절강성 杭州市. 【善藏(cáng)】: 저장에 능하다, 저장을 잘하다. 【柑(gān)】: 감귤. 【涉(shè)】: 거치다, 지나다. 【潰(kuì)】: 문드러지다, 상하다. 【燁(yè)然】: 광택이 나는 모양. 【玉質】: 옥 같은 바탕.

3) 置于市, 賈十倍, 人爭鬻之。予貿得其一, 剖之, 如有烟撲口鼻, 視其中, 則乾若敗絮。→ 시장에 내놓으면, 값이 (다른 사람의) 열 배인데도, 사람들이 다투어 그것을 샀

籩豆, 奉祭祀, 供賓客乎? 將衒外以惑愚瞽也? 甚矣哉! 爲欺也。」[4)]

賣者笑曰 :「吾業是有年矣, 吾賴是以食吾軀。 吾售之, 人取之, 未嘗有言, 而獨不足於子乎![5)] 世之爲欺者不寡矣, 而獨我也乎? 吾子未之思也。[6)] 今夫佩虎符、坐皐比者, 洸洸乎干城之

다. 나도 한 개를 사서, 갈라보니, 마치 연기가 나듯이 입과 코를 진동했고, 그 속을 보니, 말라서 쓸모없는 솜과 같았다.

※판본에 따라서는 이 말을 「剖其中, 乾若敗絮。」로 간략히 기술하였다.

【賈(jià)】 : 價, 값, 가격. 【鬻(yù)】 : 買, 사다. 【貿(mào)】 : 사다. 【剖(pōu)】 : 쪼개다, 가르다. 【撲(pū)】 : (향기나 냄새 따위가 입 · 코를) 찌르다, 자극하다, 진동하다. 【中】 : 속. 【敗絮(xù)】 : 쓸모없는 솜.

4) 予怪而問之曰 :「若所市於人者, 將以實籩豆, 奉祭祀, 供賓客乎? 將衒外以惑愚瞽也? 甚矣哉! 爲欺也。」→ 나는 이상하게 여겨 그에게 물었다 :「당신이 사람들에게 판 감귤은, 祭器에 담아, 제사를 받들고, 손님을 접대하게 하려는 것이요? 아니면 겉모양을 과시하여 어리석고 눈먼 사람을 현혹시키려는 것이오?」

【怪(guài)】 : 이상하게 여기다. 【若】 : 너, 당신. 【市】 : [동사] 팔다. 【將】 : (장차) …하려 하다. 【以】 : 以(之), 이것을. 【實】 : 채우다, 담다. 【籩(biān)豆】 : 祭器. ※「籩」 : 대나무로 만들어 제사 때 과일이나 말린 고기를 담는 그릇. 「豆」 : 나무로 만든 제기의 하나. 【將】 : 아니면, 그렇지 않으면. 【衒(xuàn)】 : 炫, 자랑하다, 과시하다. 【惑(huò)】 : 현혹시키다. 【愚瞽(yú gǔ)】 : 어리석고 눈이 멀다. 여기서는 「어리석고 눈이 먼 사람」을 가리킨다. 【也】 : ※판본에 따라서는 「也」를 「乎」라 했다.

5) 賣者笑曰 :「吾業是有年矣, 吾賴是以食吾軀。吾售之, 人取之, 未嘗有言, 而獨不足於子乎! → 장사가 웃으며 말했다 :「나는 이 장사를 한 지 여러 해가 되었는데, 나는 이를 의지해서 내 몸을 부양하고 있습니다. 내가 이것을 팔면, 사람들이 사가지만, 아직 어떤 말을 들어본 적이 없습니다. 그런데 유독 당신에게만 불만스럽게 해드렸군요!

【業是】 : 이 장사를 하다. 【有年】 : 여러 해가 되다. 【賴(lài)是】 : 이에 의지하다. 「是」 : [대명사] 이것, 즉 「감귤 파는 일」. 【食(sì)】 : [동사] 부양하다, 먹여 살리다. 【吾軀(qū)】 : 나의 몸, 즉 「자신」. 【售(shòu)】 : 팔다. 【取】 : 취하다. 여기서는 「사다」의 뜻. 【未嘗】 : …한 적이 없다. 【有言】 : 말을 듣다. 【獨】 : 유독, 유달리. 【不足於子】 : 당신에게 만족스럽게 해주지 못하다. ※판본에 따라서는 「於子」를 「子所」라 했다.

6) 世之爲欺者不寡矣, 而獨我也乎? 吾子未之思也。→ 세상에 속임수를 쓰는 사람들이

具也，果能授孫、吳之略耶?[7] 峨大冠、拖長紳者，昂昂乎廟堂之器也，果能建伊、皐之業耶?[8] 盜起而不知禦，民困而不知救，吏姦而不知禁，法斁而不知理，坐糜廩粟而不知恥。[9] 觀其坐高堂，

많은데, 유독 나 하나뿐이겠습니까? 당신이 미처 생각하지 못한 것이지요.
【爲欺者】: 속임수를 쓰는 사람. 【寡(guǎ)】: 적다. 【獨】: 다만, 유독. 【吾子】: 그대, 당신. 【未之思】: 미처 생각하지 못하다.

7) 今夫佩虎符、坐皐比者，洸洸乎干城之具也，果能授孫、吳之略耶? → 오늘날 虎符를 차고 호랑이 가죽 의자에 앉아 있는 자들이, 위풍당당하게 마치 나라를 지키는 믿음직한 인재 같지만, (그들이) 과연 孫武・吳起의 책략을 내놓을 수 있겠습니까?
【夫】: [어기사]. 【佩(pèi)】: 차다, 달다. 【虎符】: 兵符, 옛날 군대를 동원하는 표지로 쓰던 범 모양의 패로, 반쪽은 황제가 지니고 반쪽은 군대의 통수가 지녔다. 【皐(gāo)比】: 호랑이 가죽. 【洸(guāng)洸】: 위풍당당한 모양. 【干城】: 방패와 성, 즉 「나라를 지키는 믿음직한 군대나 인물」. 【具】: 재능. 여기서는 「재능을 갖춘 사람, 인재」를 가리킨다. 【果】: 과연. 【授】: 주다. 여기서는 「내놓다」의 뜻. 【孫】: 孫武. 춘추시대 齊나라 사람으로 탁월한 군사전략가. 저서로 ≪孫子兵法≫이 있다. 【吳】: 吳起. 전국시대 衛나라 사람으로 유명한 정치가이자 군사전략가. 저서로≪吳子≫가 있다. 【略】: 책략, 전략.

8) 峨大冠、拖長紳者，昂昂乎廟堂之器也，果能建伊、皐之業耶? → 큰 관모를 높이 쓰고 긴 띠를 끌고 다니는 문관들이, 기세가 드높게 마치 조정의 棟梁 같지만, (그들이) 과연 伊尹・皐陶와 같은 공을 세울 수 있겠습니까?
【峨(é)】: 높다. 여기서는 「높이 쓰다」의 뜻. 【拖(tuō)】: 끌다. 【長紳】: 옛날 사대부들이 허리에 매던 긴 띠. 【昂(áng)昂】: 높은 모양. 【廟堂】: 천자의 종묘. 즉 「조정」을 말한다. 【器】: 인재, 棟樑. 【伊】: 伊尹. 이름은 摯. 商나라 湯王의 대신으로 탕왕을 도와 桀王을 몰아냈다. 【皐(gāo)】: 皐陶(고요). 虞나라 舜임금의 신하로 법을 세우고 형벌을 제정하고 감옥을 만들었다고 전한다.

9) 盜起而不知禦，民困而不知救，吏姦而不知禁，法斁而不知理，坐糜廩粟而不知恥。→ 도적들이 일어나도 막을 줄 모르고, 백성들이 곤궁해도 구제할 줄 모르고, 관리들이 간악해도 제재할 줄 모르고, 법령이 망가져도 정리할 줄 모르고, 앉아서 나라의 양식을 낭비해도 부끄러워할 줄을 모릅니다.
【禦(yù)】: 막다, 저지하다. ※판본에 따라서는 「禦」를 「御」라 했다. 【姦(jiān)】: 간악하다. 【斁(dù)】: 망가지다. 【理】: 정리하다, 정비하다. 【糜(mí)】: 낭비하다, 마구 쓰다. 【廩(lǐn)粟】: 나라 창고의 양식. 【恥(chǐ)】: 부끄러워하다.

騎大馬，醉醇醴而飫肥鮮者，孰不巍巍乎可畏，赫赫乎可象也?[10] 又何往而不金玉其外，敗絮其中也哉? 今子是之不察，而以察吾柑。」[11]

予默然無以應。退而思其言，類東方生滑稽之流。豈其憤世疾邪者耶? 而託于柑以諷耶?[12]

---

10) 觀其坐高堂，騎大馬，醉醇醴而飫肥鮮者，孰不巍巍乎可畏，赫赫乎可象也? → 그들이 높은 당상에 앉아 있고, 큰 말을 타고, 좋은 술을 취하도록 마시고, 살찌고 신선한 고기를 배불리 먹는 것을 보면, 어느 누가 위풍당당하여 경외할 만하고, 기세등등하여 본받을 만하지 않겠습니까?
【高堂】: 높은 당상. 【騎(qí)】: 타다. 【醉(zuì)】: 취하다. 【醇醴(lchú lǐ)】: 맛이 좋은 술. 【飫(yù)】: 실컷 먹다, 배불리 먹다. 【肥鮮(féi xiān)】: 기름지고 신선한 고기나 생선. 「맛있는 음식」을 비유한 말. 【巍(wei)巍】: 높고 큰 모양. 즉 「위풍당당한 모양」. 【可畏(wèi)】: 경외할 만하다. 【赫(hè)赫】: 혁혁한 모양, 즉 「기세등등한 모양」. 【可象】: 모방하다, 본받다.

11) 又何往而不金玉其外，敗絮其中也哉? 今子是之不察，而以察吾柑。」→ 그런데 그들이 또 언제 겉은 금옥처럼 화려한 모습을 하고, 속은 쓸모없는 솜으로 채워지지 않은 적이 있었습니까? 지금 당신은 이런 것들을 살펴보지 않고, 오히려 나의 감귤만 살펴 트집을 잡고 있습니다.」
【何往】: 언제 …한 적이 있었는가? 【金玉其外】: 겉이 금옥처럼 화려하다. 【敗絮其中】: 속이 쓸모없는 솜과 같다. 【子】: 그대, 당신. 【是之不察】: 이에 대해 살피지 않다.

12) 予默然無以應。退而思其言，類東方生滑稽之流。豈其憤世疾邪者耶? 而託于柑以諷耶? → 나는 묵묵히 응대할 수가 없었다. 물러나와 그가 한 말을 생각해보니, 마치 東方朔과 비슷한 익살스런 사람이다. 어찌 그가 세상에 대해 분개하고 사악한 것을 증오하는 사람이 아니겠는가? 그리고 감귤에 의탁하여 세상사를 풍자한 것이 아니겠는가?
【默然】: 묵묵히 말이 없는 모양. 【無以】: …할 수가 없다, …할 방법이 없다. 【類】: 비슷하다, 흡사하다. 【東方生】: [인명] 東方朔. ※≪史記・滑稽列傳≫의 기록에 의하면, 漢武帝 때 사람으로 자는 曼倩이며, 항상 익살스러운 말로 황제를 풍자했다. 【憤(fèn)世】: 세상에 대해 분개하다. 【疾邪(jí xié)】: 사악한 것을 증오하다. 「疾」: 미워하다, 증오하다. 【託(tuō)】: 기탁하다, 의탁하다. 【耶(yé)】: 의문・반문・추측・감탄을 나타내는 어조사.

■ | 번역문

감귤 파는 사람의 말

항주(杭州)에 과일을 파는 사람이 있었는데, 감귤을 잘 저장하여 추위와 더위가 지나도 상하지 않아 꺼내보면 여전히 광택이 나고 마치 옥과 같은 바탕에 금빛을 띠었다. 시장에 내놓으면 값이 (다른 사람의) 열 배인데도 사람들이 다투어 그것을 샀다. 나도 한 개를 사서 갈라보니 마치 연기가 나듯이 입과 코를 진동했고, 그 속을 보니 말라서 쓸모없는 솜과 같았다. 나는 이상하게 여겨 그에게 물었다 :「당신이 사람들에게 판 감귤은 제기(祭器)에 담아 제사를 받들고 손님을 접대하게 하려는 것이요? 아니면 겉모양을 과시하여 어리석고 눈먼 사람을 현혹시키려는 것이오?」

장사가 웃으며 말했다 :「나는 이 장사를 한 지 여러 해가 되었는데, 나는 이를 의지해서 내 몸을 부양하고 있습니다. 내가 이것을 팔면 사람들이 사가지만 아직 어떤 말을 들어본 적이 없습니다. 그런데 유독 당신에게만 불만스럽게 해드렸군요! 세상에 속임수를 쓰는 사람들이 많은데, 유독 나 하나뿐이겠습니까? 당신이 미처 생각하지 못한 것이지요. 오늘날 호부(虎符)를 차고 호랑이 가죽 의자에 앉아 있는 자들이 위풍당당하게 마치 나라를 지키는 믿음직한 인재 같지만, (그들이) 과연 손무(孫武)·오기(吳起)의 책략을 내놓을 수 있겠습니까? 큰 관모를 높이 쓰고 긴 띠를 끌고 다니는 문관들이 기세가 드높게 마치 조정의 동량(棟梁) 같지만, (그들이) 과연 이윤(伊尹)·고요(皐陶)와 같은 공을 세울 수 있겠습니까? 도적들이 일어나도 막을 줄 모르고, 백성들이 곤궁해도 구제할 줄 모르고, 관리들이 간악해도 제재할 줄 모르고, 법령이 망가져도 정비할 줄 모르고, 앉아서 나라의 양식을 낭비해도 부끄러워할 줄을 모릅니다. 그들이 높은 당상에 앉아 있고, 큰 말을 타고, 좋은 술을 취하도록 마시고, 살찌고 신선한 고기를 배불리 먹는 것을 보면, 어느 누가 위풍당당하여 경외할 만하고 기세등등하여 본받을 만하지 않겠습니까? 그런데 그들이 또 언제 겉은 금옥처럼 화려한 모습을 하고 속은 쓸모없는 솜으로 채워지지 않은 적이 있었습니까? 지금 당신은 이런 것들을 살펴보지 않고 오히려 나의 감귤만 살펴 트집을 잡고 있습니다.」

나는 묵묵히 응대할 수가 없었다. 물러나와 그가 한 말을 생각해보니 마치 동방삭(東方朔)과 비슷한 익살스런 사람이다. 어찌 그가 세상에 대해 분개하고 사악한 것을 증오하는 사람이 아니겠는가? 그리고 감귤에 의탁하여 세상사를 풍자한 것이 아니겠는가?

■ | 해제(解題) 및 본문요지 설명

본문은 작자가 「겉은 옥과 같은 바탕에 금빛을 띠고 속은 쓸모없는 솜털로 채워진 감귤」을 빌려, 속은 완전히 부패했으면서도 겉만 화려한 의관을 갖추고 높은 당상에 앉아 있는 통치자들을 신랄하게 풍자한 글이다.

본문은 네 단락으로 나눌 수 있는데, 첫째 단락에서는 항주(杭州)의 과일 파는 사람이 감귤을 잘 저장하는 것에 대해 말했고; 둘째 단락에서는 감귤 장사가 파는 그 감귤이 겉은 마치 금옥(金玉)과 같이 번지르르한데 속이 쓸모없는 솜털로 채워져 있는 것을 말했고; 셋째 단락에서는 겉모습이 금옥과 같고 속이 못 쓰는 솜털로 채워진 감귤처럼, 세상에 속임수를 쓰는 사람이 다만 나 하나뿐이 아니라는 감귤 장사의 말을 기술했고; 마지막 단락에서는 작자가 감귤 장사의 말을 듣고 묵묵히 현실에 대해 수긍하며 어처구니 없어하는 모습을 기술했다.

209 심려론(深慮論)

[明] 方孝孺

■ | 작자

방효유(方孝孺 : 1357-1402)는 명(明) 영해(寧海)[지금의 절강성 영해현(寧海縣)] 사람으로 자가 희직(希直) 또는 희고(希古)이다. 어려서부터 총명하고 독서를 좋아했으며 성장해서는 송렴(宋濂)의 문하생이 되었다. 태조(太祖) 홍무(洪武) 25년(1392) 한중교수(漢中教授)를 제수 받았는데, 후에 촉헌왕(蜀獻王) 주춘(周椿)이 그의 현명함을 알고 세자(世子)의 스승으로 초빙했다. 자신의 서재 이름을 「정학(正學)」이라 하여 세간에서는 그를 「정학선생(正學先生)」이라 불렀다.

혜제(惠帝) 때 시강학사(侍講學士)에 임명되어 나라의 큰 일이 있을 때마다 자문 역할을 했는데, 조정의 정령(政令)이 대부분 그의 손에서 나왔다. 혜제(惠帝) 건무(建武) 4년(1402) 연왕(燕王) 체(棣)가 군사를 이끌고 강을 건너와 남경(南京)이 함락되고 방효유는 이들에게 사로잡혀 감옥에 갇혔다. 그 후 연왕(燕王) 체(棣)가 명(明) 성조(成祖)로 즉위하여 방효유에게 조서(詔書)를 기초하도록 명했는데, 방효유가 이를 거절했다가 책형(磔刑)을 당해 46세의 젊은 나이로 세상을 떠났다.

방효유는 독실한 유학자(儒學者)로서 왕도(王道)를 밝혀 태평성대에 이르는 것을 자신의 임무로 삼았으며, 문학에도 조예가 깊어 한 편을 이룰 때마다 사방에서 서로 다투어 전송(傳誦)했다. ≪명사(明史)≫ 권(卷)141에 그의 열전(列傳)이 있으며, 저서로 ≪손지재집(遜志齋集)≫이 전한다.

■ | 원문 및 주석

深慮論[1]

慮天下者, 常圖其所難, 而忽其所易; 備其所可畏, 而遺其所不疑。[2] 然而禍常發於所忽之中, 而亂常起於不足疑之事。 豈其慮之未周與?[3] 蓋慮之所能及者, 人事之宜然; 而出於智力之所不及者, 天道也。[4]

當秦之世, 而滅六諸侯, 一天下, 而其心以爲周之亡, 在乎諸侯之强耳。[5] 變封建而爲郡縣, 方以爲兵革可不復用, 天子之位

1) 深慮論 → 깊은 생각에 관해 논한 글
【深慮】: 깊은 생각, 깊은 사려.

2) 慮天下者, 常圖其所難, 而忽其所易; 備其所可畏, 而遺其所不疑。→ 천하를 걱정하는 사람들은, 항상 어렵다고 여기는 일을 도모하고, 쉽다고 여기는 일을 소홀히 하며; 두렵다고 여기는 일을 대비하고, 의심이 가지 않는 일을 잊어버린다.
【慮(lǜ)】: 생각하다, 걱정하다. 【圖(tú)】: 도모하다, 계획하다. 【忽(hū)】: 소홀히 하다. 【備】: 대비하다, 방비하다. 【畏(wèi)】: 두려워하다. 【遺(yí)】: 잊다, 잊어버리다.

3) 然而禍常發於所忽之中, 而亂常起於不足疑之事。 豈其慮之未周與? → 그러나 재앙은 항상 소홀히 여기는 일에서 발생하고, 변란은 항상 족히 의심하지 않던 일에서 일어난다. 어찌 그들의 생각이 주도면밀하지 못해서이겠는가?
【未周】: 주도면밀하지 못하다.

4) 蓋慮之所能及者, 人事之宜然; 而出於智力之所不及者, 天道也。→ 이는 생각이 미칠 수 있는 것은, 사람이 하는 일로서 당연한 것들뿐이고; (사람의) 지력을 초월하여 (생각이) 미치지 못하는 것은, 天道이기 때문이다.
【蓋】: [어기사] ※구의 첫머리에 놓여 앞에서 말한 것을 이어받아 이유나 원인을 나타낸다. 【宜然】: 당연히 그렇다. 【出於】: …을 넘다, …을 초월하다.

5) 當秦之世, 而滅六諸侯, 一天下, 而其心以爲周之亡, 在乎諸侯之强耳。→ 秦나라가 전성기 때, 六國의 제후들을 멸하고, 천하를 통일한 후, (진시황은) 마음속으로 周나라가 멸망한 원인을, 오로지 제후들이 강한 데 있을 뿐이라고 생각했다.
【當】: …때. 【秦之世】: 진나라의 세상, 즉 「진나라의 전성기」. 【一天下】: 천하를

可以世守, 而不知漢帝起隴畝之匹夫, 而卒亡秦之社稷。[6] 漢懲秦之孤立, 於是大建庶孽而爲諸侯, 以爲同姓之親, 可以相繼而無變, 而七國萌簒弑之謀。[7] 武、宣以後, 稍剖析之而分其勢, 以爲

통일하다. 【以爲】: …라 여기다, …라고 생각하다. 【在乎】: 在於, …에 있다. 【耳】: …뿐.

6) 變封建而爲郡縣, 方以爲兵革可不復用, 天子之位可以世守, 而不知漢帝起隴畝之匹夫, 而卒亡秦之社稷。→ 그리하여 봉건제도를 郡縣제도로 바꾼 후, 마침 무기는 다시 사용하지 않아도 되고, 천자의 자리는 대대로 세습할 수 있다고 생각하고 있을 때, 오히려 漢高祖가 평민 신분으로 밭두렁에서 일어나, 마침내 秦나라의 사직을 멸망시킬 줄을 몰랐다.

【變】: 바꾸다, 고치다. 【封建】: 봉건제도, 즉 周나라 때 왕족이나 공신들에게 봉토를 나누어 주어 제후국을 건립한 제도. 【郡縣】: 郡·縣의 행정단위를 중심으로 한 중앙집권제도. ※秦始皇은 전국을 통일한 후, 周시대의 봉건제도를 폐지하고 전국을 36개 郡으로 나누어 군 밑에 縣을 두고 郡縣의 장관을 중앙에서 任免했다. 【方】: 마침, 바야흐로, 한창. 【兵革】: 무력, 무기. 【可不…】: …하지 않아도 되다. 【世守】: 세습하여 지키다, 대대로 세습하다. 【漢帝】: 漢高祖 劉邦. 【隴畝(lóng mǔ)】: 밭이랑, 밭두렁. 【匹夫】: 평민, 서민. ※판본에 따라서는 「匹夫」를 「中」이라 했다. 【卒】: 끝내, 마침내. 【亡】: [사동용법] 멸망시키다. 【社稷(jì)】: 사직, 국가, 조정.

7) 漢懲秦之孤立, 於是大建庶孽而爲諸侯, 以爲同姓之親, 可以相繼而無變, 而七國萌簒弑之謀。→ 漢나라는 秦나라가 고립되었던 것을 거울삼아, 이에 자식과 형제들을 많이 봉하여 제후로 삼고, 同姓의 친족들이 대를 이어가면 변란이 없으리라고 여겼지만, 그러나 일곱 나라에서 왕위를 찬탈하고 임금을 시해하려는 음모가 일어났다.

※漢景帝가 鼂錯의 계책을 받아들여 제후들의 봉지를 삭감하려 하자, 吳王 濞가 楚王 戊·趙王 遂·膠東王 雄渠·膠西王 卬·齊南王 辟光·菑川王 賢과 약속하여 조착을 주살한다는 명분으로 군사를 일으켜, 景帝가 조착을 죽이고 사죄했으나 여전히 철수하지 않았다. 이에 周亞夫가 군사를 이끌고 이들을 평정했는데, 역사에서는 이를 일러 「七國의 난」이라 한다.

【懲(chéng)】: 경계하다, 거울삼다. 【於是】: 이에, 그리하여. 【大建】: 많이 봉하다. 【庶孽(shù niè)】: 첩 소생의 아들, 서자. 여기서는 「자식과 형제」 등의 친족을 가리킨다. 【七國】: 漢나라 초기에 봉했던 吳·楚·趙·膠東·膠西·齊南·菑川 등 일곱 나라. 【萌(méng)】: 발생하다, 일어나다. 【簒弑(cuàn shì)】: 임금을 시해하고 왕위를 찬탈하다. 【謀】: 음모, 모략.

無事矣，而王莽卒移漢祚。[8] 光武之懲哀、平，魏之懲漢，晉之懲魏，各懲其所由亡而爲之備，而其亡也，皆出其所備之外。[9]

唐太宗聞武氏之殺其子孫，求人於疑似之際而除之，而武氏日侍其左右而不悟。[10] 宋太祖見五代方鎭之足以制其君，盡釋其兵權，使力弱而易制，而不知子孫卒困於夷狄。[11] 此其人皆有出

---

8) 武、宣以後，稍剖析之而分其勢，以爲無事矣，而王莽卒移漢祚。→ 武帝・宣帝 이후, 어느 정도 그들의 영토를 분할하여 그들의 세력을 분산하고 나서, 무사할 것이라 여겼지만, 그러나 王莽이 결국 漢나라의 제위를 찬탈했다.

【武】: 漢武帝. 무제는 景帝의 정책을 계승하여 각 제후국들의 세력을 약화시키고 중앙집권을 강화했다. 【宣】: 漢宣帝. 【稍(shāo)】: 다소, 약간, 어느 정도. 【剖析(pōu xī)】: 가르다, 쪼개다, 분할하다. 【以爲】: …라 여기다, …라고 생각하다. 【王莽(mǎng)】: 西漢 말에 외척의 신분으로 정권을 장악하고, 제위를 찬탈한 후 국호를 「新」이라 했는데, 이를 「新莽」이라고도 불렀다. 【卒】: 마침내, 결국. 【移(yí)】: 옮기다, 이동하다. 여기서는 「찬탈하다」의 뜻. 【祚(zuò)】: 帝位.

9) 光武之懲哀、平，魏之懲漢，晉之懲魏，各懲其所由亡而爲之備，而其亡也，皆出其所備之外。→ 光武帝는 哀帝와 平帝의 재앙을 거울로 삼고, 魏나라는 漢나라를 거울로 삼고, 晉나라는 魏나라를 거울로 삼는 등, 각기 그들이 망한 원인을 거울로 삼아 이를 위해 대비했지만, 그러나 그들의 멸망은, 모두 대비하지 못한 곳에서 발생했다.

【光武】: 光武帝. 東漢의 건국자. 【哀、平】: 西漢의 마지막 두 임금인 哀帝와 平帝. 【所由】: 원인, 까닭, 이유. 【所備之外】: 대비하지 못한 곳.

10) 唐太宗聞武氏之殺其子孫，求人於疑似之際而除之，而武氏日侍其左右而不悟。→ 唐의 太宗은 武氏가 太宗 자신의 자손을 죽이려 한다는 말을 듣고, 유사한 혐의가 있는 사람을 찾아내어 그들을 없애버렸지만, 그러나 (정작) 武氏가 매일 자기 옆에서 시중들고 있다는 것을 깨닫지 못했다.

【唐太宗】: 唐의 제2대 군주 李世民. 【武氏】: 武則天, 則天武后. ※14살 때 궁에 들어와 高宗 때 황후가 되었다. 후에 中宗과 睿宗을 폐위시킨 후 스스로 황제라 칭하고 국호를 「周」로 바꾸었다. 【求】: 찾다, 조사하다. 【人於疑似之際】: 사람이 혐의가 있을 때, 즉 「혐의가 있는 사람」. 「疑似」: 혐의가 있다, 긴가민가하다. 【除之】: 그들을 제거하다. 「之」: [대명사] 그들, 즉 「혐의가 있는 사람들」. 【侍(shì)】: 모시다, 시중들다. 【悟(wù)】: 깨닫다, 알아차리다.

11) 宋太祖見五代方鎭之足以制其君，盡釋其兵權，使力弱而易制，而不知子孫卒困於夷狄。→ 宋의 太祖는 五代의 藩鎭들이 족히 천자를 제어할 수 있는 것을 보고, 이에

人之智，負蓋世之才，其於治亂存亡之幾，思之詳而備之審矣。[12)]慮切於此，而禍興於彼，終至於亂亡者，何哉？蓋智可以謀人，而不可以謀天。[13)] 良醫之子，多死於病；良巫之子，多死於鬼。[14)]彼豈工於活人而拙於活己之子哉？乃工於謀人而拙於謀天也。[15)]

古之聖人，知天下後世之變，非智慮之所能周，非法術之所

그들의 병권을 모두 해제하여, 그들의 힘을 약화시키고 통제가 용이하도록 했지만, 그러나 자손들이 결국 오랑캐에게 곤란을 당하리라는 것을 알지 못했다.
【宋太祖】: 宋의 건국자 趙匡胤. 【五代方鎭】: 後梁・後唐・後晋・後漢・後周 등 오대 시기 지방의 藩鎭 세력. 【足以】: 족히 …할 수 있다. 【制】: 통제하다, 제어하다. 【盡】: 모두, 전부. 【釋(shì)】: 풀다, 해제하다. 【使】: …하여금 …하게 하다. 【易制】: 용이하게 통제하다. 【卒】: 마침내, 결국. 【困於…】: …에게 곤란을 당하다. 【夷狄(yí dí)】: 적, 오랑캐.

12) 此其人皆有出人之智，負蓋世之才，其於治亂存亡之幾，思之詳而備之審矣。→ 이들은 모두 보통 사람을 능가하는 지혜와 세상을 압도하는 재능을 지녔고, 治亂과 存亡의 징후에 대해서도, 생각이 철저하고 대비가 주도면밀했다.
【此其人】: 이들. 【負蓋(fù gài)】: 덮다, 즉 「압도하다」의 뜻. 【幾(jī)】: 징후, 징조. 【詳】: 상세하다, 세밀하다, 철저하다. 【審(shěn)】: 주도면밀하다.

13) 慮切於此，而禍興於彼，終至於亂亡者，何哉？蓋智可以謀人，而不可以謀天。→ 그러나 이쪽에서 생각이 잘 들어맞아도, 저쪽에서 재앙이 일어나, 끝내 변란과 멸망에 이르게 되는 것은, 무슨 까닭인가? 대저 사람의 지혜는 사람의 일을 도모할 수는 있어도, 하늘의 뜻을 도모할 수는 없기 때문이다.
【切】: 잘 들어맞다. 【終】: 끝내, 결국. 【蓋(gài)】: 대저. 【謀(móu)】: 도모하다, 꾀하다.

14) 良醫之子，多死於病；良巫之子，多死於鬼。→ 고명한 의사의 자식은, 대부분 병에 걸려 죽고; 고명한 무당의 자식은, 대부분 귀신에 홀려 죽는다.
【多】: 대부분.

15) 彼豈工於活人而拙於活己之子哉？乃工於謀人而拙於謀天也。→ 그들이 어찌 남을 살리는 데 능숙하고 자기의 자식을 살리는 데 서툴러서 그렇겠는가? 바로 사람의 일을 도모하는 데 있어서는 능숙하지만 하늘의 뜻을 도모하는 데 있어서는 서투르기 때문이다.
【工】: 능숙하다, 교묘하다. 【人】: 남, 다른 사람. 【拙(zhuō)】: 서투르다, 졸렬하다.

能制, 不敢肆其私謀詭計, 而惟積至誠、用大德, 以結乎天心, 使天眷其德, 若慈母之保赤子而不忍釋。16) 故其子孫, 雖有至愚不肖者足以亡國, 而天卒不忍遽亡之, 此慮之遠者也。17) 夫苟不能自結於天, 而欲以區區之智, 籠絡當世之務, 而必後世之無危亡, 此理之所必無者也, 而豈天道哉?18)

---

16) 古之聖人, 知天下後世之變, 非智慮之所能周, 非法術之所能制, 不敢肆其私謀詭計, 而惟積至誠、用大德, 以結乎天心, 使天眷其德, 若慈母之保赤子而不忍釋。→ 옛날의 성인들이, 천하 후세의 변화를 잘 알았던 것은, 지혜와 사려가 주도면밀한 것도 아니고, 법령이나 권모술수로 능히 통제할 수 있던 것도 아니며, 다만 감히 자신의 개인적인 음모나 속임수를 함부로 쓰지 않고, 오직 지성을 쌓아, 큰 덕을 베풀며, 天心과 결합함으로써, 하늘로 하여금 그 덕을 보살피도록 한 것으로, 이는 마치 자애로운 어머니가 갓난아이를 보호하여 차마 버리지 못하게 한 것과도 같다.

【智慮】: 지혜와 사려. 【法術】: 법령과 권모술수. 【制】: 제어하다, 통제하다. 【肆(sì)】: 멋대로 하다, 함부로 하다. 【詭(guǐ)計】: 간계, 속임수. 【惟】: 오로지, 오직. 【積(jī)】: 쌓다. 【使】: …로 하여금 …하게 하다. 【眷(juàn)】: 돌보다, 보살피다. 【若】: 마치 …같다. 【赤子】: 갓난아이. 【不忍(rěn)】: 차마 …하지 못하다. 【釋(shì)】: 버리다, 포기하다.

17) 故其子孫, 雖有至愚不肖者足以亡國, 而天卒不忍遽亡之, 此慮之遠者也。→ 그래서 그 자손이, 비록 지극히 어리석고 현명하지 못해 족히 나라를 망칠 수 있는 사람이었다 해도, (하늘이) 끝내 차마 그로 하여금 즉시 나라를 망치게 하지 않았으니, 이것이 바로 그들의 사려가 깊은 것이다.

【至愚】: 지극히 어리석다. 【不肖(xiào)】: 현명하지 못하다. 【卒】: 끝내, 마침내. 【遽(jù)】: 급히, 서둘러, 즉시, 바로. 【遠】: 심원하다.

18) 夫苟不能自結於天, 而欲以區區之智, 籠絡當世之務, 而必後世之無危亡, 此理之所必無者也, 而豈天道哉? → 무릇 만약에 스스로 하늘과 결합하지도 못하면서, 얄팍한 지혜를 가지고, 當代의 모든 사무를 제어하며, 반드시 후세가 위태롭지 않기를 바란다면, 이는 이치상 절대로 있을 수 없는 일인데, 어찌 天道에 부합할 수 있겠는가?

【夫】: [발어사] 대저, 무릇. 【苟(gǒu)】: 만일. 【欲】: …하고자 하다, …하기를 바라다. 【區(qū)區】: 작다, 사소하다, 얄팍하다. 【籠絡(lóng luò)】: 농락하다. 여기서는 「통제하다, 제어하다」의 뜻. 【當世之務】: 當代의 모든 사무. 【危亡】: 위태롭다, 존망의 위기에 봉착하다. 【必無】: 반드시 없다, 즉 「절대로 없다」의 뜻.

■ | 번역문

깊은 생각에 관해 논한 글

천하를 걱정하는 사람들은 항상 어렵다고 여기는 일을 도모하고 쉽다고 여기는 일을 소홀히 하며, 두렵다고 여기는 일을 대비하고 의심이 가지 않는 일을 잊어버린다. 그러나 재앙은 항상 소홀히 여기는 일에서 발생하고 변란은 항상 족히 의심하지 않던 일에서 일어난다. 어찌 그들의 생각이 주도면밀하지 못해서이겠는가? 이는 생각이 미칠 수 있는 것은 사람이 하는 일로서 당연한 것들뿐이고, (사람의) 지력(智力)을 초월하여 (생각이) 미치지 못하는 것은 천도(天道)이기 때문이다.

진(秦)나라가 전성기 때 육국(六國)의 제후들을 멸하고 천하를 통일한 후, (진시황은) 마음속으로 주(周)나라가 멸망한 원인을 오로지 제후들이 강한 데 있을 뿐이라고 생각했다. 그리하여 봉건제도를 군현제도(郡縣制度)로 바꾼 후, 마침 무기는 다시 사용하지 않아도 되고 천자의 자리는 대대로 세습할 수 있다고 생각하고 있을 때, 오히려 한고조(漢高祖)가 밭두렁에서 일어나 마침내 진(秦)나라의 사직을 멸망시킬 줄을 몰랐다. 한나라는 진나라가 고립되었던 것을 거울삼아, 이에 자식과 형제들을 많이 봉하여 제후로 삼고, 동성(同姓)의 친족들이 대를 이어가면 변란이 없으리라고 여겼지만, 그러나 일곱 나라에서 왕위를 찬탈하고 임금을 시해하려는 음모가 일어났다. 무제(武帝)・선제(宣帝) 이후, 어느 정도 그들의 영토를 분할하여 그들의 세력을 분산하고 나서 무사할 것이라 여겼지만, 그러나 왕망(王莽)이 결국 한(漢)나라의 제위를 찬탈했다. 광무제(光武帝)는 애제(哀帝)와 평제(平帝)의 재앙을 거울로 삼고, 위(魏)나라는 한(漢)나라를 거울로 삼고, 진(晉)나라는 위(魏)나라를 거울로 삼는 등, 각기 그들이 망한 원인을 거울로 삼아 이를 위해 대비했지만, 그러나 그들의 멸망은 모두 대비하지 못한 곳에서 발생했다.

당(唐)의 태종(太宗)은 무씨(武氏)가 태종(太宗) 자신의 자손을 죽이려 한다는 말을 듣고 유사한 혐의가 있는 사람을 찾아내어 그들을 없애버렸지만, 그러나 (정작) 무씨가 매일 자기 옆에서 시중들고 있다는 것을 깨닫지 못했다. 송(宋)의 태조(太祖)는 오대(五代)의 번진(藩鎭)들이 족히 천자를 제어할 수 있는 것을 보고, 이에 그들의 병권을 모두 해제하여 그들의 힘을 약화시키고 통제가 용이하도록 했지만, 그러나 자손들이 결국 오랑캐에게 곤란을 당하리라는 것을 알지 못했다. 이들은 모두 보통 사람을 능가하는 지혜와 세상을 압도하는 재능을 지녔고, 치란(治亂)과 존망(存亡)의 징후에 대해서도 생각이 철저하고 대비가 주도면밀했다. 그러나 이쪽에서 생각이 잘 들어맞아도 저쪽에서 재앙이 일어나, 끝내 변란과 멸망에 이르게 되는 것은 무슨 까닭인가? 대저 사람의 지혜는 사람의 일을 도모할 수는 있어도 하늘의 뜻을 도모할 수는 없기 때문이다. 고명한 의사의 자식은 대부분 병에 걸려 죽고, 고명한 무당의 자식은 대부분 귀신에 홀려 죽는다. 그들이 어찌 남을 살리는 데 능숙하고 자기의 자식을 살리는 데 서툴러서 그렇겠는가? 바로 사람의 일을 도모하는 데 있어서는 능숙하지만 하늘의 뜻을 도모하는 데 있어서는 서투르기 때문이다.

옛날의 성인들이 천하 후세의 변화를 잘 알았던 것은, 지혜와 사려가 주도면밀한 것도 아니고 법령이나 권모술수로 능히 통제할 수 있던 것도 아니며, 다만 감히 자신의 개인적인 음모나 속임수를 함부로 쓰지 않고, 오직 지성을 쌓아 큰 덕을 베풀며 천심(天心)과 결합함으로써, 하늘로 하여금 그 덕을 보살피도록 한 것으로, 이는 마치 자애로운 어머니가 갓난아이를 보호하여 차마 버리지 못하게 한 것과도 같다. 그래서 그 자손이 비록 지극히 어리석고 현명하지 못해 족히 나라를 망칠 수 있는 사람이었다 해도, (하늘이) 끝내 차마 그로 하여금 즉시 나라를 망치게 하지 않았으니, 이것이 바로 그들의 사려가 깊은 것이다. 무릇 만약에 스스로 하늘과 결합하지도 못하면서, 얄팍한 지혜를 가지고 당대(當代)의 모든 사무를 제어하며 반드시 후세가 위태롭지 않기를 바란다면, 이는 이치상 절대로 있을 수 없는 일인데 어찌 천도(天道)에 부합할 수 있겠는가?

■ | 해제(解題) 및 본문요지 설명

방효유(方孝孺)의 ≪심려론(深慮論)≫은 모두 10편이며, 내용은 모두 치국이념(治國理念)과 방법을 설명한 것이다. 본문은 그 중의 제1편으로, 천하를 다스리자면 지혜나 권모술수에 의존하지 말고 오로지 지성을 쌓고 큰 덕을 베풀어 하늘과 결합해야 비로소 사직을 오래도록 보전할 수 있다는 것을 강조한 것이다.

본문은 네 단락으로 나눌 수 있는데, 첫째 단락에서는 사람의 지혜나 생각은 사람이 하는 일에 국한될 뿐 천도(天道)에 미치지 못한다는 것을 말했고; 둘째 단락에서는 진(秦)나라로부터 진(晉)나라에 이르기까지 사람의 일을 도모하는 데 있어서는 능숙하지만 하늘의 뜻을 도모하는 데 있어서는 서툴었던 사례를 들어 설명했고; 셋째 단락에서는 다시 당(唐)・송(宋) 양대가 사람의 일을 도모하는 데 있어서는 능숙하지만 하늘의 뜻을 도모하는 데 있어서는 서툴었던 사례를 들어 설명했고; 마지막 단락에서는 사직을 오래도록 보전하려면 자신의 개인적인 음모나 속임수를 함부로 쓰지 말고, 오로지 지성을 쌓고 큰 덕을 베풀어 하늘의 뜻과 결합해야 한다는 것을 강조했다.

210 예양론(豫讓論)

[明] 方孝孺

■ | 작자

209. 심려론(深慮論) 참조

■ | 원문 및 주석

豫讓論[1)]

士君子立身事主, 旣名知己, 則當竭盡智謀, 忠告善道, 銷患於未形, 保治於未然, 俾身全而主安。[2)] 生爲名臣, 死爲上鬼,

1) 豫讓論 → 豫讓에 대해 논한 글
【豫讓】: [인명] 예양. 춘추전국시대 晉나라 사람. ※≪史記·刺客列傳≫의 기록에 의하면, 예양은 처음에 范氏와 中行氏를 섬겼다가 후에 범씨와 중행씨가 智伯에게 살해된 후 지백을 섬겼다. 그 후 지백이 趙襄子에게 살해되자 예양은 지백을 위해 원수를 갚으려다 실패하여 스스로 목숨을 끊었다.

2) 士君子立身事主, 旣名知己, 則當竭盡智謀, 忠告善道, 銷患於未形, 保治於未然, 俾身全而主安。→ 선비와 군자가 立身하여 주인을 섬길 때, 이미 知己라 불리었다면, 마땅히 지모를 다해, 충심으로 알리고 善을 따르도록 인도하며, 재앙이 형성되기 이전에 제거하고, 사태가 발생하기 이전에 치안을 확보하여, 자신이 보전되고 주인이 평안하도록 해야 한다.
【士君子】: 선비와 군자. 【事】: 섬기다. 【名】: [동사] …라고 불리다. 【當】: 마땅히, 당연히. 【竭盡(jié jìn)】: 다하다. 【忠告善道】: 충심으로 권고하고 선을 따

垂光百世，照耀簡策，斯爲美也。3) 苟遇知己，不能扶危於未亂之先，而乃捐軀殞命於既敗之後，釣名沽譽，眩世駭俗，由君子觀之，皆所不取也。4)

蓋嘗因而論之。豫讓臣事智伯，及趙襄子殺智伯，讓爲之報讎，聲名烈烈，雖愚夫愚婦，莫不知其爲忠臣義士也。5) 嗚呼! 讓

르도록 인도하다. ※《論語·顔淵》:「忠告而善道之。」【銷(xiāo)】: 제거하다, 없애다. 【未形】: 형성되기 이전. 【保治】: 치안을 확보하다. 【未然】: 사태가 발생하기 이전. 【俾(bǐ)】: 使, …하게 하다. 【身全】: 자신이 보전되다.

3) 生爲名臣，死爲上鬼，垂光百世，照耀簡策，斯爲美也。→ 살아서 이름난 신하가 되고, 죽어서 착한 귀신이 되어, 百代에 빛을 남기고, 史書를 현란하게 비출 때, 이것이 비로소 아름다운 일이다.
【上鬼】: 착한 귀신. 【垂】: 남기다, 전하다. 【百世】: 百代. 【照耀(zhào yào)】: 현란하게 비추다. 【簡策】: 서적. 여기서는 「史籍, 史書」를 가리킨다. ※옛날 종이가 없을 때 글씨를 쓰던 대나무쪽이나 나무쪽을 「簡」이라 하고, 이를 엮어 만든 것을 「策」이라 했다. 【斯】: 이것.

4) 苟遇知己，不能扶危於未亂之先，而乃捐軀殞命於既敗之後，釣名沽譽，眩世駭俗，由君子觀之，皆所不取也。→ 만일 知己를 만나서, 변란이 일어나기 전에 危難을 도와주지 못하고, 오히려 실패한 후에 생명을 희생하며, 명성을 낚고 영예를 구하여, 세속을 현혹시키고 놀라게 한다면, 군자가 볼 때는, 모두 취할 만한 것이 못된다.
【苟(gǒu)】: 만일, 만약. 【扶危】: 위기를 보살펴 주다, 위난을 도와주다. 【於…之先】: …하기에 앞서. 【乃】: 오히려. 【捐軀(juān qū)】: 목숨을 바치다. 【殞(yǔn)命】: 생명을 잃다. 【釣(diào)名沽(gū)譽】: 명성을 낚고 영예를 사다. 즉 「고의 또는 어떤 수단을 부려 명예를 추구하다」의 뜻. 【眩世駭俗】: 세속을 현혹시키고 놀라게 하다. 【由】: …가(이). ※동작의 주체를 나타낸다.

5) 蓋嘗因而論之。豫讓臣事智伯，及趙襄子殺智伯，讓爲之報讎，聲名烈烈，雖愚夫愚婦，莫不知其爲忠臣義士也。→ (나는) 일찍이 이를 근거로 그것에 관해 논한 적이 있다. 예양이 家臣으로써 智伯을 섬겼는데, 趙襄子가 지백을 살해하기에 이르자, 예양이 지백을 위해 복수하여, 명성이 자자했다. 비록 평범한 사람이지만, 그가 충신이요 義士라는 것을 모르는 사람이 없었다.
【蓋】: [어기사]. 【因】: 因(之), 이를 근거로. 【臣事…】: 가신으로써 …을 섬기다. 【智伯】: 춘추전국시대 晉卿 荀瑤. 【及】: 至, …에 이르다. 【趙襄子】: 춘추전국시대의 晉卿 趙孟. ※《史記·刺客列傳》의 기록에 의하면, 조양자는 韓康子·魏桓子와 공모하여 지백의 군대를 멸하고 지백과 그 자손을 죽인 다음 토지를 나누어

之死固忠矣，惜乎處死之道有未忠者存焉。何也?[6] 觀其漆身呑炭，謂其友曰：「凡吾所爲者極難，將以愧天下後世之爲人臣而懷二心者也。」謂非忠可乎?[7] 及觀斬衣三躍，襄子責以不死於中行氏而獨死於智伯,[8] 讓應曰：「中行氏以衆人待我，我故以衆人報之；智伯以國士待我，我故以國士報之。」卽此而論，讓有餘憾矣。[9]

가졌다. 【烈烈】: 대단하다, 자자하다. 【愚夫愚婦】: 평범한 사람. 【莫不知】: 모르는 사람이 없다.

6) 嗚呼! 讓之死固忠矣, 惜乎處死之道有未忠者存焉。何也? → 아! 예양의 죽음은 물론 충성의 표현이나, 가석하게도 죽는 방법에 있어서 충성스럽지 못한 점이 존재하고 있다. 어째서인가?
【嗚呼!】: [감탄사] 아! 【固】: 물론, 확실히. 【處死之道】: 죽는 방법.

7) 觀其漆身呑炭, 謂其友曰：「凡吾所爲者極難, 將以愧天下後世之爲人臣而懷二心者也。」謂非忠可乎? → 예양이 몸에 옻칠을 하고 숯가루를 먹고 나서, 친구에게 :「무릇 내가 하고 있는 일은 지극히 어렵지만, 장차 이로써 천하 후세에 남의 신하가 되어 두 마음을 품는 자들을 부끄럽게 하려고 한다.」라고 말한 것을 보면, 이를 충심이 아니라고 말할 수 있는가?
【漆身呑炭】: 몸에 옻칠을 하고 숯가루를 삼키다. ※예양은 지백의 원수를 갚기 위해 자기 몸에 옻칠을 하여 문둥병을 가장하고, 숯가루를 먹어 소리를 바꾸어 남이 알아보지 못하게 했다. 【凡】: 무릇, 대저. 【將】: (장차) …하려 하다. 【以】: 以(之), 이로써. 【愧(kuì)】: [사동용법] 부끄러움을 느끼게 하다. 【爲人臣】: 남의 신하가 되다.

8) 及觀斬衣三躍, 襄子責以不死於中行氏而獨死於智伯, → (예양이) 세 번을 뛰어 올라 옷을 베는 것을 보고, 조양자가 中行氏를 위해 죽지 않고 유독 지백을 위해 죽으려는 것을 꾸짖자,
【斬(zhǎn)衣三躍(yuè)】: 세 번을 뛰어올라 칼로 옷을 베다. ※예양은 지백의 원수를 갚기 위해 조양자를 살해하려다 실패하자 조양자의 옷을 얻어 그것을 베어 원수를 갚은 것으로 삼고자 간청함으로 조양자가 허락하고 그에게 옷을 주어 베도록 했다. 【責】: 꾸짖다, 나무라다. 【以】: …을. 【獨】: 유독, 특별히.

9) 讓應曰：「中行氏以衆人待我, 我故以衆人報之; 智伯以國士待我, 我故以國士報之。」卽此而論, 讓有餘憾矣。→ 예양이 :「중행씨는 나를 보통 사람으로 대하여, 나도 그래서 보통 사람으로써 그에게 보답했고; 지백은 나를 國士로 대하여, 나도 그래서 국사로써 그에게 보답하려는 것이오.」라고 말했는데, 이를 가지고 논한다면, 예양에 대해 유감스러운 점이 있다.

段規之事韓康，任章之事魏獻，未聞以國士待之也，而規也章也，力勸其主從智伯之請，與之地以驕其志而速其亡也。[10] 郄疵之事智伯，亦未嘗以國士待之也，而疵能察韓、魏之情以諫智伯，雖不用其言，以至滅亡，而疵之智謀忠告，已無愧於心也。[11]

【衆人】: 보통 사람. 【國士】: 국가의 걸출한 인물.

10) 段規之事韓康，任章之事魏獻，未聞以國士待之也，而規也章也，力勸其主從智伯之請，與之地以驕其志而速其亡也。→ 段規가 韓康子를 섬기고, 任章이 魏桓子를 섬겼어도, 그들을 국사로써 대했다는 말을 듣지 못했지만, 그러나 단규나 임장은, 자기들의 주인에게 지백의 청에 따라, 땅을 떼어주고 이로써 지백의 심지를 교만하게 만들어 지백의 멸망을 빠르게 하도록 온 힘을 다해 권했다.

【段規(duàn guī)】: [인명] 단규. 韓康子의 家臣. 智伯이 일찍이 한강자에게 땅을 요구하여 한강자가 거절하려 하자, 段規가 : 「주는 것이 좋습니다. 그가 단맛을 보면 틀림없이 또 다른 사람에게도 요구할 것이고, 만일 다른 사람이 주지 않으면 그가 틀림없이 무력으로 강탈할 것이니, 우리는 화를 면한 채 조용히 사태의 추이를 기다려 볼 수 있을 것입니다」라고 한강자를 설득하여 한강자가 이에 동의했다. 【韓康】: [인명] 춘추전국시대 晉卿 韓康子. 이름은 虔. 【任章】: [인명] 임장. 魏桓子의 家臣. 智伯이 韓康子로부터 땅을 얻은 후, 또 위환자에게 요구하여 위환자가 거절하려 하자, 任章이 : 「까닭 없이 땅을 요구하면, 여러 대부들은 틀림없이 두려워 할 것이고, 우리가 지백에게 땅을 주면 지백은 틀림없이 교만해 질 것입니다. 교만해 지면 적들을 경시하게 되어, 모두가 지백을 두려워한 나머지 더욱 단결할 것임으로, 그렇게 되면 지백의 운명은 오래가지 못할 것입니다」라고 위환자를 설득하여 위환자도 땅을 내주었다. 【魏獻】: [인명] 魏桓의 잘못. 魏桓子. 춘추전국시대 晉卿. 【力勸】: 힘을 다해 권하다. 【從】: 따르다. 【與之地】: 그에게 땅을 떼어주다. 「與」: 주다. 「之」: [대명사] 그, 즉 智伯. 【驕(jiāo)】: [사동용법] 교만하게 만들다. 【速】: [사동용법] 빠르게 하다, 가속화하다.

11) 郄疵之事智伯，亦未嘗以國士待之也，而疵能察韓、魏之情以諫智伯，雖不用其言，以至滅亡，而疵之智謀忠告，已無愧於心也。→ (그리고) 郄疵가 지백을 섬길 때도, 역시 (지백이) 그를 국사로 대한 적이 없지만, 그러나 극자는 능히 한강자·위환자의 실정을 살펴 이를 지백에게 간했으며, 비록 지백이 그들의 말을 듣지 않아, 멸망하기에 이르렀지만, 그러나 극자의 지모와 충고는, 이미 마음속에 부끄러울 것이 없었다.

【郄疵(xì cī)】: [인명] 극자. 智伯의 가신. ※판본에 따라서는 「郄」을 「郗」라 했

讓旣自謂智伯待以國士矣；國士，濟國之事也。[12] 當伯請地無厭之日，縱欲荒棄之時，爲讓者，正宜陳力就列，諄諄然而告之曰：「諸侯大夫，各受分地，無相侵奪，古之制也。今無故而取地於人，人不與，而吾之忿心必生；與之，則吾之驕心以起。忿必爭，爭必敗；驕必傲，傲必亡。」[13] 諄切懇告，諫不從，再諫之；再諫不從，三諫之；三諫不從，移其伏劍之死，死於是日。[14] 伯雖頑冥不靈，

다.【未嘗】：…한 적이 없다.【諫(jiàn)】：간하다.【不用】：채택하지 않다, 듣지 않다.

12) 讓旣自謂智伯待以國士矣；國士，濟國之事也。→ 예양은 이미 지백이 (자신을) 국사로 대했다고 스스로 말했는데, 국사란, 나라를 구제하는 일에 종사하는 사람이다.

【濟國】：나라를 구제하다.

13) 當伯請地無厭之日，縱欲荒棄之時，爲讓者，正宜陳力就列，諄諄然而告之曰：「諸侯大夫，各受分地，無相侵奪，古之制也。今無故而取地於人，人不與，而吾之忿心必生；與之，則吾之驕心以起。忿必爭，爭必敗，驕必傲，傲必亡。」→ 지백이 남의 땅을 요구하며 만족한 날이 없고, 멋대로 방종하며 난폭하게 행동할 때, 예양으로서는, 바로 마땅히 자신의 직분을 다하여, 지백에게：「제후와 대부가, 각기 토지를 분배받아, 서로 침탈하지 않는 것이, 옛 제도입니다. 지금 아무런 이유도 없이 다른 사람에게 땅을 요구하는데, 그 사람이 주지 않으면, 우리는 반드시 분한 마음이 생기고; 땅을 주면, 우리는 우쭐하는 마음이 일게 됩니다. 분하면 반드시 다투게 되고, 다투면 반드시 실패하며; 우쭐하면 반드시 오만하게 되고, 오만하면 반드시 멸망하게 됩니다.」라고 간절히 일러주어야 한다.

【當】：…때.【厭(yàn)】：饜, 만족하다.【縱欲荒棄】：멋대로 방종하며 난폭하게 행동하다.【正】：바로.【宜】：당연히, 마땅히.【陳力就列】：자신의 직분을 다하다.【諄(zhūn)諄然】：간절히 간하는 모양.【與】：주다.【忿(fèn)心】：분한 마음.【驕(jiāo)心】：우쭐하는 마음, 자만하는 마음, 뽐내는 마음.【傲(ào)】：오만하다, 거만하다.

14) 諄切懇告，諫不從，再諫之；再諫不從，三諫之；三諫不從，移其伏劍之死，死於是日。→ 충심으로 간곡히 간하고, 간하여 듣지 않으면, 재차 간하고; 재차 간해서 듣지 않으면, 세 번을 간하고; 세 번을 간해도 듣지 않았을 때, 칼에 엎어져 자살하는 것을, 바로 이날 죽는 것으로 바꾸었어야 했다.

【諄(zhūn)切懇(kěn)告】：충심으로 간곡히 간하다.【移(yí)】：바꾸다, 변경하다.【伏

感其至誠, 庶幾復悟, 和韓、魏, 釋趙圍, 保全智宗, 守其祭祀。[15] 若然, 則讓雖死猶生也, 豈不勝於斬衣而死乎?[16] 讓於此時, 曾無一語開悟主心, 視伯之危亡, 猶越人視秦人之肥瘠也。[17] 袖手旁觀, 坐待成敗, 國士之報, 曾若是乎?[18] 智伯既死, 而乃不勝血氣之悻悻, 甘自附於刺客之流, 何足道哉? 何足道哉?[19] 雖然, 以國

劍(fú jiàn)】: 칼에 엎어져 자살하다.

15) 伯雖頑冥不靈, 感其至誠, 庶幾復悟, 和韓、魏, 釋趙圍, 保全智宗, 守其祭祀。→ (그러면) 지백이 비록 어리석고 사리에 어둡다 해도, 그 지성에 감화되어, 혹시 다시 깨달아, 한강자・위환자와 화해하고, 趙나라의 포위를 풀어주어, 지백의 종묘를 보전하고, 제사를 지켰을지도 모른다.

【頑冥(wán míng)不靈】: 어리석고 사리에 어둡다. 【庶幾(shù jī)】: 혹시, 아마도. 【悟(wù)】: 깨닫다. 【和】: 화해하다, 화목해지다. 【釋(shì)】: 풀다, 해제하다. 【智宗】: 智씨의 종묘.

16) 若然, 則讓雖死猶生也, 豈不勝於斬衣而死乎? → 만약 그렇게 했더라면, 예양이 비록 몸은 죽었더라도 마치 살아있는 것과 같으니, 어찌 칼로 옷을 베고 죽는 것보다 낫지 않았겠는가?

【若】: 만일, 만약. 【猶(yóu)】: 마치 …과 같다. 【勝於…】: …보다 낫다. 【豈不…乎?】: 어찌 …하지 않겠는가?

17) 讓於此時, 曾無一語開悟主心, 視伯之危亡, 猶越人視秦人之肥瘠也。→ 예양이 이때, 일찍이 주인의 마음을 깨닫게 하는 말 한마디 없이, 지백의 위기를 보고만 있었던 것은, 마치 越나라 사람들이 秦나라 사람들의 살찌고 마른 모습을 보고만 있었던 것과도 같다.

【開悟】: 깨닫다. 【危亡】: 존망의 위기. 【越人視秦人之肥瘠(jí)】: 월나라 사람이 진나라 사람의 살찌고 마른 모습을 보다. 즉 「서로 전혀 상관이 없다」의 비유. ※월나라는 동남쪽에 위치하고 진나라는 서북쪽에 위치하여 서로 멀리 떨어져 있기 때문에 진나라 사람이 살이 쪘거나 말랐거나 간에 월나라 사람과는 전혀 무관하다는 데서 나온 말이다.

18) 袖手旁觀, 坐待成敗, 國士之報, 曾若是乎? → 수수방관하며, 앉아서 성패 여부를 기다렸는데, 국사의 보답이, 일찍이 이와 같은 것이었는가?

【袖手旁觀】: 수수방관하다, 팔짱을 끼고 보고만 있다. 【若是】: 이와 같다.

19) 智伯既死, 而乃不勝血氣之悻悻, 甘自附於刺客之流, 何足道哉? 何足道哉? → 지백이 죽고 나서, 비로소 분노한 혈기를 이기지 못해, 기꺼이 스스로 자객의 부류에 끼어들었으니, 어찌 족히 칭찬할 만하다 하겠는가? 어찌 족히 칭찬할 만하다

士而論, 豫讓固不足以當矣。[20] 彼朝爲讎敵, 暮爲君臣, 靦然而自得者, 又讓之罪人也。噫![21]

■ | 번역문

예양(豫讓)에 대해 논한 글

선비와 군자가 입신(立身)하여 주인을 섬길 때 이미 지기(知己)라 불리었다면, 마땅히 지모를 다해 충심으로 알리고 선(善)을 따르도록 인도하며, 재앙이 형성되기 이전에 제거하고 사태가 발생하기 이전에 치안을 확보하여 자신이 보전되고 주인이 평안하도록 해야 한다. 살아서 이름난 신하가 되고 죽어서 착한 귀신이 되어, 백대(百代)에 빛을 남기고 사서(史書)를 현란하게 비출 때, 이것이 비로소 아름다운 일이다. 만일 지기(知己)를 만나서 변란이 일어나기 전에 위난(危難)을 도와주지 못하고 오히려 실패한 후에 생명을 희생하며, 명성을 낚고 영예를 구하여 세속

하겠는가?

【乃】: 비로소. 【不勝】: 이기지 못하다, 견디지 못하다. 【悻(xìng)悻】: 성내는 모양, 분노하는 모양. 【甘】: 기꺼이. 【附於…】: …에 달라붙다. 여기서는 「끼어들다, 가입하다」의 뜻. 【流】: 부류, 무리. 【足道】: 족히 칭찬 할만하다.

20) 雖然, 以國士而論, 豫讓固不足以當矣。→ 비록 그렇다 해도, 국사로써 논한다면, 예양은 당연히 국사가 되기에는 미흡하다.

【固】: 당연히, 물론. 【不足以】: …에 부족하다, …에 미흡하다 【當】: …(노릇)을 하다, …이 되다.

21) 彼朝爲讎敵, 暮爲君臣, 靦然而自得者, 又讓之罪人也。噫! → 그러나 아침에 원수였다가, 저녁에 임금과 신하 사이로 변해, 뻔뻔하게 의기양양해 하는 그러한 사람들은, 또한 모두 예양의 죄인들이다. 아!

【彼】: 그, 저. 【讎(chóu)敵】: 원수, 적. 【靦(tiǎn)然】: 뻔뻔스럽다, 낯이 두껍다. 【自得】: 득의하다, 의기양양해 하다.

을 현혹시키고 놀라게 한다면, 군자가 볼 때는 모두 취할 만한 것이 못 된다.

(나는) 일찍이 이를 근거로 그것에 관해 논한 적이 있다. 예양이 가신(家臣)으로써 지백(智伯)을 섬겼는데, 조양자(趙襄子)가 지백을 살해하기에 이르자 예양이 지백을 위해 복수하여 명성이 자자했다. 비록 평범한 사람이지만 그가 충신이요 의사(義士)라는 것을 모르는 사람이 없었다. 아! 예양의 죽음은 물론 충성의 표현이나, 가석하게도 죽는 방법에 있어서 충성스럽지 못한 점이 존재하고 있다. 어째서인가? 예양이 몸에 옻칠을 하고 숯가루를 먹고 나서, 친구에게 : 「무릇 내가 하고 있는 일은 지극히 어렵지만 장차 이로써 천하 후세에 남의 신하가 되어 두 마음을 품는 자들을 부끄럽게 하려고 한다.」라고 말한 것을 보면, 이를 충심이 아니라고 말할 수 있는가? (예양이) 세 번을 뛰어 올라 옷을 베는 것을 보고, 조양자가 중행씨(中行氏)를 위해 죽지 않고 유독 지백을 위해 죽으려는 것을 꾸짖자, 예양이 : 「중행씨는 나를 보통 사람으로 대하여 나도 그래서 보통 사람으로써 그에게 보답했고, 지백은 나를 국사(國士)로 대하여 나도 그래서 국사로써 그에게 보답하려는 것이오.」라고 말했는데, 이를 가지고 논한다면 예양에 대해 유감스러운 점이 있다.

단규(段規)가 한강자(韓康子)를 섬기고 임장(任章)이 위환자(魏桓子)를 섬겼어도 그들을 국사로써 대했다는 말을 듣지 못했지만, 그러나 단규나 임장은 자기들의 주인에게 지백의 청에 따라 땅을 떼어주고 이로써 지백의 심지를 교만하게 만들어 지백의 멸망을 빠르게 하도록 온 힘을 다해 권했다. (그리고) 극자(郄疵)가 지백을 섬길 때도 역시 (지백이) 그를 국사로 대한 적이 없지만, 그러나 극자는 능히 한강자・위환자의 실정을 살펴 이를 지백에게 간했으며, 비록 지백이 그들의 말을 듣지 않아 멸망하기에 이르렀지만, 그러나 극자의 지모와 충고는 이미 마음속에 부끄러울 것이 없었다. 예양은 이미 지백이 (자신을) 국사로 대했다고 스스로 말했는데, 국사란 나라를 구제하는 일에 종사하는 사람이다. 지백이 남의 땅을 요구하며 만족한 날이 없고 멋대로 방종하며 난폭하게 행동할 때, 예양으로서는 바로 마땅히 자신의 직분을 다하여, 지백에게 :「제후와 대부가 각기 토지를 분배받아 서로 침탈하지 않는 것이 옛 제도입니다. 지금 아무런 이유도 없이 다른 사람에게 땅을 요구하는데, 그 사람이 주지 않으면 우리는 반드시 분한 마음이 생기고, 땅을 주면 우리는 우쭐하는 마음이 일게 됩니다. 분하면 반드시 다투게 되고 다투면 반드시 실패하며, 우쭐하면 반드시 오만하게 되고 오만하면 반드시 멸망하게 됩니다.」라고 간절히 일러주어야 한다. 충심으로 간곡히 간하고, 간하여 듣지 않으면 재차 간하고, 재차 간해서 듣지 않으면 세 번을 간하고, 세 번을 간해도 듣지 않았을 때 칼에 엎어져 자살하는 것을, 바로 이날 죽는 것으로 바꾸었어야 했다. (그러면) 지백이 비록 어리석고 사리에 어둡다 해도 그 지성에 감화되어, 혹시 다시 깨달아 한강자·위환자와 화해하고 조(趙)나라의 포위를 풀어주어, 지백의 종묘를 보전하고 제사를 지켰을지도 모른다. 만약 그렇게 했더라면 예양이 비록 몸은 죽었더라도 마치 살아있는 것과 같으니, 어찌 칼로 옷을 베고 죽는 것보다 낫지 않았겠는가? 예양이 이때 일찍이 주인의 마음을 깨닫게 하는 말 한마디 없이 지백의 위기를 보고만 있었던 것은, 마치 월(越)나라 사람들이 진(秦)나라 사람들의 살찌고 마른 모습을 보고만 있었던 것과도 같다. 수수방관하며 앉아서 성패 여부를 기다렸는데, 국사의 보답이 일찍이 이와 같은 것이었는가? 지백이 죽고 나서 비로소 분노한 혈기를 이기지 못해 기꺼이 스스로 자객의 부류에 끼어들었으니, 어찌 족히 칭찬할 만하다 하겠는가? 어찌 족히 칭찬할 만하다 하겠는가? 비록 그렇다 해도, 국사로써 논한다면 예양은 당연히 국사가 되기에는 미흡하다. 그러나 아침에 원수였다가 저녁에 임금과 신하 사이로 변해 뻔뻔하게 의기양양해 하는 그러한 사람들은 또한 모두 예양의 죄인들이다. 아!

■ | 해제(解題) 및 본문요지 설명

예양(豫讓)은 춘추시대 말기 사람으로 일찍이 진(晉)나라 귀족인 범씨(范氏)와 중행씨(中行氏)의 가신(家臣)이 되었으나 중용되지 못해 지백(智伯)의 가신으로 들어갔다. 지백은 그를 매우 존중했다. 조양자(趙襄子)·위환자(魏桓子)·한강자(韓康子) 등 세 귀족들이 공모하여 지백을 멸하자, 예양은 지백의 원수를 갚아주고자 성과 이름을 바꾸고 조양자의 궁중으로 잠입하여 암살을 기도했다가 미수에 그쳐 붙잡히고 말았다. 얼마 후 석방되었으나 이번에는 몸에 옻칠을 하여 문둥병으로 가장하고 숯가루를 먹어 목소리를 바꾸는 방법으로 다시 암살을 시도했으나 또다시 붙잡혀 죽음을 면할 수 없게 되었다. 이에 예양은 조양자에게 옷이라도 벗어주면 그것을 베어 원수를 갚은 것으로 대신할 수 있도록 요청하여 조양자가 이에 응하자 그는 세 번을 뛰어 올라 칼로 옷을 베고 나서 자신은 그 칼로 자결했다. 이에 대해 역대 사람들은 예양을 충의지사(忠義之士)라고 칭찬했다.

본문은 작자가 역대 사람들과 달리 예양의 행위에 대해 칭찬할 만한 가치가 없다고 비판한 글이다.

본문은 네 단락으로 나눌 수 있는데, 첫째 단락에서는 선비와 군자가 입신(立身)하여 주인을 섬길 때의 원칙은 바로 「지모를 다해 충심으로 간하고 선(善)을 따르도록 인도하며, 재앙이 형성되기 이전에 그것을 제거하고 사태가 발생하기 이전에 치안을 확보하여, 자신이 보전되고 주인이 평안하도록 해야 한다」라는 것을 말했고; 둘째 단락에서는 예양이 입신하여 주인을 섬긴 언행을 분석한 후, 예양의 「처사지도(處死之道)」에 하자(瑕疵)가 있다는 것을 말했고; 셋째 단락에서는 단규(段規)·임장(任章)·치자(郗疵)가 주인을 섬기는 방법을 들어, 예양의 죽음이 실로 국사(國士)로써 보답한 행위가 아니라는 것을 말했고; 마지막 단락에서는 예양이 지백에게 세 번을 간하고 나서 그래도 듣지 않았을 때 자결했었어야 마땅하다는 것을 지적한 후, 예양이 국사가 되기에는 역시 미흡하다는 말로 끝을 맺었다.

211 친정편(親政篇)

[明] 王鏊

■ | 작자

왕오(王鏊 : 1450-1524)는 명(明) 강소(江蘇) 오현(吳縣)[지금의 강소성 오현(吳縣)] 사람으로 자가 제지(濟之)이다. 헌종(憲宗) 성화(成化) 11년(1475) 회시(會試)에서 수석, 정시(廷試)에서 3등으로 급제한 후, 효종(孝宗) 홍치(弘治) 초기에 시강학사(侍講學士)로 임명되었다. 변방을 튼튼히 하고 과거제도를 개혁하며 널리 인재를 구할 것 등을 제기하여 채택되지 않자 관직을 그만두고 집에서 칩거하다가 무종(武宗)이 즉위한 후 문연각대학사(文淵閣大學士)에 임명되었다.

무종(武宗) 3년(1508) 환관 유근(劉瑾)이 권력을 휘두르자 왕오가 한문(韓文) 등 여러 대신들과 더불어 유근을 처벌할 것을 청했으나 오히려 유근 일당으로부터 원한만 사고 말았다. 후에 유근 일당이 조정의 관리 300여 명을 투옥하는 사건이 일어났는데 왕오가 이를 구제할 수 없자 사직하고 고향으로 돌아왔다. 그 후 유근이 처형되고 조정에서 여러 차례 왕오를 초청했으나 끝내 사양하고 돌아오지 않았다. 세종(世宗)이 즉위한 후 조정에서 사람을 파견하여 왕오를 위로하자 왕오가 이에 감사하는 뜻으로 ≪강학(講學)≫·≪친정(親政)≫ 두 편의 글을 올렸다.

세종(世宗) 가정(嘉靖) 3년(1524)에 74세를 일기로 세상을 떠나 시호를 문각(文恪)이라 했다. 저서로 ≪진택편(震澤編)≫이 있다.

■ | 원문 및 주석

親政篇[1)]

≪易≫之≪泰≫曰:「上下交而其志同。」其≪否≫曰:「上下不交而天下無邦。」 蓋上之情達於下, 下之情達於上, 上下一體, 所以爲泰;[2)] 上之情壅閼而不得下達, 下之情壅閼而不得上聞, 上下間隔, 雖有國如無國矣, 所以爲否也。[3)] 交則泰, 不交則否, 自古皆然, 而不交之弊, 未有如近世之甚者。[4)]

---

1) 親政篇 → 황제의 親政을 건의하여 올린 글
【親政】: 친히 政事를 돌봄.

2) ≪易≫之≪泰≫曰:「上下交而其志同。」 其≪否≫曰:「上下不交而天下無邦。」 蓋上之情達於下, 下之情達於上, 上下一體, 所以爲泰; → ≪周易・泰卦≫에는:「임금과 신하가 서로 교류하면 그 뜻이 같아진다.」라고 했고, ≪周易・否卦≫에는:「임금과 신하가 서로 교류하지 않으면 나라가 망한다.」라고 했습니다. 이는 윗사람의 뜻이 아래로 전달되고, 아랫사람의 뜻이 위로 전달되어, 위아래가 하나가 되는 것이니, 그래서 「泰[길하다]」라고 하는 것이고;
【≪易≫】: ≪周易≫. 본래 고대의 占書였으나 후에 儒家의 중요한 經傳이 되었다. 【≪泰≫】: ≪易經≫ 중의 卦이름. ※「泰」는「만사가 형통하여 편안하고 길하다」라는 뜻. 【≪否(pǐ)≫】: 비괘. ≪易經≫ 중의 卦이름. ※「否」는「음양이 고르지 못해 일이 잘 되지 않아 불길하다」라는 뜻. 【天下無邦】: 천하에 나라가 없다. 즉「나라가 망하다」의 뜻. 【蓋】: [어기사] ※윗말을 이어받아 원인을 나타낸다. 【所以】: 그래서.

3) 上之情壅閼而不得下達, 下之情壅閼而不得上聞, 上下間隔, 雖有國如無國矣, 所以爲否也。 → 윗사람의 뜻이 막혀 아래로 전달될 수 없으면, 아랫사람의 뜻이 막혀 위로 전달될 수 없음으로, 위아래가 간격이 생겨, 비록 나라가 있어도 마치 나라가 없는 것과 같으니, 그래서 「否[불길하다]」라고 하는 것입니다.
【壅閼(yōng è)】: 막히다. 【不得】: 不能, …할 수 없다.

4) 交則泰, 不交則否, 自古皆然, 而不交之弊, 未有如近世之甚者。 → (위아래가) 교류하면 길하고, 교류하지 않으면 불길한 것은, 예로부터 다 그러했지만, 그러나 교류하지 않은 폐단이, 요즈음과 같이 심한 적은 없었습니다.
【弊(bì)】: 폐단. 【未有】: 아직까지 …한 적이 없다. 【如】: …처럼, …와 같이.

君臣相見，止於視朝數刻，上下之間，章奏批答相關接，刑名法度相維持而已。[5] 非獨沿襲故事，亦其地勢使然。何也?[6] 國家常朝於奉天門，未嘗一日廢，可謂勤矣。[7] 然堂陛懸絶，威儀赫奕，御史糾儀，鴻臚擧不如法，通政司引奏，上特是之，謝恩見辭，惴惴而退。[8] 上何嘗問一事，下何嘗進一言哉?[9] 此無他，地勢懸

---

5) 君臣相見，止於視朝數刻，上下之間，章奏批答相關接，刑名法度相維持而已。→ 임금과 신하의 만남이，朝會에 나가는 짧은 순간에 그쳐，윗사람과 아랫사람 사이는，겨우 章奏와 批答을 통해 서로 접촉이 이루어지고，명분과 법령 제도에 의해 서로 (관계를) 유지하는 것뿐입니다.

【止於】：다만 …에 그치다. 【視朝】：임금이 조회에 나가다. 【數刻】：짧은 순간. 「刻」：옛날 시간을 재는 단위로，하루 낮밤은 100刻이다. 【章奏】：奏章，신하가 임금에게 올리는 글. 【批答】：임금이 신하가 올린 상소를 읽고 허가 여부를 답하는 일. 【關接】：접촉이 이루어지다. 【刑名】：임금과 신하의 명분. 【法度】：법령 제도. 【而已】：…뿐이다.

6) 非獨沿襲故事，亦其地勢使然。何也? → 이는 다만 과거의 관례를 답습한 것만이 아니라，또한 지위의 존비 형세가 그렇게 만든 것입니다. 어째서 그렇겠습니까?

【獨】：유독，오직，다만. 【沿襲(yán xí)】：답습하다. 【故事】：과거의 관례，옛 제도. 【地勢】：지위의 존비 형세. 즉 「임금과 신하 간 지위의 현격한 차이」를 말한다. 【使然】：그렇게 만들다，그렇게 되도록 하다.

7) 國家常朝於奉天門，未嘗一日廢，可謂勤矣。→ 조정에서는 항상 奉天門에서 조회를 거행하는데，하루도 폐한 적이 없었으니，근면하다고 말할 수는 있습니다.

【朝】：조회를 거행하다. 【奉天門】：明代 전당 앞의 중간 문. 【未嘗】：…한 적이 없다. 【可謂】：…라고 말할 수 있다.

8) 然堂陛懸絶，威儀赫奕，御史糾儀，鴻臚擧不如法，通政司引奏，上特是之，謝恩見辭，惴惴而退。→ 그러나 (황제께서 앉아계신) 전당과 (신하가 서 있는) 계단이 멀리 떨어져 있고，의식 절차가 지극히 성대한데다，御史는 (신하들의) 예절을 규찰하고，鴻臚는 법도에 부합하지 않는 행위를 검거하며，通政司가 (대신을) 인도하여 상주문을 올리면，황제께서는 다만 그것을 옳다고 여길 뿐이고，(신하들은) 성은에 감사하며 작별 인사를 하고，두려워서 벌벌 떨며 물러나옵니다.

【堂陛(bì)】：전당과 계단. 즉 「임금이 앉아 있는 전당과 신하가 서 있는 계단」을 말한다. 【懸(xuán)絶】：현격하다，멀리 떨어져 있다. 【威儀(wēi yí)】：(조회) 의식. ※의식의 존엄을 표시하기 위해 「威」자를 붙였다. 【赫奕(hè yì)】：지극히 성대하다. 【御(yù)史】：[관직] 어사. 모든 관리들의 직무를 규찰하는 관직. 【糾

絶, 所謂堂上遠於萬里, 雖欲言, 無由言也。10)

愚以爲欲上下之交, 莫若復古內朝之法。11) 蓋周之時有三朝, 庫門之外爲正朝, 詢謀大臣在焉; 路門之外爲治朝, 日視朝在焉; 路門之內曰內朝, 亦曰燕朝。12) ≪玉藻≫云:「君日出而視

(jiū)】: 규찰하다. 【儀(yí)】: 예절. 【鴻臚(hóng lú)】: [관직] 궁정의 儀式을 관장하는 관리. 【擧】: 검거하다. 【不如法】: 법도에 의하지 않다, 준칙에 부합하지 않다. 【通政司】: [관공서] 신하들이 올리는 모든 상주문을 받아 황제에게 전달하는 일을 담당하던 부서. 【引奏】: 인도하여 상주문을 올리다. 【上】: 황상, 황제. 【特】: 단지, 다만. 【是】: 옳다고 여기다, 긍정하다. ※판본에 따라서는「是」를「視」라 했다. 【見辭】: 작별 인사를 하다. 【惴(zhuì)惴】: 두려워서 벌벌 떠는 모양.

9) 上何嘗問一事, 下何嘗進一言哉? → 황제께서 언제 한 가지 일이라도 물으신 적이 있으며, 신하가 언제 말 한마디라도 진언한 적이 있었습니까?
【何嘗】: 언제 …한 적이 있는가?

10) 此無他, 地勢懸絶, 所謂堂上遠於萬里, 雖欲言, 無由言也。→ 이것은 다른 원인이 없고, (황제와 신하 간) 지위의 존비가 현격한 데다, 이른바 전당이 너무 멀리 떨어져 있다 보니, 비록 진언하고자 해도 진언할 방법이 없기 때문입니다.
【遠於萬里】: 만 리 먼 곳에 있다. 즉「너무 멀리 떨어져 있다」의 뜻. 【無由】: …할 방법이 없다.

11) 愚以爲欲上下之交, 莫若復古內朝之法。→ 저는 위아래가 서로 교류하기를 바란다면, 옛날 內朝제도를 회복하는 것이 가장 좋다고 생각합니다.
【愚(yú)】: [자신의 겸칭] 저. 【以爲】: …라고 여기다, …라고 생각하다. 【欲】: …하고자 하다, …하기를 바라다. 【莫若】: …만한 것이 없다, …하는 것이 가장 좋다. 【復】: 회복하다. 【內朝之法】: 주12) 三朝 참조.

12) 蓋周之時有三朝, 庫門之外爲正朝, 詢謀大臣在焉; 路門之外爲治朝, 日視朝在焉; 路門之內曰內朝, 亦曰燕朝。→ 周代에는 三朝가 있었는데, 庫門 밖은 正朝라 하여, (황제께서) 대신들에게 자문을 구하시던 장소이고; 路門 밖은 治朝라하여, 황제께서 매일 조회에 나가 정사를 돌보시던 장소이며, 路門 안은 內朝라 하고, 또한 燕朝라고도 했습니다.
【蓋】: [어기사] 구의 첫머리에 놓여 어기를 표시한다. 【三朝】: 周代의 천자나 제후는 신하들과 정사를 논의할 수 있는 곳으로 外朝 한 곳과 內朝 두 곳이 있어 이를 三朝라 했는데, 外朝는 庫門 밖과 皐門 안에 있고, 內朝 중 한 곳은 路門 밖에 있으며 한 곳은 路門 안에 있다. 【庫門】: 옛날 천자의 궁성에 문이 다

朝, 退適路寢聽政。」[13] 蓋視朝而見群臣, 所以正上下之分; 聽政而適路寢, 所以通遠近之情。[14]

漢制, 大司馬、左右前後將軍、侍中、散騎諸吏, 爲中朝, 丞相以下至六百石爲外朝。[15] 唐皇城之北南三門曰承天, 元正、冬至, 受萬國之朝貢, 則御焉, 蓋古之外朝也;[16] 其北曰太極門,

---

섯 개가 있는데, 밖으로부터 안쪽으로 庫門·雉門·皐門·應門·路門이라 했다. 따라서 庫門은 궁성의 가장 바깥쪽 문이다. 【詢謀(xún móu)】: 자문을 구하다.

13) ≪玉藻≫云:「君日出而視朝, 退適路寢聽政。」→ ≪禮記·玉藻≫에:「임금은 해가 떠오르면 조회에 나가고, 물러나오면 路寢에 와서 정사를 처리했다.」라고 했습니다.

【≪玉藻≫】: ≪禮記≫의 편명. 【適(shì)】: 往, 도착하다, 가다. 【路寢(qǐn)】: 옛날 임금이 정사를 처리하고 취침하던 궁실. 【聽政】: 정사를 처리하다.

14) 蓋視朝而見群臣, 所以正上下之分; 聽政而適路寢, 所以通遠近之情。→ 조회에 나가 여러 신하들을 회견하는 것은, 이로써 위아래의 명분을 바르게 하는 것이고; 노침에 가서 정사를 처리하는 것은, 이로써 멀고 가까운 곳의 정황을 소상히 이해하려는 것입니다.

【所以】: 以之, 이로써. 【分】: 명분. 【通】: 잘 알다, 통달하다.

15) 漢制, 大司馬、左右前後將軍、侍中、散騎諸吏, 爲中朝, 丞相以下至六百石爲外朝。→ 漢나라의 제도에서, 大司馬·左右前後將軍·侍中·散騎와 같은 여러 관리들은, 中朝이고, 승상이하 六百石까지는 外朝입니다.

【大司馬】: [관직명] 漢武帝 때 太尉를 폐지하고 大司馬를 두었다. 大司馬는 大司空·大司徒와 더불어 漢代 三公의 하나이며 황제를 보좌하는 최고위직 무관으로, 전국의 군사를 관장했다. 【左右前後將軍】: 漢代의 대사마 밑에 두었던 좌장군·우장군·전장군·후장군 등으로 京城의 수비를 담당했다. 【侍中】: 황제의 侍從으로 황제의 수레·복식 등을 관장했다. 【散騎(sǎn jì)】: 황제 신변가까이서 모시던 시종. 【中朝】: 漢代의 朝官은 武帝이후 內朝[中朝] 外朝로 나누었다. 內朝는 황제의 측근 신하들로 구성된 정책을 결정하는 실권을 가진 기구이고, 外朝는 재상과 그에 속한 법으로 정해진 행정 기구로 황제의 조령 또한 여기서 발포했으나 실제로는 전혀 실권을 갖지 못했다. 【六百石(dàn)】: 漢代 관리 봉록의 등급. ※太史令·博士祭酒·太宰令 등은 모두 육백 섬의 봉록을 받는 관리를 말한다. 「石」: 석, 섬.

16) 唐皇城之北南三門曰承天, 元正、冬至, 受萬國之朝貢, 則御焉, 蓋古之外朝也; → 唐나라 皇城 북쪽의 南三門은 承天門이라 하여, 정월 초하루와 동지에, 여러 나라의

其內曰太極殿, 朔望則坐而視朝, 蓋古之正朝也;[17] 又北曰兩儀門, 其內曰兩儀殿, 常日聽朝而視事, 蓋古之內朝也。[18] 宋時常朝則文德殿, 五日一起居則垂拱殿, 正旦、冬至、聖節稱賀則大慶殿, 賜宴則紫宸殿或集英殿, 試進士則崇政殿。[19] 侍從以下, 五日一員上殿, 謂之輪對, 則必入陳時政利害。[20] 內殿引見, 亦或賜坐, 或免穿鞾, 蓋亦三朝之遺意焉。蓋天有三垣, 天子象之。[21]

조공을 받게 되면, 황제께서 (이곳에) 행차하시는데, (이는) 대체로 옛날의 外朝에 해당합니다.

【承天】: 承天門. 【元正】: 음력 정월 초하루. 【冬至】: 양력 12월 22일 또는 23일. 【御(yù)】: 황제가 행차하다.

17) 其北曰太極門, 其內曰太極殿, 朔望則坐而視朝, 蓋古之正朝也; → 그 북쪽은 太極門이라 하고, 그 안쪽을 太極殿이라 하여, 매월 초하루와 보름날이면 (황제께서 태극전에) 앉아 조회를 받으시는데, (이는) 대체로 옛날의 正朝에 해당합니다.

【朔望(shuò wàng)】: 음력 매월 초하루와 보름. 「朔」: 초하루. 「望」: 보름.

18) 又北曰兩儀門, 其內曰兩儀殿, 常日聽朝而視事, 蓋古之內朝也。→ 또 북쪽은 兩儀門이라 하고, 그 안쪽을 兩儀殿이라 하여, 황제께서 평소에 조회를 받고 정사를 처리하는 곳인데, (이는) 대체로 옛날의 內朝에 해당합니다.

※ 대부분의 판본은 「又北曰兩儀門, 其內曰兩儀殿」을 「又北曰兩儀殿」이라 했다.

【常日】: 평소, 평상시. 【聽朝】: 조회를 받다. 【視事】: 정사를 처리하다.

19) 宋時常朝則文德殿, 五日一起居則垂拱殿, 正旦、冬至、聖節稱賀則大慶殿, 賜宴則紫宸殿或集英殿, 試進士則崇政殿。→ 宋나라 때는 평소의 조회는 文德殿에서 거행하고, 5일에 한 번씩 황제께 드리는 문안은 垂拱殿에서, 정월 초하루·동지·황제의 생신 축하 행사는 大慶殿에서, 연회를 베푸는 일은 紫宸殿 또는 集英殿에서 거행했으며, 진사 시험은 崇政殿에서 거행하였습니다.

【常朝】: 평소의 조회. 【起居】: 일상생활. 여기서는 「문안드리는 일」을 말한다. 【正旦】: 정월 초하루. 【聖節】: 황제의 생신. 【稱賀】: 축하하다, 축하를 드리다. 【賜宴(cì yàn)】: 연회를 베풀다.

20) 侍從以下, 五日一員上殿, 謂之輪對, 則必入陳時政利害。→ 侍從 이하의 관원들은, 5일에 한 번씩 한 사람의 관원이 궁전에 갔는데, 이를 輪對라 했으며, 반드시 입조하여 (황제께) 시정의 득실을 진술해야 했습니다.

【輪對】: 신하들이 번갈아가며 황제에게 시정의 득실을 진술하는 일. 【陳】: 진술하다. 【利害】: 득실.

正朝，象太微也；外朝，象天市也；內朝，象紫微也，自古然矣。[22)]

國朝聖節、正旦、冬至大朝會則奉天殿，卽古之正朝也；常朝則奉天門，卽古之外朝也；而內朝獨缺。[23)] 然非缺也，華蓋、謹身、武英等殿，豈非內朝之遺制乎?[24)] 洪武中如宋濂、劉基，永樂以來如楊士奇、楊榮等，日侍左右。[25)] 大臣蹇義、夏元吉等，

---

21) 內殿引見，亦或賜坐，或免穿鞾，蓋亦三朝之遺意焉。蓋天有三垣，天子象之。→ 內殿에서 (신하들을) 접견하게 되면, 또한 어느 때는 앉도록 베풀어 주시고, 어느 때는 가죽신을 신고 입조하는 것을 면해주기도 했는데, 아마 三朝제도의 유풍일 것입니다. 왜냐하면 하늘에 三垣이 있어, 천자께서 하늘을 본보기로 하기 때문입니다.

【引見】: 접견하다. 【或】: 간혹, 어느 때는. 【賜(cì)坐】: 앉도록 베풀다. 【穿鞾(xuē)】: 唐代의 제도에서 신하가 입조할 때는 반드시 가죽신을 신어야 하는 규정이 있었다. 【蓋亦三朝】: ※판본에 따라서는 「蓋亦有三朝」라 했다. 【遺(yí)意】: 유풍. 【三垣(yuán)】: 고대 중국의 천문가들은 周나라 하늘의 恒星[붙박이별]을 三垣二十八宿로 나누었는데, 삼원은 太微垣 · 紫微垣 · 天市垣을 말한다. 【象】: 모방하다, 본보기로 삼다.

22) 正朝，象太微也；外朝，象天市也；內朝，象紫微也，自古然矣。→ 正朝는, 太微垣을 본보기로 했고; 외조는, 天市垣을 본보기로 했으며; 내조는, 紫微垣을 본보기로 했는데, 예로부터 그렇게 했습니다.

【太微】: 太微垣. 【天市】: 天市垣. 【紫微】: 紫微垣. 【自古然】: 예로부터 그러하다.

23) 國朝聖節、正旦、冬至大朝會則奉天殿，卽古之正朝也；常朝則奉天門，卽古之外朝也；而內朝獨缺。→ 明朝는 황제의 탄신 · 정월 초하루 · 동지 등의 큰 조회는 奉天殿에서 거행했는데, 이는 바로 옛날의 正朝이고; 평소의 조회는 奉天門에서 거행했는데, 이는 바로 옛날의 외조이며; 내조만 유독 빠졌습니다.

【國朝】: 지금의 조정, 즉 「明朝」. 【獨】: 유독, 홀로. 【缺(quē)】: 빠지다.

24) 然非缺也，華蓋、謹身、武英等殿，豈非內朝之遺制乎? → 그러나 (내조가) 없는 것이 아닙니다. 華蓋殿 · 謹身殿 · 武英殿 등의 궁전이, 어찌 내조의 유풍이 아니겠습니까?

【華蓋、謹身、武英】: 明代의 궁전 이름. 【豈非】: 어찌 …이 아니겠는가? 【遺制】: 예로부터 전해 내려온 제도, 遺風.

25) 洪武中如宋濂、劉基，永樂以來如楊士奇、楊榮等，日侍左右。→ 太祖 洪武 연간의 宋濂 · 劉基 같은 사람이나, 永樂 이래의 楊士奇 · 楊榮 같은 사람들은, 날마다 황제를 곁에서 모셨습니다.

常奏對便殿。 於斯時也, 豈有壅隔之患哉?[26] 今內朝罕復臨御, 常朝之後, 人臣無復進見。 三殿高閟, 鮮或窺焉。[27] 故上下之情壅而不通, 天下之弊由是而積。[28] 孝宗晩年, 深有慨於斯, 屢召

【洪武】: 明太祖의 연호. 【宋濂(lián)】: [인명] 송렴. 明初의 저명한 문인으로, 자는 景濂, 호는 潛溪이며, 金華 浦江[지금의 절강성 義烏縣 서북쪽] 사람이다. 翰林學士承旨知制誥를 지냈으며, 태조 홍무 초년에 ≪元史≫ 편찬을 주관하고 禮樂의 제정에도 참여했다. 【劉基】: [인명] 유기. 明 處州 靑田[지금의 절강성 靑田縣] 사람으로 자가 伯溫이다. 본래 元나라 말기에 진사에 급제하여 江西 高安縣의 縣丞을 지내다가, 明太祖 朱元璋이 군사를 일으키자 참모로 참여하여 御史中丞兼太史令을 지내고 誠意伯에 봉해졌다. 【永樂】: 明成祖의 연호. 【楊士奇】: [인명] 楊寓. 明代 泰和[지금의 강서성 泰和縣] 사람으로 자는 士奇이다. 惠帝 建文 초기에 翰林院編纂官이 되어 ≪太祖實錄≫을 편수하고, 宣宗때부터 英宗 초기에 이르기까지 楊溥・楊榮과 함께 정사를 보필하여 「三楊」이라 불리었다. 【楊榮】: [인명] 양영. 明 建安[지금의 복건성 建甌縣] 사람으로 자는 勉仁이다. 惠帝 建文 연간에 進士에 급제하여 工部尙書를 지냈으며, 成祖・仁宗・宣宗・英宗 4대를 섬기는 동안 두터운 신임을 받았다. 【侍(shì)】: 모시다, 시중들다.

26) 大臣蹇義、 夏元吉等, 常奏對便殿。 於斯時也, 豈有壅隔之患哉? → 大臣인 蹇義・夏元吉 등은, 항상 편전에서 임금의 물음에 답했습니다. 이러한 시절에, 어찌 막혀서 단절될 염려가 있겠습니까?

【蹇(jiǎn)義】: [인명] 건의. 明 巴縣[지금의 사천성 巴縣] 사람으로 자는 宜之이다. 太祖 洪武 연간에 進士에 급제하고 惠帝 때 吏部右侍郞에 발탁되었으며 永樂 초기에 尙書省에 들어가 夏元吉과 더불어 이름을 떨쳤다. 【夏元吉】: [인명] 하원길. 明 湘陰[지금의 호남성 湘陰縣] 사람으로 자는 惟哲이다. 成祖 연간에 戶部尙書를 지냈다. 【奏(zòu)對】: 임금의 물음에 답하다. 【便殿(diàn)】: 別殿. 正殿과 구별하는 말로, 임금이 휴식을 취하는 곳. 【壅隔(yōng gé)】: 막혀서 단절되다, 막혀서 사이가 벌어지다.

27) 今內朝罕復臨御, 常朝之後, 人臣無復進見。 三殿高閟, 鮮或窺焉。 → 지금 내조는 (황제께서) 친히 왕림하시어 정사를 처리하는 일이 매우 드물어서, 평소의 조회 이후에는, 신하가 다시 알현할 수가 없습니다. 三殿의 문은 높고 굳게 닫혀 있어, 간혹 엿보는 사람도 드뭅니다.

【罕(hǎn)】: 드물다. 【臨御(lín yù)】: 왕림하여 정사를 처리하다. 【進見】: 알현하다. 【閟(bì)】: 닫다, 닫히다. 【鮮(xiǎn)】: 드물다. 【窺(kuī)】: 엿보다.

28) 故上下之情壅而不通, 天下之弊由是而積。 → 그래서 상하 간의 의견이 막혀 통하지 않고, 천하의 폐단도 이로 말미암아 쌓이게 되었습니다.

大臣於便殿, 講論天下事, 將大有爲, 而民之無祿, 不及覩至治之美, 天下至今以爲恨矣。29)

惟陛下遠法聖祖, 近法孝宗, 盡剗近世壅隔之弊。30) 常朝之外, 卽文華、武英, 倣古內朝之意, 大臣三日或五日一次起居, 侍從、臺諫各一員上殿輪對;31) 諸司有事咨決, 上據所見決之, 有難決者, 與大臣面議之, 不時引見群臣。32) 凡謝恩辭見之類, 皆

【壅(yōng)】: 막히다. 【由是】: 이로 말미암아, 이로 인해. 【積(jī)】: 쌓이다.

29) 孝宗晚年, 深有慨於斯, 屢召大臣於便殿, 講論天下事, 將大有爲, 而民之無祿, 不及覩至治之美, 天下至今以爲恨矣。→ 孝宗 만년에, 이에 대해 깊이 개탄하고, 대신들을 여러 차례 便殿으로 불러들여, 천하의 일을 강론하면서, 장차 크게 이바지 하려 했습니다. 그러나 백성들의 복이 없어, (효종께서 세상을 떠나) 태평성세의 아름다운 모습을 미처 보지 못했으니, 천하 사람들은 지금까지 이를 한스럽게 여기고 있습니다.

【慨(kǎi)於】: …에 대해 개탄하다. 【屢(lǚ)】: 누차, 여러 차례. 【召】: 불러들이다. 【便殿】: 임금이 평소 거처하는 궁전. 【將】: (장차) …하려 하다. 【大有爲】: 크게 이바지하다, 큰 역할을 하다. 【祿】: 녹, 복록. 【不及】: 미처 …하지 못하다. 【覩(dǔ)】: 보다. 【至治】: 잘 다스려지다, 태평성세에 도달하다.

30) 惟陛下遠法聖祖, 近法孝宗, 盡剗近世壅隔之弊。→ 폐하께서 멀리는 聖祖를 본받고, 가까이는 孝宗을 본받아, 근래에 막혀서 단절된 병폐를 철저히 제거하시길 바라고 있습니다.

【惟】: 희망하다, 바라다. 【陛(bì)下】: 폐하. ※옛날 신하들의 황제에 대한 존칭. 【法】: 본받다. 【聖祖】: 성스러운 조상. 【盡】: 모두, 다, 철저히. 【剗(chǎn)】: 제거하다, 없애다. 【弊(bì)】: 병폐, 폐단.

31) 常朝之外, 卽文華、武英, 倣古內朝之意, 大臣三日或五日一次起居, 侍從、臺諫各一員上殿輪對; → 평소의 조회 외에, 文華殿・武英殿에 나아가, 옛날 내조의 뜻을 본받아, 대신들이 사흘 또는 닷새에 한번 씩 문안을 드리고, 侍從・臺諫에서 각 한 사람이 궁전에 올라가 輪對를 하며;

【卽】: 나아가다. 【倣(fǎng)】: 모방하다, 본받다. 【臺諫(tái jiàn)】: 都察院의 御史. ※西漢때는 御史가 거처하던 관서를 御史府라 했고, 東漢 때는 御史臺로 바꾸었으며, 明代에는 都察院으로 바꾸었는데, 여기서는 옛 명칭을 사용한 것이다.

32) 諸司有事咨決, 上據所見決之, 有難決者, 與大臣面議之, 不時引見群臣。→ 기타 여러 주무 부서에서 일이 있을 때 (황제께) 결단을 청하면, 황제께서 소견에 따라

得上殿陳奏，虛心而問之，和顏色而道之。[33] 如此，人人得以自盡，陛下雖深居九重，而天下之事，燦然畢陳於前。[34] 外朝所以正上下之分，內朝所以通遠近之情，如此豈有近世壅隔之弊哉?[35] 唐、虞之世，明目達聰，嘉言罔伏，野無遺賢，亦不過是而已。[36]

결단을 내리시되, 결단을 내리기 어려운 것이 있을 때는, 대신들과 직접 상의하시고, 수시로 여러 신하들을 부릅니다.

【諸司】: 여러 주무 부서. 【咨(zī)決】: 결단을 청하다. 【上】: 황상, 황제. 【據】: …에 근거하여, …에 따라. 【面議】: 직접 상의하다, 만나서 의논하다. 【不時】: 수시로, 항상.

33) 凡謝恩辭見之類，皆得上殿陳奏，虛心而問之，和顏色而道之。→ 무릇 성은에 감사하고 작별 인사를 하는 등의 예절까지도, 모두 궁전에 가서 아뢸 수 있고, (황제께서는) 허심탄회하게 그들에게 물으시며, 온화한 낯빛으로 그들에게 지시하십니다.

【凡】: 무릇. 【辭見】: 작별 인사를 하다. 【得】: 能, …할 수 있다. 【陳奏】: 진술하다, 아뢰다. 【和顏色】: 온화한 낯빛. 【道】: 말하다, 즉 「지시하다」의 뜻.

34) 如此，人人得以自盡，陛下雖深居九重，而天下之事，燦然畢陳於前。→ 이와 같이 하시면, 사람들은 누구나 자기의 의견을 모두 진술할 수 있고, 폐하께서 비록 구중궁궐 깊은 곳에 거처하시지만, 천하의 일이, 분명하게 모두 (폐하의) 면전에 펼쳐질 것입니다.

【得以】: 能, …할 수 있다. 【自盡(jìn)】: 자기의 의견을 모두 진술하다. 【九重(chóng)】: 구중궁궐. ※천자의 거처를 가리키는 말. 【燦(càn)然】: 찬연하다, 밝다, 분명하다. 【畢(bì)】: 모두, 다. 【陳】: 펼쳐지다, 전개되다.

35) 外朝所以正上下之分，內朝所以通遠近之情，如此豈有近世壅隔之弊哉? → 外朝는 이로써 위아래의 명분을 바로잡고, 內朝는 이로써 멀고 가까운 곳의 정황을 소상히 이해하게 됩니다. 이와 같이 한다면, 어찌 요즈음처럼 막혀서 단절되는 병폐가 있겠습니까?

【所以】: 以之, 이로써.

36) 唐、虞之世，明目達聰，嘉言罔伏，野無遺賢，亦不過是而已。→ 堯・舜시대는, 천자의 눈과 귀가 밝아, 훌륭한 말이 매몰되지 않고, 초야에는 기용되지 않은 현인이 없었는데, (그때) 역시 이러한 상황에 불과했을 뿐입니다.

【唐、虞(yú)之世】: 唐의 堯임금과 虞의 순임금 시대, 즉 「요순시대」를 말한다. 【明目達聰(cōng)】: 눈・귀가 밝다. 【嘉(jiā)言】: 훌륭한 말. 【罔伏(wǎng fú)】: 매몰되지 않다. 「罔」: 不. 「伏」: 매몰되다. 【野】: 草野, 민간. 【遺(yí)賢】: 기용되

■ | 번역문

황제의 친정(親政)을 건의하여 올린 글

≪주역(周易)·태괘(泰卦)≫에는 :「임금과 신하가 서로 교류하면 그 뜻이 같아진다.」라고 했고, ≪주역(周易)·비괘(否卦)≫에는 :「임금과 신하가 서로 교류하지 않으면 나라가 망한다.」라고 했습니다. 윗사람의 뜻이 아래로 전달되고 아랫사람의 뜻이 위로 전달되어 위아래가 하나가 되는 것이니, 그래서 「태(泰 : 길하다)」라고 하는 것이고, 윗사람의 뜻이 막혀 아래로 전달될 수 없으면 아랫사람의 뜻이 막혀 위로 전달될 수 없음으로, 위아래가 간격이 생겨 비록 나라가 있어도 마치 나라가 없는 것과 같으니, 그래서 「비(否 : 불길하다)」라고 하는 것입니다. (위아래가) 교류하면 길하고 교류하지 않으면 불길한 것은 예로부터 다 그러했지만, 그러나 교류하지 않은 폐단이 요즈음과 같이 심한 적은 없었습니다.

임금과 신하의 만남이 조회(朝會)에 나가는 짧은 순간에 그쳐, 윗사람과 아랫사람 사이는 겨우 장주(章奏)와 비답(批答)을 통해 서로 접촉이 이루어지고, 명분과 법령 제도에 의해 서로 (관계를) 유지하는 것뿐입니다. 이는 다만 과거의 관례를 답습한 것만이 아니라, 또한 지위의 존비 형세가 그렇게 만든 것입니다. 어째서 그렇겠습니까? 조정에서는 항상 봉천문(奉天門)에서 조회를 거행하는데, 하루도 폐한 적이 없었으니 근면하다고 말할 수는 있습니다. 그러나 (황제께서 앉아계신) 전당과 (신하가 서 있는) 계단이 멀리 떨어져 있고 의식 절차가 지극히 성대한데다, 어사(御史)는 (신하들의) 예절을 규찰하고, 홍려(鴻臚)는 법도에 부합하지

지 않은 현인. 【是】: 이러한 상황, 즉「앞에서 말한 상황」. 【而已】: …뿐이다.

않는 행위를 검거하며, 통정사(通政司)가 (대신을) 인도하여 상주문을 올리면 황제께서는 다만 그것을 옳다고 여길 뿐이고, (신하들은) 성은에 감사하며 작별 인사를 하고 두려워서 벌벌 떨며 물러나옵니다. 황제께서 언제 한 가지 일이라도 물으신 적이 있으며, 신하가 언제 말 한마디라도 진언한 적이 있었습니까? 이것은 다른 원인이 없고, (황제와 신하 간) 지위의 존비가 현격한 데다 이른바 전당이 너무 멀리 떨어져 있다 보니, 비록 진언하고자 해도 진언할 방법이 없기 때문입니다.

저는 위아래가 서로 교류하기를 바란다면 옛날 내조제도(內朝制度)를 회복하는 것이 가장 좋다고 생각합니다. 주대(周代)에는 삼조(三朝)가 있었는데, 고문(庫門) 밖은 정조(正朝)라 하여 (황제께서) 대신들에게 자문을 구하시던 장소이고, 노문(路門) 밖은 치조(治朝)라하여 황제께서 매일 조회에 나가 정사를 돌보시던 장소이며, 노문(路門) 안은 내조(內朝)라 하고 또한 연조(燕朝)라고도 했습니다. ≪예기(禮記)·옥조(玉藻)≫에 :「임금은 해가 떠오르면 조회에 나가고, 물러나오면 노침(路寢)에 와서 정사를 처리했다.」라고 했습니다. 조회에 나가 여러 신하들을 회견하는 것은, 이로써 위아래의 명분을 바르게 하는 것이고, 노침에 가서 정사를 처리하는 것은, 이로써 멀고 가까운 곳의 정황을 소상히 이해하려는 것입니다.

한(漢)나라의 제도에서 대사마(大司馬)·좌우전후장군(左右前後將軍)·시중(侍中)·산기(散騎)와 같은 여러 관리들은 중조(中朝)이고, 승상 이하 육백석(六百石)까지는 외조(外朝)입니다. 당(唐)나라 황성(皇城) 북쪽의 남삼문(南三門)은 승천문(承天門)이라 하여, 정월 초하루와 동지에 여러 나라의 조공을 받게 되면 황제께서 (이곳에) 행차하시는데, (이는) 대체로 옛날의 외조(外朝)에 해당합니다. 그 북쪽은 태극문(太極門)이라 하고 그 안쪽을 태극전(太極殿)이라 하여, 매월 초하루와 보름날이면 (황제께서 태극전에) 앉아 조회를 받으시는데, (이는) 대체로 옛날의 정조(正朝)에 해당합니다. 또 북쪽은 양의문(兩儀門)이라 하고 그 안쪽을 양의전(兩儀殿)이라 하여, 황제께서 평소에 조회를 받고 정사를 처리하는 곳인데, (이는) 대체로 옛날의 내조(內朝)에 해당합니다. 송(宋)나라 때는 평소의 조회는 문덕전(文德殿)에서 거행하고, 5일에 한 번씩 황제께 드리는 문안은 수공전(垂拱殿)에서, 정월 초하루·동지·황제의 생신 축하 행사는 대경전(大慶殿)에서, 연회를 베푸는 일은 자신전(紫宸殿) 또는 집영전(集英殿)에서 거행했으며, 진사 시험은 숭정전(崇政殿)에서 거행하였습니다. 시종(侍從) 이하의 관원들은 5일에 한 번씩 한 사람의 관원이 궁전에 갔는데 이를 윤대(輪對)라 했으며, 반드시 입조하여 (황제께) 시정의 득실을 진술해야 했습니다. 내전(內殿)에서 (신하들을) 접견하게 되면, 또한 어느 때는 앉도록 베풀어 주시고 어느 때는 가죽신을 신고 입조하는 것을 면해주기도 했는데, 아마 삼조제도(三朝制度)의 유풍일 것입니다. 왜냐하면 하늘에 삼원(三垣)이 있어, 천자께서 하늘을 본보기로 하기 때문입니다. 정조(正朝)는 태미원(太微垣)을 본보기로 했고 외조(外朝)는 천시원(天市垣)을 본보기로 했으며 내조(內朝)는 자미원(紫微垣)을 본보기로 했는데, 예로부터 그렇게 했습니다.

명조(明朝)는 황제의 탄신·정월 초하루·동지 등의 큰 조회는 봉천전(奉天殿)에서 거행했는데, 이는 바로 옛날의 정조(正朝)이고, 평소의 조회는 봉천문(奉天門)에서 거행했는데, 이는 바로 옛날의 외조이며, 내조만 유독 빠졌습니다. 그러나 (내조가) 없는 것이 아닙니다. 화개전(華蓋殿)·근신전(謹身殿)·무영전(武英殿) 등의 궁전이 어찌 내조의 유풍이 아니겠습니까? 태조(太祖) 홍무(洪武) 연간의 송렴(宋濂)·유기(劉基) 같은 사람이나 영락(永樂) 이래의 양사기(楊士奇)·양영(楊榮) 같은 사람들은 날마다 황제를 곁에서 모셨습니다. 대신(大臣)인 건의(蹇義)·하원길(夏元吉) 등은 항상 편전에서 임금의 물음에 답했습니다. 이러한 시절에 어찌 막혀서 단절될 염려가 있겠습니까? 지금 내조는 (황제께서) 친히 왕림하시어 정사를 처리하는 일이 매우 드물어서, 평소의 조회 이후에는 신하가 다시 알현할 수가 없습니다. 삼전(三殿)의 문은 높고 굳게 닫혀 있어 간혹 엿보는 사람도 드뭅니다. 그래서 상하 간의 의견이 막혀 통하지 않고, 천하의 폐단도 이로 말미암아 쌓이게 되었습니다. 효종(孝宗) 만년에 이에 대해 깊이 개탄하고, 대신들을 여러 차례 편전(便殿)으로 불러들여 천하의 일을 강론하면서 장차 크게 이바지 하려 했습니다. 그러나 백성들의 복이 없어 (효종께서 세상을 떠나) 태평성세의 아름다운 모습을 미처 보지 못했으니, 천하 사람들은 지금까지 이를 한스럽게 여기고 있습니다.

폐하께서 멀리는 성조(聖祖)를 본받고 가까이는 효종(孝宗)을 본받아, 근래에 막혀서 단절된 병폐를 철저히 제거하시길 바라고 있습니다. 평소의 조회 외에 문화전(文華殿)·무영전(武英殿)에 나아가 옛날 내조의 뜻을 본받아, 대신들이 사흘 또는 닷새에 한번 씩 문안을 드리고 시종(侍從)·대간(臺諫)에서 각 한 사람이 궁전에 올라가 윤대(輪對)를 하며, 기타 여러 주관 부서에서 일이 있을 때 (황제께) 결단을 청하면 황제께서 소견에 따라 결단을 내리시되, 결단을 내리기 어려운 것이 있을 때는 대신들과 직접 상의하시고 수시로 여러 신하들을 부릅니다. 무릇 성은에 감사하고 작별 인사를 하는 등의 예절까지도 모두 궁전에 가서 아뢸 수 있고, (황제께서는) 허심탄회하게 그들에게 물으시며 온화한 낯빛으로 그들에게 지시하십니다. 이와 같이 하시면 사람들은 누구나 자기의 의견을 모두 진술할 수 있고, 폐하께서 비록 구중궁궐 깊은 곳에 거처하시지만 천하의 일이 분명하게 모두 (폐하의) 면전에 펼쳐질 것입니다.

외조(外朝)는 이로써 위아래의 명분을 바로잡고 내조(內朝)는 이로써 멀고 가까운 곳의 정황을 소상히 이해하게 됩니다. 이와 같이 한다면 어찌 요즈음처럼 막혀서 단절되는 병폐가 있겠습니까? 요(堯) · 순(舜)시대는 천자의 눈과 귀가 밝아, 훌륭한 말이 매몰되지 않고 초야에는 기용되지 않은 현인이 없었는데, (그때) 역시 이러한 상황에 불과했을 뿐입니다.

■ | 해제(解題) 및 본문요지 설명

「친정(親政)」은 임금이 직접 나라의 정사를 돌보는 것을 말한다. 명대(明代)는 태조(太祖)가 재상의 직책을 취소하고 황제가 군정(軍政)의 대권을 장악했으나, 영종(英宗) 천순(天順) 이후에는 황제가 정사를 게을리 하고 대신들을 신임하지 않아 환관들이 권력을 휘둘러, 황제의 명령이 하달되지 않고 나라의 상황이 위로 전달되지 않아 나라가 점차 위기에 빠져들었다.

본문은 작자 왕오(王鏊)가 환관 유근(劉瑾)의 전횡으로 관직을 그만두고 고향에 돌아와 지내던 중, 세종(世宗)이 즉위하여 사람을 보내 왕오를 위로하자 이에 감사하는 뜻으로 지어 올린 글로서, 내용은 「내조제도(內朝制度)」를 회복하여 현인(賢人) 대부들과 많은 의견을 교환하고 황제가 친히 정사를 돌보아 환관이 권력을 전횡하는 조정의 폐단을 제거하도록 건의한 것이다.

본문은 여섯 단락으로 나눌 수 있는데, 첫째 단락에서는 《주역(周易)》의 「태괘(泰卦)」와 「비괘(否卦)」의 단사(彖辭)를 인용하여 군신 상호간 교류의 중요성을 말했고; 둘째 단락에서는 당시 조정에서 위아래의 교류가 이루어지지 않고 있는 상황을 말했고; 셋째 단락에서는 내조제도를 회복하여 막히고 단절된 것을 제거해야 한다고 주장하면서 주대(周代)의 「삼조(三朝)」와 ≪예기(禮記)·옥조(玉藻)≫를 증거로 들었고; 넷째 단락에서는 한(漢)·당(唐)·송(宋) 삼대의 제도를 열거하고, 모두 내조제도를 보존하고 있음을 말했고; 다섯째 단락에서는 명대(明代) 초기에는 비록 내조를 두지 않았어도 황제가 항상 삼전(三殿)에 나와 편전(便殿)에서 대신들이 임금의 물음에 답할 수 있었기 때문에 실제로 내조의 형태와 다름이 없었지만, 이후의 군주들이 점차 해이해져 위아래의 언로가 단절되는 상황이 초래되었다는 것을 말했고; 마지막 단락에서는 내조제도의 회복에 대한 구체적인 방법을 제시했다.

212 존경각기(尊經閣記)

[明] 王守仁

■ | 작자

왕수인(王守仁 : 1472-1528)은 절강(浙江) 여요(餘姚)[지금의 절강성 여요현(餘姚縣)] 사람으로 자가 백안(伯安)이며 명대(明代)의 저명한 사상가이다. 일찍이 소흥(紹興) 회계산(會稽山) 양명동(陽明洞)에서 강당을 짓고 강학(講學)에 힘써 사람들은 그를 「양명선생(陽明先生)」이라 불렀다.

어려서부터 유달리 총명하고 성품이 호방하였으며, 15세 때 장성(長城)의 거용관(居庸關)과 산해관(山海關) 일대를 유람하고 나서부터 치국(治國)의 뜻을 품게 되었다.

효종(孝宗) 홍치(弘治) 12년(1499) 진사에 급제한 후 형부주사(刑部主事)를 제수 받았다. 무종(武宗) 정덕(正德) 원년(1506)에는 남경급사중어사(南京給事中御史) 대선(戴銑) 등 20여 사람을 구원하기 위해 상소를 올렸다가 환관 유근(劉瑾)의 분노를 사서 거의 죽도록 곤장을 맞고 귀주(貴州) 용장역(龍場驛)의 역승(驛丞)으로 폄적되었다. 그 후 유근이 처형되고 나서 남경형부주사(南京刑部主事)·태복소경(太僕少卿)으로 승진했고, 무종 정덕 11년(1516) 우첨도어사(右僉都御史)에 임명되어 공(贛)·정(汀)·장(漳) 등지를 순시하며 지방 도적들을 토벌했다. 정덕 14년에는 「영왕(寧王) 신호(宸濠)의 난」을 평정한 공으로 남경병부상서(南京兵部尙書)로 승진하고 신건백(新建伯)에 봉해졌다. 세종(世宗) 가정(嘉靖) 8년(1527)에 좌도어사(左都御史)로 임명되어 광동(廣東)과 광서(廣西)를 통괄하고 사은(思恩)·전주(田州) 지역 토호의 반란을 평정하기도 했다. 가정 7년

10월 병이 들어 사직하고 돌아와 11월에 세상을 떠났다.

양명은 「지행합일(知行合一)」과 「치양지(致良知)」를 제창했는데 제자들이 천하에 널리 퍼져 있어 세상 사람들은 이를 「요강학파(姚江學派)」라 불렀다. 양명의 사상은 송대(宋代) 육구연(陸九淵)과 흡사하여 「육왕(陸王)」으로 불리었으며, 정(程)·주(朱) 일파(一派)의 이학(理學)과 더불어 중국 근대사상의 양대 종파가 되었다. 양명은 시문(詩文)에 능하고 고문(古文)에도 해박했는데, 그가 세상을 떠난 뒤에 제자들이 ≪왕문성공전서(王文成公全書)≫ 38권을 편찬하여 세상에 전해지고 있다.

■ | 원문 및 주석

尊經閣記[1)]

經, 常道也。其在於天, 謂之命; 其賦於人, 謂之性; 其主於身, 謂之心。[2)] 心也, 性也, 命也, 一也。通人物, 達四海, 塞天地, 亙古今, 無有乎弗具, 無有乎弗同, 無有乎或變者也, 是常道也。[3)] 其應乎感也, 則爲惻隱, 爲羞惡, 爲辭讓, 爲是非;[4)] 其見於事也,

---

1) 尊經閣記 → 尊經閣에 대해 적은 글
【尊經閣】: 절강성 紹興의 稽山書院 뒤쪽에 있는 藏書閣 이름. ※明 武宗 때 山陰 현령 吳瀛이 紹興府 知府 南大吉의 위임을 받아 폐허가 된 紹興의 稽山書院을 보수하고 서원의 뒤쪽에 尊經閣을 지었다.

2) 經, 常道也。其在於天, 謂之命; 其賦於人, 謂之性; 其主於身, 謂之心。心也, 性也, 命也, 一也。→ 經은, 常道이다. 그것이 하늘에 있으면, 이를 일러 命이라 하고; 그것이 사람에게 부여되면, 이를 일러 性이라 하며, 그것이 肉身을 주재하면, 이를 일러 心이라 한다. 心과, 性과, 命은 모두 같은 것이다.
【經】: 경전. 즉 《易經》·《書經》·《詩經》·《禮記》·《樂經》·《春秋》의 六經을 가리킨다. 【常道】: 항상 변하지 않는 도리, 영원히 변하지 않는 진리. 【賦(fù)】: 주다, 부여하다. 【主】: 主宰하다. 【一】: 동일하다, 같다.

3) 通人物, 達四海, 塞天地, 亙古今, 無有乎弗具, 無有乎弗同, 無有乎或變者也, 是常道也。→ 인간과 만물에 통달하고, 천하 사방에 고루 퍼져있고, 하늘과 땅에 가득 차 있고, 고금을 관통하고, 구비하지 않은 것이 없고, 서로 같지 않은 것이 없고, 변하지 않는 것, 이것이 바로 常道이다.
【通】: 통달하다. 【人物】: 인간과 만물. 【達】: 도달하다. 즉「두루 미치다, 고루 퍼지다」의 뜻. 【四海】: 천하 사방. ※옛날 사람들은 중국이 천하의 중심에 있고 사방이 바다로 둘러 싸여 있다고 여겼다. 따라서「四海之內」는「전국, 천하」를 의미한다. 【塞(sāi)】: 가득 차다, 충만하다. 【亙(gèn)】: 관통하다. 【無有乎】: 無, 없다. 【弗(fú)】: 不. 【或變】: 변화의 가능성. 【是】: 이, 이것.

4) 其應乎感也, 則爲惻隱, 爲羞惡, 爲辭讓, 爲是非; → 그것이 감정에 반응하면, 惻隱之心이 되고, 羞惡之心이 되고, 辭讓之心이 되고, 是非之心이 되며;
【應】: 반응하다. 【惻隱(cè yǐn)】: 惻隱之心. 측은하게 여기는 마음. 【羞惡(xiū wù)】: 羞惡之心, 부끄러워하고 미워하는 마음. 【辭讓(cí ràng)】: 辭讓之心, 사양

則爲父子之親，爲君臣之義，爲夫婦之別，爲長幼之序，爲朋友之信。[5] 是惻隱也，羞惡也，辭讓也，是非也；是親也，義也，序也，別也，信也，一也。皆所謂心也，性也，命也。[6] 通人物，達四海，塞天地，亙古今，無有乎弗具，無有乎弗同，無有乎或變者也，是常道也。[7]

以言其陰陽消息之行焉，則謂之≪易≫；以言其紀綱政事之施焉，則謂之≪書≫；[8] 以言其歌詠性情之發焉，則謂之≪詩≫；

하는 마음. 【是非】 : 是非之心, 시비를 가리는 마음.

5) 其見於事也, 則爲父子之親, 爲君臣之義, 爲夫婦之別, 爲長幼之序, 爲朋友之信。→ 그것이 사람의 일에 표현되면, 바로 父子有親이 되고, 君臣有義가 되고, 夫婦有別이 되고, 長幼有序가 되고, 朋友有信이 된다.
※이는 儒敎의 도덕 사상에서 사람이 지켜야 할 다섯 가지의 道理, 즉 五倫[父子有親・君臣有義・夫婦有別・長幼有序・朋友有信]을 말한 것이다.
【見(xiàn)於…】 : …에 나타나다, …에 표현되다. 【父子之親】 : 父子有親, 부모와 사식 사이의 진근함. 【君臣之義】 : 君臣有義, 임금과 신하 사이의 의로움. 【夫婦之別】 : 夫婦有別, 부부 사이의 분별. 【長幼之序】 : 長幼有序, 어른과 아이 사이의 질서. 【朋友之信】 : 朋友有信, 친구 사이의 믿음.

6) 是惻隱也, 羞惡也, 辭讓也, 是非也; 是親也, 義也, 序也, 別也, 信也, 一也。皆所謂心也, 性也, 命也。→ 이러한 측은지심 , 수오지심, 사양지심, 시비지심이나; 이러한 부자유친, 군신유의, 장유유서, 부부유별, 붕우유신은, 같은 것이며, 모두가 앞에서 말한 心이요, 性이요, 命이다.

7) 通人物, 達四海, 塞天地, 亙古今, 無有乎弗具, 無有乎弗同, 無有乎或變者也, 是常道也。→ 인간과 만물에 통달하고, 천하 사방에 고루 퍼져있고, 하늘과 땅에 가득 차 있고, 고금을 관통하고, 구비하지 않은 것이 없고, 서로 같지 않은 것이 없고, 변하지 않는 것, 이것이 바로 常道이다.

8) 以言其陰陽消息之行焉, 則謂之≪易≫; 以言其紀綱政事之施焉, 則謂之≪書≫; → 이로써 음양이 성하고 쇠하는 변화 현상에 대해 설명한 것을, ≪易經≫이라 하고; 이로써 (국가의) 기강과 정사의 시행에 대해 설명한 것을, ≪書經≫이라 하고; 【消息】 : 성하고 쇠함. ※판본에 따라서는 「消息」을 「消長」이라 했다. 【行】 : 변화 현상. 【紀綱】 : 기강, 법도, 法制. 【施】 : 시행, 조치.

以言其條理節文之著焉，則謂之≪禮≫;[9] 以言其欣喜和平之生焉，則謂之≪樂≫；以言其誠僞邪正之辨焉，則謂之≪春秋≫。[10] 是陰陽消息之行也，以至於誠僞邪正之辨也，一也，皆所謂心也，性也，命也。[11] 通人物，達四海，塞天地，亙古今，無有乎弗具，無有乎弗同，無有乎或變者也，夫是之謂六經。[12]

六經者非他，吾心之常道也。故≪易≫也者，志吾心之陰陽消息者也;[13] ≪書≫也者，志吾心之紀綱政事者也；≪詩≫也者，

---

9) 以言其歌詠性情之發焉，則謂之≪詩≫；以言其條理節文之著焉，則謂之≪禮≫；→ 이로써 정감의 발로를 노래한 것에 대해 설명한 것을, ≪詩經≫이라 하고; 이로써 의례의 준칙과 제도의 설립에 대해 설명한 것을, ≪禮記≫라 하고;
【歌詠】: 노래하다. 【發】: 발로, 발생. 【條理節文】: 의례의 준칙과 제도. 【著】: 설립, 수립.

10) 以言其欣喜和平之生焉，則謂之≪樂≫；以言其誠僞邪正之辨焉，則謂之≪春秋≫。→ 이로써 기쁨과 평화의 생성에 대해 설명한 것을, ≪樂經≫이라 하고; 이로써 진실과 거짓과 그릇됨과 올바름의 구별에 대해 설명한 것을 ≪春秋≫라 한다.
【欣喜和平】: 기쁨과 평화. 【生】: 생성, 발생, 산생. 【誠僞】: 眞僞, 진실과 거짓. 【邪(xié)正】: 사악과 정직, 그릇됨과 올바름. 【辨(biàn)]】: 변별(하다), 구별(하다).

11) 是陰陽消息之行也，以至於誠僞邪正之辨也，一也，皆所謂心也，性也，命也。→ 이 음양이 성하고 쇠하는 변화로부터, 眞僞와 邪正의 구별에 이르기까지, 모두 같은 것이며, 모두가 心이요, 性이요, 命이다.
【以至…】: …까지, …에 이르기까지.

12) 通人物，達四海，塞天地，亙古今，無有乎弗具，無有乎弗同，無有乎或變者也，夫是之謂六經。→ 인간과 만물에 통달하고, 천하 사방에 고루 퍼져있고, 하늘과 땅에 가득 차있고, 고금을 관통하고, 구비하지 않은 것이 없고, 서로 같지 않은 것이 없고, 변하지 않는 것, 무릇 이를 일러 「六經」이라 한다.
【夫】: [발어사] 무릇, 대저.

13) 六經者非他，吾心之常道也。故≪易≫也者，志吾心之陰陽消息者也；→ 六經이란 다른 것이 아니고, 우리들 마음속에 있는 常道이다. 그래서 ≪易經≫은, 우리들의 마음속에서 음양이 성하고 쇠하는 변화 현상을 기술한 것이고;
【故】: 그래서, 그러므로. ※판본에 따라서는 「故」를 「是故」라 했다. 【志】: 기

志吾心之歌詠性情者也;[14] 《禮》也者, 志吾心之條理節文者也; 《樂》也者, 志吾心之欣喜和平者也;[15] 《春秋》也者, 志吾心之誠僞邪正者也。[16] 君子之於六經也, 求之吾心之陰陽消息而時行焉, 所以尊《易》也;[17] 求之吾心之紀綱政事而時施焉, 所以尊《書》也;[18] 求之吾心之歌詠性情而時發焉, 所以尊《詩》也;[19] 求之吾心之條理節文而時著焉, 所以尊《禮》也;[20] 求之吾心之欣喜和平而時生焉, 所以尊《樂》也;[21] 求之吾心之誠僞

록하다, 기술하다.

14) 《書》也者, 志吾心之紀綱政事者也; 《詩》也者, 志吾心之歌詠性情者也; → 《書經》은, 우리 마음속의 기강과 政事를 기술한 것이고; 《詩經》은 우리 마음속의 정감을 노래한 것을 기술한 것이고;

15) 《禮》也者, 志吾心之條理節文者也; 《樂》也者, 志吾心之欣喜和平者也; → 《禮記》는, 우리 마음속의 준칙과 제도를 기술한 것이고; 《樂經》은, 우리 마음속의 기쁨과 평화를 기술한 것이고;

16) 《春秋》也者, 志吾心之誠僞邪正者也。→ 《春秋》는, 우리 마음속의 진실과 거짓과 그릇됨과 올바름을 기술한 것이다.

17) 君子之於六經也, 求之吾心之陰陽消息而時行焉, 所以尊《易》也; → 군자의 六經에 대한 태도는, 자기 마음속의 음양이 성하고 쇠하는 변화 현상을 탐구하고 이를 항상 실행하여, 이로써 《易經》을 존중하고;

【時行】: 항상 실행하다.

18) 求之吾心之紀綱政事而時施焉, 所以尊《書》也; → 자기 마음속의 기강과 정사를 탐구하고 이를 항상 시행하여, 이로써 《書經》을 존중하고;

【時施(shī)】: 항상 시행하다, 제때에 조치하다.

19) 求之吾心之歌詠性情而時發焉, 所以尊《詩》也; → 자기 마음속의 정감을 노래한 것을 탐구하고 이를 항상 펴내어, 이로써 《詩經》을 존중하고;

【時發】: 항상 펴내다.

20) 求之吾心之條理節文而時著焉, 所以尊《禮》也; → 자기 마음속의 준칙과 제도를 탐구하고 이를 항상 수립하여, 이로써 《禮記》를 존중하고;

【時著(zhù)】: 항상 수립하다.

21) 求之吾心之欣喜和平而時生焉, 所以尊《樂》也; → 자기 마음속의 기쁨과 평화를 탐구하고 이를 항상 창작하여, 이로써 《樂經》을 존중하고;

邪正而時辨焉, 所以尊≪春秋≫也。[22)]

蓋昔者聖人之扶人極, 憂後世, 而述六經也, 猶之富家者之父祖, 慮其產業庫藏之積, 其子孫者, 或至於遺亡散失, 卒困窮而無以自全也,[23)] 而記籍其家之所有以貽之, 使之世守其產業庫藏之積而享用焉, 以免於困窮之患。[24)] 故六經者, 吾心之記籍也, 而六經之實, 則具於吾心。[25)] 猶之產業庫藏之實積, 種種色色,

---

【時生】: 항상 표출하다.

22) 求之吾心之誠僞邪正而時辨焉, 所以尊≪春秋≫也。→ 우리 마음속의 진실과 거짓과 그릇됨과 올바름을 탐구하고, 이를 항상 분별하여, 이로써 ≪春秋≫를 존중하는 것이다.

【時辨(biàn)】: 항상 분별하다.

23) 蓋昔者聖人之扶人極, 憂後世, 而述六經也, 猶之富家者之父祖, 慮其產業庫藏之積, 其子孫者, 或至於遺亡散失, 卒困窮而無以自全也, → 옛 성인들이 사람 상호간의 도덕규범을 바로 세우고, 후세를 걱정하여, 六經을 저술한 것은, 마치 부유한 집안의 부친이나 조부가, 자기의 산업과 창고의 저축이, 자손들 손에서, 혹시 잃어버리거나 흩어져, 마침내 스스로 살아갈 수 없는 곤궁한 처지에 이르지 않을까 염려하여,

【蓋】: [어기사] ※구의 첫머리에 놓여 어기를 표시한다. 【扶(fú)】: 바로 세우다. 【人極】: 사람 상호간의 도덕규범. 「極」: 규칙, 규범, 준칙. 【述】: 저술하다. 【猶之】: 마치 …과 같다. 【慮】: 염려하다, 걱정하다. 【庫藏(kù zàng)】: 창고. 【積】: 저축. 【至於】: …에 이르다. 【遺亡】: 잃다, 망실하다. 【散失】: 흩어지다. 【卒】: 마침내. 【無以】: …할 방법이 없다, …할 수가 없다. 【自全】: 스스로 보전하다, 스스로 살아가다.

24) 而記籍其家之所有以貽之, 使之世守其產業庫藏之積而享用焉, 以免於困窮之患。→ 자기 집안의 모든 것을 장부에 기록한 후 자손들에게 넘겨주어, 그들로 하여금 조상의 산업과 창고의 저축을 대대로 지키고 누리게 함으로써, 곤궁해지는 걱정을 면하도록 한 것과도 같다.

【記籍】: [동사용법] 장부에 기재하다. 【貽(yí)】: 주다, 남겨주다. 【使】: …로 하여금 …하게 하다. 【世守】: 대대로 지켜나가다. 【享用】: 누리다. 【患】: 걱정, 우환.

25) 故六經者, 吾心之記籍也, 而六經之實, 則具於吾心。→ 그러므로 六經은, 우리 마음의 장부이다. 그러나 六經의 실질은, 바로 우리의 마음속에 갖추어져 있다.

具存於其家，其記籍者，特名狀數目而已。[26] 而世之學者，不知求六經之實於吾心，而徒考索於影響之間，牽制於文義之末，硜硜然以爲是六經矣。[27] 是猶富家之子孫，不務守視享用其產業庫藏之實積，日遺忘散失，至爲窶人丐夫，而猶囂囂然指其記籍曰：「斯吾產業庫藏之積也!」何以異於是?[28]

嗚呼! 六經之學，其不明於世，非一朝一夕之故矣。[29] 尙功

【實】: 실질, 실체.

26) 猶之產業庫藏之實積，種種色色，具存於其家，其記籍者，特名狀數目而已。→ 이는 마치 산업과 창고의 실적 등, 여러 가지가, 모두 그 집안에 보존되어 있고, 그 장부는, 다만 명목과 숫자일 뿐인 것과도 같다.

【種種色色】: 각양각색, 여러 가지. 【具存】: 보존되다. 【特】: 다만. 【名狀】: 명목. 【而已】: …뿐.

27) 而世之學者，不知求六經之實於吾心，而徒考索於影響之間，牽制於文義之末，硜硜然以爲是六經矣。→ 그러나 세상의 학자들은, 자신의 마음속에서 六經의 실질을 구하는 것을 모르고, 다만 본질이 아닌 겉모양에서 탐구하며, 지엽적인 문구와 字意에 얽매인 채, 고집스레 六經이라 여기고 있다.

【徒】: 겨우, 다만. 【考索】: 탐색하다, 탐구하다. 【影響(yǐng xiǎng)】: 그림자와 소리. 본질이 아닌 겉모양. 여기서는 「육경에 관한 소문 · 주석」을 가리킨다. 【牽(qiān)制】: [피동용법] 견제를 받다, 얽매이다. 【文義之末】: 지엽적인 文句와 字意. 【硜(kēng)硜然】: 고집스러운 모양. 【以爲】: …라 여기다, …라고 생각하다.

28) 是猶富家之子孫，不務守視享用其產業庫藏之實積，日遺忘散失，至爲窶人丐夫，而猶囂囂然指其記籍曰:「斯吾產業庫藏之積也!」何以異於是? → 이는 마치 부자의 자손들이, 조상의 산업과 창고의 실적을 잘 간수하여 누리는 데 힘쓰지 않고, 날마다 잃어버리고 흩어져, 가난뱅이 거지가 되기에 이르러서도, 여전히 「이것이 우리 집안의 산업과 창고의 저축이다」라고 말하는 것과 같으니, 어찌 이와 다르겠는가?

【務】: 힘쓰다. 【守視】: 간수하다. 【窶(jù)人】: 가난뱅이. 【丐(gài)夫】: 거지. 【囂(xiāo)囂然】: 득의한 모양, 의기양양한 모양. 【指】: 가리키다. 【何以】: 어찌.

29) 嗚呼! 六經之學，其不明於世，非一朝一夕之故矣。→ 아! 六經의 학문이, 세상에 밝혀지지 않은 것은, 일조일석의 연유로 인한 것이 아니다.

【嗚呼!】: [감탄사] 아! 【故】: 이유, 원인, 연유.

利, 崇邪說, 是謂亂經; 習訓詁, 傳記誦, 沒溺於淺聞小見, 以塗天下之耳目, 是謂侮經;[30] 侈淫辭, 競詭辯, 飾奸心盜行, 逐世壟斷, 而猶自以爲通經, 是謂賊經。[31] 若是者, 是幷其所謂記籍者而割裂棄毁之矣, 寧復知所以爲尊經也乎?[32]

越城舊有稽山書院, 在臥龍西岡, 荒廢久矣。[33] 郡守渭南南

30) 尙功利, 崇邪說, 是謂亂經; 習訓詁, 傳記誦, 沒溺於淺聞小見, 以塗天下之耳目, 是謂侮經; → 功利를 중시하고, 邪說을 숭상하는 것을, 일러 亂經이라 하고; 訓詁를 학습하고, 외우기와 읽기를 전수하며, 일천한 견문에 빠져, 천하의 이목을 가리는 것을 일러 侮經이라 하며;
【尙】: 중시하다. 【崇(chóng)】: 숭상하다, 존중하다. 【邪(xié)說】: 사설, 그릇된 말. 【亂經】: 經義를 어지럽히다. 【訓詁】: 훈고, 字句의 해석. 【記誦】: 외우기와 읽기. 【沒溺(mò nì)】: 빠지다. 【淺聞小見】: 일천한 견문, 천박한 견문. 【塗(tú)】: 칠하다. 여기서는「덮다, 가리다, 숨기다」의 뜻. 【侮(wǔ)經】: 經義를 모독하다.

31) 侈淫辭, 競詭辯, 飾奸心盜行, 逐世壟斷, 而猶自以爲通經, 是謂賊經。→ 방탕한 언사를 과장하고, 궤변을 뒤질세라 다투고, 간악한 마음과 비열한 행위를 덮어 숨기고, 세속을 좇고 이익을 독차지하면서, 여전히 스스로 經義에 통달했다고 하는 것을 일러 賊經이라 한다.
【侈(chǐ)】: 과장하다. 【淫辭(yín cí)】: 방탕한 언사. 【競(jìng)】: 경쟁하다, 뒤질세라 다투다. 【詭辯(guǐ biàn)】: 궤변, 도리에 맞지 않는 말을 맞는 것처럼 꾸며 대는 말. 【飾(shì)】: 덮어 숨기다. 【奸心盜行】: 간악한 마음과 비열한 행위. 【逐世】: 세속을 좇다. 【壟斷(lǒng duàn)】: 독점하다, 독차지 하다. 【以爲】: …라 여기다, …라고 생각하다. 【通經】: 經義에 통달하다. 【賊(zé)經】: 經義를 해치다.

32) 若是者, 是幷其所謂記籍者而割裂棄毁之矣, 寧復知所以爲尊經也乎? → 이와 같은 사람들은, 이른바 장부조차 찢어 내버린 것이니, 어찌 또 經書를 존중하는 까닭을 알겠는가?
【若】: 如, …와 같은. 【幷】: …조차도, …까지도. 【割裂(gē liè)】: 가르다, 찢다. 【棄毁(qì huǐ)】: 폐기하다, 내버리다. 【寧(níng)】: 어찌. 【所以】: 소이, 까닭.

33) 越城舊有稽山書院, 在臥龍西岡, 荒廢久矣。→ 越城에는 예전에 臥龍山 서쪽 산등성이에 稽山書院이 있었는데, 황폐한 지 이미 오래되었다.
【越城】: [지명] 지금의 절강성 紹興市. 【稽(jī)山書院】: 宋나라 때 稽山[지금의 절강성 紹興市 동남쪽] 越王城 유적지에 세운 서원. 【臥龍】: [산이름] 와룡산. 【岡】:

君大吉，既敷政於民，則慨然悼末學之支離，將進之以聖賢之道,[34] 於是使山陰令吳君瀛拓書院而一新之，又爲尊經之閣於其後，曰：「經正則庶民興，庶民興，斯無邪慝矣。」[35] 閣成，請予一言，以諗多士。予旣不獲辭，則爲記之若是。[36] 嗚呼！世之學者，得吾說而求諸其心焉，其亦庶乎知所以爲尊經也矣。[37]

산등성이.

34) 郡守渭南南君大吉，旣敷政於民，則慨然悼末學之支離，將進之以聖賢之道，→ 군수인 渭南 사람 南大吉이, 백성들에게 선정을 베푼 후, 또 감개하게 요즈음 학문이 지리멸렬한 것을 통감하고, 장차 성현의 도리로써 그들을 인도하고자 하여,
【郡守】：郡의 太守. 여기서는 「紹興 知府」를 가리킨다. 【渭(wèi)南】：[縣이름] 지금의 섬서성 渭南縣. 【南君大吉】：[인명] 南大吉. 陝西 渭南 사람으로 자는 元善. 明 武宗 正德 연간에 진사에 급제하여 紹興知府를 지냈으며, 王守仁의 문하생이다. 「君」：타인에 대한 존칭. 【敷(fū)政】：정사를 시행하다. 【慨(kǎi)然】：감개한 모양. 【悼(dào)】：슬퍼하다, 마음 아파하다, 통감하다. 【末學】：하찮은 학문, 퇴폐한 학문. 여기서는 「요즈음의 학문」을 가리킨다. 【支離】：지리멸렬하다. 【將】：(장차) …하려 하다. 【進】：이끌어 나아가다, 인도하다.

35) 於是使山陰令吳君瀛拓書院而一新之，又爲尊經之閣於其後，曰：「經正則庶民興，庶民興，斯無邪慝矣。」→ 이에 山陰縣令 吳瀛으로 하여금 서원을 확장하여 그 면모를 일신시키고, 또 서원의 뒤쪽에 尊經閣을 짓도록 한 후, 말하길：「經學이 바로 서면 백성이 분발하게 되고, 백성이 분발하면, 이로써 사악한 일이 없어진다.」라고 했다.
【於是】：이에, 그리하여. 【使】：…하여금 …하게 하다. 【山陰令】：산음현령. 「山陰」：[縣이름] 지금의 절강성 紹興市. ※산음현은 본래 會稽縣과 함께 소흥부에 속했으나, 民國 이후에 두 현을 합쳐 소흥현으로 만들었다. 【吳君瀛(yíng)】：吳瀛. 산음현령. 【拓(tuò)】：확장하다. 【爲】：짓다, 세우다. 【斯】：이로써, 이로 인해. 【邪慝(xié tè)】：사악하다.

36) 閣成，請予一言，以諗多士。予旣不獲辭，則爲記之若是。→ 존경각이 낙성되고 나서, (남대길 군수가) 나에게 한 마디 하여, 여러 선비들에게 권고해 달라고 청했다. 나는 사양하지 못하고, 이와 같이 記文을 썼다.
【諗(shěn)】：충고하다, 권고하다. 【多士】：많은 선비들. 【不獲辭】：사양하지 못하다, 거절하지 못하다. 【爲記】：記文을 쓰다. 【若是】：이와 같다.

37) 嗚呼！世之學者，得吾說而求諸其心焉，其亦庶乎知所以爲尊經也矣。→ 아! 세상의 학자들이, 나의 글을 보고 六經의 실질을 자기 마음으로부터 탐구하면, 그들 또

■ | 번역문

존경각(尊經閣)에 대해 적은 글

경(經)은 상도(常道)이다. 그것이 하늘에 있으면 이를 일러 명(命)이라 하고, 그것이 사람에게 부여되면 이를 일러 성(性)이라 하며, 그것이 육신(肉身)을 주재하면 이를 일러 심(心)이라 한다. 심과 성과 명은 모두 같은 것이다. 인간과 만물에 통달하고, 천하 사방에 고루 퍼져있고, 하늘과 땅에 가득 차있고, 고금을 관통하고, 구비하지 않은 것이 없고, 서로 같지 않은 것이 없고, 변하지 않는 것, 이것이 바로 상도(常道)이다. 그것이 감정에 반응하면 측은지심(惻隱之心)이 되고 수오지심(羞惡之心)이 되고 사양지심(辭讓之心)이 되고 시비지심(是非之心)이 되며, 그것이 사람의 일에 표현되면 바로 부자유친(父子有親)이 되고 군신유의(君臣有義)가 되고 부부유별(夫婦有別)이 되고 장유유서(長幼有序)가 되고 붕우유신(朋友有信)이 된다. 이러한 측은지심·수오지심·사양지심·시비지심이나, 이러한 부자유친·군신유의·장유유서·부부유별·붕우유신은 같은 것이며, 모두가 앞에서 말한 심(心)이요 성(性)이요 명(命)이다. 인간과 만물에 통달하고, 천하 사방에 고루 퍼져있고, 하늘과 땅에 가득 차있고, 고금을 관통하고, 구비하지 않은 것이 없고, 서로 같지 않은 것이 없고, 변하지 않는 것, 이것이 바로 상도(常道)이다.

이로써 음양이 성하고 쇠하는 변화 현상에 대해 설명한 것을 ≪역경(易經)≫이라 하고, 이로써 (국가의) 기강과 정사(政事)의 시행에 대해 설

한 대체로 경서를 존중하는 까닭을 알게 될 것이다.
【得吾說】: 나의 견해를 이해하다. 【諸】: 之於의 합음. 【庶(shù)乎】: 거의 …할 것이다, 대체로 …할 것이다. 【所以】: 까닭, 이유.

명한 것을 ≪서경(書經)≫이라 하고, 이로써 정감의 발로를 노래한 것에 대해 설명한 것을 ≪시경(詩經)≫이라 하고, 이로써 의례의 준칙과 제도의 설립에 대해 설명한 것을 ≪예기(禮記)≫라 하고, 이로써 기쁨과 평화의 생성에 대해 설명한 것을 ≪악경(樂經)≫이라 하고, 이로써 진실과 거짓과 그릇됨과 올바름의 구별에 대해 설명한 것을 ≪춘추(春秋)≫라 한다. 이 음양이 성하고 쇠하는 변화로부터 진위(眞僞)와 사정(邪正)의 구별에 이르기까지 모두 같은 것이며, 모두가 심(心)이요 성(性)이요 명(命)이다. 인간과 만물에 통달하고, 천하 사방에 고루 퍼져 있고, 하늘과 땅에 가득 차있고, 고금을 관통하고, 구비하지 않은 것이 없고, 서로 같지 않은 것이 없고, 변하지 않는 것, 무릇 이를 일러 육경(六經)이라 한다.

육경(六經)이란 다른 것이 아니고 우리들 마음속에 있는 상도(常道)이다. 그래서 ≪역경≫은 우리들의 마음속에서 음양이 성하고 쇠하는 변화 현상을 기술한 것이고, ≪서경≫은 우리 마음속의 기강(紀綱)과 정사(政事)를 기술한 것이고, ≪시경≫은 우리 마음속의 정감을 노래한 것을 기술한 것이고, ≪예기≫는 우리 마음속의 준칙과 제도를 기술한 것이고, ≪악경≫은 우리 마음속의 기쁨과 평화를 기술한 것이고, ≪춘추≫는 우리 마음속의 진실과 거짓과 그릇됨과 올바름을 기술한 것이다. 군자의 육경에 대한 태도는, 자기 마음속의 음양이 성하고 쇠하는 변화 현상을 탐구하고 이를 항상 실행하여 이로써 ≪역경≫을 존중하고, 자기 마음속의 기강과 정사를 탐구하고 이를 항상 시행하여 이로써 ≪서경≫을 존중하고, 자기 마음속의 정감을 노래한 것을 탐구하고 이를 항상 펴내어 이로써 ≪시경≫을 존중하고, 자기 마음속의 준칙과 제도를 탐구하고 이를 항상 수립하여 이로써 ≪예기≫를 존중하고, 자기 마음속의 기쁨과 평화를 탐구하고 이를 항상 창작하여 이로써 ≪악경≫을 존중하고, 우리 마음속의 진실과 거짓과 그릇됨과 올바름을 탐구하고 이를 항상 분별하여 이로써 《춘추》를 존중하는 것이다.

옛 성인들이 사람 상호간의 도덕규범을 바로 세우고 후세를 걱정하여 육경을 저술한 것은, 마치 부유한 집안의 부친이나 조부가 자기의 산업과 창고의 저축이 자손들 손에서 혹시 잃어버리거나 흩어져, 마침내 스스로 살아갈 수 없는 곤궁한 처지에 이르지 않을까 염려하여, 자기 집안의 모든 것을 장부에 기록한 후 자손들에게 넘겨주어, 그들로 하여금 조상의 산업과 창고의 저축을 대대로 지키고 누리게 함으로써 곤궁해지는 걱정을 면하도록 한 것과도 같다. 그러므로 육경은 우리 마음의 장부이다. 그러나 육경의 실질은 바로 우리의 마음속에 갖추어져 있다. 이는 마치 산업과 창고의 실적 등 여러 가지가 모두 그 집안에 보존되어 있고 그 장부는 다만 명목과 숫자일 뿐인 것과도 같다. 그러나 세상의 학자들은 자신의 마음속에서 육경의 실질을 구하는 것을 모르고 다만 본질이 아닌 겉모양에서 탐구하며, 지엽적인 문구와 자의(字意)에 얽매인 채 고집스레 육경이라 여기고 있다. 이는 마치 부자의 자손들이 조상의 산업과 창고의 실적을 잘 간수하여 누리는 데 힘쓰지 않고, 날마다 잃어버리고 흩어져 가난뱅이 거지가 되기에 이르러서도 여전히 「이것이 우리 집안의 산업과 창고의 저축이다」라고 말하는 것과 같으니, 어찌 이와 다르겠는가?

아! 육경의 학문이 세상에 밝혀지지 않은 것은 일조일석의 연유로 인한 것이 아니다. 공리(功利)를 중시하고 사설(邪說)을 숭상하는 것을 일러 난경(亂經)이라 하고, 훈고(訓詁)를 학습하고 외우기와 읽기를 전수하며 일천한 견문에 빠져 천하의 이목을 가리는 것을 일러 모경(侮經)이라 하며, 방탕한 언사를 과장하고 궤변을 뒤질세라 다투고 간악한 마음과 비열한 행위를 덮어 숨기고 세속을 좇고 이익을 독차지하면서 여전히 스스로 경의(經義)에 통달했다고 하는 것을 일러 적경(賊經)이라 한다. 이와 같은 사람들은 이른바 장부조차 찢어 내버린 것이니 어찌 또 경서(經書)를 존중하는 까닭을 알겠는가?

월성(越城)에는 예전에 와룡산(臥龍山) 서쪽 산등성이에 계산서원(稽山書院)이 있었는데 황폐한 지 이미 오래되었다. 군수인 위남(渭南) 사람 남대길(南大吉)이 백성들에게 선정을 베푼 후, 또 감개하게 요즈음 학문이 지리멸렬한 것을 통감하고, 장차 성현의 도리로써 그들을 인도하고자 하여, 이에 산음현령(山陰縣令) 오영(吳瀛)으로 하여금 서원을 확장하여 그 면모를 일신시키고, 또 서원의 뒤쪽에 존경각(尊經閣)을 짓도록 한 후, 말하길 : 「경학(經學)이 바로 서면 백성이 분발하게 되고, 백성이 분발하면 이로써 사악한 일이 없어진다.」라고 했다. 존경각이 낙성되고 나서 (남대길 군수가) 나에게 한 마디 하여 여러 선비들에게 권고해 달라고 청했다. 나는 사양하지 못하고 이와 같이 기문(記文)을 썼다. 아! 세상의 학자들이 나의 글을 보고 육경(六經)의 실질을 자기 마음으로부터 탐구하면, 그들 또한 대체로 경서를 존중하는 까닭을 알게 될 것이다.

■ | 해제(解題) 및 본문요지 설명

명(明) 무종(武宗) 때 산음현령(山陰縣令) 오영(吳瀛)이 소흥부(紹興府) 지부(知府) 남대길(南大吉)의 위임을 받아 폐허가 된 소흥(紹興)의 계산서원(稽山書院)을 중수하고, 서원의 뒤쪽에 존경각(尊經閣)을 지었는데, 존경각은 일종의 장서각(藏書閣)이다. 존경각이 낙성된 후, 남대길이 왕수인에게 글을 지어 선비들에게 권계해 주기를 청하여 세종(世宗) 가정(嘉靖) 4년(1515) ≪존경각기(尊經閣記)≫를 지었다.

본문은 여섯 단락으로 나눌 수 있다. 첫째 단락에서는 유가(儒家)의 경전(經傳)은 영원히 불변하는 진리로 천인(天人) 관계에서 명(命)·성(性)·심(心)으로 전개되는데, 그것이 사람의 감정에 반영되면 맹자(孟子)가 말한 측은지심(惻隱之心)·수오지심(羞惡之心)·사양지심(辭讓之心)·시비지심(是非之心)의 사단(四端)으로 나타나고, 인륜에 반영되면 부자유친(父子有親)·군신유의(君臣有義)·부부유별(夫婦有別)·장유유서(長幼有序)·붕우유신(朋友有信)의 오륜(五倫)으로 나타나지만, 이 모두가 명칭만 다를 뿐 본질이 같다는 것을 말했고; 둘째 단락에서는 본질적인 면에서 육경(六經)의 특색을 설명하고 육경이 각기 영원한 진리의 한 몸체라는 것을 거듭 천명했고; 셋째 단락에서는 한걸음 더 나아가 육경(六經)은 비단 보편적인 우주법칙의 의미를 구비하고 있을 뿐만 아니라 또한 인심(人心)의 자연적인 반영이기 때문에 이로써 능히 양지(良知)를 회복할 수 있다고 주장했고; 넷째 단락에서는 「명(命)·성(性)·심(心)」을 통해 당시 경서(經書)를 공부하는 사람들의 잘못된 경향을 바로잡아야 한다는 것을 말했고; 다섯째 단락에서는 세속의 「난경(亂經)·모경(侮經)·적경(賊經)」의 왜곡된 풍조를 비판하면서 「존경(尊經)」을 강력히 주장했고; 마지막 단락에서는 존경각 건립의 경위와 아울러 ≪존경각기(尊經閣記)≫를 쓰게 된 연유와 목적을 설명했다.

213 상사기(象祠記)

[明] 王守仁

■ | 작자

212. 존경각기(尊經閣記) 참조

■ | 원문 및 주석

象祠記1)

靈博之山，有象祠焉。其下諸苗夷之居者，咸神而事之。2) 宣慰安君因諸苗夷之請，新其祠屋，而請記於予。3) 予曰：「毁之

1) 象祠記 → 象의 祠堂에 대해 적은 글
【象祠】: 象의 사당. 「象」: [인명] 舜의 배다른 동생으로, 성품이 오만하고 항상 舜을 죽이려는 음모를 꾀했으나 오히려 舜은 우애로써 대했으며, 舜이 왕위에 오른 뒤에 象을 痺의 군주로 봉했다.

2) 靈博之山, 有象祠焉。其下諸苗夷之居者, 咸神而事之。→ 靈博山에는, 「象祠」가 있다. 그 아래에 사는 여러 苗族 오랑캐들은, 모두 象을 神으로 여겨 섬기고 있다.
【靈博之山】: 靈博山. 지금의 귀주성 黔西縣에 있는 산 이름. ※靈博山을 「靈鷲山과 博南山」[지금의 운남성 保山縣 서북쪽]이라 풀이한 경우도 있다. 【苗夷】: 묘족 오랑캐. ※묘족에 대한 낮춤말. 【咸(xián)】: 모두, 다. 【神】: [동사용법] 신으로 삼다. 【事】: 섬기다. ※판본에 따라서는 「事」를 「祠」라 했다.

3) 宣慰安君因諸苗夷之請, 新其祠屋, 而請記於予。→ 宣慰司 安선생이 묘족들의 요청에 따라, 그 사당을 중수하고, 나에게 記文을 써달라고 부탁했다.

乎, 其新之也?」曰 :「新之。」[4]「新之也, 何居乎?」曰 :「斯祠之肇也, 蓋莫知其原。然吾諸蠻夷之居是者, 自吾父、吾祖, 溯曾、高而上, 皆尊奉而禋祀焉, 擧之而不敢廢也。」[5]

予曰 :「胡然乎? 有鼻之祠, 唐之人蓋嘗毁之。象之道, 以爲子則不孝, 以爲弟則傲。[6] 斥於唐, 而猶存於今; 毁於有鼻, 而猶盛於玆土也。胡然乎?[7] 我知之矣 : 君子之愛若人也, 推及於其

【宣慰(xuān wèi)】: 宣慰司의 약칭. ※明代 변방 오랑캐 지역에 세운 관청으로 장관을 宣慰使라 했다.【君】: 타인에 대한 존칭.【因】: 근거하다, 의거하다, 따르다.【新】: 새롭게 하다, 중수하다.【祠屋】: 사당.【請】: 부탁하다, 청하다, 요구하다.

4) 予曰 :「毁之乎, 其新之也?」曰 :「新之。」→ 내가 :「사당을 허물었습니까? 아니면 새로 개수했습니까?」라고 묻자, 그가 :「새로 개수했습니다.」라고 했다.
【毁(huǐ)】: 부수다, 허물다.【其】: 아니면, 그렇지 않으면.【新】: 重修하다, 改修하다.

5)「新之也, 何居乎?」曰 :「斯祠之肇也, 蓋莫知其原。然吾諸蠻夷之居是者, 自吾父、吾祖, 溯曾、高而上, 皆尊奉而禋祀焉, 擧之而不敢廢也。」→ 내가 :「새로 개수한 것은, 무슨 까닭입니까?」라고 물으니, 그가 말하길 :「이 사당의 시작은, 아마도 유래를 아는 사람이 없을 것입니다. 그러나 여기에 사는 우리 묘족들은, 우리 아버지·할아버지로부터, 증조·고조 위로 거슬러 올라가, 모두 象을 존경하여 받들고 제사를 지내며, 계속 행사를 거행하여 감히 폐하지 못했습니다.」라고 했다.
【何居】: 何故, 무슨 이유.「居」: 故, 까닭, 이유.【肇(zhào)】: 시작, 출발.【蓋】: 아마도.【莫知】: 아는 사람이 없다.【原】: 내력, 유래.【蠻夷(mán yí)】: 오랑캐. 여기서는「苗族」을 가리킨다.【溯(sù)】: 거슬러 올라가다.【禋(yīn)祀】: 제사지내다.【擧(jǔ)】: 거행하다, 치루다.【廢(fèi)】: 폐하다, 없애다.

6) 予曰 :「胡然乎? 有鼻之祠, 唐之人蓋嘗毁之。象之道, 以爲子則不孝, 以爲弟則傲。→ 내가 말했다 :「어째서 그런가? 有鼻의 사당은, 唐代 사람들이 일찍이 그것을 부수어 버린 적이 있다. 象의 품행은, 자식된 자로써 불효하고, 아우된 자로써 오만했다.
【胡】: 왜, 어째서.【有鼻(bí)】: [지명] 지금의 호남성 道縣 북쪽. 전설에 의하면 象이 이곳에 봉해졌다고 한다. ※판본에 따라서는「有鼻」를「有痺」라 했다.【蓋】: [어기사].【道】: 품행, 인륜행위.【爲子】: 자식 된 자.【爲弟】: 아우 된 자.【傲(ào)】: 오만하다.

屋之烏，而況於聖人之弟乎哉？然則祀者爲舜，非爲象也。[8] 意象之死，其在干羽旣格之後乎。不然，古之驁桀者豈少哉?[9] 而象之祠獨延於世。吾於是益有以見舜德之至，入人之深，而流澤之遠且久也。[10] 象之不仁，蓋其始焉耳，又烏知其終之不見化於舜

7) 斥於唐，而猶存於今；毁於有鼻，而猶盛於玆土也。胡然乎？→ (상의 사당이) 唐代에는 배척을 받았는데, 오늘날 아직 보존되고; 有鼻에서는 부수어졌는데, 이곳에서는 아직 홍성하고 있다. 어째서 그런가?

【斥(chì)】: 배척을 받다. 【猶(yóu)】: 아직, 여전히. 【玆土】: 이곳, 여기.

8) 我知之矣：君子之愛若人也，推及於其屋之烏，而況於聖人之弟乎哉？然則祀者爲舜，非爲象也。→ 나는 그 이유를 안다: 군자가 그 사람을 사랑하게 되면, (그 사랑이) 그 사람 집 지붕 위의 까마귀한테까지 미치는데, 하물며 성인의 아우에 대해서야 어떠하겠는가? 그렇다면 제사는 舜을 위해 지내는 것이지 象을 위해 지내는 것이 아니다.

※≪尙書大典·牧誓·大戰≫:「愛人者，兼及屋上之烏。」

【知之】: 그것을 알다, 즉「그 이유를 알다」. 【若人】: 이 사람, 그 사람. 「若」: 이, 그, 저. 【推及】: …까지 미치다. 【況】: 하물며. 【然則】: 그렇다면.

9) 意象之死，其在干羽旣格之後乎。不然，古之驁桀者豈少哉？→ 짐작컨대 象이 죽은 것은, 아마도 舜임금이 德治로 묘족을 복종시킨 이후일 것이다. 그렇지 않으면, 옛날의 포악한 자들이 어찌 적었겠는가?

【意】: 짐작하다, 생각하다. 【其】: 아마도. 【干羽旣格】: 舜임금이「덕치로 苗族을 복종시킨 일」을 가리킨다. ※≪尙書·大禹謨≫의 기록에 의하면, 舜임금이 禹에게 명하여 무력으로 묘족을 정벌하도록 했으나 굴복하지 않자, 禹가 益의 건의에 따라 군사를 되돌렸고, 순임금이 곧 文治로 방침을 바꾸어 덕을 크게 펼치고, 두 섬돌 사이에서 방패와 깃을 들고 춤을 추니 70일 만에 묘족이 마침내 감화되었다.「干羽」: 방패와 깃털. 춤을 출 때 손에 들던 도구. 文舞는 깃털을 들고, 武舞는 방패를 들었는데, 방패와 깃을 동시에 들고 춤을 추는 것은, 곧 전쟁을 멈추고 문치에 힘쓴다는 것을 뜻한다.「格」: 복종시키다. 【驁桀(áo jié)】: 난폭하다, 포악하다.

10) 而象之祠獨延於世。吾於是益有以見舜德之至，入人之深，而流澤之遠且久也。→ 그런데 象의 제사가 유독 세상에서 계속 이어져 오고 있다. 나는 여기에서 더욱 舜임금의 지극한 덕행이, 사람들의 마음속에 깊이 파고들었고, 은택의 파급이 멀리 그리고 오래 지속되었다는 것을 알 수가 있다.

【獨】: 유독, 홀로. 【延(yán)】: 계속 이어지다. 【於是】: 여기에서, 이러한 점에

也?[11)]

「≪書≫不云乎：『克諧以孝，烝烝乂，不格姦。』『瞽瞍亦允若』則已化而爲慈父。[12)] 象猶不弟，不可以爲諧。進治於善，則不至於惡；不抵於姦，則必入於善。信乎象蓋已化於舜矣。[13)] 孟

서. 【益】: 더욱. 【有以】: …할 수가 있다, …할 방법이 있다. 【入人之深】: 사람들의 마음속에 깊이 파고들다. 【流澤(zé)】: 은택의 파급. 【…且…】: …하고도 또한 …하다, 또한, 그리고.

11) 象之不仁，蓋其始焉耳，又烏知其終之不見化於舜也? → 象이 어질지 못한 것은, 아마도 그의 초기뿐일 것이다. 또 그가 나중에 舜임금에게 교화되지 않고 (스스로) 개과천선했다는 것을 어찌 믿겠는가?
【蓋】: 아마도, 대체로. 【始】: 초기. 【焉耳】: …뿐. 【烏(wū)】: 어찌. 【知】: 알다, 즉「믿다, 신뢰하다」의 뜻. 【終】: 나중에, 후에. 【不見化於舜】: 순임금에게 교화되지 않은 것, 즉 순임금에게 교화되지 않고 개과천선했다는 것을 의미한다. 「見化」: 감화되다. ※見+동사=피동용법.

12) 「≪書≫不云乎：『克諧以孝，烝烝乂，不格姦。』『瞽瞍亦允若』則已化而爲慈父。→「≪尙書≫에 이르길 : 『(舜은) 능히 孝로써 집안을 화목하게 하고, 지극정성으로 다스려, 사악한 경지에 이르지 않게 할 수 있다』『瞽瞍 역시 온순해졌다』라고 하지 않았는가? 그렇다면 (舜의 부친도) 이미 자애로운 아버지로 변한 것이다. ※인용한 말 중 『克諧以孝，烝烝乂，不格姦。』은 ≪尙書・堯典≫에 보이고; 『瞽瞍亦允若』은 ≪尙書・大禹謨≫에 『瞽亦允若』라 했다.
【≪書≫】: ≪尙書≫ 또는 ≪書經≫. 【克】: 能, …할 수 있다. 【諧(xié)】: [사동용법] 화목하게 하다. 【烝(zhēng)烝】: 정성이 지극한 모양, 순박하고 인정이 많은 모양. 【乂(yì)】: 治, 다스리다. 【格】: 至, 이르다. 【姦(jiān)】: 사악하다. 【瞽瞍(gǔ sǒu)】: [인명] 고수. 舜의 아버지. 순의 아버지는 눈이 있어도 선악을 분별하지 못하여 사람들이 그를 고수라고 불렀다. 「瞽」: 눈이 멀다. 「瞍」: 눈동자가 없다. 【允若】: 순종하다. 【化而爲】: …로 변하다. 【慈(cí)父】: 자애로운 아버지.

13) 象猶不弟，不可以爲諧。進治於善，則不至於惡；不抵於姦，則必入於善。信乎象蓋已化於舜矣。→ 象이 여전히 (舜을) 공경하지 않았다면, 화목하게 될 수가 없다. 선을 향해 부단히 자신을 독려하고 덕을 닦아야, 사악한 경지에 이르지 않으며; 사악한 경지에 이르지 않으면, 반드시 선한 길로 들어설 수 있다. 확실히 象은 이미 舜임금에게 교화된 것이다.
【猶(yóu)】: 아직, 여전히. 【弟(tì)】: 悌, 공경하다. 【進】: 자신을 독려하다. 【治】:

子曰：『天子使吏治其國，象不得以有爲也。』[14] 斯蓋舜愛象之深而慮之詳，所以扶持輔導之者之周也。不然，周公之聖，而管、蔡不免焉。[15] 斯可以見象之旣化於舜，故能任賢使能而安於其位，澤加於其民，旣死而人懷之也。[16]

다스리다, 여기서는「덕을 닦다」의 뜻.【抵(dǐ)】: 이르다, 도달하다. ※판본에 따라서는「抵」를「底」라 했다.【姦(jiān)】: 사악함, 간사함.【信乎】: 확실히.【蓋】: [어기사].

14) 孟子曰：『天子使吏治其國，象不得以有爲也。』→ 孟子가 말하길 :『천자가 관리를 보내 그 나라를 다스리게 한 것은, 象이 아무런 역할을 할 수 없었기 때문이다.』라고 했다.

※≪孟子・萬章上≫:「象不得有爲於其國，天子使吏治其國而納其貢稅焉。(상이 그 나라에서 아무런 역할을 할 수 없기 때문에, 천자께서 관리를 보내 그 나라를 다스리게 하고 공물과 세금을 납부하게 했다.)」

【使】: 보내다, 파견하다.【不得】: 不能, …할 수 없다.【納】: 바치다, 납부하다.【貢稅】: 공물과 세금.

15) 斯蓋舜愛象之深而慮之詳，所以扶持輔導之者之周也。不然，周公之聖，而管、蔡不免焉。→ 이는 아마도 舜임금의 象에 대한 애정이 깊고 배려가 자상하여, 이로써 상을 돕고 지도하려는 생각이 주도면밀했기 때문일 것이다. 그렇지 않았으면, 周公과 같은 성인이, 管叔・蔡叔의 반란을 면치 못한 것과 같은 일이 벌어졌을지도 모른다.

【斯(sī)】: 이, 이것.【蓋】: 아마도.【所以】: 以之, 이로써.【扶持輔導之者】: 그를 돕고 지도하려는 생각.「扶持」: 돕다, 보살피다.「輔導」: (개별적으로) 지도하다.「之」: [대명사] 그, 즉 象을 가리킨다.【周】: 주도하다, 주도면밀하다.【周公】: 周武王의 아우로 이름은 旦. ※≪史記・周本紀≫의 기록에 의하면, 주무왕이 죽은 후 그의 아들인 成王의 나이가 너무 어려 주공이 이를 도와 섭정했다.【管、蔡】: 周武王의 아우인 鮮과 度. ※周武王이 商을 멸한 후 아우인 鮮과 度를 管・蔡 두 곳에 봉하여 管叔・蔡叔이라 했는데, 이들은 주공이 섭정하는 것에 불만을 품고 商의 왕자인 武庚과 공모하여 반란을 일으켰다가 주공에 의해 진압되었다.

16) 斯可以見象之旣化於舜，故能任賢使能而安於其位，澤加於其民，旣死而人懷之也。→ 이로부터 상이 이미 순임금에게 감화되어, 그래서 능히 현명하고 능력 있는 인재를 임용하여 그 자리에 편히 안주하며, 백성들에게 은혜를 베푼 결과, 죽고 나서도 사람들이 그를 그리워하고 있다는 것을 알 수 있다.

「諸侯之卿，命於天子，蓋周官之制。其殆倣於舜之封象歟?[17] 吾於是益有以信人性之善，天下無不可化之人也。[18] 然則唐人之毁之也，據象之始也；今之諸夷之奉之也，承象之終也。[19] 斯義也，吾將以表於世，使知人之不善，雖若象焉，猶可以改；而君子之修德，及其至也，雖若象之不仁，而猶可以化之也。」[20]

【斯】: [상황어] 여기에서, 이로부터. 【任賢使能】: 현명하고 능력 있는 인재를 임용하다. 【澤加於…】: 은혜를 …에게 베풀다.

17) 「諸侯之卿，命於天子，蓋周官之制。其殆倣於舜之封象歟? →「제후의 卿이, 천자에 의해 임명되는 것은, 周代의 官制이다. 그 제도는 아마도 순임금이 상을 봉한 데서 본받았을 것이다.

【諸侯】: 봉건 시대에 천자가 봉한 각국의 군주. 【卿】: 경. 봉건 시대 大夫 위의 최고위 관직. 【蓋】: [어기사] 앞에서 한 말을 이어받아 이유나 원인을 나타낸다. 【殆(dài)】: 대체로, 아마도. 【倣於…】: …에서 본받다, …로부터 모방하다.

18) 吾於是益有以信人性之善，天下無不可化之人也。→ 나는 이에 사람의 본성은 선하며, 천하에 교화할 수 없는 사람이 없다는 것을 더욱 믿을 수 있다.

【於是】: 이에, 여기에서, 이로부터. 【益】: 더욱. 【有以】: …할 수 있다, …할 방법이 있다. 【化】: 교화하다, 감화하다.

19) 然則唐人之毁之也，據象之始也；今之諸夷之奉之也，承象之終也。→ 그렇다면 唐代 사람들이 象祠를 허물어 버린 것은, 象의 초기 행위에 근거한 것이며; 지금 묘족들이 상을 받드는 것은, 상의 나중 행위에 근거한 것이다.

【然則】: 그렇다면. 【據(jù)】: 근거하다, 의거하다. 【始】: 처음. 즉 「초창기의 행위」. 【諸夷】: 여러 오랑캐. 여기서는 「苗族」을 가리킨다. 【承(chéng)】: 승인하다, 인정하다. 여기서는 「근거하다, 의거하다」의 뜻. 【終】: 마지막, 즉 「나중의 행위」.

20) 斯義也，吾將以表於世，使知人之不善，雖若象焉，猶可以改；而君子之修德，及其至也，雖若象之不仁，而猶可以化之也。」→ 이러한 뜻을, 나는 장차 세상에 알려, 사람들로 하여금 사람의 선하지 못함이, 비록 象과 같을지라도, 여전히 개과천선할 수 있고; 또한 군자가 덕을 닦아, 최고의 경지에 이르면, 비록 상과 같이 어질지 못한 사람이라도, 여전히 교화할 수 있다는 것을 알게 하려고 한다.」

【將】: (장차) …하려 하다. 【表】: 드러내 보이다, 표명하다, 알리다. 【及】: …에 이르다, …에 도달하다. 【至】: 최고의 경지.

■ | 번역문

상(象)의 사당(祠堂)에 대해 적은 글

영박산(靈博山)에는 「상사(象祠)」가 있다. 그 아래에 사는 여러 묘족(苗族) 오랑캐들은 모두 상(象)을 신(神)으로 여겨 섬기고 있다. 선위사(宣慰司) 안(安)선생이 묘족들의 요청에 따라 그 사당을 중수하고 나에게 기문(記文)을 써달라고 부탁했다. 내가 : 「사당을 허물었습니까? 아니면 새로 개수했습니까?」라고 묻자, 그가 : 「새로 개수했습니다.」라고 했다. 내가 : 「새로 개수한 것은 무슨 까닭입니까?」라고 물으니, 그가 말하길 : 「이 사당의 시작은 아마도 유래를 아는 사람이 없을 것입니다. 그러나 여기에 사는 우리 묘족들은 우리 아버지 · 할아버지로부터 증조 · 고조 위로 거슬러 올라가 모두 상(象)을 존경하여 받들고 제사를 지내며 계속 행사를 거행하여 감히 폐하지 못했습니다.」라고 했다.

내가 말했다 : 「어째서 그런가? 유비(有鼻)의 사당은, 당대(唐代) 사람들이 일찍이 그것을 부수어 버린 적이 있다. 상(象)의 품행은, 자식된 자로써 불효하고, 아우된 자로써 오만했다. (상의 사당이) 당대(唐代)에는 배척을 받았는데 오늘날 아직 보존되고, 유비(有鼻)에서 부수어졌는데 이곳에서 아직 흥성하고 있다. 어째서 그런가? 나는 그 이유를 안다 : 군자가 그 사람을 사랑하게 되면 (그 사랑이) 그 사람 집 지붕 위의 까마귀한테까지 미치는데, 하물며 성인의 아우에 대해서야 어떠하겠는가? 그렇다면 제사는 순(舜)을 위해 지내는 것이지 상(象)을 위해 지내는 것이 아니다. 짐작컨대 상(象)이 죽은 것은, 아마도 순(舜)임금이 덕치(德治)로 묘족을 복종시킨 이후일 것이다. 그렇지 않으면 옛날의 포악한 자들이 어찌 적었겠는가? 그런데 상(象)의 제사가 유독 세상에서 계속 이어

져 오고 있다. 나는 여기에서 더욱 순(舜)임금의 지극한 덕행이 사람들의 마음속에 깊이 파고들었고, 은택의 파급이 멀리 그리고 오래 지속되었다는 것을 알 수가 있다. 상(象)이 어질지 못한 것은 아마도 그의 초기 뿐일 것이다. 또 그가 나중에 순(舜)임금에게 교화되지 않고 (스스로) 개과천선했다는 것을 어찌 믿겠는가?

「≪상서(尙書)≫에 이르길 : 『순(舜)은 능히 효(孝)로써 집안을 화목하게 하고 지극정성으로 다스려 사악한 경지에 이르지 않게 할 수 있다』『고수(瞽瞍) 역시 온순해졌다』라고 하지 않았는가? 그렇다면 (순의 부친도) 이미 자애로운 아버지로 변한 것이다. 상(象)이 여전히 순(舜)을 공경하지 않았다면 화목하게 될 수가 없다. 선(善)을 향해 부단히 자신을 독려하고 덕을 닦아야 사악한 경지에 이르지 않으며, 사악한 경지에 이르지 않으면 반드시 선한 길로 들어설 수 있다. 확실히 상(象)은 이미 순(舜)임금에게 교화된 것이다. 맹자(孟子)가 말하길 : 『천자가 관리를 보내 그 나라를 다스리게 한 것은 상(象)이 아무런 역할을 할 수 없었기 때문이다.』라고 했다. 이는 아마도 순(舜)임금의 상(象)에 대한 애정이 깊고 배려가 자상하여, 이로써 상을 돕고 지도하려는 생각이 주도면밀했기 때문일 것이다. 그렇지 않았으면 주공(周公)과 같은 성인이 관숙(管叔) · 채숙(蔡叔)의 반란을 면치 못한 것과 같은 일이 벌어졌을지도 모른다. 이로부터 상(象)이 이미 순(舜)임금에게 감화되어, 그래서 능히 현명하고 능력 있는 인재를 임용하여 그 자리에 편히 안주하며 백성들에게 은혜를 베푼 결과, 죽고 나서도 사람들이 그를 그리워하고 있다는 것을 알 수 있다.

「제후의 경(卿)이 천자에 의해 임명되는 것은 주대(周代)의 관제(官制)이다. 그 제도는 아마도 순임금이 상을 봉한 데서 본받았을 것이다. 나는 이에 사람의 본성은 선하며 천하에 교화할 수 없는 사람이 없다는 것을 더욱 믿을 수 있다. 그렇다면 당대(唐代) 사람들이 상사(象祠)를 허물어 버린 것은 상(象)의 초기 행위에 근거한 것이며, 지금 묘족들이 상(象)을 받드는 것은 상(象)의 나중 행위에 근거한 것이다. 이러한 뜻을 나는 장차 세상에 알려, 사람들로 하여금 사람의 선하지 못함이 비록 상(象)과 같을지라도 여전히 개과천선할 수 있고, 또한 군자가 덕을 닦아 최고의 경지에 이르면, 비록 상(象)과 같이 어질지 못한 사람이라도 여전히 교화할 수 있다는 것을 알게 하려고 한다.」

■ | 해제(解題) 및 본문요지 설명

「상(象)」은 상고 시대 우(虞)나라 순(舜)임금의 배다른 동생으로, 아버지 고수(瞽叟)의 지지 하에 여러 차례 순(舜)을 죽이려 했으나 성공하지 못했다. 그러나 순(舜)은 그것을 따지지 않고 왕위에 오른 후에도 상(象)을 비국(痺國)의 군주로 봉했다.

본문은 작자가 묘족의 선위사(宣慰使)로부터 ≪상사기(象祠記)≫를 써달라는 부탁을 받고 문답 형식을 통해, 상(象)이 성인의 교화를 받아 개과천선함으로써 묘족(苗族)이 상(象)을 위해 사당을 세우고 추념하게 된 배경에 대해 서술한 글이다.

본문은 문답 형식의 두 단락으로 나눌 수 있는데, 첫째 단락에서는 묘족이 상사(象祠)를 지은 배경이 다만 자초지종을 알 수 없는 옛 습속에 바탕을 두고 있다는 것을 지적했고; 둘째 단락에서는 먼저 역사의 기록에 나타난 상(象)의 불량한 형상으로부터 상사(象祠)를 세운 의미를 반성(反省)하고, 다시 ≪상서(尙書)≫와 ≪맹자(孟子)≫를 인용하여 상(象)이 교화된 것이 순(舜)의 감화를 받았기 때문이라는 것을 말한 다음, 천하에 교화할 수 없는 사람이 없기 때문에 군자는 반드시 덕을 닦아 사악한 사람을 교화해야 한다는 것을 강조했다.

문장 전체를 통해 볼 때, 작자의 「치양지(致良知)」 사상이 농후하게 반영되어 있음을 알 수 있다.

214 예려문(瘞旅文)

[明] 王守仁

■ | 작자

212. 존경각기(尊經閣記) 참조

■ | 원문 및 주석

瘞旅文[1)]

維正德四年秋月三日，有吏目云自京來者，不知其名氏，攜一子、一僕將之任，過龍場，投宿土苗家。[2)] 予從籬落間望見之，

1) 瘞旅文 → 타향에서 客死한 사람을 매장하고 적은 글
【瘞旅(yì lǚ)】 : 타향에서 客死한 사람을 매장하다. 「瘞」 : 묻다, 매장하다. 「旅」 : 길손, 나그네. 여기서는 「타향에서 객사한 사람」을 가리킨다.

2) 維正德四年秋月三日，有吏目云自京來者，不知其名氏，攜一子、一僕將之任，過龍場，投宿土苗家。→ 武宗 正德 4년 음력 7월 3일, 京城에서 왔다고 하는 吏目이 있었는데, 이름이 무엇인지 모르고, 아들 하나와 하인 하나를 데리고, 장차 임지에 가려고, 龍場을 지나는 길에, 원주민 苗族의 집에 투숙했다.
【維】 : [발어사]. 【正德四年】 : 서기 1509년. 「正德」 : 明武宗의 연호. 【秋月】 : 음력 7월. 【吏目】 : 明代의 관청에서 문서의 수발이나 분배를 담당하던 하급 관리. 【云自京來】 : 경성에서 왔다고 말하다. 「云」 : 말하다. 「自」 : …로부터. 【攜(xī)】 : 데리다, 이끌다. 【僕(pú)】 : 하인. 【將】 : (장차) …하려 하다. 【之任】 : 임지에 가다, 부임하러 가다. 「之」 : 赴, 往, 가다. 【過】 : 지나가다. 【龍場】 : [지명] 지금의

陰雨昏黑，欲就問訊北來事，不果。明早，遣人覘之，已行矣。[3] 薄午，有人自蜈蚣坡來，云：「一老人死坡下，傍兩人哭之哀。」予曰：「此必吏目死矣。傷哉!」[4] 薄暮，復有人來云：「坡下死者二人，傍一人坐嘆。」詢其狀，則其子又死矣。[5] 明日，復有人來云：「見坡下積尸三焉。」則其僕又死矣。嗚呼，傷哉![6]

念其暴骨無主，將二童子持畚鍤往瘞之。二童子有難色然。[7]

귀주성 修文縣.【土苗】: 원주민 묘족.「土」: 토박이, 토착.「苗」: 묘족. 귀주성과 광서성 등지에 분포되어 있던 소수 민족의 하나.

3) 予從籬落間望見之，陰雨昏黑，欲就問訊北來事，不果。明早，遣人覘之，已行矣。→ 나는 울타리 틈새로 그들을 보았는데, 음산하게 비가 내리고 어두컴컴하여, 직접 다가가서 북쪽에 온 사유를 물어보려다가, 그러지 못했다. 다음날 아침, 사람을 보내 살펴보았으나, 이미 떠나버렸다.

【從】: …로부터.【籬落(lí luò)】: 울타리.【望見】: 바라보다.【陰雨】: [동사용법] 음산하게 비가 내리다.【昏黑】: 어두컴컴하다.【欲】: …하고자 하다.【就】: 다가가다.【問訊】: 묻다, 물어보다.【不果】: 결실을 보지 못하다, 목적을 이루지 못하다.【覘(zhān)】: 엿보다, 살펴보다.

4) 薄午，有人自蜈蚣坡來，云：「一老人死坡下，傍兩人哭之哀。」予曰：「此必吏目死矣。傷哉!」→ 정오가 될 무렵, 어떤 사람이 蜈蚣坡로부터 와서：「한 노인이 고개 아래에서 죽어 있고, 옆에서 두 사람이 탄식하며 슬퍼하고 있습니다.」라고 하여, 내가：「이는 틀림없이 吏目이 죽은 것이다. 슬프구나!」라고 말했다.

【薄(bó)午】: 정오가 될 무렵, 점심때가 가까이 되어.「薄」: 접근하다, 가까워지다.【蜈蚣坡(wú gōng pō)】: [고개이름] 오공파.【傍(páng)】: 旁, 옆, 곁.

5) 薄暮，復有人來云：「坡下死者二人，傍一人坐嘆。」詢其狀，則其子又死矣。→ 저녁이 될 무렵, 다시 어떤 사람이 와서：「고개 아래에 죽은 사람이 둘이 있는데, 옆에서 한 사람이 앉아 울고 있습니다.」라고 했다. 그 사람의 형상을 물어보니, 바로 그 아들이 또 죽은 것이었다.

【暮(mù)】: 저녁.【詢(xún)】: 묻다.【狀(zhuàng)】: 형상, 모습, 용모.【嘆】: 탄식하다. ※판본에 따라서는「嘆」을「哭」이라 했다.

6) 明日，復有人來云：「見坡下積尸三焉。」則其僕又死矣。嗚呼，傷哉! → 그 다음날, 다시 어떤 사람이 와서：「고개 아래를 보니 시체 세 구가 쌓여 있습니다.」라고 했다. 바로 그 하인이 또 죽은 것이었다. 아, 슬프구나!

【積(jī)】: 쌓이다.【焉(yān)】: [어조사].

予曰：「嘻! 吾與爾猶彼也。」二童憫然涕下，請往。就其傍山麓爲三坎，埋之。[8] 又以隻雞、飯三盂，嗟吁涕洟而告之曰：[9]

「嗚呼，傷哉! 緊何人? 緊何人? 吾龍場驛丞餘姚王守仁也。[10] 吾與爾皆中土之產，吾不知爾郡邑，爾烏爲乎來爲玆山之鬼乎?[11]

---

7) 念其暴骨無主，將二童子持畚鍤往瘞之。二童子有難色然。→(나는) 그들의 시체가 주인도 없이 비바람에 노출되어 있는 것을 생각하여, 동자 두 명을 데리고 삼태기와 가래를 가지고 가서 그들을 묻어주려고 했다. 두 동자는 난처한 기색을 드러냈다.

【念】: 생각하다. 【暴(pù)骨】: 시체가 비바람에 노출되다. 【將】: 데리다, 거느리다. 【持】: 가지다, 잡다. 【畚(běn)】: 삼태기, 흙을 담는 도구. 【鍤(chá)】: 가래, 흙을 파는 도구. 【往】: 가다. 【瘞(yì)】: 묻다, 매장하다. 【之】: [대명사] 그들, 즉 죽은 사람들. 【難色然】: 난처해하는 모습, 난색을 드러내는 모습.

8) 予曰：「嘻! 吾與爾猶彼也。」二童憫然涕下，請往。就其傍山麓爲三坎，埋之。→내가: 「아! 나와 너희들도 마치 저들과 같은 처지다.」라고 말하니, 두 동자가 불쌍히 여겨 눈물을 흘리며, 가자고 청했다. (그리하여) 시체 옆의 산기슭에 세 개의 구덩이를 파고, 그들을 묻었다.

【嘻!(xī)】: [감탄사] 아! 【爾(ěr)】: 너, 너희들. 【猶(yóu)】: 마치 …와(과) 같다. 【彼】: [대명사] 저, 저들. 즉 죽은 세 사람. 【憫(mǐn)然】: 불쌍히 여기는 모양. 【涕(tì)下】: 눈물을 흘리다. 【就】: [개사] …에. 【山麓(lù)】: 산기슭. 【坎(kǎn)】: 구덩이. 【埋(mái)】: 묻다, 매장하다.

9) 又以隻雞、飯三盂，嗟吁涕洟而告之曰：→또 닭 한 마리·밥 세 그릇을 차려 놓고, 탄식하고 눈물을 흘리며 그들에게 말했다:

【隻(zhī)雞】: 닭 한 마리. 「隻」: [양사] 마리. 【盂(yú)】: 사발, 그릇. 【嗟吁(jiē xū)】: 탄식하다. 【涕洟(tì yí)】: 눈물과 콧물. 여기서는 동사용법으로 「눈물을 흘리다」의 뜻.

10) 「嗚呼，傷哉! 緊何人? 緊何人? 吾龍場驛丞餘姚王守仁也。→「아, 슬프다! 당신은 뉘시오? 당신은 뉘시오? 나는 龍場驛丞 餘姚 사람 王守仁이요.

【嗚呼】: [감탄사] 아! 【緊(yì)】: [발어사]. 【驛丞(yì chéng)】: 驛長. 역에서 우편물의 수납과 배송하는 사무를 관장하던 직책으로, 明代에는 府·州·縣에 驛站을 설치하고 관리 책임자로 驛丞을 두었다. 【餘姚】: [縣이름] 지금의 절강성 경내.

11) 吾與爾皆中土之產，吾不知爾郡邑，爾烏爲乎來爲玆山之鬼乎?→나와 당신은 모두 中原 사람인데, 나는 당신의 고향이 어디이며, 당신이 왜 여기에 와서 이 산의

古者重去其鄕, 遊宦不踰千里。 吾以竄逐而來此, 宜也, 爾亦何辜乎?[12] 聞爾官, 吏目耳, 俸不能五斗, 爾率妻子躬耕可有也, 烏爲乎以五斗而易爾七尺之軀?[13] 又不足, 而益以爾子與僕乎? 嗚呼, 傷哉![14] 爾誠戀玆五斗而來, 則宜欣然就道, 烏爲乎吾昨望見爾容蹙然, 蓋不勝其憂者?[15] 夫衝冒霜露, 扳援崖壁, 行萬峰之

귀신이 되었는지 모르겠소.

【爾(ěr)】: 너, 당신. 【中土之產】: 중원 사람. 「中土」: 중원 지역. 【郡邑】: 군과 읍. 여기서는 「출신 지역, 고향」을 가리킨다. 【烏爲乎】: 왜, 어찌하여, 어째서. ※판본에 따라서는 「烏爲乎」를 「烏乎」라 했다. 【玆(zī)】: 此, 이.

12) 古者重去其鄕, 遊宦不踰千里。 吾以竄逐而來此, 宜也, 爾亦何辜乎? → 옛 사람들은 자기 고향을 떠나는 것을 중히 여겨, 타향에서 벼슬살이를 해도 천 리를 벗어나지 않았소. 나는 폄적되었기 때문에 여기에 온 것이니, 당연한 이치지만, 당신은 또 무슨 죄를 지은 것이오?

【重(zhòng)】: 중히 여기다, 가볍게 생각하지 않다. 【去】: 떠나다. 【遊宦(yóu huàn)】: 타향에서 벼슬살이를 하다. 【踰(yú)】: 넘다, 벗어나다. 【以】: 因, …로 인해, …때문에. 【竄逐(cuàn zhú)】: 쫓겨나다, 추방되다. 즉 「폄적되다」의 뜻. 【宜】: 당연하다, 당연한 이치다.

13) 聞爾官, 吏目耳, 俸不能五斗, 爾率妻子躬耕可有也, 烏爲乎以五斗而易爾七尺之軀? → 듣건대 당신의 관직은, 吏目일 뿐으로, 봉록이 五斗米도 되지 않아, 당신이 처자를 거느리고 몸소 경작을 해도 얻을 수 있는 것인데, 어찌 오두미의 봉록으로 인해 당신의 일곱 자 되는 몸을 바꾸었소?

【耳】: …뿐. 【五斗】: 五斗米, 다섯 말의 곡식, 즉 「얼마 안 되는 봉록」을 비유한 말. 【率(shuài)】: 거느리다, 이끌다. 【躬(gōng)】: 몸소, 친히. 【耕(gēng)】: 경작하다, 밭을 갈다. 【可有】: 얻을 수 있다. 【烏爲乎】: 어째서, 도대체 왜. ※판본에 따라서는 「烏」를 「胡」라 했다. 【以】: 因, …로 인해, …때문에. 【軀(qū)】: 몸, 신체.

14) 又不足, 而益以爾子與僕乎? 嗚呼, 傷哉! → 또 (당신 하나로) 부족해서, 당신의 아들과 하인을 보탰소? 아, 슬프도다!

【益】: 보태다, 더하다. 【以】: …을.

15) 爾誠戀玆五斗而來, 則宜欣然就道, 烏爲乎吾昨望見爾容蹙然, 蓋不勝其憂者? → 당신이 정말로 이 오두미의 봉록에 연연하여 온 것이라면, 마땅히 즐거운 마음으로 길을 가야지, 내가 어제 당신의 얼굴을 보았을 때 어찌하여 불안해하는 모습으로, 마치 근심을 견디지 못하는 것 같았소?

頂, 饑渴勞頓, 筋骨疲憊, 而又瘴癘侵其外, 憂鬱攻其中, 其能以無死乎?16) 吾固知爾之必死, 然不謂若是其速, 又不謂爾子、爾僕亦遽然奄忽也。17) 皆爾自取, 謂之何哉? 吾念爾三骨之無依而來瘞耳, 乃使吾有無窮之愴也!18) 嗚呼, 傷哉! 縱不爾瘞, 幽崖之

【誠】: 실로, 정말로. 【戀(liàn)】: 아쉬워하다, 연연하다. 【宜】: 마땅히, 당연히. 【欣(xīn)然】: 기뻐하는 모습. 【就道】: 길을 떠나다, 길을 가다. 【烏爲乎】: 왜, 어째서. ※판본에 따라서는 「烏」를 「胡」라 했다. 【蹙(cù)然】: 불안해하는 모양. 【蓋】: 거의, 마치. ※의심을 하면서도 긍정을 띤 어기를 나타낸다. 【不勝】: 견디지 못하다, 이기지 못하다.

16) 夫衝冒霜露, 扳援崖壁, 行萬峰之頂, 饑渴勞頓, 筋骨疲憊, 而又瘴癘侵其外, 憂鬱攻其中, 其能以無死乎? → 무릇 서리와 이슬을 무릅쓰고, 절벽을 기어오르며, 수많은 산봉우리 정상을 걷느라, 기아와 갈증으로 고생하고, 몸은 지칠 대로 지쳐버린데다, 또 瘴癘病이 밖에서 침습하고, 우울증이 마음을 괴롭혔으니, 어찌 죽지 않을 수 있었겠소?

【夫】: [발어사] 무릇, 대저. 【衝冒(chōng mào)】: 무릅쓰다. 【扳援(bān yuán)】: 기어오르다. 「扳」: 攀, 오르다. 【崖壁(yá bì)】: 절벽, 벼랑. 【饑渴(jī kě)】: 기아와 갈증, 배고프고 목마르다. 【勞頓(dùn)】: 고생하다. 【筋(jīn)骨】: 근육과 뼈, 즉 「몸」. 【疲憊(bèi)】: 완전히 지쳐 버리다. 【瘴癘(zhàng lì)】: 장려. ※덥고 습한 지방에서 발생하는 열병으로 학질과 흡사한 전염병. 【攻】: 공격하다. 여기서는 「괴롭히다」의 뜻. 【中】: 마음. 【其能以…】: 어찌 …할 수 있겠는가? 「其」: 豈, 어찌. 「能以」: …할 수 있다.

17) 吾固知爾之必死, 然不謂若是其速, 又不謂爾子、爾僕亦遽然奄忽也。→ 나는 본래 당신이 틀림없이 죽으리라는 것을 알았지만, 그러나 이와 같이 빠를 줄은 전혀 생각하지 못했고, 또 당신의 아들과 당신의 하인 역시 이렇게 빨리 죽을 줄은 생각지도 못했소.

【固】: 본래, 애초부터. 【不謂】: 생각하지 못하다, 예상하지 못하다. 【若是】: 이처럼, 이와 같이. 【遽(jù)然】: 매우 빠른 모양. 【奄忽(yǎn hū)】: 홀연히, 빨리. 여기서는 「죽음」을 의미한다.

18) 皆爾自取, 謂之何哉? 吾念爾三骨之無依而來瘞耳, 乃使吾有無窮之愴也! → 이 모두가 당신이 자초한 일이니, 이것을 말해 무엇 하겠소? 나는 당신네 세 사람의 뼈가 의탁할 곳이 없음을 생각하여 와서 묻어줄 뿐인데, 오히려 나로 하여금 한 없는 슬픔을 느끼게 하는구려!

【自取】: 자초하다. 【念】: 생각하다, 마음에 두다. 【無依】: 의탁할 곳이 없다. 【乃】:

狐成群, 陰壑之虺如車輪, 亦必能葬爾於腹, 不致久暴露爾。[19] 爾旣已無知, 然吾何能爲心乎? 自吾去父母鄕國而來此, 二年矣。[20] 歷瘴毒而苟能自全, 以吾未嘗一日之戚戚也。[21] 今悲傷若此, 是吾爲爾者重, 而自爲者輕也。[22] 吾不宜復爲爾悲矣。 吾爲爾歌, 爾聽之!」[23]

오히려. 【使】: …로 하여금 …하게 하다. 【愴(chuàng)】: 슬퍼하다.

19) 嗚呼, 傷哉! 縱不爾瘞, 幽崖之狐成群, 陰壑之虺如車輪, 亦必能葬爾於腹, 不致久暴露爾。 → 아, 슬프도다! 설사 (내가) 당신을 묻지 않는다 해도, 깊은 산속 절벽의 이리들이 떼 지어 있고, 음침한 골짜기의 뱀들이 수레바퀴처럼 몸이 굵어, 또한 반드시 뱃속에 장사를 지낼 수 있을 터이니, 당신을 오래도록 밖에 드러내 놓는 상황에 이르지는 않을 것이오.
【傷哉!】: 슬프도다! ※판본에 따라서는 「傷」을 「痛」이라 했다. 【縱(zòng)】: 설사 …라 해도. 【幽崖(yōu yá】: 깊은 산속 절벽. 【成群】: 무리를 이루다, 떼를 짓다. 【陰壑(yīn hè)】: 음침한 골짜기. 【虺(huǐ)】: 독사. 【如車輪】: 마치 수레바퀴와 같다. 즉 「수레바퀴처럼 굵다」 【不致…】: …에 이르지 않다.

20) 爾旣已無知, 然吾何能爲心乎? 自吾去父母鄕國而來此, 二年矣。 → 당신은 이미 (죽어서) 지각이 없지만, 그러나 내가 어찌 그렇게 모진 마음을 먹을 수 있겠소? 내가 부모님의 고향을 떠난 뒤로부터 여기에 온 지도, 2년이 되었소.
【旣已】: 이미. 【無知】: 지각이 없다. 【何能】: 어찌 …할 수 있는가? 【爲心】: 모진 마음을 먹다. 【自】: …로부터. 【去】: 떠나다. 【鄕國】: 고향. 【二年】: ※판본에 따라서는 「二」를 「三」이라 했다.

21) 歷瘴毒而苟能自全, 以吾未嘗一日之戚戚也。 → 장려병의 독을 겪고도 억지로 자신을 보전할 수 있었던 것은, 내가 하루도 근심한 적이 없었기 때문이오.
【歷(lì)】: 겪다. 【瘴毒】: 장려병의 독. 【苟(gǒu)】: 억지로, 구차하게. 【自全】: 자신을 보전하다. 【以】: 因, …로 인해, …때문에. 【未嘗(cháng)】: …한 적이 없다. 【戚(qī)戚】: 근심하는 모양.

22) 今悲傷若此, 是吾爲爾者重, 而自爲者輕也。 → 지금 (내가) 이처럼 슬퍼하는데, 이는 내가 당신을 위하는 것이 더하고, 나 자신을 위하는 것이 덜하기 때문이오.
【若此】: 이와 같다. 【是】: [대명사] 이, 이것, 즉 「今悲傷若此」. 【重】: 무겁다. 즉 「더하다」의 뜻. 【輕】: 가볍다. 즉 「덜하다」의 뜻.

23) 吾不宜復爲爾悲矣。 吾爲爾歌, 爾聽之!」 → 나는 마땅히 다시는 당신을 위해 슬퍼하지 않아야 하오. 내가 당신을 위해 노래를 지었으니, 들어 보시오!」
【歌】: [동사용법] 노래를 짓다.

歌曰：「連峰際天兮，飛鳥不通。遊子懷鄕兮，莫知西東。莫知西東兮，維天則同。[24] 異域殊方兮，環海之中。達觀隨寓兮，莫必予宮。魂兮魂兮，無悲以恫!」[25]

又歌以慰之曰：「與爾皆鄕土之離兮，蠻之人言語不相知兮，性命不可期。吾苟死於玆兮，率爾子僕來從予兮。[26] 吾與爾遨以嬉兮，驂紫彪而乘文螭兮，登望故鄕而噓唏兮。[27] 吾苟獲生歸兮，

---

24) 歌曰：「連峰際天兮，飛鳥不通。遊子懷鄕兮，莫知西東。莫知西東兮，維天則同。→ 가사는 이렇소：「이어진 산봉우리 높은 하늘에 닿아, 나는 새조차 통과하지 못한다. 나그네는 고향을 그리워하지만, 동쪽과 서쪽을 모른다. 동쪽과 서쪽은 몰라도, 오직 하늘만은 똑같다.

【連峰】：이어진 산봉우리. 【際(jì)天】：하늘에 닿다. 「際」：이르다, 닿다. 【遊子】：나그네. 【懷(huái)】：그리워하다. 【莫知】：모르다, 알지 못하다. 【維】：唯, 오직, 오로지.

25) 異域殊方兮，環海之中。達觀隨寓兮，莫必予宮。魂兮魂兮，無悲以恫!」→ 이역 타향도, 결국은 나라 안이다. 달관한 마음으로 처한 환경에 따라 편히 살면 되거늘, 반드시 내 집이 있을 필요도 없다. 영혼이여 영혼이여, 슬퍼하며 상심하지 마소서!」

【異域殊方】：이역, 타향. 【環(huán)海之中】：국내, 나라 안. 「環海」：四海, 천하, 나라 전체. 【達觀】：달관하다, 낙관적인 생각을 가지다. 【隨寓(suí yù)】：처한 환경에 따라 마음 편히 살다. 「寓」：사는 곳, 거처, 즉 「처한 환경」. 【莫必…】：반드시 …일 필요는 없다. 【予宮】：나의 집. 【悲以恫(tōng)】：슬퍼하며 상심하다. 「以」：[연사] 而. 「恫」：상심하다, 애통해하다.

26) 又歌以慰之曰：「與爾皆鄕土之離兮，蠻之人言語不相知兮，性命不可期。吾苟死於玆兮，率爾子僕來從予兮。→ 또 노래를 지어 그를 위로했다：「나와 당신은 모두 고향을 떠나온 사람이니, 남만 오랑캐의 말도 모르고, 생명도 기약할 수 없다. 내가 만일 여기서 죽거든, 당신의 아들과 하인을 이끌고, 여기에 와서 나를 따르시오.

【鄕土之離】：고향을 떠나온 사람. 【蠻(mán)】：南蠻, 남쪽지방 오랑캐. ※옛날 중국에서는 中原을 중심으로 동쪽의 오랑캐를 東夷, 서쪽의 오랑캐를 西戎, 남쪽의 오랑캐를 南蠻, 북쪽의 오랑캐를 北狄이라 했다. 【性命】：목숨, 생명. 【期】：기약하다. 【苟(gǒu)】：만일, 만약. 【玆(zī)】：이곳, 여기. 【率(shuài)】：거느리다, 이끌다.

爾子、爾僕尙爾隨兮，無以無侶悲兮。[28] 道傍之冢累累兮，多中土之流離兮，相與呼嘯而徘徊兮。[29] 餐風飮露，無爾饑兮。朝友麋鹿，暮猿與栖兮。爾安爾居兮，無爲厲於兹墟兮!」[30]

---

27) 吾與爾遨以嬉兮，驂紫彪而乘文螭兮，登望故鄕而噓唏兮。→ 나는 당신과 함께 노닐고 즐기며, 자주색 얼룩무늬 호랑이와 화려한 무늬의 교룡을 타고, 높이 올라 고향을 바라보며 흐느껴 울어 보리다.

【遨(áo)】: 遊, 돌아다니며 놀다, 노닐다. 【以】: [연사] 而. 【嬉(xī)】: 유희하다, 즐기다. 【驂(cān)】: 세 마리 또는 네 마리가 끄는 마차에서 바깥쪽의 두 말. 여기서는 동사용법으로 「타다, 몰다」의 뜻. 【紫彪(zǐ biāo)】: 자주색 얼룩무늬의 새끼 호랑이. 【乘】: 타다. 【文螭(chī)】: 화려한 무늬의 蛟龍. 【登望】: 높은 곳에 올라가 바라보다. 【噓唏(xū xī)】: 오열하다, 흐느껴 울다.

28) 吾苟獲生歸兮，爾子、爾僕尙爾隨兮，無以無侶悲兮。→ 내가 만일 살아서 고향으로 돌아가면, 당신 아들과 당신 하인이 아직 당신을 따르고 있으니, 짝이 없음으로 인해 슬퍼하지 마시오.

【苟】: 만일, 만약. 【尙】: 아직, 또한. 【爾隨】: 「隨爾의 도치형태] 당신을 따르다. 「爾」: 너, 당신. 【無以無侶悲】: 짝이 없음으로 인해 슬퍼하지 말라. ※앞의 「無」는 「勿, …하지 말라」의 뜻이고, 뒤의 「無」는 「없다」의 뜻. 「以」: 因, …로 인해.

29) 道傍之冢累累兮，多中土之流離兮，相與呼嘯而徘徊兮。→ 길가의 즐비한 무덤들은, 거의가 중원의 유랑민들이니, (그들과) 서로 더불어 큰소리로 외쳐대며 이리저리 돌아다니시오.

【傍(páng)】: 旁, 옆, 가. 【冢(zhǒng)】: 무덤. 【累(léi)累】: 겹쳐진 모양, 즐비한 모양. 【多】: 거의, 대부분. 【中土】: 中原. 【流離】: 떠돌다, 유랑하다. 여기서는 「유랑민」을 가리킨다. 【呼嘯(hū xiào)】: 큰소리로 외치다. 【徘徊】: 이리저리 돌아다니다.

30) 餐風飮露，無爾饑兮。朝友麋鹿，暮猿與栖兮。爾安爾居兮，無爲厲於兹墟兮!」→ 바람을 먹고 이슬을 마시면, 당신이 굶주리는 일은 없을 것이오. 아침에는 고라니와 사슴을 벗삼고, 저녁에는 원숭이와 함께 지내시오. 당신은 편히 살며, 이 언덕에서 악귀가 되지 마시오!」

【餐(cān)】: 먹다. 【饑(jī)】: 굶주리다. 【友】: [동사] 벗하다. 【麋鹿(mí lù)】: 고라니와 사슴. 【猿(yuán)與栖(qī)】: 「與猿栖」의 도치형태. 「栖」: 거처하다, 지내다. 【無】: 勿, …하지 말라. 【爲】: 되다, 변하다. 【厲(lì)】: 惡鬼. 【兹(zī)】: 此, 이. 【墟(xū)】: 언덕.

■ | 번역문

타향에서 객사(客死)한 사람을 매장하고 적은 글

무종(武宗) 정덕(正德) 4년 음력 7월 3일, 경성(京城)에서 왔다고 하는 이목(吏目)이 있었는데, 이름이 무엇인지 모르고, 아들 하나와 하인 하나를 데리고 장차 임지에 가려고 용장(龍場)을 지나는 길에 원주민 묘족(苗族)의 집에 투숙했다. 나는 울타리 틈새로 그들을 보았는데, 음산하게 비가 내리고 어두컴컴하여 직접 다가가서 북쪽에 온 사유를 물어보려다가 그러지 못했다. 다음날 아침 사람을 보내 살펴보았으나 이미 떠나버렸다. 정오가 될 무렵 어떤 사람이 오공파(蜈蚣坡)로부터 와서 :「한 노인이 고개 아래에서 죽어 있고, 옆에서 두 사람이 탄식하며 슬퍼하고 있습니다.」라고 하여, 내가 :「이는 틀림없이 이목이 죽은 것이다. 슬프구나!」라고 말했다. 저녁이 될 무렵 다시 어떤 사람이 와서 :「고개 아래에 죽은 사람이 둘이 있는데, 옆에서 한 사람이 앉아 울고 있습니다.」라고 했다. 그 사람의 형상을 물어보니 바로 그 아들이 또 죽은 것이었다. 그 다음날 다시 어떤 사람이 와서 :「고개 아래를 보니 시체 세 구가 쌓여 있습니다.」라고 했다. 바로 그 하인이 또 죽은 것이었다. 아, 슬프구나!

(나는) 그들의 시체가 주인도 없이 비바람에 노출되어 있는 것을 생각하여, 동자 두 명을 데리고 삼태기와 가래를 가지고 가서 그들을 묻어주려고 했다. 두 동자는 난처한 기색을 드러냈다. 내가 :「아! 나와 너희들도 마치 저들과 같은 처지다.」라고 말하니, 두 동자가 불쌍히 여겨 눈물을 흘리며 가자고 청했다. (그리하여) 시체 옆의 산기슭에 세 개의 구덩이를 파고 그들을 묻었다. 또 닭 한 마리·밥 세 그릇을 차려 놓고,

탄식하고 눈물을 흘리며 그들에게 말했다

「아, 슬프다! 당신은 뉘시오? 당신은 뉘시오? 나는 용장역승(龍場驛丞) 여요(餘姚) 사람 왕수인(王守仁)이요. 나와 당신은 모두 중원(中原) 사람인데, 나는 당신의 고향이 어디이며 당신이 왜 여기에 와서 이 산의 귀신이 되었는지 모르겠소. 옛 사람들은 자기 고향을 떠나는 것을 중히 여겨 타향에서 벼슬살이를 해도 천 리를 벗어나지 않았소. 나는 폄적되었기 때문에 여기에 온 것이니 당연한 이치지만, 당신은 또 무슨 죄를 지은 것이오? 듣건대 당신의 관직은 이목(吏目)일 뿐으로, 봉록이 오두미(五斗米)도 되지 않아 당신이 처자를 거느리고 몸소 경작을 해도 얻을 수 있는 것인데, 어찌 오두미의 봉록으로 인해 당신의 일곱 자 되는 몸을 바꾸었소? 또 (당신 하나로) 부족해서 당신의 아들과 하인을 보탰소? 아, 슬프도다! 당신이 정말로 이 오두미의 봉록에 연연하여 온 것이라면 마땅히 즐거운 마음으로 길을 가야지, 내가 어제 당신의 얼굴을 보았을 때 어찌하여 불안해하는 모습으로 마치 근심을 견디지 못하는 것 같았소? 무릇 서리와 이슬을 무릅쓰고 절벽을 기어오르며 수많은 산봉우리 정상을 걷느라, 기아와 갈증으로 고생하고 몸은 지칠 대로 지쳐버린데다, 또 장려병(瘴癘病)이 밖에서 침습하고 우울증이 마음을 괴롭혔으니, 어찌 죽지 않을 수 있었겠소? 나는 본래 당신이 틀림없이 죽으리라는 것을 알았지만, 그러나 이와 같이 빠를 줄은 전혀 생각하지 못했고, 또 당신의 아들과 당신의 하인 역시 이렇게 빨리 죽을 줄은 생각지도 못했소. 이 모두가 당신이 자초한 일이니 이것을 말해 무엇 하겠소? 나는 당신네 세 사람의 뼈가 의탁할 곳이 없음을 생각하여 와서 묻어줄 뿐인데, 오히려 나로 하여금 한없는 슬픔을 느끼게 하는구려! 아, 슬프도다! 설사 (내가) 당신을 묻지 않는다 해도, 깊은 산속 절벽의 이리들이 떼 지어 있고 음침한 골짝이의 뱀들이 수레바퀴처럼 몸이 굵어, 또한 반드시 뱃속에 장사를 지낼 수 있을 터이니, 당신을 오래도록 밖에 드러내 놓는 상황에 이르지는 않을 것이오. 당신은 이미 (죽어서) 지각이 없지만, 그러나 내가 어찌 그렇게 모진 마음을 먹을 수 있겠소? 내가 부모님의 고향을 떠난 뒤로부터 여기에 온 지도 2년이 되었소. 장려병의 독을 겪고도 억지로 자신을 보전할 수 있었던 것은 내가 하루도 근심한 적이 없었기 때문이오. 지금 (내가) 이처럼 슬퍼하는데, 이는 내가 당신을 위하는 것이 더하고 나 자신을 위하는 것이 덜하기 때문이오. 나는 마땅히 다시는 당신을 위해 슬퍼하지 않아야 하오. 내가 당신을 위해 노래를 지었으니 들어 보시오!」

가사는 이렇소 :「이어진 산봉우리 높은 하늘에 닿아 나는 새조차 통과하지 못한다. 나그네는 고향을 그리워하지만 동쪽과 서쪽을 모른다. 동쪽과 서쪽은 몰라도 오직 하늘만은 똑같다. 이역 타향도 결국은 나라 안이다. 달관한 마음으로 처한 환경에 따라 편히 살면 되거늘, 반드시 내 집이 있을 필요도 없다. 영혼이여, 영혼이여, 슬퍼하며 상심하지 마소서!」

또 노래를 지어 그를 위로했다 :「나와 당신은 모두 고향을 떠나온 사람이니 남만(南蠻) 오랑캐의 말도 모르고 생명도 기약할 수 없다. 내가 만일 여기서 죽거든 당신의 아들과 하인을 이끌고 여기에 와서 나를 따르시오. 나는 당신과 함께 노닐고 즐기며, 자주색 얼룩무늬 호랑이와 화려한 무늬의 교룡을 타고 높이 올라 고향을 바라보며 흐느껴 울어 보리다. 내가 만일 살아서 고향으로 돌아가면 당신 아들과 당신 하인이 아직 당신을 따르고 있으니, 짝이 없음으로 인해 슬퍼하지 마시오. 길가의 즐비한 무덤들은 거의가 중원의 유랑민들이니, (그들과) 서로 더불어 큰소리로 외쳐대며 이리저리 돌아다니시오. 바람을 먹고 이슬을 마시면 당신이 굶주리는 일은 없을 것이오. 아침에는 고라니와 사슴을 벗 삼고 저녁에는 원숭이와 함께 지내시오. 당신은 편히 살며 이 언덕에서 악귀가 되지 마시오!」

■ | 해제(解題) 및 본문요지 설명

예려(瘞旅)는 타향에서 객사한 사람을 매장하는 것을 말한다. 명(明) 무종(武宗) 정덕(正德) 원년(1506), 작자는 상소를 올려 대선(戴銑)·부언휘(簿彦徽) 등을 구제하려다 환관 유근(劉瑾)의 미움을 사서 감옥에 갇힌 후, 곤장 40대를 맞고 나서 귀주(貴州) 용장역승(龍場驛丞)으로 폄적되었다. 이듬해 부임 차 출발하여 정덕 3년(1508) 봄 용장(龍場)이란 곳에 도착한 후, 그 다음해 가을에 이목(吏目) 등 세 사람이 오공파(蜈蚣坡) 아래에서 죽었다는 말을 듣고, 이들의 시신을 거두어 묻고 나서 이 글을 썼다.

본문은 다섯 단락으로 나눌 수 있는데, 첫째 단락에서는 이목(吏目)과 그의 아들 및 하인의 죽음에 대해 기술했고; 둘째 단락에서는 동자들을 데리고 가서 매장한 일을 기술했고; 셋째 단락은 제문(祭文)으로, 먼저 죽은 사람에 대해 어찌 멀리 타향에 와서 죽음을 자초했는지 애도와 아울러 이를 꾸짖고 나서, 자신이 시신을 거두어 매장한 까닭을 말했고; 넷째 단락과 마지막 단락에서는 망혼을 위로한 제가(祭歌)를 지어 망자들을 위로했다.

215 신릉군구조론(信陵君救趙論)

[明] 唐順之

■ | 작자

당순지(唐順之 : 1507-1560)는 명(明) 무진(武進)[지금의 강소성 무진현(武進縣)] 사람으로 자는 응덕(應德) 또는 의수(義修)이다. 그는 관료 집안에서 태어나 어려서부터 배우기를 좋아하고 지식이 해박하여 23세 때인 세종(世宗) 가정(嘉靖) 8년(1529) 회시(會試)에 장원으로 급제했으며, 태복소경(太僕少卿) · 우첨도어사(右僉都御史) 등의 벼슬을 지냈다.

그는 명대 중엽의 저명한 고문가(古文家)이자 당송파(唐宋派)의 주요 인물로, 왕신중(王愼中) · 모곤(茅坤) · 귀유광(歸有光) 등과 함께 「전 · 후칠자(前 · 後七子)」의 의고(擬古) 주장을 격렬하게 비난하고 당송산문(唐宋散文)을 제창하며, 전칠자(前七子)인 하경명(何景明) · 이몽양(李夢陽)이 주장한 「문필진한, 시필성당(文必秦漢, 詩必盛唐)」설을 반대했다. 학자들은 그를 형천선생(荊川先生)이라 불렀다. 저서로 ≪형천집(荊川集)≫이 있다.

■ | 원문 및 주석

信陵君救趙論[1)]

論者以竊符爲信陵君之罪, 余以爲此未足以罪信陵也。[2)] 夫强秦之暴亟矣, 今悉兵以臨趙, 趙必亡。趙, 魏之障也, 趙亡, 則魏且爲之後。[3)] 趙、魏, 又楚、燕、齊諸國之障也, 趙、魏亡, 則

---

1) 信陵君救趙論 → 信陵君이 趙나라를 救援한 것에 대해 논한 글
【信陵君】: 성은 魏, 이름은 無忌. 전국시대 魏昭王의 아들이자 安釐王(안희왕)의 배다른 동생으로 魏나라의 재상을 지내 信陵君으로 봉해졌으며, 齊의 孟嘗君·楚의 春申君·趙의 平原君과 함께 「戰國四公子」라 불렸다. 【趙】: 전국시대의 제후국.

2) 論者以竊符爲信陵君之罪, 余以爲此未足以罪信陵也。→ 논자들은 兵符를 훔친 것을 信陵君의 죄로 여기지만, 나는 이것이 신릉군의 죄로 삼기에 충분하지 않다고 생각한다.
※≪史記·魏公子列傳≫의 기록에 의하면, 周나라 赧王 57년(B.C. 258) 秦나라가 趙나라 도읍 邯鄲을 포위하자 趙의 平原君이 魏나라에 사신을 보내 구원을 요청했고, 이에 魏王이 장수 晉鄙를 趙에 보냈다. 그러나 위왕은 秦을 두려한 나머지 진비를 鄴에 주둔시켜 관망토록 하고 적극적인 행동을 취하지 않았다. 이와 달리 楚나라의 信陵君은 급히 趙를 구하려 했지만 兵符를 소지하지 못해 마음을 졸이던 중, 大梁城 東門인 夷門의 문지기 侯生[侯嬴]이 魏王의 총희 如姬에게 부탁하여 魏王의 침실에서 兵符를 훔쳐오도록 하여 마침내 진비의 병권을 빼앗아 邯鄲을 구하고 趙나라의 포위를 풀었다.
【以…爲…】: …를 …로 여기다. 【竊(qiè)】: 훔치다. 【符(fú)】: 兵符. ※군주와 장수가 각기 절반을 소지하고, 이로써 병권을 장악하는 증표로 삼았다. 【罪】: 앞의 것은 명사로 「죄」라는 뜻이고, 뒤의 것은 동사로 「죄로 삼다」의 뜻이다. 【以爲】: …라 여기다, …라고 생각하다. 【足以】: 족히 …할 수 있다, …하기에 충분하다.

3) 夫强秦之暴亟矣, 今悉兵以臨趙, 趙必亡。趙, 魏之障也, 趙亡, 則魏且爲之後。→ 무릇 강력한 秦나라의 폭압이 급박한 상황에서, 지금 (진나라가) 모든 병력을 동원하여 趙나라를 공격하면, 조나라는 틀림없이 망한다. 조나라는 魏나라의 방벽으로, 조나라가 망하면, 위나라 또한 그 뒤를 이어 망하게 된다.
【夫】: [발어사] 무릇, 대저. 【亟(jí)】: 긴박하다. 【悉(xī)兵】: [동사용법] 병력을 모두 동원하다. 「悉」: 모두, 전부. 【臨】: 오다, 이르다. 여기서는 「공격하다」의

楚、燕、齊諸國爲之後。[4] 天下之勢, 未有岌岌於此者也。故救趙者, 亦以救魏; 救一國者, 亦以救六國也。[5] 竊魏之符, 以紓魏之患, 借一國之師, 以分六國之災, 夫奚不可者?[6]

然則信陵果無罪乎? 曰 : 又不然也。[7] 余所誅者, 信陵君之心也。信陵一公子耳, 魏固有王也。[8] 趙不請救於王, 而諄諄焉請救於信陵, 是趙知有信陵, 不知有王也。[9] 平原君以婚姻激信陵,

---

뜻. 【障(zhàng)】 : 장벽, 방벽. 【且】 : 또한. 【爲之後】 : 그 뒤가 되다. 즉 「그 뒤를 이어 망하게 되다」의 뜻.

4) 趙、魏, 又楚、燕、齊諸國之障也, 趙、魏亡, 則楚、燕、齊諸國爲之後。→ 趙・魏 두 나라는, 또 楚・燕・齊 등 여러 나라의 방벽으로, 조나라・위나라가 망하면, 초나라・제나라 등이 그 뒤를 이어 망하게 된다.

5) 天下之勢, 未有岌岌於此者也。故救趙者, 亦以救魏; 救一國者, 亦以救六國也。→ (따라서) 천하의 형세는, 이보다 더 위급한 상황이 없다. 그래서 조나라를 구하는 것은, 또한 이로써 위나라를 구하는 것이요; 한 나라를 구하는 것은, 또한 여섯 나라를 구하는 것이다.

【岌(jí)岌】 : 위태로운 모양, 위급한 모양. 【以】 : 以(之), 이로써. 【六國】 : 전국시대 일곱 나라 가운데 秦을 제외한 齊・趙・燕・魏・韓・楚 등 여섯 나라.

6) 竊魏之符, 以紓魏之患, 借一國之師, 以分六國之災, 夫奚不可者? → 魏나라의 병부를 훔쳐, 이로써 魏나라의 우환을 없애고, 어느 한 나라의 군대를 빌려, 이로써 여섯 나라의 재난을 분담하는데, 이 어찌 해서는 안 되는 일인가?

【以】 : 以(之), 이로써. 【紓(shū)】 : 풀다, 제거하다, 없애다. 【師】 : 군대, 군사. 【分】 : 분담하다. 【夫】 : 그것, 이것. 【奚(xī)】 : 어째서, 왜, 어찌.

7) 然則信陵果無罪乎? 曰 : 又不然也。→ 그렇다면 신릉군은 과연 죄가 없다는 것인가? 나는 또 그렇지 않다고 생각한다.

【然則】 : 그렇다면. 【果】 : 과연.

8) 余所誅者, 信陵君之心也。信陵一公子耳, 魏固有王也。→ 내가 꾸짖는 것은, 신릉군의 마음가짐이다. 신릉군은 일개 公子일 뿐이며, 魏나라에는 본래 王이 있다.

【誅(zhū)】 : 질책하다, 꾸짖다. 【公子】 : 제후의 아들. 【固】 : 본래.

9) 趙不請救於王, 而諄諄焉請救於信陵, 是趙知有信陵, 不知有王也。→ 趙나라는 魏王에게 구원을 청하지 않고, 간곡하게 신릉군에게 구원을 청했는데, 이것은 조나라가 신릉군의 존재만 중시하고, 魏王의 존재를 무시한 것이다.

【請救】 : 구원을 청하다. 【諄(zhūn)諄】 : 간곡한 모양. 【是】 : [대명사] 이, 이것,

而信陵亦自以婚姻之故，欲急救趙，是信陵知有婚姻，不知有王也。10) 其竊符也，非爲魏也，非爲六國也，爲趙焉耳。非爲趙也，爲一平原君耳。11) 使禍不在趙而在他國，則雖撤魏之障，撤六國之障，信陵亦必不救。12) 使趙無平原，或平原而非信陵之姻戚，雖趙亡，信陵亦必不救。13) 則是趙王與社稷之輕重，不能當一平原公子；而魏之兵甲，所恃以固其社稷者，祗以供信陵君一姻戚之用。14) 幸而戰勝，可也；不幸戰不勝，爲虜於秦，是傾魏國數百

즉「趙不請…信陵」.【知有信陵，不知有王】: 신릉군이 있다는 것만 알고, 왕이 있다는 것을 모르다. 즉「신릉군의 존재만 중시하고, 왕의 존재를 무시하다」의 뜻.

10) 平原君以婚姻激信陵，而信陵亦自以婚姻之故，欲急救趙，是信陵知有婚姻，不知有王也。→平原君은 혼인 관계를 근거로 신릉군을 분발토록 했고, 신릉군 또한 개인적으로 혼인 관계의 연고로 인해, 급히 趙나라를 구원하려고 했으니, 이는 신릉군이 혼인 관계만을 중시하고, 魏王의 존재를 무시한 것이다.
【以】: ※이 문구에 두 개의「以婚姻」이 있는데, 앞의「以」는「근거하다, 의거하다」의 뜻이고, 뒤의「以」는「因, …로 인해」의 뜻이다.【激(jī)】: [사동용법] 부추기다, 분발토록 하다.【欲】: …하고자 하다.【是】: [대명사] 이, 이것, 즉「平原君…欲急救趙」.

11) 其竊符也，非爲魏也，非爲六國也，爲趙焉耳。非爲趙也，爲一平原君耳。→ 신릉군이 병부를 훔친 것은, 魏나라를 위해서도 아니고, 여섯 나라를 위해서도 아니며, 趙나라를 위한 것일 뿐이었다. (그러나 실제로는) 趙나라를 위한 것이 아니라, 평원군 한 사람을 위한 것일 뿐이었다.
【焉耳】: …뿐.

12) 使禍不在趙而在他國，則雖撤魏之障，撤六國之障，信陵亦必不救。→ 만일 재앙이 趙나라에 있지 않고 다른 나라에 있었다면, 비록 魏나라의 방벽이 제거되고, 여섯 나라의 방벽이 제거된다 해도, 신릉군은 또한 틀림없이 구원에 나서지 않았을 것이다.
【使】: 만일, 만약.【撤魏之障】: [피동용법] 위나라의 방벽이 제거되다.

13) 使趙無平原，或平原而非信陵之姻戚，雖趙亡，信陵亦必不救。→ 만일 趙나라에 평원군이 없었거나, 혹은 평원군이 신릉군의 인척 관계가 아니었다면, 비록 趙나라가 망한다 해도, 신릉군은 또한 틀림없이 구원에 나서지 않았을 것이다.

14) 則是趙王與社稷之輕重，不能當一平原公子；而魏之兵甲，所恃以固其社稷者，祗以供信

年社稷以殉姻戚。吾不知信陵何以謝魏王也。15) 夫竊符之計，蓋出於侯生，而如姬成之也。16) 侯生教公子以竊符，如姬爲公子竊符於王之臥內，是二人亦知有信陵，不知有王也。17)

余以爲信陵之自爲計，曷若以脣齒之勢，激諫於王。不聽，則以其欲死秦師者，而死於魏王之前，王必悟矣。18) 侯生爲信陵

陵君一姻戚之用。→ 그렇다면 이는 趙王과 국가의 비중이, 公子인 평원군 한 사람에도 미치지 못하고; 魏나라의 군대는, 이에 의지하여 사직을 튼튼히 하는 것인데도, 오로지 신릉군의 인척 한 사람의 쓰임에 제공된 것이다.

【則】: 그렇다면, 그러면. 【是】: 이, 이것. 【社稷(shè jì)】: 사직, 국가, 조정. 【輕重】: 무게, 비중. 【當】: 상당하다, 필적하다. 【兵甲】: 병력, 군대. 【恃(shì)】: 믿다, 의지하다. 【固】: 공고히 하다, 튼튼히 하다. 【祇(zhǐ】: 다만, 오로지.

15) 幸而戰勝, 可也; 不幸戰不勝, 爲虜於秦, 是傾魏國數百年社稷以殉姻戚。吾不知信陵何以謝魏王也。→ 다행히 전쟁에서 이겼으니, 그런대로 괜찮지만; 불행히도 전쟁에 패하여, 秦나라의 포로가 되었다면, 이는 魏나라 수백 년의 사직을 기울여 인척을 위해 희생하는 것이다. 나는 신릉군이 魏王에게 어떻게 사죄해야 할지를 모르겠다.

【可】: 그런대로 괜찮다, 그저 그만하다. 【虜(lǔ)】: 포로. 【是】: 이, 이것, 즉 「不幸戰不勝, 爲虜於秦」. 【傾(qīng)】: 기울이다. 【殉(xùn)】: …을(를) 위해 희생하다, …을(를) 위해 목숨을 바치다.

16) 夫竊符之計, 蓋出於侯生, 而如姬成之也。→ 무릇 병부를 훔치는 계략은, 侯生에게서 나왔고, 如姬가 이를 완성했다.

【夫】: [발어사] 대저, 무릇. 【蓋】: [어기사] ※앞말을 이어받아 이유나 원인을 나타낸다. 【侯生】: [인명] 侯嬴. 전국시대 魏나라의 도읍 大梁의 東門인 夷門의 문지기. 신릉군은 이를 上客으로 대우했다. 【如姬(jī)】: [인명] 여희. 魏 安釐王의 총희. ※여희의 아버지가 원수에게 살해된 후, 신릉군이 식객을 보내 여희의 원수를 갚아준 일이 있어, 여희는 항상 신릉군의 은혜에 보답하고자 했다.

17) 侯生教公子以竊符, 如姬爲公子竊符於王之臥內, 是二人亦知有信陵, 不知有王也。→ 후생은 공자에게 병부를 훔쳐오도록 가르쳤고, 여희는 공자를 위해 왕의 침실에서 병부를 훔쳤으니, 이 두 사람 또한 신릉군의 존재만 중시하고, 왕의 존재를 무시한 것이다.

【王】: 여기서는 「魏 安釐王」을 가리킨다. 【臥內】: 침실.

18) 余以爲信陵之自爲計, 曷若以脣齒之勢, 激諫於王。不聽, 則以其欲死秦師者, 而死於魏王之前, 王必悟矣。→ 나로서는 신릉군의 자신을 위한 계략은, (조·위의) 脣亡

計，曷若見魏王而說之救趙。不聽，則以其欲死信陵君者，而死於魏王之前，王亦必悟矣。[19] 如姬有意於報信陵，曷若乘王之隙，而日夜勸之救。不聽，則以其欲爲公子死者，而死於魏王之前，王亦必悟矣。[20] 如此，則信陵君不負魏，亦不負趙；二人不負王，亦不負信陵君。何爲計不出此?[21]

信陵知有婚姻之趙，不知有王；內則幸姬，外則鄰國，賤則

齒寒의 형세를 근거로, 위왕에게 격렬히 간하는 것이 낫다고 생각한다. 만일 (위왕이) 듣지 않을 경우, 자신이 秦나라 군사와 싸워 죽으려는 마음으로, 魏王 앞에서 죽는다면, 위왕도 반드시 깨달을 것이다.

【以爲】: …라 여기다, …라고 생각하다. 【自爲計】: 자신을 위한 계책. 【曷(hé)若】: 何如, 不如, …만 못하다, …이 낫다, 어찌 …만 하겠는가? 【以】: …을 근거로, …에 의거하여. 【脣齒】: 脣亡齒寒, 입술이 없으면 이가 시리다는 뜻으로, 서로 이해관계가 밀접하여 어느 한쪽이 망하면 다른 한쪽도 영향을 받아 온전하기 어렵다는 뜻이다. 【激諫(jī jiàn)】: 격렬히 간하다. 【欲】: …하고자 하다. 【悟(wù)】: 깨닫다.

19) 侯生爲信陵計，曷若見魏王而說之救趙。不聽，則以其欲死信陵君者，而死於魏王之前，王亦必悟矣。→ 후생의 신릉군을 위한 계략은, 魏王을 알현하여 趙나라를 구하도록 설득하는 것이 낫다. 만일 듣지 않을 경우, 자신이 신릉군을 위해 죽으려는 마음으로, 魏王 앞에서 죽는다면, 위왕 또한 반드시 깨달을 것이다.

【見】: 알현하다. 【說(shuì)】: 설득하다.

20) 如姬有意於報信陵，曷若乘王之隙，而日夜勸之救。不聽，則以其欲爲公子死者，而死於魏王之前，王亦必悟矣。→ 여희가 신릉군에게 보답할 뜻이 있었다면, 魏王의 한가한 틈을 이용하여, 밤낮으로 (조나라를) 구하도록 권하는 것이 낫다. 만일 듣지 않을 경우, 公子 신릉군을 위해 죽으려는 마음으로, 魏王 앞에서 죽는다면, 위왕 또한 반드시 깨달을 것이다.

【乘(chéng)】: 타다, 이용하다. 【隙(xì)】: 틈, 겨를, 기회.

21) 如此，則信陵君不負魏，亦不負趙；二人不負王，亦不負信陵君。何爲計不出此? → 이렇게 하면, 신릉군은 魏나라를 저버리지 않고, 또한 趙나라를 저버리지도 않으며; (후생과 여희) 두 사람은 왕을 저버리지 않고, 또한 신릉군을 저버리지도 않는다. 어째서 이러한 것을 생각해 내지 못했는가?

【負(fù)】: 저버리다, 배반하다. 【計不出】: 생각해내지 못하다, 짜내지 못하다.

夷門野人，又皆知有公子，不知有王。則是魏僅有一孤王耳。22)
嗚呼! 自世之衰，人皆習於背公死黨之行，而忘守節奉公之道。23)
有重相而無威君，有私讎而無義憤。24) 如秦人知有穰侯，不知有秦王；虞卿知有布衣之交，不知有趙王。蓋君若贅旒久矣。25)

---

22) 信陵知有婚姻之趙，不知有王；內則幸姬，外則鄰國，賤則夷門野人，又皆知有公子，不知有王。則是魏僅有一孤王耳。→ 신릉군은 혼인 관계의 趙나라만을 중시하고, 魏王의 존재를 무시했으며; 안으로는 총희, 밖으로는 이웃 나라, 지위가 낮은 사람으로는 夷門의 문지기까지, 또한 모두가 公子만을 중시하고, 왕의 존재를 무시했다. 그렇다면 이는 魏나라에 다만 한 분의 외로운 왕이 있을 뿐이다.
【幸姬(jī)】: 총희. 【野人】: 야인, 평민. 여기서는 「문지기」를 가리킨다. 【則】: 그렇다면, 그러면. 【是】: [대명사] 이, 이것, 즉 「信陵知有婚姻之趙, …不知有王。」 【僅】: 다만, 오직. 【耳】: …뿐.

23) 嗚呼! 自世之衰，人皆習於背公死黨之行，而忘守節奉公之道。→ 아! 世道가 쇠잔하면서부터, 사람들은 모두 공익을 배반하고 개인의 당파를 위해 죽는 행위에 익숙해져서, 절조를 지키고 공익을 받드는 도리를 잊어버렸다.
【嗚呼!】: [감탄사] 아! 【自】: …로부터. 【世】: 世道, 세상을 살아가는데 지켜야 할 도리. 【習於…】: …에 익숙해지다. 【背公死黨】: 公益을 배반하고 개인의 당파를 위해 죽다.

24) 有重相而無威君，有私讎而無義憤。→ 막중한 권력을 지닌 재상은 있으나 위엄 있는 군주는 없으며, 개인적인 원한은 있으나 義憤은 없다.
【重相(zhòng xiàng)】: 막중한 권력을 지닌 재상. 【威君】: 위엄 있는 군주. 【私讎(chóu)】: 개인적인 원한. 【義憤(fèn)】: 의분, 불의에 대해 일으키는 분노.

25) 如秦人知有穰侯，不知有秦王；虞卿知有布衣之交，不知有趙王。蓋君若贅旒久矣。→ 예를 들면 마치 秦나라 사람들이 穰侯의 존재만 중시하고, 秦王의 존재를 무시하며; 虞卿이 布衣之交만을 중시하고 趙王의 존재를 무시한 것과 같다. 아마도 군주가 자리에 있을 뿐 실권이 없는 것이 오래된 듯하다.
【如】: 예를 들면 …와 같다. 【穰侯(ráng hóu)】: 성은 魏, 이름은 冉. 秦 昭襄王의 어머니 宣太后의 동생으로 秦나라의 장군·재상을 지냈으며, 권력이 막강했다. 【秦王】: 여기서는 「秦 昭襄王」을 가리킨다. 【虞卿(yú qīng)】: 성은 虞, 이름은 전하지 않는다. 전국시대의 유세가로 趙나라 孝成王의 재상을 지냈다. 그는 친구인 魏齊를 위험에서 구출하기 위해 재상의 자리를 버리고 위제와 함께 趙나라를 탈출했다. 【布衣之交】: 평민 시절부터 사귄 친구. 【蓋】: 아마도. 【若】: …듯하다, …와(과) 같다. 【贅旒(zhuì liú)】: 자리에 있을 뿐 실권이 없는 사람.

由此言之, 信陵之罪, 固不專係乎符之竊不竊也。[26] 其爲魏也, 爲六國也, 縱竊符猶可; 其爲趙也, 爲一親戚也, 縱求符於王而公然得之, 亦罪也。[27]

雖然, 魏王亦不得爲無罪也。兵符藏於臥內, 信陵亦安得竊之?[28] 信陵不忌魏王, 而徑請之如姬, 其素窺魏王之疏也。[29] 如姬不忌魏王, 而敢於竊符, 其素恃魏王之寵也。[30] 木朽而蛀生之矣。古者人君持權於上, 而內外莫敢不肅。[31] 則信陵安得樹私交

---

26) 由此言之, 信陵之罪, 固不專係乎符之竊不竊也。→ 이로부터 말하면, 신릉군의 죄는, 본래 다만 병부의 절취 여부에만 관계되는 것이 아니다.

【固】: 본래. 【專】: 다만, 단순히. 【係乎…】: 係於…, …에 관계되다. 【竊不竊】: 절도 여부, 훔쳤는지 안 훔쳤는지의 문제.

27) 其爲魏也, 爲六國也, 縱竊符猶可; 其爲趙也, 爲一親戚也, 縱求符於王而公然得之, 亦罪也。→ 그가 魏나라를 위하고, 여섯 나라를 위해서였다면, 설사 병부를 훔쳤다 해도 그런대로 괜찮지만, 그가 趙나라를 위하고, 친척 한 사람을 위해서였다면, 설사 왕에게서 병부를 요청해 공공연히 그것을 얻었다 해도, 역시 죄를 지은 것이다.

【縱(zòng)】: 비록 …일지라도. 【猶可】: 그런대로 괜찮다. 【求】: 요청하다. 【公然】: 공공연히.

28) 雖然, 魏王亦不得爲無罪也。兵符藏於臥內, 信陵亦安得竊之? → 비록 그렇지만, 魏王 역시 죄가 없다고 할 수는 없다. 병부는 침실 안에 보관하고 있는데, 신릉군이 어찌 그것을 훔칠 수 있는가?

【不得】: 不能, …라 할 수 없다. 【安得】: 어찌 …할 수 있는가?

29) 信陵不忌魏王, 而徑請之如姬, 其素窺魏王之疏也; → 신릉군이 魏王을 꺼려하지 않고, 직접 如姬에게 그것을 (훔치도록) 청한 것은, 그가 평소에 魏王의 소홀함을 엿본 것이요;

【忌(jì)】: 꺼려하다. 【徑(jìng)】: 직접. 【素】: 평소, 평상시. 【窺(kuī)】: 엿보다, 몰래 살피다. 【疏(shū)】: 허술함, 소홀함.

30) 如姬不忌魏王, 而敢於竊符, 其素恃魏王之寵也。→ 여희가 위왕을 꺼려하지 않고, 감히 병부를 훔친 것은, 그가 평소에 위왕의 총애를 믿은 것이다.

【恃(shì)】: 믿다.

31) 木朽而蛀生之矣。古者人君持權於上, 而內外莫敢不肅。→ 나무가 썩으면 나무좀벌

於趙? 趙安得私請救於信陵? 如姬安得銜信陵之恩? 信陵安得賣恩於如姬?[32] 履霜之漸, 豈一朝一夕也哉? 由此言之, 不特衆人不知有王, 王亦自爲贅旒也。[33]

故信陵君可以爲人臣植黨之戒, 魏王可以爲人君失權之戒。[34] ≪春秋≫書「葬原仲」、「翬帥師」。 嗟乎! 聖人之爲慮深矣。[35]

례가 생기는 법이다. 옛날에는 임금이 위에서 권력을 쥐고 있어, (조정) 안팎에 감히 공손하지 않는 사람이 없었다.

【蛀(zhù)】: 나무좀벌레. 【持權(chí quán)】: 권력을 쥐다, 권력을 장악하다. 【莫敢】: 감히 …하지 못하다. 【肅(sù)】: 공손하다.

32) 則信陵安得樹私交於趙? 趙安得私請救於信陵? 如姬安得銜信陵之恩? 信陵安得賣恩於如姬? → 그러면 신릉군이 어떻게 趙나라와 개인적인 관계를 수립할 수 있고; 趙나라가 어떻게 개인적으로 신릉군에게 구원을 청할 수 있으며; 여희가 어떻게 신릉군의 은혜에 보답할 마음을 품을 수 있고; 신릉군이 어떻게 여희에게 은혜를 팔 수 있겠는가?

【則】: 그러면, 그렇다면. 【安得】: 어떻게 …할 수 있는가? 【樹】: 수립하다. 【私交】: 개인적인 관계. 【請救】: 구원을 청하다. 【銜(xián)】: (보답할) 마음을 품다. 【賣恩】: 은혜를 팔다. 즉 「자신이 상대방에게 베푼 은혜를 구실로 상대방의 보답을 요구하다」의 뜻.

33) 履霜之漸, 豈一朝一夕也哉? 由此言之, 不特衆人不知有王, 王亦自爲贅旒也。→ 서리를 밟으면 곧 얼음이 언다는 것을 아는데, 어찌 일조일석에 이루어진 일이라 하겠는가? 이로부터 말하면, 다만 여러 사람들이 왕의 존재를 무시했고, 왕 또한 스스로 자리에 머물러 있을 뿐 실권이 없는 사람이 된 것이다.

【履霜(lǚ shuāng)之漸】: 서리를 밟으면 점차 겨울이 온다. ※이는 ≪周易・坤卦≫ 初六에서 「履霜堅氷至(서리를 밟으면 곧 단단한 얼음이 언다)」라고 한 말을 원용한 것으로, 사태의 발생은 일정한 과정이 있으며 갑자기 나타나는 것이 아니라는 것을 비유하는 말인데, 여기서는 「魏王의 권력 상실이 결코 일조일석에 나타난 결과가 아니라는 것」을 가리킨다. 「履」: 밟다. 「漸」: 점차. 【不特】: 다만 …일 뿐만 아니라. 【自爲】: 스스로 …이 되다.

34) 故信陵君可以爲人臣植黨之戒, 魏王可以爲人君失權之戒。→ 그러므로 신릉군의 경우는 신하된 사람이 私黨을 육성한 교훈으로 삼을 수 있고, 魏王의 경우는 군주 된 사람이 권력을 상실한 교훈으로 삼을 수 있다.

【爲人臣】: 신하 된 사람. 【植黨(zhí dǎng)】: 私黨을 육성하다. 【戒(jiè)】: 교훈.

35) ≪春秋≫書「葬原仲」、「翬帥師」。 嗟乎! 聖人之爲慮深矣。→ ≪春秋≫는 「原仲을

■ | 번역문

신릉군(信陵君)이 조(趙)나라를 구원(救援)한 것에 대해 논한 글

논자들은 병부(兵符)를 훔친 것을 신릉군(信陵君)의 죄로 여기지만 나는 이것이 신릉군의 죄로 삼기에 충분하지 않다고 생각한다. 무릇 강력한 진(秦)나라의 폭압이 급박한 상황에서, 지금 (진나라가) 모든 병력을 동원하여 조(趙)나라를 공격하면 조나라는 틀림없이 망한다. 조나라는 위(魏)나라의 방벽으로, 조나라가 망하면 위나라 또한 그 뒤를 이어 망하게 된다. 조 · 위 두 나라는 또 초(楚) · 연(燕) · 제(齊) 등 여러 나라의 방벽으로, 조나라 · 위나라가 망하면 초나라 · 제나라 등이 그 뒤를 이어 망하게 된다. (따라서) 천하의 형세는 이보다 더 위급한 상황이 없다.

장사지낸 일」과 「翬가 군대를 통솔한 일」을 기록하고 있다. 아! 성인의 생각은 참으로 깊다.

【≪春秋≫】: 편년체로 쓴 춘추시대 魯나라의 역사책. ※魯나라의 사관이 기록한 것을 孔子가 윤리적 입장에서 수정하여 정리했다고 전한다. 【書】: 쓰다, 기록하다. 【葬(zàng)原仲】: 원중을 장사지내다. 「原仲」: [인명] 원중. 陳나라의 대부. ※≪春秋 · 莊公二十七年≫에 : 「秋, 公子友如陳, 葬原仲, 非禮也。原仲, 季友之舊也。(가을에, 공자 季友가 진나라에 가서 원중의 장례에 참석했는데, 이는 예에 합당하지 않다. 원중은 공자 계우의 친구이다.)」라 했다. 즉, ≪춘추≫는 陳나라 대부인 原仲이 죽자 그의 친구인 魯나라 공자 季友가 陳나라에 가서 원중의 장례에 참석한 것을 예에 부합하지 않다고 하여, 신하된 사람이 私黨을 육성하는 것을 경계했다. 【翬(huí)帥師】: 휘가 군대를 통솔하다. 「翬」: [인명] 휘. 魯나라의 대부. 후에 隱公을 시해했다. ※≪春秋 · 隱公四年≫에 : 「秋, 翬帥師會宋公、陳侯、蔡人、衛人伐鄭。(가을에, 공자 휘가 송공 · 진후 · 채인 · 위인과 회합하여 정나라를 공격했다.)」라고 했다. 宋公이 魯나라에 군사를 요청하여 魯나라가 거부하자, 翬가 隱公에게 강력히 요청하여 군사를 파견토록 했다. ≪춘추≫는 이를 기록하여 군주가 권력을 상실하는 것을 경계했다. 【爲慮(lǜ)】: 사려, 생각(함).

그래서 조나라를 구하는 것은 또한 이로써 위나라를 구하는 것이요, 한 나라를 구하는 것은 또한 여섯 나라를 구하는 것이다. 위나라의 병부를 훔쳐 이로써 위나라의 우환을 없애고, 어느 한 나라의 군대를 빌려 이로써 여섯 나라의 재난을 분담하는데, 이 어찌 해서는 안 되는 일인가?

그렇다면 신릉군은 과연 죄가 없다는 것인가? 나는 또 그렇지 않다고 생각한다. 내가 꾸짖는 것은 신릉군의 마음가짐이다. 신릉군은 일개 공자(公子)일 뿐이며, 위나라에는 본래 왕이 있다. 조나라는 위왕(魏王)에게 구원을 청하지 않고 간곡하게 신릉군에게 구원을 청했는데, 이것은 조나라가 신릉군의 존재만 중시하고 위왕의 존재를 무시한 것이다. 평원군(平原君)은 혼인 관계를 근거로 신릉군을 분발토록 했고, 신릉군 또한 개인적으로 혼인 관계의 연고로 인해 급히 조나라를 구원하려고 했으니, 이는 신릉군이 혼인 관계만을 중시하고 위왕의 존재를 무시한 것이다. 신릉군이 병부를 훔친 것은 위나라를 위해서도 아니고 여섯 나라를 위해서도 아니며, 조나라를 위한 것일 뿐이었다. (그러나 실제로는) 조나라를 위한 것이 아니라 평원군 한 사람을 위한 것일 뿐이었다. 만일 재앙이 조나라에 있지 않고 다른 나라에 있었다면, 비록 위나라의 방벽이 제거되고 여섯 나라의 방벽이 제거된다 해도, 신릉군은 또한 틀림없이 구원에 나서지 않았을 것이다. 만일 조나라에 평원군이 없었거나 혹은 평원군이 신릉군의 인척 관계가 아니었다면, 비록 조나라가 망한다 해도 신릉군은 또한 틀림없이 구원에 나서지 않았을 것이다. 그렇다면 이는 조왕(趙王)과 국가의 비중이 공자(公子)인 평원군 한 사람에도 미치지 못하고, 위나라의 군대는 이에 의지하여 사직을 튼튼히 하는 것인데도, 오로지 신릉군의 인척 한 사람의 쓰임에 제공된 것이다. 다행히 전쟁에서 이겼으니 그런대로 괜찮지만, 불행히도 전쟁에 패하여 진나라의 포로가 되었다면, 이는 위나라 수백 년의 사직을 기울여 인척을 위해 희생하는 것이다. 나는 신릉군이 위왕에게 어떻게 사죄해야 할지를 모르겠다. 무릇 병부를 훔치는 계략은 후생(侯生)에게서 나왔고 여희(如姬)가 이를 완성했다. 후생은 공자에게 병부를 훔쳐오도록 가르쳤고, 여희는 공자를 위해 왕의 침실에서 병부를 훔쳤으니, 이 두 사람 또한 신릉군의 존재만 중시하고 왕의 존재를 무시한 것이다.

나로서는 신릉군의 자신을 위한 계략은 (조・위의) 순망치한(脣亡齒寒)의 형세를 근거로 위왕에게 격렬히 간하는 것이 낫다고 생각한다. 만일 (위왕이) 듣지 않을 경우, 자신이 진나라 군사와 싸워 죽으려는 마음으로 위왕 앞에서 죽는다면 위왕도 반드시 깨달을 것이다. 후생의 신릉군을 위한 계략은 위왕을 알현하여 조나라를 구하도록 설득하는 것이 낫다. 만일 듣지 않을 경우, 자신이 신릉군을 위해 죽으려는 마음으로 위왕 앞에서 죽는다면 위왕 또한 반드시 깨달을 것이다. 여희가 신릉군에게 보답할 뜻이 있었다면 위왕의 한가한 틈을 이용하여 밤낮으로 (조나라를) 구하도록 권하는 것이 낫다. 만일 듣지 않을 경우, 공자 신릉군을 위해 죽으려는 마음으로 위왕 앞에서 죽는다면 위왕 또한 반드시 깨달을 것이다. 이렇게 하면 신릉군은 위나라를 저버리지 않고 또한 조나라를 저버리지도 않으며, (후생과 여희) 두 사람은 왕을 저버리지 않고 또한 신릉군을 저버리지도 않는다. 어째서 이러한 것을 생각해 내지 못했는가?

신릉군은 혼인 관계의 조나라만을 중시하고 위왕의 존재를 무시했으며, 안으로는 총희, 밖으로는 이웃 나라, 지위가 낮은 사람으로는 이문(夷門)의 문지기까지 또한 모두가 공자만을 중시하고 왕의 존재를 무시했다. 그렇다면 이는 위나라에 다만 한 분의 외로운 왕이 있을 뿐이다.

아! 세도(世道)가 쇠잔하면서부터 사람들은 모두 공익(公益)을 배반하고 개인의 당파를 위해 죽는 행위에 익숙해져서, 절조를 지키고 공익을 받드는 도리를 잊어버렸다. 막중한 권력을 지닌 재상은 있으나 위엄 있는 군주는 없으며, 개인적인 원한은 있으나 의분(義憤)은 없다. 예를 들면 마치 진(秦)나라 사람들이 양후(穰侯)의 존재만 중시하고 진왕(秦王)의 존재를 무시하며, 우경(虞卿)이 포의지교(布衣之交)만을 중시하고 조왕(趙王)의 존재를 무시한 것과 같다. 아마도 군주가 자리에 있을 뿐 실권이 없는 것이 오래된 듯하다.

이로부터 말하면, 신릉군의 죄는 본래 다만 병부의 절취 여부에만 관계되는 것이 아니다. 그가 위(魏)나라를 위하고 여섯 나라를 위해서였다면, 설사 병부를 훔쳤다 해도 그런대로 괜찮지만, 그가 조(趙)나라를 위하고 친척 한 사람을 위해서였다면 설사 왕에게서 병부를 요청해 공공연히 그것을 얻었다 해도 역시 죄를 지은 것이다.

비록 그렇지만 위왕(魏王) 역시 죄가 없다고 할 수는 없다. 병부는 침실 안에 보관하고 있는데 신릉군이 어찌 그것을 훔칠 수 있는가? 신릉군이 위왕을 꺼려하지 않고 직접 여희에게 그것을 (훔치도록) 청한 것은 그가 평소에 위왕의 소홀함을 엿본 것이요, 여희가 위왕을 꺼려하지 않고 감히 병부를 훔친 것은 그가 평소에 위왕의 총애를 믿은 것이다. 나무가 썩으면 나무좀벌레가 생기는 법이다. 옛날에는 임금이 위에서 권력을 쥐고 있어, (조정) 안팎에 감히 공손하지 않는 사람이 없었다. 그러면 신릉군이 어떻게 조나라와 개인적인 관계를 수립할 수 있고, 조나라가 어떻게 개인적으로 신릉군에게 구원을 청할 수 있으며, 여희가 어떻게 신릉군의 은혜에 보답할 마음을 품을 수 있고, 신릉군이 어떻게 여희에게 은혜를 팔 수 있겠는가? 서리를 밟으면 곧 얼음이 언다는 것을 아는데, 어찌 일조일석에 이루어진 일이라 하겠는가? 이로부터 말하면, 다만 여러 사람들이 왕의 존재를 무시했고, 왕 또한 스스로 자리에 머물러 있을 뿐 실권이 없는 사람이 된 것이다.

그러므로 신릉군의 경우는 신하된 사람이 사당(私黨)을 육성한 교훈으로 삼을 수 있고, 위왕의 경우는 군주 된 사람이 권력을 상실한 교훈으로 삼을 수 있다. ≪춘추(春秋)≫는 「원중(原仲)을 장사지낸 일」과 「휘(翬)가 군대를 통솔한 일」을 기록하고 있다. 아! 성인의 생각은 참으로 깊다.

■ | 해제(解題) 및 본문요지 설명

위(魏)나라의 신릉군(信陵君)이 병부(兵符)를 훔쳐 조(趙)나라를 구제한 이야기는 ≪사기(史記)·위공자열전(魏公子列傳)≫에 상세하게 기록되어 있다. 본문은 작자가 신릉군의 행위에 대한 공과(功過)와 시비(是非)에 대해 자신의 견해를 제시한 글이다.

본문은 일곱 단락으로 나눌 수 있는데, 첫째 단락에서는 신릉군이 조(趙)나라를 구한 행위는 오로지 「위(魏)나라의 병부를 훔쳐 위나라의 우환을 제거하고, 한 나라의 군대를 빌려 여섯 나라의 재앙을 분담했다」라고 하는 전제하에서 긍정적으로 평가할 수 있다는 것을 말했고; 둘째 단락에서는 평원군과 신릉군 모두 혼인 관계만을 중시하고 위왕(魏王)의 존재를 무시하여 위나라의 안위를 돌보지 않은 것에 대해 그 마음가짐이 족히 질책할 만하다는 것을 말했고; 셋째 단락에서는 작자가 자신의 구상을 빌어, 신릉군(信陵君)·후생(侯生)·여희(如姬) 모두 마땅히 왕에게 강력히 간하고 만일 왕이 듣지 않을 경우 죽음도 불사하는 것이 옳은 방법이라는 것을 말했고; 넷째 단락에서는 난세(亂世)의 신하들이 사심(私心)을 가지고 공익을 배반하여 군주로 하여금 헛되이 자리만 보전하게 하는 것에 대해 탄식했고; 다섯째 단락에서는 이상 네 단락의 소결로서, 신릉군이 병부를 훔친 공과에 대해서는 전적으로 그 동기를 보아 판단해야 한다는 것을 말했고; 여섯째 단락에서는 위왕 또한 스스로 자리에 머물러 있을 뿐 실권이 없는 사람이 된 것을 꾸짖었고; 마지막 단락에서는 「신릉군의 경우는 신하된 사람이 사당(私黨)을 육성한 교훈으로 삼을 수 있고, 위왕의 경우는 군주 된 사람이 권력을 상실한 교훈으로 삼을 수 있다.」라는 말로 결론을 맺었다.

216 보유일장서(報劉一丈書)

[明] 宗臣

■ | 작자

종신(宗臣 : 1525-1560)은 명(明) 양주(揚州) 홍화(興化)[지금의 강소성 홍화현(興化縣)] 사람으로, 자는 자상(子相)이다. 세종(世宗) 가정(嘉靖) 29년(1550) 진사에 급제하여 이부고공랑(吏部考功郎)·계훈원외랑(稽勛員外郎)을 지냈다. 성품이 강직하고 권세에 아부할 줄을 몰랐으나, 태사(太師) 엄숭(嚴嵩)의 비리를 탄핵했다가 죽음을 당한 양기성(楊繼盛)의 상(喪)에 부의(賻儀)를 보내고 애도하는 글을 지었다가 엄숭의 미움을 사서 복건포정사사참의(福建布政司司參議)로 폄적되었다. 후에 왜구(倭寇)를 방어한 공으로 제학부사(提學副使)로 승진되어 재임 중에 세상을 떠났다.

종신은 이반룡(李攀龍)·왕세정(王世貞)·사진(謝榛)·서중행(徐中行)·오국륜(吳國倫)·양유예(梁有譽) 등과 더불어 후칠자(後七子)로 불렸으며, 저서로 ≪종자상집(宗子相集)≫이 있다.

■ | 원문 및 주석

報劉一丈書[1)]

數千里外, 得長者時賜一書, 以慰長想, 卽亦甚幸矣; 何至更辱饋遺, 則不才益將何以報焉?[2)] 書中情意甚殷, 卽長者之不忘老父, 知老父之念長者深也。[3)] 至以「上下相孚, 才德稱位」語不才, 則不才有深感焉。[4)]

---

1) 報劉一丈書 → 劉一丈께 답하는 글
【報…書】: …께(에게) 답하는 글. 【劉一丈】: 劉씨 어르신. 「一」은 항렬, 「丈」은 윗사람에 대한 존칭.

2) 數千里外, 得長者時賜一書, 以慰長想, 卽亦甚幸矣; 何至更辱饋遺, 則不才益將何以報焉? → 수 천리 밖에서, 어르신이 때때로 보내주시는 서신을 받고, 저의 오랜 상념을 달래어, 이미 매우 다행인데; 하물며 또 황송하게도 선물까지 보내주시니, 그러면 제가 더더욱 장차 어찌 보답하겠습니까?
【長者】: 어르신, 웃어른. 【賜(cì)】: 주다, 하사하다. 여기서는 「보내주시다」의 뜻. 【慰(wèi)】: 위로하다, 달래다. 【長想】: 오랜 상념. 【亦】: 이미. 【甚(shèn)】: 매우, 몹시. 【更】: 다시, 또. 【辱(rǔ)】: [겸어] (상대방을) 욕되게 하다. 즉 「황송하게도, 과분하게도」의 뜻. 【饋遺(kuì wèi)】: 선물하다. 【不才】: 자신의 재주를 겸손하게 이르는 말로 「저」라는 뜻. 【益(yì)】: 더욱, 더욱이, 더더욱. 【何以】: 어찌, 어떻게.

3) 書中情意甚殷, 卽長者之不忘老父, 知老父之念長者深也。→ 서신에 정이 매우 도타우신 것은, 바로 어르신께서 저의 부친을 잊지 않으시는 것이니, 저의 부친께서 어르신을 깊이 마음에 두셨던 까닭을 알겠습니다.
【情意】: 정, 애정. 【殷】: 도탑다, 돈독하다. 【老父】: 부친, 아버지. ※상대방에 대한 자기 아버지의 호칭. 【念】: 생각하다, 그리워하다, 마음에 두다.

4) 至以「上下相孚, 才德稱位」語不才, 則不才有深感焉。→「위아래가 서로 신뢰해야 하고, 재능과 덕행이 직위와 부합해야 한다.」라고 저에게 말씀하신 것에 관해서는, 제가 매우 깊은 감명을 받았습니다.
【至】: 至於, …로 말하면, …로 말할 것 같으면, …에 관해서는. 【以】: …로, …를 가지고. 【孚(fú)】: 믿다, 신뢰하다, 신임하다. 【稱位】: 직위에 부합하다, 직위에 걸맞다. 【語(yù)】: 말하다, 알리다.

夫才德不稱，固自知之矣；至於不孚之病，則尤不才爲甚。且今之所謂孚者，何哉?[5] 日夕策馬候權者之門，門者故不入，則甘言媚詞作婦人狀，袖金以私之。[6] 卽門者持刺入，而主人又不卽出見，立廏中僕馬之間，惡氣襲衣袖，卽飢寒毒熱不可忍，不去也。[7] 抵暮，則前所受贈金者出，報客曰：「相公倦，謝客矣，客請明日來!」[8] 卽明日，又不敢不來。夜披衣坐，聞雞鳴，卽起盥櫛，走馬

5) 夫才德不稱，固自知之矣；至於不孚之病，則尤不才爲甚。且今之所謂孚者，何哉? → 무릇 (저의) 재능과 덕행이 직위에 맞지 않는다는 것은, 본래 저 자신도 그것을 알고 있었고; 서로 신뢰하지 못하는 결점으로 말하면, 특히 제가 심합니다. 그리고 오늘날 이른바 신뢰라는 것이, 어떤 것입니까?
【夫】: [발어사] 대저, 무릇. 【固】: 본래. 【病】: 흠, 결점. 【尤(yóu)】: 특히. 【且】: 그리고, 또한.

6) 日夕策馬候權者之門，門者故不入，則甘言媚詞作婦人狀，袖金以私之。→ 하루 종일 말을 타고 권세가의 대문 앞에 가서 기다리고, 문지기가 고의로 들어가지 못하게 하면, 감언이설로 아낙네의 자태를 연출하며, 소매 속의 돈을 그에게 몰래 건네줍니다.
【日夕】: 하루 종일. 【門者】: 문지기. 【故】: 일부러, 고의로. 【甘言媚(mèi)詞】: 감언이설. 【作婦人狀】: 아낙네의 자태를 연출하다. 【袖金】: 소매 속의 돈. 【私】: 몰래 건네주다.

7) 卽門者持刺入，而主人又不卽出見，立廏中僕馬之間，惡氣襲衣袖，卽飢寒毒熱不可忍，不去也。→ 설사 문지기가 명함을 들고 들어간다 해도, 주인이 또 바로 접견하러 나오지 않습니다. 마구간의 하인과 말 사이에 서 있으면, 악취가 옷소매로 스며드는데, 비록 배가 고프고 춥거나 지독한 더위를 참을 수 없어도, 떠나지를 못합니다.
【卽】: 설사 …라 해도. 【刺(cì)】: 명함. 【廏(jiù)】: 廐, 마구간. ※판본에 따라서는 「廏」를 「廐」라 했다. 【飢(jī)】: 배고프다. 【毒熱】: 지독한 더위. 【不可忍】: 참을 수 없다. 【去】: 떠나다.

8) 抵暮，則前所受贈金者出，報客曰：「相公倦，謝客矣，客請明日來!」→ 저녁때에 이르러, 앞서 돈을 받은 문지기가 나와 그에게：「相公께서 피곤하여, 방문객을 사절하시니, 손님은 내일 오시오.」라고 알려줍니다.
【抵(dǐ)】: 이르다, 다다르다. 【贈(zèng)金】: 기부금. 여기서는 「뇌물로 준 돈」을 가리킨다. 【報】: 알려주다, 보고하다. 【相(xiàng)公】: 지체 있는 사람에 대한

抵門。[9] 門者怒曰：「爲誰?」 則曰：「昨日之客來。」[10] 則又怒曰：「何客之勤也? 豈有相公此時出見客乎?」 客心恥之, 强忍而與言曰：「亡奈何矣, 姑容我入!」[11] 門者又得所贈金, 則起而入之; 又立向所立廄中。[12]

幸主者出, 南面召見, 則驚走匍匐階下。[13] 主者曰：「進!」

높임말. 【倦(juàn)】 : 피곤하다. 【謝】 : 사절하다.

9) 卽明日, 又不敢不來。夜披衣坐, 聞雞鳴, 卽起盥櫛, 走馬抵門。→ 바로 그 다음날, 또 감히 오지 않을 수 없습니다. 밤에 옷을 입은 채로 앉아 있다가, 닭 울음소리를 들으면, 즉시 일어나 세수를 하고 머리를 빗은 다음, 말을 타고 대문에 도착합니다.

【披(pī)】 : (옷을) 입다. 【盥(guàn)】 : 얼굴을 씻다, 세수하다. 【櫛(zhì)】 : 빗질하다, 머리를 빗다. 【抵(dǐ)】 : 이르다, 도착하다.

10) 門者怒曰：「爲誰?」 則曰：「昨日之客來。」→ 문지기가 화를 내며 : 「누구요?」라고 물으면, 그가 : 「어제 왔던 사람이오.」라고 대답합니다.

11) 則又怒曰：「何客之勤也? 豈有相公此時出見客乎?」 客心恥之, 强忍而與言曰：「亡奈何矣, 姑容我入!」 → 그러면 또 화를 내며 : 「손님은 왜 이렇게 부지런하시오? 어찌 상공께서 이 시간에 나와 손님을 접견한단 말이오?」라고 하는데, 손님은 마음속으로 이를 수치스럽게 여기면서도, 억지로 참고 문지기에게 : 「어찌할 도리가 없었으니, 나를 잠시 들어가게 해주시오.」라고 말합니다.

【勤(qín)】 : 부지런하다. 【恥(chǐ)】 : 수치스럽게 여기다. 【强忍】 : 꾹 참다, 억지로 참다. 【與】 : 與(之), 그에게. 【亡奈(wú nài)何】 : 어찌할 도리가 없다, 어찌할 방법이 없다. 【姑(gū)】 : 잠시. 【容】 : 용인하다, 허락하다.

12) 門者又得所贈金, 則起而入之; 又立向所立廄中。→ 문지기가 또 돈을 받고 나면, 비로소 일어나 그를 들여보내는데; (들어가서는) 또 지난번에 서 있던 마구간에 서서 기다립니다.

【向】 : 이전, 종전, 지난번.

13) 幸主者出, 南面召見, 則驚走匍匐階下。→ 다행히 주인이 나와, 남쪽을 향해 앉아서 부르면, 놀라서 몸을 낮추고 계단 아래로 걸어 내려갑니다.

【南面】 : 남쪽을 향하다. ※옛날에는 임금이 북쪽에 앉아 남쪽을 향하는 것을 존귀하게 여겼다. 여기서는 권력자가 임금이 하듯 손님에게 오만하고 권위적인 태도를 보인 것이다. 【召(zhào)見】 : 불러서 만나다. 【匍匐(pú fú)】 : 포복하다, 기다. 【階(jiē)】 : 계단, 층계.

則再拜，故遲不起；起則上所上壽金。[14] 主者故不受，則固請。主者故固不受，則又固請。然後命吏納之。[15] 則又再拜，又故遲不起；起則五六揖始出。[16] 出揖門者曰：「官人幸顧我，他日來，幸無阻我也!」門者答揖。[17] 大喜奔出，馬上遇所交識，卽揚鞭語曰：「適自相公家來，相公厚我，厚我!」且虛言狀。卽所交識，亦心畏相公厚之矣。[18] 相公又稍稍語人曰：「某也賢! 某也賢!」聞

14) 主者曰：「進!」則再拜，故遲不起；起則上所上壽金。→ 주인이：「들어오게!」라고 말하면, 두 번 절하고, 일부러 느릿느릿 시간을 끌며 일어나지 않다가; 일어나서는 즉시 바치고자 하는 축의금을 바칩니다.

【故】: 일부러, 고의로. 【遲(chí)】: 느릿느릿 시간을 끌다. 【壽(shòu)金】: 축의금.

15) 主者故不受，則固請。主者故固不受，則又固請。然後命吏納之。→ 주인이 일부러 받지 않으면, 단호하게 (받아달라고) 청합니다. 주인이 일부러 단호하게 받지 않으면, 또 다시 단호하게 청합니다. 그러고 나서 수하 관리에게 명하여 그것을 받도록 합니다.

【固請】: 단호하게 청하다. 【吏】: 수하 관리. 【納】: 받다.

16) 則又再拜，又故遲不起；起則五六揖始出。→ 그러면 또 두 번 절하고, 또 일부러 느릿느릿 시간을 끌며 일어나지 않다가, 일어나서는 대여섯 번 揖을 하고 비로소 나옵니다.

【揖(yī)】: 읍하다. ※두 손을 맞잡아 얼굴 앞으로 들어 올리고 허리를 앞으로 공손히 구부렸다가 몸을 펴면서 손을 내리는 인사 예법. 【始】: 비로소.

17) 出揖門者曰：「官人幸顧我，他日來，幸無阻我也!」門者答揖。→ 나와서는 문지기에게 읍을 하며：「나리께서 다행히 저를 돌봐 주셨는데, 다음에 올 때는, 저를 막지 마시기 바랍니다.」라고 말하면, 문지기도 읍을 하여 답합니다.

【官人】: 어르신, 나리. 【幸】: 앞의 「幸」은 「다행히, 다행스럽게」의 뜻이고, 뒤의 「幸」은 「바라다, 희망하다」의 뜻. 【顧(gù)】: 돌보다. 【無】: 勿, …하지 말다. 【阻(zǔ)】: 막다, 저지하다.

18) 大喜奔出，馬上遇所交識，卽揚鞭語曰：「適自相公家來，相公厚我，厚我!」且虛言狀。卽所交識，亦心畏相公厚之矣。→ (그는) 매우 기뻐하며 달려 나와, 말을 타고 가다가 아는 사람을 만나면, 곧 말채찍을 높이 들고：「방금 상공 댁에서 나왔는데, 상공께서 나를 후대해 주셨소, 나를 후대해 주셨소.」라고 말하면서, 또한 후대 받은 상황을 과장해서 말합니다. 그러면 아는 사람들도, 마음속으로 상

者亦心計交贊之。[19] 此世所謂「上下相孚」也, 長者謂僕能之乎?[20]

前所謂權門者, 自歲時伏臘, 一刺之外, 卽經年不往也。[21] 間道經其門, 則亦掩耳閉目, 躍馬疾走過之, 若有所追逐者。[22]

공이 그를 후대한 것을 두려워합니다.

【奔出】: 달려 나오다. 【馬上】: 말 위. 여기서는 「말을 타고 가다가」의 뜻. 【遇】: 만나다. 【所交識】: 아는 사람. 【揚】: 높이 들다. 【鞭(biān)】: 말채찍. 【語(yù)】: [동사] (다른 사람에게) 말하다. 【適】: 방금. 【自】: …로부터. 【厚】: 후대하다. 【且】: 또한, 그리고. 【虛言】: 과장해 말하다, 허풍을 떨다. 【狀】: 상황, 정황. 즉 「후대 받은 상황」. 【畏】: 두려워하다.

19) 相公又稍稍語人曰:「某也賢! 某也賢!」聞者亦心計交贊之。→ 상공이 또 어쩌다 사람들에게:「아무개는 괜찮은 사람이야! 아무개는 괜찮은 사람이야!」라고 말하면, 듣는 사람들도 마음속으로 (상공의 뜻을) 헤아리고 함께 그를 칭찬합니다.

【稍(shāo)稍】: 좀, 약간. 【賢】: 훌륭하다, 현명하다, 괜찮다. 【某】: 아무개. 【心計】: 마음속으로 헤아리다. 【交】: 서로, 함께.

20) 此世所謂「上下相孚」也, 長者謂僕能之乎? → 이것이 세상에서 말하는 「위아래가 서로 신뢰한다」는 것인데, 어르신께서는 제가 그것을 할 수 있다고 생각하십니까?

【謂】: …라고 생각하다. 【僕(pú)】: [겸어] 저, 소인. ※상대방에게 자신을 낮추어 하는 말.

21) 前所謂權門者, 自歲時伏臘, 一刺之外, 卽經年不往也。→ 앞에서 말씀드린 권세가들에 대해, 저 자신은 설이나 명절 때, 명함 한 장을 보내는 것 말고는, 일 년 내내 찾아가지 않습니다.

【權門者】: 권세가. 【歲時伏臘(fú là)】:「歲時」는 일 년 춘하추동 사계절을 말하고, 「伏」은 여름철의 복날, 즉 초복·중복·말복을 말하며, 「臘」은 겨울철의 臘日, 즉 연말에 모든 신에게 제사 지내는 날을 말한다. 따라서 「歲時伏臘」은 곧 「일 년 중 설이나 명절을 맞이할 때」를 가리킨다. 【刺(cì)】: 명함. 【經年】: 일 년 내내.

22) 間道經其門, 則亦掩耳閉目, 躍馬疾走過之, 若有所追逐者。→ 간혹 길을 가다 그 집 대문을 지나게 되면, 또한 귀를 틀어막고 눈을 감고, 말을 재촉하여 재빨리 그 곳을 지나가는데, 마치 뒤를 쫓는 자가 있는 듯이 행동합니다.

【間】: 간혹, 어쩌다. 【掩(yǎn)耳閉(bì)目】: 귀를 틀어막고 눈을 감다. 【躍(yuè)馬疾走】: 말을 질주시키다. 【過】: 지나가다. 【若】: 마치 …같다, 마치 …듯하다. 【追逐】: 쫓다, 뒤쫓다.

斯則僕之褊衷，以此長不見悅於長吏，僕則愈益不顧也。[23] 每大言曰：「人生有命，吾惟守分而已。」長者聞之，得無厭其爲迂乎?[24]

■ | 번역문

유일장(劉一丈)께 답하는 글

수 천리 밖에서 어르신이 때때로 보내주시는 서신을 받고 저의 오랜 상념을 달래어 이미 매우 다행인데, 하물며 또 황송하게도 선물까지 보내주시니, 그러면 제가 더더욱 장차 어찌 보답하겠습니까? 서신에 정이 매우 도타우신 것은 바로 어르신께서 저의 부친을 잊지 않으시는 것이니, 저의 부친께서 어르신을 깊이 마음에 두셨던 까닭을 알겠습니다. 「위아래가 서로 신뢰해야 하고 재능과 덕행이 직위와 부합해야 한다.」라고 저에게 말씀하신 것에 관해서는, 제가 매우 깊은 감명을 받았습니다.

무릇 (저의) 재능과 덕행이 직위에 맞지 않는다는 것은 본래 저 자신

23) 斯則僕之褊衷，以此長不見悅於長吏，僕則愈益不顧也。→ 이것이 바로 저의 편협한 마음인데, 이로 인해 오랫동안 상급관리로부터 호감을 얻지 못했지만, 저는 그럴수록 더 신경을 쓰지 않습니다.
【褊衷(biǎn zhōng)】：편협한 마음. 【以】：因, …로 인해. 【長(cháng】：오랫동안. 【見悅(yuè)】：호감을 사다. ※見+동사=피동형. 【長(zhǎng)吏】：상급 관리. 【愈(yù)益】：더욱더. 【不顧(gù)】：신경을 쓰지 않다, 상관하지 않다, 마음을 두지 않다.

24) 每大言曰：「人生有命，吾惟守分而已。」長者聞之，得無厭其爲迂乎? → (저는) 매번 큰 소리로：「인생은 정해진 운명이 있으니, 나는 오로지 본분을 지킬 뿐이다.」라고 말하는데, 어르신께서 이 말씀을 들으시면, 저를 세상 물정에 어둡다고 미워하지 않으시겠습니까?
【惟】：오직, 오로지. 【守分】：본분을 지키다. 【而已】：…뿐. 【得無】：…하지 않을 수 있는가? 【厭(yàn)】：미워하다, 싫어하다. 【爲迂(yū)】：세상 물정에 어둡다.

도 그것을 알고 있었고, 서로 신뢰하지 못하는 결점으로 말하면 특히 제가 심합니다. 그리고 오늘날 이른바 신뢰라는 것이 어떤 것입니까? 하루 종일 말을 타고 권세가의 대문 앞에 가서 기다리고, 문지기가 고의로 들어가지 못하게 하면 감언이설로 아낙네의 자태를 연출하며 소매 속의 돈을 그에게 몰래 건네줍니다. 설사 문지기가 명함을 들고 들어간다 해도, 주인이 또 바로 접견하러 나오지 않습니다. 마구간의 하인과 말 사이에 서 있으면 악취가 옷소매로 스며드는데, 비록 배가 고프고 춥거나 지독한 더위를 참을 수 없어도 떠나지를 못합니다. 저녁때에 이르러, 앞서 돈을 받은 문지기가 나와 그에게 :「상공(相公)께서 피곤하여 방문객을 사절하시니 손님은 내일 오시오!」라고 알려줍니다. 바로 그 다음날, 또 감히 오지 않을 수 없습니다. 밤에 옷을 입은 채로 앉아 있다가 닭 울음소리를 들으면, 즉시 일어나 세수를 하고 머리를 빗은 다음 말을 타고 대문에 도착합니다. 문지기가 화를 내며 :「누구요?」라고 물으면, 그가 :「어제 왔던 사람이오.」라고 대답합니다. 그러면 또 화를 내며 :「손님은 왜 이렇게 부지런하시오? 어찌 상공께서 이 시간에 나와 손님을 접견한단 말이오?」라고 하는데, 손님은 마음속으로 이를 수치스럽게 여기면서도 억지로 참고 문지기에게 :「어찌할 도리가 없었으니 나를 잠시 들어가게 해주시오.」라고 말합니다. 문지기가 또 돈을 받고 나면 비로소 일어나 그를 들여보내는데, (들어가서는) 또 지난번에 서 있던 마구간에 서서 기다립니다.

다행히 주인이 나와 남쪽을 향해 앉아서 부르면, 놀라서 몸을 낮추고 계단 아래로 걸어 내려갑니다. 주인이 :「들어오게!」라고 말하면, 두 번 절하고 일부러 느릿느릿 시간을 끌며 일어나지 않다가, 일어나서는 즉시 바치고자 하는 축의금을 바칩니다. 주인이 일부러 받지 않으면 단호하게 (받아달라고) 청합니다. 주인이 일부러 단호하게 받지 않으면 또 다시 단호하게 청합니다. 그러고 나서 수하 관리에게 명하여 그것을 받도록 합니다. 그러면 또 두 번 절하고, 또 일부러 느릿느릿 시간을 끌며 일어나지 않다가, 일어나서는 대여섯 번 읍(揖)을 하고 비로소 나옵니다. 나와서는 문지기에게 읍을 하며 : 「나리께서 다행히 저를 돌봐주셨는데, 다음에 올 때는 저를 막지 마시기 바랍니다.」라고 말하면 문지기도 읍을 하여 답합니다. (그는) 매우 기뻐하며 달려 나와, 말을 타고 가다가 아는 사람을 만나면, 곧 말채찍을 높이 들고 : 「방금 상공 댁에서 나왔는데 상공께서 나를 후대해 주셨소, 나를 후대해 주셨소.」라고 말하면서, 또한 후대 받은 상황을 과장해서 말합니다. 그러면 아는 사람들도 마음속으로 상공이 그를 후대한 것을 두려워합니다. 상공이 또 어쩌다 사람들에게 : 「아무개는 괜찮은 사람이야! 아무개는 괜찮은 사람이야!」라고 말하면, 듣는 사람들도 마음속으로 (상공의 뜻을) 헤아리고 함께 그를 칭찬합니다. 이것이 세상에서 말하는 「위아래가 서로 신뢰한다」는 것인데, 어르신께서는 제가 그것을 할 수 있다고 생각하십니까?

앞에서 말씀드린 권세가들에 대해, 저 자신은 설이나 명절 때 명함 한 장을 보내는 것 말고는 일 년 내내 찾아가지 않습니다. 간혹 길을 가다 그 집 대문을 지나게 되면, 또한 귀를 틀어막고 눈을 감고 말을 재촉하여 재빨리 그곳을 지나가는데, 마치 뒤를 쫓는 자가 있는 듯이 행동합니다. 이것이 바로 저의 편협한 마음인데, 이로 인해 오랫동안 상급관리로부터 호감을 얻지 못했지만 저는 그럴수록 더 신경을 쓰지 않습니다. (저는) 매번 큰 소리로 : 「인생은 정해진 운명이 있으니, 나는 오로지 본분을 지킬 뿐이다.」라고 말하는데, 어르신께서 이 말씀을 들으시면 저를 세상 물정에 어둡다고 미워하지 않으시겠습니까?

■ | 해제(解題) 및 본문요지 설명

유일장(劉一丈)의 생애 사적에 관해서는 알려진 바가 없으나 작자의 부친과 절친한 사이라고 여겨진다.

본문은 명(明) 세종(世宗) 가정(嘉靖) 연간에 엄숭(嚴崇) 부자(父子)가 권력을 휘두르자 백관들이 다투어 엄씨(嚴氏)의 대문을 드나들며 공공연히 뇌물을 바치고 아부하는 등 정치의 퇴폐풍조가 만연하자, 이를 목격한 작자가 비통한 심정을 금치 못해 유일장(劉一丈)에게 답하는 서신을 빌려, 유일장이 지난 번 작자에게 보낸 편지에서 「위아래가 서로 신뢰해야 하고, 재능과 덕행이 직위와 부합해야 한다」라고 한 말을 가지고 의론을 펼친 것이다.

본문은 네 단락으로 나눌 수 있는데, 첫째 단락에서는 유일장이 보내준 서신과 선물에 대해 감사를 표하는 동시에 「위아래가 서로 신뢰해야 하고, 재능과 덕행이 직위와 부합해야 한다」라고 한 유일장의 견해에 대해 감명 받은 것을 말했고; 둘째 · 셋째 단락에서는 당시 뻔질나게 관가를 드나들며 권세가들에게 아부하는 무리들의 비굴하고 야비한 추태를 구체적으로 묘사하고 나서 「세상에서 말하는 『위아래가 서로 신뢰한다』」라는 말에 대해 의문을 제기했고; 마지막 단락에서는 권세가들에게 설이나 명절 때 명함 한 장을 보내는 것 말고는 일 년 내내 찾아가지 않는 작자 자신의 상급자에 대한 태도를 밝힘과 동시에 「인생은 정해진 운명이 있으니, 오로지 본분을 지킬 뿐」이라고 큰소리치는 자신에 대해 유일장이 「세상 물정에 어둡다고 미워하지 않을까?」라고 하는 의문을 제기하면서 끝을 맺었다.

217 오산도기(吳山圖記)

[明] 歸有光

■ | 작자

귀유광(歸有光 : 1506-1571)은 명대(明代) 후기의 저명한 고문가(古文家)로 자가 희보(熙甫) 또는 개보(開甫), 호는 진천(震川)이며, 곤산(昆山)[지금의 강소성 곤산(昆山)] 사람이다. 어려서부터 재능이 뛰어나 9세에 능히 글을 지을 줄 알았고, 20세에 오경삼사(五經三史)에 능통했다. 세종(世宗) 가정(嘉靖) 19년(1540) 향시(鄕試)에 합격한 후 8차에 걸쳐 회시(會試)에 응시했으나 낙방하자, 가정(嘉定)[지금의 상해시(上海市)]의 안정강(安亭江)으로 거처를 옮겨 20여 년 동안 독서와 강학(講學)으로 지냈다.

그러다가 가정 44년(1565) 60세의 고령으로 비로소 진사에 급제하여 호주(湖州) 장흥현(長興縣)의 현령을 지냈다. 그러나 성품이 강직하여 상급 관리나 토호열신과 영합하지 못해, 부임 후 불과 3년만에 순덕부(順德府)의 통판(通判)으로 좌천되어 마정(馬政)을 관리하는 등 진사의 신분으로 이졸(吏卒) 생활을 하는 어려움을 겪었다. 목종(穆宗) 융경(隆慶) 4년(1570), 대학사(大學士) 고공(高拱)의 추천으로 남경태복사승(南京太僕寺丞)이 되어 ≪세종실록(世宗實錄)≫의 편찬에 참여하기도 했으나, 얼마 후 지병으로 인해 관직 생활을 하다가 세상을 떠났다.

귀유광의 문장은 한유(韓愈)와 구양수(歐陽修)의 법도를 따랐으며, 특히 태사공서(太史公書)를 좋아하여 그 이치를 터득하고자 노력했다. 당시 왕세정(王世貞)·이반룡(李攀龍) 등이 진한(秦漢)의 문장으로 돌아갈 것을 주장하여, 천하가 그들을 문장의 종주로 추앙하고 있을 때, 귀유광만은 홀로 ≪사기(史記)≫와 당송(唐宋) 문인들의 문집을 끌어 앉고 제자들과 더불어 안정강(安亭江)에서 강학하며 의연히 그들과 맞서 왕세정을 용렬한 사람이라고 비난했다. 귀유광은 당시 사회에 별로 이름이 오르지 않다가 명말(明末)에 이르러 비로소 전겸익(錢謙益)과 같이 일부나마 그를 중시하는 사람이 생겨났는데, 청(淸) 요내(姚鼐)의 ≪고문사류찬(古文辭類纂)≫에 원(元)・명(明) 양대 학자들 가운데 오직 귀유광만을 당송팔대가(唐宋八大家) 바로 다음의 반열에 놓고 그 외에 아무도 없는 것을 보면 요내가 그를 얼마나 추앙했는지 알만하다.

그의 저술로는 ≪진천문집(震川文集)≫・≪역경연지(易經淵旨)≫・≪삼오수리록(三吳水利錄)≫・≪문장지남(文章指南)≫・≪평점사기(評點史記)≫등이 있다.

■ | 원문 및 주석

吳山圖記1)

吳、長洲二縣, 在郡治所, 分境而治。而郡西諸山, 皆在吳縣。2) 其最高者, 穹窿、陽山、鄧尉、西脊、銅井。而靈巖, 吳之故宮在焉, 尙有西子之遺跡。3) 若虎丘、劍池及天平、尙方、支硎, 皆勝地也。4) 而太湖汪洋三萬六千頃, 七十二峰沈浸其間, 則

---

1) 吳山圖記 → 吳山圖에 대해 적은 글
【≪吳山圖≫】: 吳縣의 백성이 知縣으로 부임했다가 떠난 歸有光의 친구 魏用晦에게 선물한 한 폭의 산수화.

2) 吳、長洲二縣, 在郡治所, 分境而治。而郡西諸山, 皆在吳縣。→ 吳縣과 長洲縣 두 현은, 군 소재지에 함께 있는데, 경계를 나누어 각기 관할하는 바의 현을 다스린다. 그리고 군 서쪽의 여러 산들은, 모두 오현에 있다.
【吳】: [縣이름] 明代 蘇州府의 소재지로, 지금의 강소성 吳縣. 【長洲】: [縣이름] 지금의 강소성 蘇州市. 【郡治所】: 郡소재지. 여기서는 蘇州府를 가리키다.

3) 其最高者, 穹窿、陽山、鄧尉、西脊、銅井。而靈巖, 吳之故宮在焉, 尙有西子之遺跡。→ 그 산들 가운데 가장 높은 것으로는, 穹窿山・陽山・鄧尉山・西脊山・銅井山 등이 있다. 그리고 靈巖山에는 吳나라의 古宮이 있었는데, 아직도 西施의 유적이 남아 있다.
【穹窿(qióng lóng)】: [산이름] 穹窿山. 吳縣 서남쪽에 있다. 【陽山】: [산이름] 양산. 오현 서북쪽에 있다. 【鄧尉(dèng wèi)】: [산이름] 鄧尉山. 光福山이라고도 하며, 오현 서남쪽에 있다. 【西脊(jǐ)】: [산이름] 西脊山. 西蹟山이라고도 하며 鄧尉山의 서쪽에 있다. 【銅(tóng)井】: [산이름] 銅井山. 등위산의 서남쪽에 있다. 【靈巖(líng yán)】: [산이름] 靈巖山. 오현 서남쪽에 있으며, 吳王 夫差의 行宮이 있던 곳으로 산 위에 西施洞・響屧廊・吳王井 등의 유적이 남아 있다. 【尙】: 아직. 【西子】: 西施. 춘추시대 말기 吳王 夫差의 총희.

4) 若虎丘、劍池及天平、尙方、支硎, 皆勝地也。→ 虎丘山・劍池・天平山・尙方山・支硎山과 같은 곳들도, 모두 명승지이다.
【若】: …과 같은. 【虎丘】: [산이름] 虎丘山. 吳縣 서북쪽에 있으며, 吳王 闔閭의 무덤이 있다. 【劍池】: 虎丘山 위에 있는 연못. ※전설에 의하면 秦始皇이 동쪽 지역을 순시하다가 虎丘에 이르러 吳王 闔閭의 무덤에서 보검을 찾는데 호랑이

海內之奇觀矣。5)

余同年友魏君用晦爲吳縣, 未及三年, 以高第召入爲給事中。6) 君之爲縣, 有惠愛, 百姓扳留之不能得, 而君亦不忍於其民, 由是好事者繪≪吳山圖≫以爲贈。7)

가 무덤 위에 쪼그리고 앉아 있어, 秦始皇이 검으로 호랑이를 찔렀으나 잘못 돌을 찔러, 검이 빠져 연못으로 변했다고 한다.【天平】: 天平山. 吳縣 서쪽에 있다. 산 정상이 평탄하고 넓으며 望湖臺가 있다.【尙方】: [산이름] 尙方山. 楞伽山이라고도 하며 吳縣 동북쪽에 있다.【支硎(xíng)】: [산이름] 支硎山. 오현 서남쪽에 있으며, 晉나라의 승려 支遁이 이곳에 은거했다.【勝地】: 명승지.

5) 而太湖汪洋三萬六千頃, 七十二峰沈浸其間, 則海內之奇觀矣。→ 그리고 太湖는 넓이가 무려 3만 6천 頃이나 되고, 72개의 봉우리가 그곳에 깊이 잠겨있는데, 그야말로 천하의 절경이라 할 수 있다.
【太湖】: 태호. 강소성과 절강성에 걸쳐 있는 호수 이름.【汪洋】: (물이) 넓은 모양.【頃(qǐng)】: [면적단위] 1경은 百畝, 약 2만 평.【沈浸(chén jìn)】: 깊이 잠기다.【海內】: 천하, 국내.【奇觀】: 기이한 경관, 절경.

6) 余同年友魏君用晦爲吳縣, 未及三年, 以高第召入爲給事中。→ 나와 같은 해 과거에 급제한 친구 魏用晦는 吳縣의 知縣으로 부임하여, 3년이 되지 않았지만, 높은 점수로 급제했기 때문에 부름을 받고 (조정에) 들어가 給事中이 되었다.
【同年】: 같은 해 과거에 급제한 사람, 과거 동기생.【魏君用晦(huì)】: [인명] 魏用晦. 귀유광의 친구라는 것 외에 생애 사적을 알 수 없다.「君」: [다른 사람에 대한 존칭].【爲吳縣】: 오현의 知縣으로 부임하다, 오현의 지현이 되다.【未及】: 아직 …에 이르지 않다.【以】: 因, …로 인해, …때문에.【高第】: 높은 점수로 급제하다, 우수한 성적으로 합격하다.【召入】: 부름을 받고 들어가다.【爲】: …이(가) 되다.【給(jǐ)事中】: [관직] 시종을 장악하여 바르게 간하고, 六部의 관리들을 감찰하는 직책.

7) 君之爲縣, 有惠愛, 百姓扳留之不能得, 而君亦不忍於其民, 由是好事者繪≪吳山圖≫以爲贈。→ 위용회는 오현의 縣令으로 있으면서, 백성들을 사랑하고 은혜를 베풀어, 백성들이 (그가 떠나는 것을) 만류했으나 뜻을 이룰 수 없었고, 위용회 또한 차마 그곳 백성들과 헤어지는 것을 매우 아쉬워했다. 그리하여 어느 호사자가 ≪吳山圖≫를 그려 그에게 선물했다.
【惠愛】: 은혜를 베풀고 아끼다.【扳(bān)留】: 만류하다.【不忍於其民】: 차마 그곳 백성들과 헤어지기를 아쉬워하다.【由是】: 이에, 이로 말미암아, 그리하여.【好事者】: 일을 벌이기 좋아하는 사람.【繪(huì)】: (그림을) 그리다.【以爲】: 以

夫令之於民，誠重矣。令誠賢也，其地之山川草木亦被其澤而有榮也;[8] 令誠不賢也，其地之山川草木亦被其殃而有辱也。君於吳之山川，蓋增重矣。[9] 異時吾民將擇勝於巖巒之間，尸祝於浮屠、老子之宮也，固宜。[10] 而君則亦既去矣，何復惓惓於此山哉?[11] 昔蘇子瞻稱韓魏公去黃州四十餘年，而思之不忘，至以爲思黃州詩，子瞻爲黃人刻之於石。[12] 然後知賢者於其所至，不獨

(之)爲, 이를 …로 삼다.

8) 夫令之於民, 誠重矣。令誠賢也, 其地之山川草木亦被其澤而有榮也; → 무릇 현령은 백성들에 대해, 실로 중요하다. 현령이 실로 현명하면, 그곳의 산천초목들도 그의 혜택을 받아 광채가 나고;

【夫】: [발어사] 대저, 무릇. 【令】: 縣令, 즉 知縣. 【誠】: 실로, 확실히. 【賢】: 현명하다, 훌륭하다. 【被】: 받다, 입다, 당하다. 【澤(zé)】: 혜택. 【有榮】: 빛이 나다, 광택이 있다.

9) 令誠不賢也, 其地之山川草木亦被其殃而有辱也。 君於吳之山川, 蓋增重矣。→ 현령이 실로 현명하지 못하면, 그곳의 산천초목들도 역시 그 재앙을 입어 치욕을 느낀다. 위용회는 오현의 산천에 대해, 많은 광택을 더했다.

【殃(yāng)】: 재앙. 【有辱(rǔ)】: 치욕을 느끼다. 【蓋】: [어기사] 앞의 말을 이어 받아 이유나 원인을 나타낸다. 【增(zēng)重】: 많은 광택을 더하다.

10) 異時吾民將擇勝於巖巒之間, 尸祝於浮屠、老子之宮也, 固宜。→ 훗날 우리 백성들이 바위산 속에서 아름다운 곳을 골라, 佛家의 사찰이나 老子의 道觀에 신위를 설치하여 제사를 지내려 한 것은, 물론 당연한 일이다.

【異時】: 다른 날. 여기서는 「이후, 훗날」을 가리킨다. 【將】: (장차) …하려 하다. 【擇勝】: 아름다운 곳을 고르다. 【巖巒(yán luán)】: 바위 산. 【尸祝】: [동사용법] 神位를 설치하여 제사를 지내다. 「尸」: 귀신을 대신하여 祭享을 받는 사람. 「祝」: 귀신의 말을 전하는 사람. 【浮屠(fú tú)】: [범어의 음역] 불타, 불교. 【老子】: 춘추시대 사람으로 성은 李, 이름은 耳, 또는 성명을 老聃이라고도 하며, 道家의 시조이다. 【宮】: 건물. 여기서는 「사찰 · 道觀」을 가리킨다. 【固】: 물론. 【宜】: 당연하다.

11) 而君則亦既去矣, 何復惓惓於此山哉? → 그러나 위용회는 이미 (오현을) 떠났는데, 어째서 다시 이 산천을 잊지 못해 연연하는가?

【去】: 떠나다. 【惓(quán)惓】: 잊지 못해 연연하다, 생각하며 잊지 못하다.

12) 昔蘇子瞻稱韓魏公去黃州四十餘年, 而思之不忘, 至以爲思黃州詩, 子瞻爲黃人刻之於石。

使其人之不忍忘而已，亦不能自忘於其人也![13]

君今去縣已三年矣。一日，與余同在內庭，出示此圖，展玩太息，因命余記之。[14] 噫! 君之於吾吳，有情如此，如之何而使吾民能忘之也![15]

→ 옛날 蘇軾은 韓魏公이 黃州를 떠나 40년이 되었어도, 황주를 생각하며 잊지 못하고, 심지어 황주를 생각하는 시를 지었다고 칭찬했는데, 소식은 황주 사람들을 위해 그 시를 돌에 새겨 놓았다.

【蘇子瞻】: [인명] 蘇軾. 자는 子瞻, 호는 東坡. 北宋의 저명한 문인이며, 唐宋八大家의 한 사람. 【稱(chēng)】: 칭찬하다, 찬양하다. 【韓魏公】: 韓琦. 宋仁宗 때 재상을 지내 魏國公에 봉해졌다. 【黃州】: 지금의 호북성 黃岡縣. 【至以】: 심지어. 【刻】: 새기다.

13) 然後知賢者於其所至, 不獨使其人之不忍忘而已, 亦不能自忘於其人也! → 나는 그런 다음에야 (비로소) 현인은 자신이 갔던 곳에 대해, 다만 그곳 사람들로 하여금 차마 (자신을) 잊지 못하게 할 뿐만 아니라, 또한 자신도 그곳 사람들을 잊지 못한다는 것을 알았다.

【獨】: 다만. 【不忍】: 차마 …하지 못하다. 【而已】: …뿐.

14) 君今去縣已三年矣。一日, 與余同在內庭, 出示此圖, 展玩太息, 因命余記之。→ 위용회는 이제 오현을 떠난 지 3년이 되었다. 하루는, 나와 함께 궁정에 있는데, 이 그림을 꺼내 나에게 보여 주고, 감상하며 탄식했다. 그리하여 나에게 이 일을 기록해 달라고 부탁했다.

【去】: 떠나다. 【內庭】: 궁정. 【出示】: 꺼내 보여 주다. 【展玩】: 감상하다, 완상하다. 【太息】: 탄식하다, 한숨 쉬다. 【因】: 그리하여. 【命】: 명하다. 여기서는 「부탁하다」의 뜻. 【之】: [대명사] 그것, 그 일, 즉 ≪吳山圖≫에 관한 일.

15) 噫! 君之於吾吳, 有情如此, 如之何而使吾民能忘之也! → 아! 위용회가 우리 오현에 대해, 이처럼 정이 있으니, 어떻게 우리 백성들로 하여금 그를 잊도록 할 수 있겠는가!

【噫(yī)】: [감탄사] 아! 【如之何】: 어찌, 어떻게. 【使】: …로 하여금 …하도록 하다.

■ | 번역문

오산도(吳山圖)에 대해 적은 글

오현(吳縣)과 장주현(長洲縣) 두 현은 군(郡) 소재지에 함께 있는데 경계를 나누어 각기 관할하는 바의 현을 다스린다. 그리고 군 서쪽의 여러 산들은 모두 오현에 있다. 그 산들 가운데 가장 높은 것으로는 궁륭산(穹窿山)・양산(陽山)・등위산(鄧尉山)・서척산(西脊山)・동정산(銅井山) 등이 있다. 그리고 영암산(靈巖山)에는 오(吳)나라의 고궁(古宮)이 있었는데 아직도 서시(西施)의 유적이 남아 있다. 호구산(虎丘山)・검지(劍池)・천평산(天平山)・상방산(尙方山)・지형산(支硎山)과 같은 곳들도 모두 명승지이다. 그리고 태호(太湖)는 넓이가 무려 3만 6천 경(頃)이나 되고, 72개의 봉우리가 그곳에 깊이 잠겨있는데, 그야말로 천하의 절경이라 할 수 있다.

나와 같은 해 과거에 급제한 친구 위용회(魏用晦)는 오현(吳縣)의 지현(知縣)으로 부임하여 3년이 되지 않았지만, 높은 점수로 급제했기 때문에 부름을 받고 (조정에) 들어가 급사중(給事中)이 되었다. 위용회는 오현의 현령(縣令)으로 있으면서 백성들을 사랑하고 은혜를 베풀어, 백성들이 (그가 떠나는 것을) 만류했으나 뜻을 이룰 수 없었고, 위용회 또한 차마 그곳 백성들과 헤어지는 것을 매우 아쉬워했다. 그리하여 어느 호사자가 ≪오산도(吳山圖)≫를 그려 그에게 선물했다.

무릇 현령은 백성들에 대해 실로 중요하다. 현령이 실로 현명하면 그곳의 산천초목들도 그의 혜택을 받아 광채가 나고, 현령이 실로 현명하지 못하면 그곳의 산천초목들도 역시 그 재앙을 입어 치욕을 느낀다. 위용회는 오현의 산천에 대해 많은 광택을 더했다. 훗날 우리 백성들이 바위산 속에서 아름다운 곳을 골라 불가(佛家)의 사찰이나 노자(老子)의 도관(道觀)에 신위(神位)를 설치하여 제사를 지내려 한 것은 물론 당연한 일이다. 그러나 위용회는 이미 (오현을) 떠났는데 어째서 다시 이 산천을 잊지 못해 연연하는가? 옛날 소식(蘇軾)은 한위공(韓魏公)이 황주(黃州)를 떠나 40년이 되었어도 황주를 생각하며 잊지 못하고 심지어 황주를 생각하는 시를 지었다고 칭찬했는데, 소식은 황주 사람들을 위해 그 시를 돌에 새겨 놓았다. 나는 그런 다음에야 (비로소) 현인은 자신이 갔던 곳에 대해, 다만 그곳 사람들로 하여금 차마 (자신을) 잊지 못하게 할 뿐만 아니라 또한 자신도 그곳 사람들을 잊지 못한다는 것을 알았다.

위용회는 이제 오현을 떠난 지 3년이 되었다. 하루는 나와 함께 궁정에 있는데, 이 그림을 꺼내 나에게 보여 주고 감상하며 탄식했다. 그리하여 나에게 이 일을 기록해 달라고 부탁했다. 아! 위용회가 우리 오현에 대해 이처럼 정이 있으니, 어떻게 우리 백성들로 하여금 그를 잊도록 할 수 있겠는가!

■ | 해제(解題) 및 본문요지 설명

≪오산도(吳山圖)≫는 오현(吳縣)의 백성들이 오현의 지현(知縣)으로 부임했다가 떠난 작자의 친구 위용회(魏用晦)에게 선물한 한 폭의 산수화이다.

본문은 바로 작자가 이 그림을 통해 오현의 산수(山水)와 풍물·명승을 묘사하고, 아울러 위용회가 재임 시절 백성들과 맺은 잊을 수 없는 끈끈한 정을 생동감 있게 묘사한 것이다.

본문은 네 단락으로 나눌 수 있는데, 첫째 단락에서는 오현에 있는 여러 명산·고적에 대해 소개했고; 둘째 단락에서는 오현의 백성들이 ≪오산도≫를 그려 위용회에게 선물하게 된 경위를 말했고; 셋째 단락에서는 현령의 능력 여부에 따라 백성들뿐만 아니라 산천초목에 대해서도 영향을 준다는 것을 말했고; 마지막 단락에서는 작자 귀유광이 ≪오산도기(吳山圖記)≫를 쓰게 된 연유를 밝혔다.

218 창랑정기(滄浪亭記)

[明] 歸有光

■ | 작자

217. 오산도기(吳山圖記) 참조

■ | 원문 및 주석

滄浪亭記[1)]

浮圖文瑛居大雲庵, 環水, 即蘇子美滄浪亭之地也。[2)] 亟求余作≪滄浪亭記≫, 曰:「昔子美之記, 記亭之勝也; 請子記吾所

1) 滄浪亭記 → 滄浪亭에 대해 적은 글
【滄浪亭】: 지금의 강소성 蘇州市에 있는 정자 이름. ※본문 '해제(解題) 및 본문 요지 설명' 참조.

2) 浮圖文瑛居大雲庵, 環水, 即蘇子美滄浪亭之地也。→ 文瑛 스님은 大雲庵에 살고 있는데, 암자의 주위는 강물로 둘러싸여 있다. 이곳이 바로 蘇子美 滄浪亭의 유적지이다.
【浮(fú)圖】: [梵語의 음역] 불타, 화상, 불탑. 여기서는「화상, 승려」를 가리킨다. 【文瑛(yīng)】: [인명] 문영. ※생애 사적 未詳. 【大雲庵(ān)】: 암자 이름. 북송 蘇舜欽 滄浪亭의 유적지[지금의 강소성 吳縣]. 일명 結草庵이라고도 하며, 元 至正 연간에 善慶 스님이 지었다. 【環(huán)水】: 사방이 강물로 둘러싸이다. 【蘇子美】: [인명] 蘇舜欽. 자는 子美. 宋代의 시인. 한때 蘇州에 머물면서 滄浪亭을 짓고, ≪滄浪亭記≫를 써서 그 아름다운 경치를 묘사했다.

以爲亭者。」[3)]

余曰：「昔吳越有國時，廣陵王鎭吳中，治南園於子城之西南；其外戚孫承佑，亦治園於其偏。[4)] 迨淮海納土，此園不廢，蘇子美始建滄浪亭，最後禪者居之，此滄浪亭爲大雲庵也。[5)] 有庵以來二百年，文瑛尋古遺事，復子美之構於荒殘滅沒之餘，此大雲庵爲滄浪亭也。[6)] 夫古今之變，朝市改易。[7)] 嘗登姑蘇之臺，望五

3) 亟求余作≪滄浪亭記≫，曰：「昔子美之記，記亭之勝也；請子記吾所以爲亭者。」→(그는) 여러 차례 나에게 ≪滄浪亭記≫를 써달라고 청하며 말했다：「옛날 蘇子美의 ≪滄浪亭記≫는, 정자의 아름다운 경치를 기술했으니；청컨대 선생께서는 내가 창랑정을 복원한 연유를 써 주셨으면 합니다.」
【亟(qì)】：누차, 여러 차례. 【子】：당신, 그대. 【所以】：까닭, 이유, 연유.

4) 余曰：「昔吳越有國時，廣陵王鎭吳中，治南園於子城之西南；其外戚孫承佑，亦治園於其偏。→나는 이렇게 말했다：「옛날 吳越이 나라를 세울 때, 廣陵王은 吳中에 주둔하면서, 內城의 서남쪽에 정원을 조성했고；그의 외척 孫承佑도, 그 옆에 정원을 조성했습니다.
【吳越】：五代十國 중 十國의 하나로 錢鏐(907-932 재위)가 세운 나라. 지금의 강소성 서남쪽・절강성・복건성 동북 일대. 錢鏐는 唐末 臨安 사람으로 唐昭宗 때 鎭海鎭東軍節度使를 지냈는데, 당이 망하고 나서 절강성 및 강소성 일대를 점거하고, 907년 吳越王이 되어 杭州에 도읍을 정했다. 978년 宋太祖 趙匡胤에게 멸망했다. 【有國】：建國, 나라를 세우다. 【廣陵王】：오월왕 錢鏐의 아들 錢元璙. 廣陵郡王에 봉해졌다. 【鎭(zhèn)】：鎭守하다, 군대를 주둔시켜 지키다. 【吳中】：[지명] 지금의 강소성 蘇州. 【治】：조성하다, 건설하다. 【子城】：큰 성에 속한 작은 성, 內城. 【孫承佑】：[인명] 손승우. 五代十國時代 吳越王 錢鏐의 손자 錢俶(948-978 재위)의 장인. 【偏(piān)】：옆, 가.

5) 迨淮海納土，此園不廢，蘇子美始建滄浪亭，最後禪者居之，此滄浪亭爲大雲庵也。→吳越의 군주 錢俶이 영토를 (宋에) 바치고 귀순하여 淮海國王으로 봉해질 때까지, 이 정원은 없어지지 않았고, 소자미가 처음 (이곳에) 창랑정을 지었는데, 나중에 승려들이 이곳에 살아, 이 창랑정은 대운암으로 변했습니다.
【迨(dài)】：…에 이르기까지. 【淮海納土】：錢俶이 땅을 헌납하다. ※宋太宗 太平興國 3년(978)에 오월왕 錢俶이 영토를 宋에 바치고 귀순하여 宋이 전숙을 淮海國王으로 봉했다. 淮海는 錢俶을 가리킨다. 【始】：비로소, 처음으로. 【禪(chán)者】：불교도, 불자.

湖之渺茫，群山之蒼翠，太伯、虞仲之所建，闔閭、夫差之所爭，子胥、種、蠡之所經營，今皆無有矣，庵與亭何爲者哉?[8] 雖然，錢鏐因亂攘竊，保有吳越，國富兵强，垂及四世，諸子姻戚，乘時奢僭，宮館苑囿，極一時之盛；而子美之亭，乃爲釋子所欽重如此。[9]

---

6) 有庵以來二百年，文瑛尋古遺事，復子美之構於荒殘滅沒之餘，此大雲庵爲滄浪亭也。→ 대운암이 생겨난 이래 이백 년이 지나, 문영이 옛 유적지를 찾아, 황폐한 폐허 위에 소자미 때의 건축을 복원하여, 이 대운암은 다시 창랑정으로 변했습니다. 【尋(xún)】: 찾다, 탐방하다. 【復】: 복원하다. 【構】: 구조. 여기서는 「본래의 건축 구조」를 가리킨다. 【於】: [장소를 나타내는 개사] …에. 【荒殘滅沒】: 황폐하여 없어지다. 【…之餘】: …한 나머지. 여기서는 「…한 잔재, …한 폐허」를 뜻한다.

7) 夫古今之變，朝市改易。→ 대저 고금의 시대가 변하자, 조정과 저자도 바뀌었습니다. 【夫】: [발어사] 대저, 무릇. 【朝市】: 朝廷과 저자.

8) 嘗登姑蘇之臺，望五湖之渺茫，群山之蒼翠，太伯、虞仲之所建，闔閭、夫差之所爭，子胥、種、蠡之所經營，今皆無有矣，庵與亭何爲者哉? →(내가) 일찍이 姑蘇臺에 올라，五湖의 끝없이 넓은 모습과，여러 산들의 짙푸른 모습을 바라보니，太伯과 虞仲이 건립한 나라，闔閭와 夫差가 다투던 세력，伍子胥·文種·范蠡가 경영하던 사업이，이제 모두 사라졌는데，암자와 정자가 뭐 그리 대단한 것이겠습니까? 【姑蘇之臺】: 춘추시대 吳王 闔閭가 지은 누대. 지금의 강소성 蘇州市 姑蘇山에 있다. 【五湖】: 太湖 부근에 있는 모든 호수의 통칭. 【渺茫(miǎo máng)】: 끝없이 넓은 모양. 【蒼翠(cāng cuì)】: 짙푸르다, 검푸르다. 【太伯、虞仲】: [인명] 태백은 周太王의 장자, 우중은 차자인데, 太王이 어린 아들 季歷에게 왕위를 물려주려 하자, 태백과 우중이 南蠻지역으로 도망했다. 남만은 태백을 吳王으로 옹립하고, 태백이 죽은 후에는 우중이 그를 이어 왕위를 계승했다고 한다. 【闔閭(hé lǘ)】: 춘추시대 吳나라의 군주로 19년간(B.C.514-B.C.496) 재위했다. 【夫差】: [인명] 부차. 춘추시대 吳나라의 군주로 22년간(B.C.496-B.C.475) 재위했다. 【子胥】: [인명] 吳子胥. 춘추시대 楚나라 사람으로 吳王 夫差를 보좌하여 越나라를 정벌했다. 【種】: [인명] 文種. 춘추 말 越나라의 대부. 【蠡(lǐ)】: [인명] 范蠡. 춘추말 楚의 대부. 일찍이 越王을 보좌하여 吳를 정벌했다. 【何爲】: 뭐 그리 대단한가?

9) 雖然，錢鏐因亂攘竊，保有吳越，國富兵强，垂及四世，諸子姻戚，乘時奢僭，宮館苑囿，極一時之盛；而子美之亭，乃爲釋子所欽重如此。→ 비록 그렇기는 하지만，錢鏐는 전란을 틈타 권력을 탈취하여，吳越의 땅을 보유하고，국력을 부강하게 만들어，4대까지 이어갔으며，여러 자손과 인척들은，이 기회를 틈타 사치가 도를 넘어，궁

可以見士之欲垂名於千載之後, 不與其澌然而俱盡者, 則有在矣。」[10]

文瑛讀書, 喜詩, 與吾徒游, 呼之爲滄浪僧云。[11]

■ | 번역문

창랑정(滄浪亭)에 대해 적은 글

문영(文瑛) 스님은 대운암(大雲庵)에 살고 있는데 암자의 주위는 강물로 둘러싸여 있다. 이곳이 바로 소자미(蘇子美) 창랑정(滄浪亭)의 유적지이다. (그는) 여러 차례 나에게 ≪창랑정기(滄浪亭記)≫를 써달라고 청하며 말했다 : 「옛날 소자미의 ≪창랑정기≫는 정자의 아름다운 경치를 기술했으니, 청컨대 선생께서는 내가 창랑정을 복원한 연유를 써 주셨으면 합

궐과 정원의 건립이, 한때 매우 성행했습니다. 그러나 蘇子美의 정자는, 오히려 佛子들에 의해 이처럼 존중받고 있습니다.

【錢鏐(qián liú)】 : [인명] 전류. 오월의 군주. 주4) 참조. 【攘竊(rǎng qiè)】 : 탈취하다, 절취하다. 【垂(chuí)及…】 : …까지 이어가다. 【奢僭(shē jiàn)】 : 사치가 도를 넘다, 사치가 지나치다. 【宮館】 : 궁궐과 전각. 【苑囿(yuàn yòu)】 : 정원, 화원. 【乃】 : 오히려. 【釋(shì)子】 : 불자, 승려. 【爲…所…】 : [피동형] …에 의해 …되다. 【欽(qīn)重】 : 존중하다, 중시하다.

10) 可以見士之欲垂名於千載之後, 不與其澌然而俱盡者, 則有在矣。」 → (이로 미루어) 선비가 천추에 이름을 남기기를 원하고, 역사 사적과 더불어 소멸되어 함께 사라지지 않는 것은, 그럴 만한 이유가 존재한다는 것을 알 수 있습니다.」
【可以見】 : …을(를) 알 수 있다. 【垂(chuí)名】 : 이름을 남기다, 이름을 전하다. 【千載(zǎi)】 : 천년, 천추. 여기서는 「오랜 세월」을 말한다. 【其】 : [대명사] 그것, 즉 「역사 사적」. 【澌(sī)然】 : 얼음이 녹는 모습. 즉 「소멸」을 비유한 말. 【俱盡】 : 함께 사라지다. 【有在】 : 이유가 존재하다.

11) 文瑛讀書, 喜詩, 與吾徒游, 呼之爲滄浪僧云。 → 文瑛은 독서 방면에서, 시를 좋아하여, 우리들과 교유했는데, (우리는) 그를 「滄浪僧」이라 불렀다.
【吾徒】 : 우리들. 【游】 : 교유하다, 어울리다. 【呼之爲…】 : 그를 …라 부르다. 【云】 : [어조사].

니다.」

나는 이렇게 말했다 : 「옛날 오월(吳越)이 나라를 세울 때 광릉왕(廣陵王)은 오중(吳中)에 주둔하면서 내성(內城)의 서남쪽에 정원을 조성했고, 그의 외척 손승우(孫承佑)도 그 옆에 정원을 조성했습니다. 오월(吳越)의 군주 전숙(錢俶)이 영토를 송(宋)에 바치고 귀순하여 회해국왕(淮海國王)으로 봉해질 때까지 이 정원은 없어지지 않았고, 소자미가 처음 (이곳에) 창랑정을 지었는데, 나중에 승려들이 이곳에 살아 이 창랑정은 대운암(大雲庵)으로 변했습니다. 대운암이 생겨난 이래 이백 년이 지나 문영이 옛 유적지를 찾아 황폐한 폐허 위에 소자미 때의 건축을 복원하여, 이 대운암은 다시 창랑정으로 변했습니다. 대저 고금의 시대가 변하자 조정과 서자도 바뀌었습니다. (내가) 일찍이 고소대(姑蘇臺)에 올라 오호(五湖)의 끝없이 넓은 모습과 여러 산들의 짙푸른 모습을 바라보니, 태백(太伯)과 우중(虞仲)이 건립한 나라, 합려(闔閭)와 부차(夫差)가 다투던 세력, 오자서(伍子胥) · 문종(文種) · 범려(范蠡)가 경영하던 사업이 이제 모두 사라졌는데 암자와 정자가 뭐 그리 대단한 것이겠습니까? 비록 그렇기는 하지만, 전류(錢鏐)는 전란을 틈타 권력을 탈취하여 오월(吳越)의 땅을 보유하고 국력을 부강하게 만들어 4대까지 이어갔으며, 여러 자손과 인척들은 이 기회를 틈타 사치가 도를 넘어 궁궐과 정원의 건립이 한때 매우 성행했습니다. 그러나 소자미의 정자는 오히려 불자(佛子)들에 의해 이처럼 존중받고 있습니다. (이로 미루어) 선비가 천추에 이름을 남기기를 원하고 역사 사적과 더불어 소멸되어 함께 사라지지 않는 것은 그럴 만한 이유가 존재한다는 것을 알 수 있습니다.」

문영(文瑛)은 독서 방면에서 시를 좋아하여 우리들과 교유했는데 우리는 그를 「창랑승(滄浪僧)」이라 불렀다.

■ | 해제(解題) 및 본문요지 설명

창랑정(滄浪亭)은 지금의 강소성 소주시(蘇州市)에 있는 정자의 이름이다. 송대(宋代)의 시인 소순흠(蘇舜欽)이 처음 짓고 나서, 후세 사람들이 그 유적지에 대운암(大雲庵)을 지었는데, 명대(明代) 문영화상(文瑛和尙)이 또 이곳에 창랑정을 복원했다.

≪창랑정기(滄浪亭記)≫는 귀유광(歸有光)이 문영화상의 요청을 받아들여 새로 복원한 창랑정의 변천 과정과 복원 배경을 기술하고, 이를 빌려 역사에 대해 느낀 바를 펴낸 글이다.

본문은 다섯 단락으로 나눌 수 있는데, 첫째 단락에서는 ≪창랑정기≫를 쓴 이유와 아울러 본문의 요지를 기술했고; 둘째 단락에서는 창랑정의 역사와 변천 과정을 기술했으며; 셋째 단락에서는 부정적인 관점에서 오월(吳越)전쟁의 역사적 사실을 가지고 세상의 변화에 대한 감개를 서술하면서, 마치 창랑정의 복원이 불필요하고 아무 의미가 없다는 듯한 감정을 드러냈고; 넷째 단락에서는 다시 방향을 전환하여 화룡점정(畵龍點睛)의 수법으로 오월(吳越)의 흥망과 소순흠의 도덕·문장을 비교하여, 창랑정이 오래 남아 있는 까닭이 정자로 인해서가 아니라 사람이 영원불멸하기 때문이라는 설법으로 주제를 부각시키면서 소순흠에 대한 숭모의 정을 표현했고; 마지막 단락에서는 문영화상의 성품과 재학(才學)을 칭찬하는 한편, 소순흠을 경모하여 창랑정을 복원한 문영화상이 범상하지 않다는 것을 말했다.

219 청하선생문집서(青霞先生文集序)

[明] 茅坤

■ | 작자

모곤(茅坤 : 1512-1601)은 명(明) 귀안(歸安)[지금의 절강성 오흥현(吳興縣)] 사람으로 자는 순보(順甫), 호는 녹문(鹿門)이다. 세종(世宗) 가정(嘉靖) 17년(1538) 진사에 급제하여 대명병비부사(大名兵備副使)를 지냈으나 후에 시기하는 자의 중상모략으로 인해 관직을 그만두고 고향으로 돌아왔다.

모곤은 고문(古文)에 능하고 특히 당송(唐宋)의 문장을 좋아하여, 당(唐)의 한유(韓愈)·유종원(柳宗元)과 송(宋)의 구양수(歐陽脩)·소순(蘇洵)·소식(蘇軾)·소철(蘇轍)·증공(曾鞏)·왕안석(王安石) 등의 고문을 선집하여 ≪당송팔대가문초(唐宋八大家文鈔)≫를 편찬했다. 「당송팔대가(唐宋八大家)」라는 말은 이로부터 비롯되었다. 저서로 ≪모록문집(茅鹿門集)≫이 있다.

■ | 원문 및 주석

青霞先生文集序[1)]

<u>靑霞沈</u>君，由錦衣經歷上書詆宰執，宰執深疾之，方力構其罪，賴天子仁聖，特薄其譴，徙之塞上。[2)] 當是時，君之直諫之名滿天下。[3)]

已而君纍然攜妻子，出家塞上。[4)] 會北敵數內犯，而帥府以

---

1) 靑霞先生文集序 → 靑霞先生文集 序文

【靑霞先生】：沈鍊. 明 會稽[지금의 절강성 紹興] 사람으로 자는 順甫, 호는 靑霞山人이다. 世宗 嘉靖 17년(1588) 진사에 급제하여 錦衣衛經歷을 지냈는데 황제께 상소를 올려 재상 嚴嵩의 실책을 비난했다가 변방으로 유배된 후 살해되었다.

2) 靑霞沈君，由錦衣經歷上書詆宰執，宰執深疾之，方力構其罪，賴天子仁聖，特薄其譴，徙之塞上。→ 靑霞 沈鍊 선생이, 錦衣衛의 經歷 신분으로 상소를 올려 재상을 신랄하게 비난하자, 재상이 그를 매우 증오하여, 한창 힘을 다해 그의 죄를 날조하고 있을 때, 다행히 천자께서 인자하고 성스러워, 특별히 그의 죄과를 가볍게 하고, 그를 변방으로 유배 보냈다.

【靑霞(xiá)沈君】：沈鍊. 「君」：타인에 대한 존칭. 【由】：以, …로써, …의 신분으로. 【錦衣經歷】：錦衣衛의 經歷. 「錦衣」：禁衛軍錦衣衛의 약칭. 「經歷」：공문서의 출납을 맡은 직책. 【詆(dǐ)】：비방하다, 비난하다. 【宰執(zǎi zhí)】：재상. 재상이 나라의 권력을 잡고 있다는 의미에서 붙여진 명칭이다. 여기서는 「嚴嵩」을 가리킨다. 【疾(jí)】：미워하다, 증오하다. 【方】：한창 …할 때. 【構(gòu)】：날조하다, 꾸며대다. 【賴(lài)】：다행히. 【仁聖】：인자하고 성스럽다. 【薄(bó)】：[동사용법] 경감하다, 가볍게 하다. 【譴(qiǎn)】：죄과, 형벌. 【徙(xǐ)】：옮기다. 여기서는 「유배 보내다」의 뜻. 【塞(sài)上】：변방, 변경.

3) 當是時，君之直諫之名滿天下。→ 이때, 沈선생의 직간하는 명성은 천하에 널리 알려졌다.

【滿天下】：천하에 널리 알려지다.

4) 已而君纍然攜妻子，出家塞上。→ 얼마 후 沈선생은 지친 모습으로 처자식을 데리고, 집을 떠나 변방으로 이주했다.

【已而】：얼마 후, 곧이어. 【纍(léi)然】：피곤한 모양, 지친 모양. 【攜(xī)】：이끌다, 데리다.

下, 束手閉壘, 以恣敵之出沒, 不及飛一鏃以相抗。[5] 甚且及敵之退, 則割中土之戰沒者與野行者之馘以爲功。[6] 而父之哭其子, 妻之哭其夫, 兄之哭其弟者, 往往而是, 無所控籲。[7] 君旣上憤疆埸之日弛, 而又下痛諸將士之日菅刈我人民以蒙國家也。[8] 數嗚咽欷歔, 而以其所憂鬱發之於詩歌文章, 以泄其懷; 卽集中所載諸什是也。[9]

---

5) 會北敵數內犯, 而帥府以下, 束手閉壘, 以恣敵之出沒, 不及飛一鏃以相抗。→ 마침 북쪽의 적들이 여러 차례 침입해 들어왔는데, 최고사령부 이하 모든 관리들은, 속수무책으로 성채를 굳게 닫고, 적들이 마음대로 출몰하도록 내맡겨 둔 채, 한 촉의 화살을 날려 저항하는 상황에도 이르지 못했다.
【會】: 마침, 공교롭게도. 【北敵】: 지금의 내몽고 일대에 살고 있던 몽고족. 【內犯】: 침범하다, 침입해 들어오다. 【帥府】: 군사령부. 【束手】: 속수무책. 【閉(bì)】: 닫다, 잠그다. 【壘(lěi)】: 보루, 진지, 성채. 【恣(zì)】: 마음대로 하도록 내맡기다. 【不及】: …에 이르지 못하다. 【鏃(zú)】: 화살촉. 【相抗】: 저항하다.

6) 甚且及敵之退, 則割中土之戰沒者與野行者之馘以爲功。→ 심지어 적들이 물러가고 나면, 中原의 전몰자나 야외에서 나다니는 사람들의 왼쪽 귀를 잘라다가 이를 (자신의) 공적으로 삼았다.
【甚(shèn)且】: 심지어. 【割(gē)】: 베다, 자르다. 【中土】: 中原. 【馘(guó)】: 옛날 전쟁에서 적의 왼쪽 귀를 잘라 공훈으로 삼은 것. 여기서는 「죽은 사람의 왼쪽 귀」를 말한다. 【以爲…】: 以(之)爲…, 이를 …로 삼다.

7) 而父之哭其子, 妻之哭其夫, 兄之哭其弟者, 往往而是, 無所控籲。→ 그리하여 아버지가 아들의 일로 울고, 아내가 남편의 일로 울고, 형이 동생의 일로 우는 사람들이, 도처에 많았지만, 고발하고 호소할 곳이 없었다.
【往往而是】: 흔하다, 매우 많다. 【控籲(kòng yù)】: 고발하고 호소하다.

8) 君旣上憤疆埸之日弛, 而又下痛諸將士之日菅刈我人民以蒙國家也。→ 沈선생은 이미 위로는 변경의 방위가 날로 허술해지는 것에 대해 분개했고; 아래로는 여러 장수와 병졸들이 날로 백성들을 잔혹하게 해쳐 조정을 속이는 것에 대해 마음아파 했다.
【憤(fèn)】: 분개하다, 격분하다. 【疆埸(jiāng yì)】: 변경, 변방. 여기서는 「변경의 방위」를 의미한다. 【弛(chí)】: 허술해지다, 느슨해지다. 【將(jiàng)士】: 장수와 병졸의 통칭. 【菅刈(jiān yì)】: 잔혹하게 해치다. 【蒙(méng)】: 속이다, 기만하다. 【國家】: 朝廷.

君故以直諫爲重於時，而其所著爲詩歌文章，又多所譏刺，稍稍傳播，上下震恐，始出死力相煽構，而君之禍作矣。10) 君旣沒，而一時閫寄所相與讒君者，尋且坐罪罷去。11) 又未幾，故宰執之仇君者亦報罷。12) 而君之門人給諫兪君，於是裒輯其生平所著若干卷，刻而傳之。而其子以敬，來請予序之首簡。13)

---

9) 數嗚咽欷歔，而以其所憂鬱發之於詩歌文章，以泄其懷；卽集中所載諸什是也。→ 여러 차례 오열하고 탄식하며, 그 우울한 마음을 詩歌와 문장으로 펴내어, 자신의 품은 생각을 발산했는데; 바로 문집 중에 기록한 여러 편의 작품들이 그것이다.
【數(shuò)】：[부사] 수차, 여러 차례.【嗚咽(wū yè)】：오열하다, 목메어 울다, 흐느껴 울다.【欷歔(xī xū)】：탄식하다.【發】：펴내다, 표출하다.【泄(xiè)】：발산하다.【懷(huái)】：품은 생각.【什(shí)】：篇.【是也】：그것이다.

10) 君故以直諫爲重於時，而其所著爲詩歌文章，又多所譏刺，稍稍傳播，上下震恐，始出死力相煽構，而君之禍作矣。→ 심선생은 본래 직간으로 인해 당시 사람들로부터 존중을 받았고, 그가 지은 시가와 문장 또한 대부분이 풍자하고 꾸짖는 것들로서, 점차 세상에 널리 전해지자, (이로 인해) 위아래가 벌벌 떨고 두려워하며, 사력을 다해 모함하고 죄를 날조하기 시작하여, (결국) 심선생에게 재앙이 발생하고 말았다.
【故】：본래.【以】：因, …으로 인해.【爲重】：존중을 받다.【多】：대부분, 거의.【著爲】：짓다, 쓰다.【譏刺(jī cì)】：풍자하고 꾸짖다.【稍(shāo)稍】：점차, 점점.【震恐(zhèn kǒng)】：벌벌 떨며 두려워하다.【煽構(shān gòu)】：모함하고 죄를 날조하다.【禍作】：재앙이 발생하다.

11) 君旣沒，而一時閫寄所相與讒君者，尋且坐罪罷去。→ 심선생이 세상을 떠난 뒤, 한때 병권을 장악하고 서로 더불어 선생을 참소했던 자들이, 얼마 후 죄에 연루되어 파직되었다.
【沒(mò)】：죽다.【閫(kǔn)寄】：兵權을 장악하다.【相與】：서로 더불어, 서로 함께.【讒(chán)】：참소하다.【尋(xún)】：얼마 후.【且】：또한.【坐罪】：죄에 연루되다.【罷(bà)去】：파직되다, 면직되다.

12) 又未幾，故宰執之仇君者亦報罷。→ 또 얼마 안 가서, 전에 재상으로써 선생을 원수처럼 여겼던 자도 역시 면직되었다.
【未幾】：얼마 안 되어.【故】：이전, 이전의.【仇】：원수처럼 여기다.【報罷】：파직되다, 면직되다.

13) 而君之門人給諫兪君，於是裒輯其生平所著若干卷，刻而傳之。而其子以敬，來請予序之首簡。→ 심선생의 제자 兪君이, 이에 선생께서 평생 지은 작품들을 모아, 출간

茅子受讀而題之曰：「若君者，非古之志士之遺乎哉?[14] 孔子刪≪詩≫，自≪小弁≫之怨親，≪巷伯≫之刺讒以下，其忠臣、寡婦、幽人、懟士之什，並列之爲風，疏之爲雅，不可勝數。豈皆古之中聲也哉?[15] 然孔子不遽遺之者，特憫其人，矜其志，猶曰『發乎情，止乎禮義』、『言之者無罪，聞之者足以爲戒』焉耳![16]

하여 세상에 전했다. 그리고 그의 아들 以敬이, 나를 찾아와 책머리에 붙일 序文을 써 달라고 청했다.

【給諫(jǐ jiàn)】：給事中과 諫議大夫의 합칭. ※잘못을 바로 잡고 규간하던 직책. 【俞君】：생애 사적 未詳. 【於是】：이에, 그리하여. 【裒輯(póu jí)】：모으다, 수집하다. 【若干卷】：얼마 분량의 작품. 【刻】：출간하다, 인쇄하다. 【首簡】：권두, 책의 첫 장, 책머리.

14) 茅子受讀而題之曰：「若君者，非古之志士之遺乎哉? → 나는 (문집을) 받아 읽고 다음과 같이 썼다：「선생과 같은 분이야말로, 바로 옛날 志士의 후계자가 아니겠는가?

【茅子】：茅坤의 자칭. 【題】：적다, 쓰다. 【志士】：큰 뜻을 품은 사람. 【遺(yí)】：유품. 여기서는 「후계자」를 가리킨다.

15) 孔子刪≪詩≫，自≪小弁≫之怨親，≪巷伯≫之刺讒以下，其忠臣、寡婦、幽人、懟士之什，並列之爲風，疏之爲雅，不可勝數。豈皆古之中聲也哉? → 孔子가 ≪詩經≫을 정리할 때, 부친을 원망한 ≪小弁≫詩로부터, 참소를 풍자한 ≪巷伯≫詩 이하, 충신·과부·은사·원한을 품은 선비의 시편들은, 國風에 함께 분류해 넣었거나, 雅에 분류해 넣은 것들이, 셀 수 없이 많았다. 어찌 모두가 다 옛날의 中聲이겠는가?

【刪(shān)】：삭제하다. 즉 「정리하다」. 【≪詩≫】：≪詩經≫. 【≪小弁(pán)≫】：소반. ≪詩經·小雅≫의 편명. ※趙岐는 이를 尹吉甫의 아들 伯奇가 지은 것이라 했다. 즉, 윤길보가 후처에 현혹되어 전처 소생의 아들 백기를 내쫓자 백기가 슬퍼하고 원망하며 이 시를 지었다는 것이다. 【怨(yuàn)】：원망하다. 【≪巷伯≫】：≪詩經·小雅≫의 편명. 【刺讒(cì chán)】：참소를 풍자하다. 【幽(yōu)人】：은거하는 사람, 은사. 【懟(duì)士】：원한을 품은 선비. 「懟」：원한. 【並列】：병렬하다, 함께 늘어놓다. 【疏(shū)】：疏開하다, 분산시키다, 분류해 넣다. 【不可勝數】：셀 수 없이 많다. 【中聲】：음률에 맞는 시. ※「바르고 온화한 소리」라고 해석한 경우도 있다. 【也哉】：의문·반문·감탄을 나타내는 복합문미조사.

16) 然孔子不遽遺之者，特憫其人，矜其志，猶曰『發乎情，止乎禮義』、『言之者無罪，聞之者足以爲戒』焉耳! → 그러나 孔子가 이를 서둘러 버리지 않은 것은, 다만 그들을

予嘗按次春秋以來，屈原之騷疑於怨，伍胥之諫疑於脅，賈誼之疏疑於激，叔夜之詩疑於憤，劉蕡之對疑於亢。[17)]然推孔子删≪詩≫之旨而裒次之，當亦未必無錄之者。[18)] 君旣沒，而海內之薦紳大夫，至今言及君，無不酸鼻而流涕。[19)] 嗚呼! 集中所載

불쌍히 여기고, 그들의 뜻을 동정한 것이었는데, 그래도 공자는 :『감정에서 표현되어 나오지만, 예의규범을 벗어나지 않았다』『말하는 사람은 죄됨이 없고, 듣는 사람은 족히 경계하는 마음을 갖게 된다.』라고 말했을 뿐이다.
※인용한 말은 ≪詩經・周南・關雎≫ 毛詩序에 보인다.
【遽(jù)】: 황급히, 서둘러. 【遺(yí)】: 버리다. 【特】: 다만. 【憫(mǐn)】: 불쌍히 여기다. 【其人】: 그들, 즉「참소를 받아 피해를 입은 사람들」. 【矜(jīn)】: 동정하다, 가엽게 여기다. 【焉耳】: [복합어조사] …뿐.

17) 予嘗按次春秋以來, 屈原之騷疑於怨, 伍胥之諫疑於脅, 賈誼之疏疑於激, 叔夜之詩疑於憤, 劉蕡之對疑於亢。→ 내가 일찍이 春秋 이래의 작품을 차례대로 살펴보니, 屈原의 ≪離騷≫는 원망에 가깝고, 伍子胥의 諫言은 협박에 가깝고, 賈誼의 상소는 격분에 가깝고, 叔夜의 시는 울분에 가깝고, 劉蕡의 대책은 오만에 가까웠다.
【按次】: 차례대로, 순서에 따라. 【屈原】: [인명] 굴원. 이름은 平, 자는 原이며, 전국시대 楚나라의 시인. 일찍이 楚懷王의 左徒를 지냈으나 후에 시기하는 사람의 참소로 인해 조정에서 쫓겨나 유랑하다가 汨羅水에 몸을 던져 죽었다. ≪離騷≫를 비롯하여 많은 시를 남겼다. 【騷(sāo)】: ≪離騷≫. 【疑】: 마치 …와(과) 흡사하다, …에 가깝다. 【怨】: 원망(하다). 【伍胥(wǔ xū)】: [인명] 伍子胥. 이름은 原, 자는 子胥. 춘추시대 吳나라의 대부. 【諫(jiàn)】: 諫言. 【脅(xié)】: 협박(하다). 【賈誼(jiǎ yì)】: [인명] 가의. 西漢의 저명한 사상가이자 문인. 일찍이 상소를 올려 제후들의 세력을 약화시키고 흉노의 침략에 대항할 것을 제안했다. 【疏(shū)】: 上疏. 【激(jī)】: 격분(하다). 【叔夜】: [인명] 嵇康. 자는 叔夜. 魏末晉初의 문인으로, 竹林七賢의 한 사람. 【憤(fèn)】: 울분(하다), 분개(하다). 【劉蕡(liú fén)】: [인명] 유분. 자는 玄華. 唐文宗 大和 2년(828) 賢良方正科의 對策 시험에서 환관의 정치적 폐단을 맹렬히 비난했다가 환관들의 방해로 시험에 낙방했다. 【對】: 對策. 【亢(kàng)】: 오만(하다), 거만(하다).

18) 然推孔子删≪詩≫之旨而裒次之, 當亦未必無錄之者。→ 그러나 공자가 ≪시경≫을 정리한 취지에 따라 (작품을) 모아 편찬한다 해도, 당연히 또한 (이들의 작품이) 반드시 수록되지 못하는 것은 아니다.
【推】: …에 따라, …에 의거하여. 【裒(póu)次】: 모아서 편찬하다. 【未必】: 꼭 …한 것은 아니다, 반드시 …라고 할 수는 없다.

≪鳴劍≫、≪籌邊≫諸什，試令後之人讀之，其足以寒賊臣之膽，而躍塞垣戰士之馬，而作之愾也固矣。[20] 他日，國家采風者之使出而覽觀焉，其能遺之也乎? 予謹識之。[21] 至於文詞之工不工，及當古作者之旨與否，非所以論君之大者也，予故不著。」[22]

---

19) 君旣沒，而海內之薦紳大夫，至今言及君，無不酸鼻而流涕。→ 선생이 세상을 떠난 뒤, 온 나라의 관료 사대부들은, 지금까지도 선생을 언급하면, 코가 시큰하여 눈물을 흘리지 않는 사람이 없다.

【沒(mò)】: 죽다. 【海內】: 전국, 온 나라, 천하. 【薦紳(jiàn shēn)大夫】: 관료 사대부. 「薦紳」: 搢紳. 본래는 옛날 관리들이 의식 때 허리에 띠를 매던 것이었으나, 후에 벼슬아치를 일컫는 호칭으로 변했다. 「大夫」: 사대부. 【酸鼻(suān bí)】: 코가 시큰하다. 【流涕(tì)】: 눈물을 흘리다.

20) 嗚呼! 集中所載≪鳴劍≫、≪籌邊≫諸什，試令後之人讀之，其足以寒賊臣之膽，而躍塞垣戰士之馬，而作之愾也固矣。→ 아! 문집 중에 실려 있는 ≪鳴劍≫·≪籌邊≫ 등 여러 편을, 시험 삼아 후세 사람들에게 읽게 한다면, 족히 간신배들의 간담을 서늘하게 하고, 변방 전사들의 말을 뛰어오르게 하고, 그들의 적개심을 일게 하는 것은 의심할 여지가 없다.

【嗚呼!】: [감탄사] 아! 【載(zài)】: 싣다, 실리다. 【諸什(shí)】: 여러 편. 「什」: 篇. 【試令】: 시험삼아 …하게 하다. 【足以】: 족히 …할 수 있다, …하기에 충분하다. 【寒】: [사동용법] 서늘하게 하다. 【膽(dǎn)】: 간담. 【躍(yuè)】: [사동용법] 뛰게 하다. 【塞垣(sài yuán)】: 변방의 성벽. 여기서는 「변방」을 가리킨다. 【作之愾(kài)】: 그들의 적개심을 일게 하다. 【固】: 확실하다, 의심의 여지가 없다, 틀림없다.

21) 他日，國家采風者之使出而覽觀焉，其能遺之也乎? 予謹識之。→ 훗날, 나라의 采詩官이 파견되어 나와 이러한 작품을 보면, 어찌 그것들을 빠트릴 수 있겠는가? 내가 삼가 이러한 뜻을 여기에 적는다.

【采風者】: 采詩官. ※옛날 민간에서 詩를 채집하는 일을 맡은 하급 관리. 【使出】: 파견되어 나오다. 【覽觀(lǎn guān)】: 보다. 【其】: 豈, 어찌. 【遺(yí)】: 누락시키다, 빠트리다. 【謹(jǐn)】: 삼가, 신중히. 【識(zhì)】: 記, 기록하다.

22) 至於文詞之工不工，及當古作者之旨與否，非所以論君之大者也，予故不著。」→ 문장의 정교 여부와, 옛 작가들의 취지에 부합하는가의 여부는, 이로써 선생을 논평하는 중요한 사항이 아니기 때문에, 그래서 내가 기술하지 않는다.」

【至於】: …로 말하면, …로 말할 것 같으면, …에 관해서는. ※화제를 바꿀 때 사용한다. 【文詞】: 문장. 【工】: 精巧하다. 【及】: …과(와), 및. 【當】: 합당하다,

■ | 번역문

청하선생문집(青霞先生文集) 서문(序文)

청하(青霞) 심련(沈鍊) 선생이 금의위(錦衣衛)의 경력(經歷) 신분으로 상소를 올려 재상을 신랄하게 비난하자, 재상이 그를 매우 증오하여 한창 힘을 다해 그의 죄를 날조하고 있을 때, 다행히 천자께서 인자하고 성스러워 특별히 그의 죄과를 가볍게 하고 그를 변방으로 유배 보냈다. 이때 심선생의 직간하는 명성은 천하에 널리 알려졌다.

얼마 후 심선생은 지친 모습으로 처자식을 데리고 집을 떠나 변방으로 이주했다. 마침 북쪽의 적들이 여러 차례 침입해 들어왔는데, 최고 사령부 이하 모든 관리들은 속수무책으로 성채를 굳게 닫고 적들이 마음대로 출몰하도록 내맡겨 둔 채, 한 촉의 화살을 날려 저항하는 상황에도 이르지 못했다. 심지어 적들이 물러가고 나면, 중원(中原)의 전몰자나 야외에서 나다니는 사람들의 왼쪽 귀를 잘라다가 이를 (자신의) 공적으로 삼았다. 그리하여 아버지가 아들의 일로 울고 아내가 남편의 일로 울고 형이 동생의 일로 우는 사람들이 도처에 많았지만, 고발하고 호소할 곳이 없었다. 심선생은 이미 위로는 변경의 방위가 날로 허술해지는 것에 대해 분개했고, 아래로는 여러 장수와 병졸들이 날로 백성들을 잔혹하게 해쳐 조정을 속이는 것에 대해 마음아파 했다. 여러 차례 오열하고 탄식하며 그 우울한 마음을 시가(詩歌)와 문장으로 펴내어 자신의 품은 생각을 발산했는데, 바로 문집 중에 기록한 여러 편의 작품들이 그것이다.

부합하다. 【所以】: 以之, 이로써. 【大者】: 중요한 사항. 【著(zhù)】: 기술하다.

심선생은 본래 직간으로 인해 당시 사람들로부터 존중을 받았고, 그가 지은 시가(詩歌)와 문장 또한 대부분이 풍자하고 꾸짖는 것들로서, 점차 세상에 널리 전해지자 (이로 인해) 위아래가 벌벌 떨고 두려워하며 사력을 다해 모함하고 죄를 날조하기 시작하여, (결국) 심선생에게 재앙이 발생하고 말았다. 심선생이 세상을 떠난 뒤, 한때 병권을 장악하고 서로 더불어 선생을 참소했던 자들이 얼마 후 죄에 연루되어 파직되었다. 또 얼마 안 가서 전에 재상으로써 선생을 원수처럼 여겼던 자도 역시 면직되었다. 심선생의 제자 유군(兪君)이, 이에 선생께서 평생 지은 작품들을 모아 출간하여 세상에 전했다. 그리고 그의 아들 이경(以敬)이 나를 찾아와 책머리에 붙일 서문(序文)을 써 달라고 청했다.

나는 (문집을) 받아 읽고 다음과 같이 썼다 :「선생과 같은 분이야말로 바로 옛날 지사(志士)의 후계자가 아니겠는가? 공자(孔子)가 ≪시경(詩經)≫을 정리할 때, 부친을 원망한 ≪소반(小弁)≫시로부터 참소를 풍자한 ≪항백(巷伯)≫시 이하, 충신·과부·은사·원한을 품은 선비의 시편들은, 국풍(國風)에 함께 분류해 넣었거나 아(雅)에 분류해 넣은 것들이 셀 수 없이 많았다. 어찌 모두가 다 옛날의 중성(中聲)이겠는가? 그러나 공자가 이를 서둘러 버리지 않은 것은, 다만 그들을 불쌍히 여기고 그들의 뜻을 동정한 것이었는데, 그래도 공자는 :『감정에서 표현되어 나오지만, 예의규범을 벗어나지 않았다』『말하는 사람은 죄됨이 없고, 듣는 사람은 족히 경계하는 마음을 갖게 된다.』라고 말했을 뿐이다. 내가 일찍이 춘추(春秋) 이래의 작품을 차례대로 살펴보니, 굴원(屈原)의 ≪이소(離騷)≫는 원망에 가깝고, 오자서(伍子胥)의 간언(諫言)은 협박에 가깝고, 가의(賈誼)의 상소는 격분에 가깝고, 숙야(叔夜)의 시는 울분에 가깝고, 유분(劉蕡)의 대책(對策)은 오만에 가까웠다. 그러나 공자가 ≪시경≫

을 정리한 취지에 따라 (작품을) 모아 편찬한다 해도, 당연히 또한 (이들의 작품이) 반드시 수록되지 못하는 것은 아니다. 선생이 세상을 떠난 뒤, 온 나라의 관료 사대부들은 지금까지도 선생을 언급하면 코가 시큰하여 눈물을 흘리지 않는 사람이 없다. 아! 문집 중에 실려 있는 ≪명검(鳴劍)≫·≪주변(籌邊)≫ 등 여러 편을 시험 삼아 후세 사람들에게 읽게 한다면, 족히 간신배들의 간담을 서늘하게 하고, 변방 전사들의 말을 뛰어오르게 하고, 그들의 적개심을 일게 하는 것은 의심할 여지가 없다. 훗날 나라의 채시관(采詩官)이 파견되어 나와 이러한 작품을 보면 어찌 그것들을 빠트릴 수 있겠는가? 내가 삼가 이러한 뜻을 여기에 적는다. 문장의 정교(精巧) 여부와 옛 작가들의 취지에 부합하는가의 여부는, 선생을 논평하는 중요한 사항이 아니기 때문에, 그래서 내가 기술하지 않는다.」

■ | 해제(解題) 및 본문요지 설명

본문은 작자가 심련(沈鍊)의 시문집(詩文集)인 ≪청하선생문집(青霞先生文集)≫을 위해 쓴 서문(序文)이다.

본문은 네 단락으로 나눌 수 있는데, 첫째·둘째 단락에서는 심련의 생애와 아울러 그가 발분하여 시문을 지었다가 마침내 재앙을 당하게 된 전말을 소개했고; 셋째 단락에서는 그의 시문의 전래와 편찬에 대한 경과를 기술했고; 마지막 단락에서는 심련의 시문이 옛사람들의 취지에 부합하기 때문에 족히 후세 사람들에게 득실을 살필 수 있는 자료로 제공될 수 있다는 것을 말했다.

작자 모곤(茅坤) 역시 정치적 실의를 경험했기 때문에 자기보다 더욱 불행을 당한 심련을 매우 동정하면서 그의 인격을 존숭하고, 특히 심련의 생애에서 가장 대표적인 일단의 소개를 통해 문집의 유래와 작품의 풍격을 설명하고, 그가 과감히 직언하고 악행(惡行)을 원수처럼 미워하며 나라와 백성을 걱정했던 고귀한 정신을 높이 찬양했다.

220 인상여완벽귀조론(藺相如完璧歸趙論)

[明] 王世貞

■ | 작자

왕세정(王世貞 : 1526-1590)은 명(明) 태창(太倉)[지금의 강소성 태창현(太倉縣)] 사람으로 자는 원미(元美), 호는 봉주(鳳洲), 별호는 엄주산인(弇州山人)이다. 세종(世宗) 가정(嘉靖) 28년(1547) 진사에 급제한 후, 남경형부상서(南京刑部尙書)를 지냈다. 그는 고문(古文)에 능하여 이반룡(李攀龍)·사진(謝榛)·종신(宗臣)·양유예(梁有譽)·서중행(徐中行)·오국륜(吳國倫) 등과 더불어 후칠자(後七子)라 불리었으며, 전칠자(前七子)의 뒤를 이어 진·한(秦·漢)의 문장과 성당(盛唐)의 시를 주창했는데, 실제로는 이반룡과 왕세정 두 사람이 중심인물이었다. 이반룡이 세상을 떠난 뒤에는 왕세정이 홀로 20년 동안 문단을 이끌었다. 그러나 그도 만년에는 복고(復古)와 모방의 외길이 결코 문단에 좋지 않은 영향을 줄 수 있다는 점을 깨달아 점차 복고 주장을 고집하지 않았다. 저서로 ≪엄주산인사부고(弇州山人四部稿)≫·≪엄주산인사부속고(弇州山人四部續稿)≫ 등이 있다.

■ | 원문 및 주석

藺相如完璧歸趙論[1]

藺相如之完璧, 人皆稱之, 予未敢以爲信也。[2] 夫秦以十五城之空名, 詐趙而脅其璧。是時言取璧者, 情也, 非欲以窺趙也。[3] 趙得其情則弗予, 不得其情則予; 得其情而畏之則予, 得其情而弗畏之則弗予。[4] 此兩言決耳, 奈之何既畏而復挑其怒也?[5]

---

1) 藺相如完璧歸趙論 → 藺相如가 벽옥을 보전하여 趙나라로 귀환한 것에 대해 논한 글

【藺(lìn)相如】: [인명] 인상여. 전국시대 趙나라 사람. 【完】: 보전하다. 【璧】: 벽옥, 華氏璧. 【歸趙】: 趙나라로 귀환하다.

2) 藺相如之完璧, 人皆稱之, 予未敢以爲信也。→ 藺相如가 벽옥을 보전하여 돌아온 것에 대해, 사람들은 모두 그를 칭찬하지만, 나는 감히 믿을 만한 것이라 여기지 않는다.

【稱】: 칭찬하다. 【予】: 나. 【以爲】: …라 여기나, …라고 생각하다.

3) 夫秦以十五城之空名, 詐趙而脅其璧。是時言取璧者, 情也, 非欲以窺趙也。→ 대저 秦나라는 15개 城이란 거짓 명분으로, 趙나라를 속여 그 벽옥을 강제로 빼앗으려 했다. 이때 (진나라는) 벽옥을 취하려는 것이, 사실이며, 이로써 조나라를 정탐하고자 하는 것이 아니라고 말했다.

【夫】: [발어사] 대저, 무릇. 【空名】: 공수표, 거짓 명분. 【詐(zhà)】: 속이다, 기만하다. 【脅(xié)】: 협박하다, 으르다. 여기서는 「강제로 빼앗다, 협박하여 내놓게 하다」의 뜻. 【是時】: 이때. 【情】: 실제 정황, 사실. 【窺(kuī)】: 엿보다, 정탐하다, 몰래 살피다.

4) 趙得其情則弗予, 不得其情則予; 得其情而畏之則予, 得其情而弗畏之則弗予。→ 조나라가 진나라의 그러한 사실을 알았다면 주지 않았을 것이고, 진나라의 그러한 사실을 몰랐다면 주었을 것이며; 진나라의 그러한 사실을 알면서도 진나라를 두려워했다면 주었을 것이고, 진나라의 그러한 사실을 알면서도 진나라를 두려워하지 않았다면 주지 않았을 것이다.

【得其情】: 진나라의 실정을 알다. 「其」: [대명사] 그, 즉 秦나라. 「情」: 실정, 정황. 【弗(fú)】: 不. 【予】: 주다. 【畏(wèi)】: 두려워하다.

5) 此兩言決耳, 奈之何既畏而復挑其怒也? → 이 일은 두 마디 말이면 결정이 나는데,

且夫秦欲璧，趙弗予璧，兩無所曲直也。[6] 入璧而秦弗予城，曲在秦；秦出城而璧歸，曲在趙。[7] 欲使曲在秦，則莫如棄璧；畏棄璧，則莫如弗予。[8]

夫秦王既按圖以予城，又設九賓，齋而受璧，其勢不得不予城。[9] 璧入而城弗予，相如則前請曰：「臣固知大王之弗予城也。夫璧，非趙寶也；而十五城，秦寶也。[10] 今使大王以璧故而亡其

왜 이미 (진나라를) 두려워하면서 또다시 진나라의 분노를 야기하겠는가?

【奈之何】: 어찌하여, 왜. 【挑(tiǎo)】: 끄집어내다. 즉 「야기하다」. 【其】: [대명사] 그. 즉 「秦나라」.

6) 且夫秦欲璧，趙弗予璧，兩無所曲直也。→ 그리고 진나라가 벽옥을 원하는데, 조나라가 벽옥을 주지 않으면, 양쪽 모두 잘잘못이 없다.

【且夫】: 그리고, 한편. 【欲】: 바라다, 원하다. 【予】: 주다. 【曲(qū)直】: 시비곡직, 잘잘못.

7) 入璧而秦弗予城，曲在秦；秦出城而璧歸，曲在趙。→ 벽옥을 (진나라로) 들여왔는데 진나라가 城을 내주지 않으면, 잘못은 진나라에 있고; 진나라가 城을 내주었는데 벽옥이 (조나라로) 돌아갔으면, 잘못은 조나라에 있는 것이다.

【曲】: 잘못.

8) 欲使曲在秦，則莫如棄璧；畏棄璧，則莫如弗予。→ 잘못이 진나라에 있도록 하려면, 벽옥을 포기하는 것이 낫고, 벽옥을 포기하는 것이 두려우면, 주지 않는 것이 낫다.

【欲】: …하고자 하다. 【使】: …하게 하다. 【莫如…】: …만한 것이 없다, …하는 것이 낫다. 【棄(qì)】: 버리다, 포기하다.

9) 夫秦王既按圖以予城，又設九賓，齋而受璧，其勢不得不予城。→ 대저 秦王이 이미 地圖를 근거로 하여 城을 내주고, 또 九賓의 예절 의식을 베풀어, 목욕재계하고 벽옥을 받는다면, 그러한 상황에서는 성을 내주지 않을 수 없을 것이다.

【夫】: [발어사] 대저, 무릇. 【按】: 근거하다, 의거하다. 【設】: 베풀다, 차리다. 【九賓】: 매우 융성한 예절 의식. 「九儀」라고도 하며, 손님을 영접하는 儐相 아홉 명이 순서에 따라 차례로 빈객을 호명하여 殿堂에 오르도록 안내한다. 【齋(zhāi)】: 목욕재계하다, 부정 타지 않도록 몸과 마음을 깨끗이 하다. 「賓」: 儐, 맞이하다, 영접하다. 【勢】: 형세, 상황. 【不得不】: …하지 않을 수 없다.

10) 璧入而城弗予，相如則前請曰：「臣固知大王之弗予城也。夫璧，非趙寶也；而十五城，秦寶也。→ 벽옥이 (진왕에게) 들어왔는데도 성을 내주지 않는다면, 藺相如가

十五城, 十五城之子弟, 皆厚怨大王以棄我如草芥也。[11] 大王弗予城而紿趙璧, 以一璧故而失信於天下。 臣請就死於國, 以明大王之失信。」 秦王未必不返璧也。[12] 今奈何使舍人懷而逃之, 而歸直於秦?[13]

是時秦意未欲與趙絶耳。令秦王怒而僇相如於市, 武安君十萬衆壓邯鄲而責璧與信, 一勝而相如族, 再勝而璧終入秦矣![14] 吾

곧 秦王 앞에 나아가 :「저는 본래 대왕께서 성을 주지 않을 것임을 알고 있었습니다. 그 벽옥은, 조나라의 보물이 아니지만; 그러나 열다섯 성은 진나라의 보물입니다.

【固】: 본래, 원래. 【夫】: 그.

11) 今使大王以璧故而亡其十五城, 十五城之子弟, 皆厚怨大王以棄我如草芥也。→ 지금 만일 대왕께서 벽옥으로 인해 열다섯 성을 잃는다면, 열다섯 성의 백성들은, 모두 대왕을 매우 원망하며 자기들을 마치 초개처럼 버렸다고 여길 것입니다. 【使】: 만일, 만약. 【以…故】: …으로 인해. 【子弟】: 자제. 여기서는 「백성」을 가리킨다. 【厚怨】: 매우 원망하다. 【以】: 以爲, …라 여기다, …라고 생각하다. 【如草芥】: 초개처럼, 초개와 같이. 「草芥」: 풀과 티끌, 지푸라기. 즉 「쓸모없고 하찮은 것」을 비유한 말.

12) 大王弗予城而紿趙璧, 以一璧故而失信於天下。 臣請就死於國, 以明大王之失信。」秦王未必不返璧也。→ 대왕께서 성을 내주지 않고 조나라의 벽옥을 속여서 가로챈다면, 벽옥 하나로 인해 천하에서 신용을 잃을 것입니다. 저는 진나라에서 죽기를 청하고, 이로써 대왕께서 신용을 잃었다는 것을 밝힐 것입니다.」라고 요청할 것이다. 그러면 진왕이 반드시 벽옥을 돌려주지 않을 수 없을 것이다. 【紿(dài)】: 속이다, 기만하다. 여기서는 「속여서 가로채다」의 뜻. 【以…故】: 因, …로 인해. 【就死】: 죽음으로 나아가다. 즉 「죽다」의 뜻. 【國】: 여기서는 「秦나라」를 가리킨다. 【未必】: 반드시 …한 것은 아니다. 【返(fǎn)】: 돌려주다.

13) 今奈何使舍人懷而逃之, 而歸直於秦? → 지금 무엇 때문에 아랫사람을 파견해 (벽옥을) 품에 안고 도망쳐 나오게 하여, 오히려 정당한 입장을 진나라에 돌아가게 하는가?

【奈何】: 어째서, 무엇 때문에. 【使】: 보내다, 파견하다. 【舍人】: 시종, 아랫사람. 【歸】: [사동용법] 돌아가게 하다, 귀속되게 만들다. 【直】: 정직, 정당.

14) 是時秦意未欲與趙絶耳。令秦王怒而僇相如於市, 武安君十萬衆壓邯鄲而責璧與信, 一勝而相如族, 再勝而璧終入秦矣! → 이때 진나라의 뜻은 다만 조나라와 절교하는 것

故曰：「藺相如之獲全於璧也，天也。」[15] 若其勁澠池，柔廉頗，則愈出而愈妙於用。所以能完趙者，天固曲全之哉![16]

을 원하지 않았을 뿐이다. 가령 진왕이 화가 나서 인상여를 저자에서 죽이고, 武安君의 10만 대군이 邯鄲을 억압하며 벽옥의 행방과 실신(失信)한 일을 문책할 경우, (진나라가) 한 번 승리하면 인상여는 멸족되고, 두 번 승리하면 벽옥은 끝내 진나라에 들어가게 될 것이다.

【欲】: 원하다, 바라다. 【絶】: 절교하다, 관계를 끊다. 【耳】: …뿐. 【令】: 가령, 만일, 만약. 【僇(lù)】: 죽이다, 살해하다. 【武安君】: 秦나라 장수 伯起의 封號. 【衆】: 군사, 병력. 【壓(yā)】: 억압하다. 【邯鄲(hán dān)】: [지명] 한단. 趙나라의 도읍. 지금의 하북성 邯鄲市. 【責】: 꾸짖다, 문책하다. 【族】: 멸족되다. 【終】: 결국, 끝내, 마침내.

15) 吾故曰：「藺相如之獲全於璧也，天也。」→ 그래서 나는：「인상여가 벽옥을 보전할 수 있었던 것은, 하늘의 뜻이다.」라고 말한다.

【獲(huò)全】: 보전하다.

16) 若其勁澠池，柔廉頗，則愈出而愈妙於用。所以能完趙者，天固曲全之哉! → 그가 澠池會盟에서 (진왕에 대해) 매우 강경한 태도를 취하고, (조나라에서) 廉頗에 대해 부드러운 태도를 취한 것으로 말하면, 방법의 운용에 있어서 가면 갈수록 더욱 절묘하다. 조나라가 능히 보전할 수 있었던 까닭은, 확실히 하늘이 굽어 살핀 것이리라!

【若】: 至若, 至於, …로 말하면, …로 말할 것 같으면, …에 관해서는. ※화제를 바꿀 때 사용한다. 【勁澠池(jìng mǐn chí)】: 澠池에서 강경하게 대응하다. 「勁」: 강경하게 대응하다. 「澠池」: [지명] 면지. 지금의 하남성 경내. ※≪史記·廉頗藺相如列傳≫의 기록에 의하면, 趙惠王 20년(B.C. 279) 秦王과 趙王이 澠池에서 會盟하는데, 진왕이 회의석상에서 여러 차례 조왕을 모욕하려 했으나, 조왕을 보필하고 있는 인상여가 기지를 발휘하여 진왕에게 굽히지 않고 강경하게 대응함으로써, 진왕이 끝내 목적을 이루지 못했다. 【柔廉頗(róu lián pō)】: 염파에게 부드럽게 대하다. 「柔」: 부드럽게 대하다. ※≪史記·廉頗藺相如列傳≫의 기록에 의하면, 藺相如는 澠池會盟에서의 공로로 인해, 上卿에 임명되어 廉頗보다 높은 직위에 올랐고, 염파는 이에 불복하여 기회가 있을 때마다 여러 사람들 앞에서 인상여를 모독했으나 인상여가 國事를 소중히 여겨 항상 인내하는 태도를 취하자, 염파가 마침내 감동을 받아 두 사람은 刎頸之交가 되었다. 【愈…愈…】: …할수록 더욱 …하다. 【妙】: 절묘함을 느끼다. 【用】: 방법의 운용. 【所以】: 까닭, 원인. 【完趙】: 조나라를 보전하다. 【固】: 실로, 확실히. 【曲全】: 굽어 살피다.

■ | 번역문

인상여(藺相如)가 벽옥을 보전하여 조(趙)나라로 귀환한 것에 대해 논한 글

인상여(藺相如)가 벽옥을 보전하여 돌아온 것에 대해 사람들은 모두 그를 칭찬하지만, 나는 감히 믿을 만한 것이라 여기지 않는다. 대저 진(秦)나라는 15개 성(城)이란 거짓 명분으로 조(趙)나라를 속여 그 벽옥을 강제로 빼앗으려 했다. 이때 (진나라는) 벽옥을 취하려는 것이 사실이며, 이로써 조나라를 정탐하고자 하는 것이 아니라고 말했다. 조나라가 진나라의 그러한 사실을 알았다면 주지 않았을 것이고, 진나라의 그러한 사실을 몰랐다면 주었을 것이며, 진나라의 그러한 사실을 알면서도 진나라를 두려워했다면 주었을 것이고, 진나라의 그러한 사실을 알면서도 진나라를 두려워하지 않았다면 주지 않았을 것이다. 이 일은 두 마디 말이면 결정이 나는데, 왜 이미 (진나라를) 두려워하면서 또다시 진나라의 분노를 야기하겠는가?

그리고 진나라가 벽옥을 원하는데 조나라가 벽옥을 주지 않으면 양쪽 모두 잘잘못이 없다. 벽옥을 (진나라로) 들여왔는데 진나라가 성을 내주지 않으면 잘못은 진나라에 있고, 진나라가 성을 내주었는데 벽옥이 (조나라로) 돌아갔으면 잘못은 조나라에 있는 것이다. 잘못이 진나라에 있도록 하려면 벽옥을 포기하는 것이 낫고, 벽옥을 포기하는 것이 두려우면 주지 않는 것이 낫다.

대저 진왕(秦王)이 이미 지도(地圖)를 근거로 하여 성을 내주고, 또 구빈(九賓)의 예절 의식을 베풀어 목욕재계하고 벽옥을 받는다면, 그러한 상황에서는 성을 내주지 않을 수 없을 것이다. 벽옥이 (진왕에게) 들어왔는데도 성을 내주지 않는다면 인상여(藺相如)가 곧 진왕 앞에 나아가 : 「저는 본래 대왕께서 성을 주지 않을 것임을 알고 있었습니다. 그 벽옥은 조나라의 보물이 아니지만, 그러나 열다섯 성은 진나라의 보물입니다. 지금 만일 대왕께서 벽옥으로 인해 열다섯 성을 잃는다면, 열다섯 성의 백성들은 모두 대왕을 매우 원망하며 자기들을 마치 초개처럼 버렸다고 여길 것입니다. 대왕께서 성을 내주지 않고 조나라의 벽옥을 속여서 가로챈다면, 벽옥 하나로 인해 천하에서 신용을 잃을 것입니다. 저는 진나라에서 죽기를 청하고, 이로써 대왕께서 신용을 잃었다는 것을 밝힐 것입니다.」라고 요청할 것이다. 그러면 진왕이 반드시 벽옥을 돌려주지 않을 수 없을 것이다. 지금 무엇 때문에 아랫사람을 파견해 (벽옥을) 품에 안고 도망쳐 나오게 하여, 오히려 정당한 입장을 진나라에 돌아가게 하는가?

이때 진나라의 뜻은 다만 조나라와 절교하는 것을 원하지 않았을 뿐이다. 가령 진왕이 화가 나서 인상여를 저자에서 죽이고, 무안군(武安君)의 10만 대군을 파견하여 한단(邯鄲)을 억압하며 벽옥의 행방과 실신(失信)한 일을 문책할 경우, (진나라가) 한 번 승리하면 인상여는 멸족되고, 두 번 승리하면 벽옥은 끝내 진나라에 들어가게 될 것이다. 그래서 나는 : 「인상여가 벽옥을 보전할 수 있었던 것은 하늘의 뜻이다.」라고 말한다. 그가 면지회맹(澠池會盟)에서 (진왕에 대해) 매우 강경한 태도를 취하고 (조나라에서) 염파(廉頗)에 대해 부드러운 태도를 취한 것으로 말하면, 방법의 운용에 있어서 가면 갈수록 더욱 절묘하다. 조나라가 능히 보전할 수 있었던 까닭은 확실히 하늘이 굽어 살핀 것이리라!

■ | 해제(解題) 및 본문요지 설명

인상여(藺相如)는 전국시대(戰國時代) 조(趙)나라 사람이다. 조나라 혜문왕(惠文王)이 희귀한 벽옥(碧玉)을 얻자, 진소왕(秦昭王)이 거짓말로 진나라의 열다섯 성(城)과 교환하자고 했다. 이에 조왕(趙王)이 인상여로 하여금 벽옥을 가지고 진나라에 가도록 했다. 인상여는 진왕(秦王)이 전혀 성의가 없음을 보고 몰래 아랫사람으로 하여금 벽옥을 가지고 조나라로 돌아가도록 하고 자신은 남아서 진왕과 첨예한 언쟁을 벌여 끝내 승리를 거두었다.

인상여가 벽옥을 보전하여 귀환하게 한 일에 대해, 사람들은 그가 지혜롭고 용감하게 진왕의 음모를 물리쳐 조나라의 권익을 보호했다고 칭찬 했다.

본문은 작자가 이러한 사회적 분위기에 대해, 당시의 상황으로 보아 인상여의 행동은 많은 실책이 있었으며, 벽옥을 보전하여 조나라로 돌아올 수 있었던 것은 다만 일시적인 요행이었을 뿐이라는 새로운 관점을 제시한 글이다.

본문은 네 단락으로 나눌 수 있는데, 첫째 단락에서는 진나라가 열다섯 성을 조나라의 벽옥과 바꾸자고 한 사실에 대해, 조나라 안에서 찬·반 두 가지 인식이 있고, 또한 진나라의 위협에 대해서도 외(畏)·불외(不畏)의 두 가지 태도와 반응이 있다는 것을 말했고; 둘째 단락에서는 시비곡직을 떠나 벽옥의 포기 여부를 관건으로 삼아 사리를 분석했고; 셋째 단락에서는 인상여가 굳이 몰래 아랫사람을 시켜 벽옥을 조나라로 돌려보내지 않더라도, 진왕으로 하여금 신용을 잃으면서까지 조나라를 속인 일과, 벽옥 때문에 나라의 열다섯 성을 포기하여 백성들의 원한을 살 수 있다는 두 가지 난제를 가지고 얼마든지 진왕을 난처하게 만들어 벽옥을 돌려받을 수 있다는 것을 말했고; 마지막 단락에서는 인상여의 행동이 몸을 망치고, 벽옥을 잃고, 나라를 망치는 세 가지 위험을 안고 있었음에도 위험을 벗어나 벽옥을 보전할 수 있었던 것은 오로지 하늘의 뜻이었다는 것을 말했다.

221 서문장전(徐文長傳)

[明] 袁宏道

■ | 작자

원굉도(袁宏道 : 1568-1610)는 명(明) 공안(公安)[지금의 호북성] 사람으로 자는 중랑(中朗), 호는 석공(石公)이며 명대의 저명한 문인이다. 그는 공안파(公安派)의 창시자로, 형 종도(宗道), 아우 중도(中道)와 함께 「삼원(三袁)」이라 불린다. 어려서부터 책을 많이 읽고, 15~6세가 되어서는 능히 시문(詩文)을 지어 마을에서 이름을 날렸다.

신종(神宗) 만력(萬曆) 20년(1592) 진사에 급제하여 만력 22년(1594) 오현(吳縣)의 현령(縣令)이 되었다. 2년이 시난 후 버슬을 그만두고 강남(江南)의 명승지를 두루 유람하다가 양주(揚州)에 와서 정착해 살았다. 만력 26년 다시 입경(入京)하여 순천교수(順天敎授)를 지내다가 후에 예부의제사주사(禮部儀制司主事)가 되었다. 경사(京師)에서는 문인들과 더불어 「포도사(葡桃社)」라는 모임을 조직하기도 했다. 만력 28년(1600) 8월 고향에 돌아와 성남(城南) 저지대의 습지를 마련하여 제방을 쌓고 버드나무를 심어 유랑호(柳浪湖)라 이름하고, 계속 이곳에 살면서 참선(參禪)과 음시(吟詩)를 즐기며 비교적 한가하게 생활했다. 그러다가 만력 34년(1606) 다시 입경하여 의조주사(儀曺主事)를 지내면서, 업무가 비교적 한가하여 이때 ≪공안현지(公安縣志)≫를 썼다. 얼마 후 또 사직하고 고향으로 돌아갔다가 만력 36년(1608) 다시 입경하여 이부주사(吏部主事)・고공원외랑(考功員外郞)을 지냈으며, 그 이듬해인 만력 37년(1608)에는 계훈낭중(稽勳郞中)이 되어 진중(秦中)에서 시험을 주관하면서, 이 기회를 이용하여 화산(華山)과 숭산(嵩山)을 유람한 후, 만력 38년 휴가를 청해 아우 중도(中道)와 함께 고향에 돌아와 사시(沙市)로 거처를 옮겨 살다가 9월에 병으로 세상을 떠났다.

그의 문학에 대한 관점은, 문학이란 시대에 따라 발전하는 것이기 때문에 중고천금(重古賤今)은 옳지 않다고 보았으며, 창작에 있어서도 「독서성령, 불구격투(獨抒性靈, 不拘格套)」를 주장하며 문학의 복고 풍조를 반대했다.

그의 시문 창작은 다분히 개성과 특색을 지니고 있는데, 소재가 다양하고 생활의 정취가 풍부하다. 품고 있는 생각을 직접 토로하는 서간문(書簡文)과 인정・풍속을 기술한 작품, 그리고 인물을 그려낸 전기(傳記) 및 산수유기(山水遊記) 등 매우 다양하다.

저서로는 ≪폐협집(閉篋集)≫을 비롯하여 ≪금범집(錦帆集)≫・≪해탈집(解脫集)≫・≪광릉집(廣陵集)≫・≪병화재잡록(瓶花齋雜錄)≫・≪소벽당집(瀟碧堂集)≫・≪파연재집(破硏齋集)≫・≪화숭유초(華嵩游草)≫ 등이 있는데, 후에 이 모두를 합쳐 ≪원중랑전집(袁中郎全集)≫에 수록했다.

■ | 원문 및 주석

徐文長傳[1)]

徐渭, 字文長, 爲山陰諸生, 聲名藉甚。[2)] 薛公蕙校越時, 奇其才, 有國士之目。[3)] 然數奇, 屢試輒蹶。[4)] 中丞胡公宗憲聞之, 客諸幕。[5)] 文長每見, 則葛衣烏巾, 縱談天下事, 胡公大喜。[6)] 是

---

1) 徐文長傳 → 徐文長 傳記

【徐文長】: [인명] 徐渭(1521-1593) 작자 원굉도와 같은 시기의 문인, 서화가.

2) 徐渭, 字文長, 爲山陰諸生, 聲名藉甚。→ 徐渭는, 자가 文長이며, 山陰縣의 秀才로, 명성이 자자했다.

【山陰】: [縣이름] 지금의 절강성 紹興市. 【諸生】: 生員, 秀才. ※明代에는 시험에 합격하여 縣學에 입학한 자를 生員[秀才]이라 했는데 재생은 곧 생원을 말한다. 【聲名】: 명성. 【藉甚(jí shèn)】: 자자하다, 널리 알려지다.

3) 薛公蕙校越時, 奇其才, 有國士之目。→ 薛惠 公이 浙江의 學官을 지낼 때, 그의 재능을 기이하게 여겨, 國士의 칭호가 있었다.

【薛(xuē)公蕙】: [인명] 薛蕙. 자는 君采. 明武宗 正德 9년 진사에 급제하여, 刑部主事·給事中을 지냈으며, 사람들은 그의 學行을 존중하여 그를 西原先生이라 불렀다. 저서로 ≪西原遺書≫가 있다. 【校(jiào)】: 學官. 시험을 주관하는 관리. 여기서는 동사용법으로 「학관을 지내다」의 뜻. 【越(yuè)】: [지명] 지금의 절강성 紹興市. 【奇(qí)】: 기이하게 여기다. 【國士】: 나라의 걸출한 인재. 【目】: 稱, 칭호.

4) 然數奇, 屢試輒蹶。→ 그러나 운이 없어, 여러 차례 과거에 응시했으나 번번이 실패했다.

【數奇(shù jī)】: 운수가 좋지 않다, 운이 없다. 【屢(lǚ)】: 여러 차례, 누차. 【輒(zhé)】: 번번이, 매번. 【蹶(jué)】: 넘어지다. 즉 「실패하다, 낙방하다」의 뜻.

5) 中丞胡公宗憲聞之, 客諸幕。→ 中丞 胡宗憲 公이 이 소식을 듣고, 그를 초빙하여 막료로 삼았다.

【中丞(chéng)】: [관직] 明初 御史臺에 左右中丞을 臺長으로 두었다가, 太祖 洪武 16년(1221) 御史臺를 都察院로 고쳐 左右副都御使와 僉都御使를 두어 각 道를 규찰하도록 했는데, 직책은 中丞과 동일했다. 副·僉都御使를 巡撫로 임명했기 때문에 巡撫를 속칭 中丞이라 했다. 【胡公宗憲】: [인명] 胡宗憲. ※明 嘉靖 연간에 진사에 급제하고 浙江에서 巡撫를 지냈는데 倭寇를 평정하는 데 공을 세워 右都御

時公督數邊兵，威鎭東南。7) 介冑之士，膝語蛇行，不敢擧頭，而文長以部下一諸生傲之。8) 議者方之劉眞長、杜少陵云。9) 會得白鹿，屬文長作表，表上，永陵喜。10) 公以是益奇之，一切疏計，皆出其手。11) 文長自負才略，好奇計，談兵多中。12) 視一世事無

使·兵部尙書·太子太保의 직함을 얻었으나, 후에 죄를 얻어 죽임을 당했다. 【之】: [대명사] 그, 즉 서문장. 【客】: 초빙하다. 【諸】: 之於의 합음. 【幕(mù)】: 막료.

6) 文長每見，則葛衣烏巾，縱談天下事，胡公大喜。→ 서문장은 매번 (호종승을) 뵐 때마다, 갈포 옷에 검은 두건의 평민 복장을 하고, 천하의 일을 기탄없이 이야기하여, 胡公이 매우 기뻐했다.
【見(xiàn)】: 뵙다, 알현하다. 【葛(gé)衣烏巾】: [동사용법] 갈포 옷을 입고 검은 두건을 쓰다. 즉 「평민 복장을 하다」의 뜻. 【縱(zòng)談】: 거리낌 없이 이야기하다.

7) 是時公督數邊兵，威鎭東南。→ 이때 호공은 변방의 군사를 통솔하고 있었는데, 위엄이 동남 일대에 떨쳤다.
【督數(dū shǔ)】: 통솔하다. 【鎭(zhèn)】: 떨치다.

8) 介冑之士，膝語蛇行，不敢擧頭，而文長以部下一諸生傲之。→ 갑옷을 입고 투구를 쓴 무사들이, 무릎을 꿇어 말하고 뱀처럼 기어 다니며, 감히 머리를 들지 못했으나, 서문장은 부하 가운데 일개 生員의 신분으로 (감히) 호공에게 고자세로 대했다.
【介冑(jiè zhòu)】: 갑옷과 투구. 「介」: 갑옷. 「冑」: 투구. 【膝(xī)語】: 무릎을 꿇고 말하다. 【蛇(shé)行】: 뱀처럼 기어 다니다. 【傲(ào)之】: 호공에게 고자세로 대하다. 「之」: [대명사] 그, 즉 호종헌.

9) 議者方之劉眞長、杜少陵云。→ (이에) 논자들은 서문장을 劉眞長·杜少陵에 비유했다.
【議者】: 논자, 이러쿵저러쿵 이야기하는 사람. 【方】: 비유하다. 【之】: [대명사] 그, 즉 서문장. 【劉眞長】: [인명] 劉惔. 眞長은 그의 자. 東晋 簡文帝의 재상. 그는 정치를 깨끗이 하고 일을 처리하는 데 있어서 작은 일에 구애받지 않았다. 【杜少陵】: 杜甫, 唐代의 유명한 시인. 두보는 少陵[지금의 섬서성 西安市 남쪽]에 살며 스스로 호를 「少陵野老」라 했다. 【云】: [어조사].

10) 會得白鹿，屬文長作表，表上，永陵喜。→ 마침 (호공이) 흰 사슴을 잡아, 서문장에게 表를 짓도록 부탁하여, 表를 올리자, 世宗 황제께서 매우 기뻐하셨다.
【會】: 마침. 【屬(zhǔ)】: 囑, 부탁하다, 분부하다. 【表】: 황제께 올리는 上奏文의 하나로 어떤 사실을 밝혀 고하는 글. 【永陵】: 明世宗의 능묘. 여기서는 「세종 황제」를 가리킨다.

11) 公以是益奇之，一切疏計，皆出其手。→ 호공은 이로 인해 더욱 서문장을 기특하게 여겨, 일체의 上奏文은, 모두 그의 손에서 나왔다.

可當意者，然竟不偶。13)

文長既已不得志於有司，遂乃放浪麴蘖，恣情山水，走齊、魯、燕、趙之地，窮覽朔漠。14) 其所見山奔海立，沙起雷行，雨鳴樹偃，幽谷大都，人物魚鳥，一切可驚可愕之狀，一一皆達之於詩。15) 其胸中又有勃然不可磨滅之氣，英雄失路、托足無門之悲。16)

【以是】: 이로 인해. 【益】: 더욱. 【之】: [대명사] 그, 즉 서문장. 【疏(shū)計】: 상주문.

12) 文長自負才略，好奇計，談兵多中。→ 서문장은 재략을 자부하고, 기묘한 계책을 좋아했는데, 군사에 대해 논하는 바가 대부분 적중했다.
【才略】: 재능과 책략. 【奇計】: 기묘한 계책. 【多中】: 대부분 적중하다.

13) 視一世事無可當意者，然竟不偶。→ 세상의 일을 보면 흡족하게 생각할 만한 것이 없었지만, 그러나 끝내 때를 만나지 못했다.
【可…】: …할 만한. 【當意】: 마음에 차다, 만족하다, 흡족하다. 【竟】: 끝내, 결국. 【不偶(ǒu)】: 때를 만나지 못하다.

14) 文長既已不得志於有司，遂乃放浪麴蘖，恣情山水，走齊、魯、燕、趙之地，窮覽朔漠。→ 서문장은 이미 관리에서 뜻을 이루지 못하자, 마침내 술에 흠뻑 빠지는가 하면, 마음껏 산수를 유람하며, 옛날의 齊·魯·燕·趙 지방도 가고, 북쪽의 사막을 두루 구경하기도 했다.
【既已】: 기왕, 이미. 【得志】: 뜻을 이루다. 【有司】: 관리, 관직. 【遂乃】: [복합허사] 이에, 그리하여, 마침내. 【放浪麴蘖(qū niè)】: 술에 흠뻑 빠지다. 「麴蘖」: 「麴」와 「蘖」는 본래 술을 빚는 「누룩」의 뜻이나, 여기서는 「술」을 가리킨다. 【恣(zì)情】: 마음 내키는 대로 하다. 【齊、魯、燕、趙】: 戰國時代의 나라. 齊·魯 두 나라는 지금의 산동성, 燕·趙 두 나라는 지금의 하북성과 산서성 일부. 【窮覽(qióng lǎn)】: 두루 구경하다. 【朔(shuò)】: 북쪽.

15) 其所見山奔海立，沙起雷行，雨鳴樹偃，幽谷大都，人物魚鳥，一切可驚可愕之狀，一一皆達之於詩。→ 그는 자신이 목격한 바의 산이 무너지고 바다가 치솟고, 모래가 일고 천둥이 치고, 비가 울부짖고 나무가 넘어지는 모습, 그리고 깊은 골짜기와 큰 도시, 사람들과 물고기·새 등 일체의 경악할 만한 형상들을, 하나하나 모두 시에 표현해 냈다.
【山奔(bēn)】: 산이 무너지다. 【海立】: 바다가 치솟다. 【沙起】: 모래가 일다. 【雷行】: 천둥이 치다. 【偃(yǎn)】: 넘어지다, 쓰러지다. 【可驚可愕(è)】: 경악할 만하다. 【達】: 표현하다.

16) 其胸中又有勃然不可磨滅之氣，英雄失路、托足無門之悲。→ 그의 흉중에는 또 왕성

故其爲詩，如嗔如笑，如水鳴峽，如種出土，如寡婦之夜哭，羈人之寒起。[17] 雖其體格，時有卑者，然匠心獨出，有王者氣，非彼巾幗而事人者所敢望也。[18] 文有卓識，氣沈而法嚴，不以模擬損才，不以議論傷格，韓、曾之流亞也。[19] 文長旣雅不與時調合，當時所謂騷壇主盟者，文長皆叱而奴之，故其名不出於越。悲夫![20]

하게 일어나 마멸될 수 없는 기개와, 마치 영웅이 길을 잃고 기탁할 곳이 없는 듯한 슬픔을 지니고 있었다.

【勃(bó)然】: 왕성하게 일어나는 모양. 【托足無門】: 기탁할 곳이 없다.

17) 故其爲詩，如嗔如笑，如水鳴峽，如種出土，如寡婦之夜哭，羈人之寒起。→ 그래서 그의 詩風은, 화를 내는 것 같기도 하고 비웃는 것 같기도 하고, 물이 계곡에서 소리를 내는 것 같기도 하고, 새싹이 흙을 뚫고 나오는 것 같기도 하고, 과부가 밤에 우는 것 같기도 하고, 나그네가 추위에 놀라 일어나는 것 같기도 했다.

【嗔(chēn)】: 노기를 띠다, 화를 내다. 【鳴峽(míng xiá)】: 계곡에서 소리를 내다. 【羈(jī)人】: 나그네. 【寒起】: 추위에 놀라 일어나다.

18) 雖其體格，時有卑者，然匠心獨出，有王者氣，非彼巾幗而事人者所敢望也。→ 비록 시의 체제와 격조에, 간혹 비천한 점이 있긴 하지만, 그러나 구상이 출중하고, 제왕의 기질이 있어, 여인네들처럼 남을 섬기기나 하는 그러한 문인들이 감히 넘볼 수 있는 바가 아니다.

【體格】: 체제와 격조. 【時】: 때때로, 간혹. 【匠(jiàng)心】: 교묘한 생각, 구상. 【獨出】: 출중하다, 뛰어나다. 【彼】: 저, 그. 【巾幗(guó)】: 옛 여인들이 쓰던 두건. 후에 「부녀자」를 가리키는 말로 사용되었다. 【敢望】: 감히 넘보다, 감히 기대하다.

19) 文有卓識，氣沈而法嚴，不以模擬損才，不以議論傷格，韓、曾之流亞也。→ (서문장의) 글은 탁월한 식견에다, 기세가 깊고 법도가 근엄하여, 모방으로 인해 재능을 손상하지 않고, 의론으로 인해 품격을 손상하지 않으니, 가히 韓愈・曾鞏과 같은 부류의 인물이라고 할만 하다.

【卓識(zhuō shí)】: 탁월한 식견. 【氣沈】: 기세가 깊다. 【法嚴】: 법도가 근엄하다. 【以】: 因, …로 인해. 【模擬(mó nǐ)】: 모방하다. 【議論】: 의론하다, 이러쿵저러쿵 말하다. 【格】: 격조, 품격. 【韓・曾】: 唐의 韓愈와 宋의 曾鞏. 각기 唐宋八大家의 한 사람. 【流亞】: 동류, 같은 부류의 인물.

20) 文長旣雅不與時調合，當時所謂騷壇主盟者，文長皆叱而奴之，故其名不出於越。悲夫! → 서문장은 이미 평소에도 당시의 격조와 부합하지 않았고, 당시의 이른바 문단의 영수들에 대해서도, 서문장은 그들을 모두 꾸짖고 경멸했다. 그래서

喜作書, 筆意奔放如其詩, 蒼勁中姿媚躍出; 歐陽公所謂「妖韶女老, 自有餘態」者也。[21] 間以其餘, 旁溢爲花鳥, 皆超逸有致。[22] 卒以疑殺其繼室, 下獄論死, 張太史元忭力解, 乃得出。[23] 晩年, 憤益深, 佯狂益甚。顯者至門, 或拒不納。[24] 時攜錢至酒肆, 呼下

그의 이름이 浙江 지방에 드러나지 못했다. 슬픈 일이다!

【雅】: 평소, 항상. 【時調】: 당시의 격조. 【騷壇(sāo tán)】: 문단. 【主盟者】: 영수. 【叱(chì)】: 꾸짖다. 【奴】: 경멸하다. 【越】: [지명] 지금의 절강성 일대.

21) 喜作書, 筆意奔放如其詩, 蒼勁中姿媚躍出; 歐陽公所謂「妖韶女老, 自有餘態」者也。→ (서문장은) 서예를 좋아했는데, 필치의 분방함이 마치 그의 시와 같아, 예스러우면서도 힘이 있는 가운데 아름다운 자태가 튀어나온다. 이는 歐陽脩가 「아름다운 여인은 늙어서도, 자연히 우아한 자태가 남아 있기 마련이다.」라고 말한 바와도 같다.

【作書】: 붓글씨. 서예. 【筆意】: 필력, 필치. 【蒼勁(cāng jìng)】: 예스러우면서도 힘이 있다. 【姿媚(zī mèi)】: 자태가 아름답다. 【歐陽公】: 宋의 歐陽脩. 당송팔대가의 한 사람. 【妖韶(yāo sháo)女老, 自有餘態】: 아름다운 여인은 늙어서도, 자연히 우아한 자태가 남아 있기 마련이다. 「妖韶」: 아름답다, 요염하다. 「自有」: 자연히 …이 있다. 「餘態」: 남아 있는 우아한 자태. ※이는 구양수의 ≪六一詩話≫에서 梅聖兪의 詩에 대해 평한 말이다.

22) 間以其餘, 旁溢爲花鳥, 皆超逸有致。→ 간혹 여가를 이용하여, 별도로 花鳥를 그렸는데, 모두 뛰어나고 운치가 있다.

【間(jiàn)】: 간혹. 【旁溢(yì)】: 별도로. 【爲花鳥】: 화조를 그리다. 【超逸(yì)】: 뛰어나다, 고상하다. 【有致】: 운치가 있다.

23) 卒以疑殺其繼室, 下獄論死, 張太史元忭力解, 乃得出。→ 후에 자기의 후처를 살해한 혐의로 인해, 투옥되어 사형을 선고받았으나, 太史 張元汴이 극력으로 구제하여, 겨우 석방되었다.

【卒】: 후에, 훗날. 【以】: 因, …로 인해. 【繼室】: 후처. 【論死】: 사형을 선고받다. 【張太史元忭】: [인명] 張元汴. 浙江 山陰 사람으로 隆慶 5년에 진사에 급제하고 한림시독을 지냈다. 「太史」: 본래 문서를 기초하고 史書를 편수하는 관직이나 明代에 翰林院에서 이 일을 담당했으므로 翰林官을 太史라고도 칭했다. ※판본에 따라서는 「忭」을 「汴」이라 했다. 【力解】: 극력으로 구제하다. 【乃】: 비로소, 겨우. 【得出】: 풀려나다, 석방되다.

24) 晩年, 憤益深, 佯狂益甚。顯者至門, 或拒不納。→ 만년에는, 울분이 더욱 심해지고, 미치광이 짓도 더욱 심해졌다. 귀인들이 집에 찾아오면, 간혹 거절하고 맞아들

隷與飮; 或自持斧, 擊破其頭, 血流被面, 頭骨皆折, 揉之有聲; 或以利錐錐其兩耳, 深入寸餘, 竟不得死。[25] 周望言 : 晚歲詩文益奇, 無刻本, 集藏於家。[26] 余同年有官越者, 托以鈔錄, 今未至。余所見者, ≪徐文長集≫、≪闕編≫二種而已。[27] 然文長竟以不

이지 않았다.

【益】: 더욱. 【佯狂(yáng kuáng)】: 미치광이 짓. 【顯(xiǎn)者】: 귀인, 지체 있는 사람. 【不納】: 맞아들이지 않다.

25) 時攜錢至酒肆, 呼下隷與飮; 或自持斧, 擊破其頭, 血流被面, 頭骨皆折, 揉之有聲; 或以利錐錐其兩耳, 深入寸餘, 竟不得死。→ 때때로 돈을 지니고 술집에 가서, 하인들을 불러 함께 술을 마시기도 하고; 어느 때는 스스로 도끼를 들어, 자기의 머리를 쳐서, 피가 흘러 얼굴을 덮고, 두개골이 다 부러져, 그것을 문지르면 소리가 나는가 하면; 어느 때는 날카로운 송곳으로 자기의 두 귀를 찔러, 깊이가 한 치 남짓 들어가기도 했으나, 끝내 죽지는 못했다.

【攜(xī)】: 지니다, 휴대하다. 【酒肆(sì)】: 술집. 【下隷(lì)】: 하인. 【與飮】: 함께 마시다. 【持(chí)】: 잡다, 들다. 【斧(fǔ)】: 도끼. 【被】: 덮다. 【揉(róu)】: 문지르다. 【之】: [대명사] 그것, 즉 두개골. 【以利錐錐】: 날카로운 송곳을 가지고 찌르다. 「以…」: …을 가지고, …으로. 「利錐」: 날카로운 송곳. ※앞의 「錐」는 「송곳」이라는 명사이고, 뒤의 「錐」는 「찌르다」라는 동사. 【竟】: 끝내, 결국. 【不得】: …하지 못하다.

26) 周望言 : 晚歲詩文益奇, 無刻本, 集藏於家。→ 周望의 말에 의하면, 만년의 詩文은 더욱 기이해졌으며, 인쇄한 책은 없고, (원고를) 모아 집에 소장하고 있다고 했다.

【周望】: [인명] 陶望齡. 자는 周望. 明 會稽[지금의 절강성 紹興市] 사람으로 神宗 萬曆 연간에 진사에 급제하고 國子監 祭酒를 지냈다. 【晚歲】: 만년. 【刻本】: 판각본, 인쇄한 책. 【集藏(cáng)】: 모아서 소장하다.

27) 余同年有官越者, 托以鈔錄, 今未至。余所見者, ≪徐文長集≫、≪闕編≫二種而已。→ 나의 과거 급제 동기생으로 浙江에서 벼슬을 하고 있는 사람이 있어, 그에게 부탁하여 베껴 쓰도록 했는데, 지금 아직 보내오지 않았다. 내가 본 것으로는, ≪徐文長集≫과 ≪闕編≫ 2종이 있을 뿐이다.

【同年】: 같은 해 과거에 급제한 사람, 과거 급제 동기생. 【官】: [동사] 벼슬을 하다. 【以】: [연사] 而. 【鈔(chāo)錄】: 베껴 쓰다. 【未至】: 아직 도착하지 않다, 아직 보내오지 않다. 【≪闕編≫】: 陶望齡이 編한 서문장의 시집. 【…而已】: …뿐이다.

得志於時，抱憤而卒。[28]

石公曰：「先生數奇不已，遂爲狂疾；狂疾不已，遂爲囹圄。古今文人，牢騷困苦，未有若先生者也。[29] 雖然，胡公間世豪傑，永陵英主。[30] 幕中禮數異等，是胡公知有先生矣；表上，人主悅，是人主知有先生矣。獨身未貴耳。[31] 先生詩文崛起，一掃近代蕪穢之習，百世而下，自有定論，胡爲不遇哉?[32] 梅客生嘗寄予書

---

28) 然文長竟以不得志於時，抱憤而卒。→ 그러나 서문장은 결국 당시에 뜻을 이루지 못함으로 인해，울분을 끌어안은 채 죽고 말았다.
【竟】：결국，끝내.【以】：因，…로 인해.【抱憤(fèn)】：울분을 끌어안다.

29) 石公曰：「先生數奇不已，遂爲狂疾；狂疾不已，遂爲囹圄。古今文人，牢騷困苦，未有若先生者也。→ 石公이 말했다：「선생은 불운이 그치지 않아，마침내 미치광이가 되었고；미치광이짓이 그치지 않아，마침내 감옥에 갇히게 되었다. 고금의 문인들 가운데，불평과 고통이 선생만 한 사람은 없다.
【石公】：袁宏道의 호. ※작자 원굉도가 자신을 제3자처럼 호칭한 것.【不已】：(계속 이어지며) 그치지 않다，멈추지 않다.【囹圄(líng yǔ)】：영어，감옥.【牢騷(láo sāo)】：불평，불만.【困苦】：고통.【若…】：…만 한，…와 같은.

30) 雖然，胡公間世豪傑，永陵英主。→ 비록 그렇다 해도，호종헌 공은 세상에서 보기 드문 호걸이요，世宗은 영명한 군주이시다.
【間(jiàn)世】：세상에서 보기 드문，불세출의.【英主】：영명한 군주.

31) 幕中禮數異等，是胡公知有先生矣；表上，人主悅，是人主知有先生矣。獨身未貴耳。→ (서문장이) 호공의 막부에서 각별한 예우를 받았으니，이는 호공이 (서문장) 선생을 잘 아는 것이며；(서문장이) 表를 올렸을 때，황제께서 기뻐하셨으니，이는 황제께서 (서문장) 선생을 알고 계신 것이다. 다만 몸이 귀하게 되지 못했을 뿐이다.
【禮數】：예우.【異等】：특별하다，각별하다【獨】：다만.【…耳】：…뿐.

32) 先生詩文崛起，一掃近代蕪穢之習，百世而下，自有定論，胡爲不遇哉? → 선생의 시문은 매우 뛰어나서，근래의 황폐한 습속을 일소했는데，오랜 세월이 흐른 후에는，자연히 공정한 평가가 있을 것이다. 어찌 때를 만나지 못했다 하겠는가?
【崛(jué)起】：특출하다，매우 뛰어나다.【蕪穢(wú huì)】：황폐하다.【百世】：3천 년. 1세는 30년. 즉「먼 훗날，오랜 세월이 흐른 이후」를 비유한 말.【…而下】：…이후.【定論】：정론，공정한 평가.【胡】：어찌.

曰：『文長吾老友，病奇於人，人奇於詩。』[33] 余謂文長無之而不奇者也。無之而不奇，斯無之而不奇也。悲夫!」[34]

■ | 번역문

서문장(徐文長) 전기(傳記)

서위(徐渭)는 자가 문장(文長)이며 산음현(山陰縣)의 수재(秀才)로 명성이 자자했다. 설혜(薛惠) 공이 절강(浙江)의 학관(學官)을 지낼 때, 그의 재능을 기이하게 여겨 국사(國士)의 칭호가 있었다. 그러나 운이 없어 여러 차례 과거에 응시했으나 번번이 실패했다. 중승(中丞) 호종헌(胡宗憲) 공이 이 소식을 듣고, 그를 초빙하여 막료로 삼았다. 서문장은 매번 (호중승을) 뵐 때마다, 갈포 옷에 검은 두건의 평민 복장을 하고 천하의 일을 기탄없이 이야기하여 호공(胡公)이 매우 기뻐했다. 이때 호공은 변방의 군사를 통솔하고 있었는데 위엄이 동남 일대에 떨쳤다. 갑옷을 입고 투구를 쓴 무사들이 무릎을 꿇어 말하고 뱀처럼 기어 다니며 감히 머리를

33) 梅客生嘗寄予書曰：『文長吾老友，病奇於人，人奇於詩。』→ 梅客生이 일찍이 나에게 편지를 보내：「서문장은 나의 오랜 친구인데, 그의 병은 사람보다 더 기이하고, 사람은 시보다 더 기이하다.」라고 했다.
【梅客生】：[인명] 梅國楨. 원굉도의 친구. 자는 客生, 湖北 麻城 사람으로 神宗 萬曆 연간에 진사에 급제하여 兵部右侍郎을 지냈다. 【於】：…보다, …에 비해.

34) 余謂文長無之而不奇者也。無之而不奇，斯無之而不奇也。悲夫!」→ 나는 서문장이 (시문·그림·사람 됨됨이 등) 이상하지 않은 것이 한 가지도 없는 사람이라고 생각한다. 이상하지 않은 것이 한 가지도 없으니, 이에 따라 기구하지 않은 것이 한 가지도 없다. 슬프도다!」
【謂】：…라고 생각하다. 【無之而不奇(qí)】：이상하지 않은 것이 한 가지도 없다. 【斯】：곧, 이에, 그리하여. 【奇(jī)】：(운명이) 기구하다, 불운하다.

들지 못했으나, 서문장은 부하 가운데 일개 생원(生員)의 신분으로 (감히) 호공에게 고자세로 대했다. (이에) 논자들은 서문장을 유진장(劉眞長)·두소릉(杜少陵)에 비유했다. 마침 (호공이) 흰 사슴을 잡아 서문장에게 표(表)를 짓도록 부탁하여, 표를 올리자 세종(世宗) 황제께서 매우 기뻐하셨다. 호공은 이로 인해 더욱 서문장을 기특하게 여겨, 일체의 상주문(上奏文)은 모두 그의 손에서 나왔다. 서문장은 재략을 자부하고 기묘한 계책을 좋아했는데, 군사에 대해 논하는 바가 대부분 적중했다. 세상의 일을 보면 흡족하게 생각할 만한 것이 없었지만, 그러나 끝내 때를 만나지 못했다.

서문장은 이미 관직에서 뜻을 이루지 못하자 마침내 술에 흠뻑 빠지는가 하면, 마음껏 산수를 유람하며 옛날의 제(齊)·노(魯)·연(燕)·조(趙) 지방도 가고 북쪽의 사막을 두루 구경하기도 했다. 그는 자신이 목격한 비와 산이 무너지고 바다가 치솟고, 모래가 일고 천둥이 치고, 비가 울부짖고 나무가 넘어지는 모습, 그리고 깊은 골짜기와 큰 도시, 사람들과 물고기·새 등 일체의 경악할 만한 형상들을, 하나하나 모두 시에 표현해 냈다. 그의 흉중에는 또 왕성하게 일어나 마멸될 수 없는 기개와, 마치 영웅이 길을 잃고 기탁할 곳이 없는 듯한 슬픔을 지니고 있었다. 그래서 그의 시풍(詩風)은 화를 내는 것 같기도 하고, 비웃는 것 같기도 하고, 물이 계곡에서 소리를 내는 것 같기도 하고, 새싹이 흙을 뚫고 나오는 것 같기도 하고, 과부가 밤에 우는 것 같기도 하고, 나그네가 추위에 놀라 일어나는 것 같기도 했다. 비록 시의 체제와 격조에 간혹 비천한 점이 있긴 하지만, 그러나 구상이 출중하고 제왕(帝王)의 기질이 있어, 여인네들처럼 남을 섬기기나 하는 그러한 문인들이 감히 넘볼 수 있는 바가 아니다. (서문장의) 글은 탁월한 식견에다 기세가 깊고 법도가 근엄하여, 모방으로 인해 재능을 손상하지 않고, 의론으로 인해 품격을 손상하지 않으니, 가히 한유(韓愈)·증공(曾鞏)과 같은 부류의 인물이라고 할만 하다. 서문장은 이미 평소에도 당시의 격조와 부합하지 않았고, 당시의 이른바 문단의 영수들에 대해서도, 서문장은 그들을 모두 꾸짖고 경멸했다. 그래서 그의 이름이 절강(浙江) 지방에 드러나지 못했다. 슬픈 일이다!

(서문장은) 서예를 좋아했는데, 필치의 분방함이 마치 그의 시와 같아 예스러우면서도 힘이 있는 가운데 아름다운 자태가 튀어나온다. 이는 구양수(歐陽脩)가 「아름다운 여인은 늙어서도 자연히 우아한 자태가 남아 있기 마련이다.」라고 말한 바와도 같다. 간혹 여가를 이용하여 별도로 화조(花鳥)를 그렸는데, 모두 뛰어나고 운치가 있다. 후에 자기의 후처를 살해한 혐의로 인해 투옥되어 사형을 선고받았으나, 태사(太史) 장원변(張元汴)이 극력으로 구제하여 겨우 석방되었다. 만년에는 울분이 더욱 심해지고 미치광이 짓도 더욱 심해졌다. 귀인들이 집에 찾아오면 간혹 거절하고 맞아들이지 않았다. 때때로 돈을 지니고 술집에 가서 하인들을 불러 함께 술을 마시기도 하고, 어느 때는 스스로 도끼를 들어 자기의 머리를 쳐서 피가 흘러 얼굴을 덮고, 두개골이 다 부러져 그것을 문지르면 소리가 나는가 하면, 어느 때는 날카로운 송곳으로 자기의 두 귀를 찔러 깊이가 한 치 남짓 들어가기도 했으나 끝내 죽지는 못했다. 주망(周望)의 말에 의하면, 만년의 시문(詩文)은 더욱 기이해졌으며, 인쇄한 책은 없고 (원고를) 모아 집에 소장하고 있다고 했다. 나의 과거급제 동기생으로 절강(浙江)에서 벼슬을 하고 있는 사람이 있어 그에게 부탁하여 베껴 쓰도록 했는데, 지금 아직 보내오지 않았다. 내가 본 것으로는 ≪서문장집(徐文長集)≫과 ≪闕編≫ 2종이 있을 뿐이다. 그러나

서문장은 결국 당시에 뜻을 이루지 못함으로 인해 울분을 끌어안은 채 죽고 말았다.

석공(石公)이 말했다 :「선생은 불운이 그치지 않아 마침내 미치광이가 되었고, 미치광이짓이 그치지 않아 마침내 감옥에 갇히게 되었다. 고금의 문인들 가운데 불평과 고통이 선생만 한 사람은 없다. 비록 그렇다 해도, 호종헌(胡宗憲) 공은 세상에서 보기 드문 호걸이요, 세종(世宗)은 영명한 군주이시다. (서문장이) 호공의 막부에서 각별한 예우를 받았으니 이는 호공이 (서문장) 선생을 잘 아는 것이며, (서문장이) 표를 올렸을 때 황제께서 기뻐하셨으니 이는 황제께서 (서문장) 선생을 알고 계신 것이다. 다만 몸이 귀하게 되지 못했을 뿐이다. 선생의 시문은 매우 뛰어나서 근래의 황폐한 습속을 일소했는데, 오랜 세월이 흐른 후에는 자연히 공정한 평가가 있을 것이다. 어찌 때를 만나지 못했다 하겠는가? 매객생(梅客生)이 일찍이 나에게 편지를 보내 :『서문장은 나의 오랜 친구인데, 그의 병은 사람보다 더 기이하고, 사람은 시보다 더 기이하다.』라고 했다. 나는 서문장이 (시문 · 그림 · 사람 됨됨이 등) 이상하지 않은 것이 한 가지도 없는 사람이라고 생각한다. 이상하지 않은 것이 한 가지도 없으니, 이에 따라 기구하지 않은 것이 한 가지도 없다. 슬프도다!」

■ | 해제(解題) 및 본문요지 설명

≪徐文長傳≫은 작자 원굉도가 자신과 같은 시기에 살았던 미치광이 문인 서위(徐渭)의 일생을 기술한 글이다.

본문은 네 단락으로 나눌 수 있는데, 첫째 단락에서는 서위가 재능과 문장이 모두 뛰어났음에도 여러 차례 과거 시험에 실패한 것과, 후에 호종헌(胡宗憲)에게 발탁되어 막료가 되었으나 운명이 순탄하지 못해 결국 파직당한 경위를 기술했고; 둘째 단락에서는 그가 파직된 후 음주방탕하고 마음껏 산수를 유람하면서 시문이 더욱 기이하게 변한 상황을 기술했고; 셋째 단락에서는 그의 서화(書畵)가 모두 뛰어났으나, 후처를 살해한 혐의로 옥에 갇혀 죽을 운명에 처했다가 장원변(張元汴)의 도움으로 풀려난 일과, 만년에 시문이 더욱 기묘해 졌으나 또한 행동이 더욱 괴팍해져 끝내 뜻을 이루지 못한 채 한을 품고 운명한 상황을 기술했고; 마지막 단락에서는 서위에 대한 작자의 평론과 아울러 매객생(梅客生)의 평을 끌어다가 인증하면서, 어느 한 가지도 이상하지 않음이 없는 서위의 모습에 대해 안타깝고 슬퍼하는 마음을 표했다.

222 오인묘비기(五人墓碑記)

[明] 張溥

■ | 작자

장부(張溥 : 1602-1641)는 명(明) 태창(太倉)[지금의 강소성 태창현(太倉縣)] 사람으로 자는 천여(天如), 호는 서명(西銘)이다. 어려서부터 학문을 좋아하여 시문(詩文)을 읽으면 항상 예닐곱 번을 반복하여 썼기 때문에 서재 이름을 「칠록재(七錄齋)」라 했다. 동향 친구인 장채(張采)와 함께 이름을 날려 「누동이장(婁東二張)」이라 불리기도 했다. 사종(思宗) 숭정(崇禎) 원년(1628)에 공생(貢生)으로 선발되어 경성에 들어갔다가 얼마 후 되돌아와 군(郡)의 명사들과 함께 정치 개혁 단체인 「복사(復社)」를 소식했다. 숭정 4년(1631) 진사에 급제하여 서길사(庶吉士)를 지내다가 부모의 장례를 이유로 고향에 돌아온 후 다시는 관직에 나가지 않았다.

장부는 복사(復社)를 근거로 활동하며 명말(明末) 환관들의 전횡과 부패한 정치에 대해 비난하는 글을 많이 썼다. 이로 인해 집정자들로부터 미움을 사서 몇 차례 화를 당한 끝에 병을 얻어 숭정 14년(1641) 40세의 젊은 나이로 세상을 떠났다. 저서로 ≪칠록재집(七錄齋集)≫ 외에, 옛사람들의 작품을 선집하여 편찬한 ≪한위육조백삼명가집(漢魏六朝百三名家集)≫이 있다.

■ | 원문 및 주석

五人墓碑記[1)]

五人者，蓋當蓼洲周公之被逮，激於義而死焉者也。[2)] 至於今，郡之賢士大夫請於當道，卽除魏閹廢祠之址以葬之，且立石於其墓之門，以旌其所爲。嗚呼，亦盛矣哉![3)]

---

1) 五人墓碑記 → 다섯 사람의 墓碑에 대해 적은 글
【五人】: 明熹宗 天啓 연간에 魏忠賢을 비롯한 환관 일당의 전횡에 항거하다 희생당한 顔佩韋·楊念如·馬杰·沈揚·周文元 등 다섯 사람의 蘇州 평민.

2) 五人者，蓋當蓼洲周公之被逮，激於義而死焉者也。→ 다섯 사람이란，周蓼洲 선생이 체포되었을 때，의분에 격앙되어 목숨을 잃은 사람들이다.
【蓋】: [어기사] 앞의 말을 이어받아 이유나 원인을 나타낸다. 【當】: …당시，…때. 【蓼(liǎo)洲周公】: 周順昌. 吳縣[지금의 강소성 蘇州市] 사람으로 자는 景文，호는 蓼洲이다. 神宗 萬曆 41년(1613) 진사에 급제한 후 吏部主事·文選員外郎 등을 지냈으나，환관 魏忠賢의 모함을 받아 투옥된 후 옥에서 숨졌다. 시호를 忠介라 했다. 【被逮(dǎi)】: 체포되다，붙잡히다. 【激(jī)於義而死】: 의분에 격하여 목숨을 잃다. 「激」: 격하다，격앙되다. ※환관 魏忠賢이 정치를 어지럽혀 給事中 魏大中이 이를 탄핵하다 체포되어 蘇州를 지나는데，周順昌이 그와 3일 동안 술을 마시고 막내딸을 그의 손자에게 시집보내기로 했다. 위충현이 이 말을 듣고 매우 분노하고 있을 때，위충현 일당인 蘇州巡撫 毛一鷺가 위충현에게 주순창이 불평을 했다고 무고했다. 위충현이 관원을 파견하여 체포에 나서자 蘇州 사람들이 이에 불복하고 일어나 관원들을 공격했다. 관원들은 도망하고 모일로는 뒷간에 숨어 화를 면했다. 그 후 위충현이 소주에 군사를 동원하여 수사에 나서자，다섯 사람이 의연히 선두에 나서 희생되고 다른 소주 사람들은 화를 면했다.

3) 至於今，郡之賢士大夫請於當道，卽除魏閹廢祠之址以葬之，且立石於其墓之門，以旌其所爲。嗚呼，亦盛矣哉! → 오늘에 이르러，吳郡의 현인 대부들이 당국에 요청하여，바로 폐기된 魏忠賢 祠堂의 부지를 정비하여 그들을 묻고，또 그들의 墓門 앞에 비석을 세워，그들의 의로운 행위를 표창했다. 아，이 또한 매우 성대한 일이다!
【郡】: 여기서는 당시의 蘇州府，즉 이전의 「吳郡」을 가리킨다. 【當道】: 권력자，당국. 【除】: 정비하다，보수하다. 【魏閹(wèi yān)】: 위 내시[환관]，즉 「魏忠賢」을 가리킨다. ※위충현은 熹宗 때의 환관으로 정권을 장악하고 마음대로 권력을 휘둘러 백성들의 저항이 끊이지 않았는데，희종이 죽고 思宗이 즉위한 후 鳳陽

夫五人之死，去今之墓而葬焉，其爲時止十有一月耳。[4] 夫十有一月之中，凡富貴之子，慷慨得志之徒，其疾病而死，死而湮沒不足道者，亦已衆矣，況草野之無聞者歟？獨五人之皦皦，何也？[5]

予猶記周公之被逮，在丁卯三月之望。[6] 吾社之行爲士先者，爲之聲義，斂貲財以送其行，哭聲震動天地。[7] 緹騎按劍而前，

으로 폄적되자 스스로 목숨을 끊었다. 【廢祠(fèi cí)】: 폐기된 사당. ※위충현이 권력을 휘두르던 시절에는 그를 기리는 生祠가 도처에 널려 있었다. 【址(zhǐ)】: 자리, 터, 부지. 【且】: 또한. 【旌(jīng)】: (공로를) 표창하다. 【所爲】: 행위. 여기서는 「그들 생전의 의로운 행위」를 말한다.

4) 夫五人之死，去今之墓而葬焉，其爲時止十有一月耳。→ 이 다섯 사람이 죽고 나서, 지금 무덤을 정비하여 안장하기까지는, 그 기간이 겨우 11개월에 불과했을 뿐이다.
【夫】: 이, 그. 【去】: …로부터 떨어지다. 【墓(mù)】: [동사용법] 무덤을 정비하다. 【爲時】: 걸린 시간, 기간. 【止】: 다만, 겨우. 【十有一月】: 열 하고도 한 달, 11개월. 「有」: 又, …하고도 또. 【耳】: …뿐.

5) 夫十有一月之中，凡富貴之子，慷慨得志之徒，其疾病而死，死而湮沒不足道者，亦已衆矣，況草野之無聞者歟？獨五人之皦皦，何也？→ 이 11개월 동안, 무릇 부귀했던 사람이나, 강개하게 뜻을 이루었던 사람들조차, 질병으로 죽고, 죽은 뒤에 매몰되어 칭찬받지 못하는 사람들이, 매우 많은데, 하물며 초야의 이름 없는 사람들이야 말해 무엇 하겠는가? (그런데) 유독 다섯 사람만이 밝게 빛나는 것은, 어째서인가?
【凡】: 무릇, 대저. 【子】: 사람을 가리키는 말. 【徒】: 무리. 【湮沒(yīn mò)】: 매몰되다. 【不足道】: 칭찬받지 못하다. 【已】: 매우, 극히. 【衆】: 많다. 【況】: 하물며. 【無聞者】: 이름 없는 사람. 【獨】: 유독, 다만. 【皦(jiǎo)皦】: 밝게 빛나는 모양.

6) 予猶記周公之被逮，在丁卯三月之望。→ 나는 아직도 周선생이 체포된 때가, 정묘년 삼월 15일 이었다는 것을 기억하고 있다.
【猶(yóu)】: 아직, 여전히. 【記】: 기억하다. 【周公】: 여기서는 「周順昌」을 가리킨다. 【丁卯(mǎo)】: 정묘년. 熹宗 天啓 7년(1627). 【望】: 음력으로 매월 15일.

7) 吾社之行爲士先者，爲之聲義，斂貲財以送其行，哭聲震動天地。→ (그때) 우리 復社에서 행동으로 선비의 선도적 역할을 했던 사람들이, 周선생을 위해 대의를 밝히

問：「誰爲哀者?」 衆不能堪, 抶而仆之。[8] 是時以大中丞撫吳者, 爲魏之私人, 周公之逮, 所由使也。[9] 吳之民方痛心焉, 於是乘其厲聲以呵, 則譟而相逐, 中丞匿於溷藩以免。[10] 旣而以吳民之亂請於朝, 按誅五人, 曰：顔佩韋、楊念如、馬杰、沈揚、周文元, 卽今之傫然在墓者也。[11] 然五人之當刑也, 意氣揚揚, 呼中丞之

고, 재물을 거두어 그를 전송했는데, 통곡하는 소리가 천지를 진동했다.

【吾社】: 여기서는 「復社」를 가리킨다. 당시 張溥와 張采 등이 공동으로 조직하여 東林社의 기세를 이어갔다. 【行爲士先】: 행동으로 선비의 선도적 역할을 하다. 【聲義】: 대의를 밝히다. 【斂(liǎn)】: 거두다. 【貲(zī)財】: 재물, 재화. 【送其行】: 그를 전송하다.

8) 緹騎按劍而前, 問：「誰爲哀者?」 衆不能堪, 抶而仆之。→ 吏卒이 칼을 잡고 앞으로 나와：「(주요주를) 불쌍히 여기는 자가 누구야?」라고 소리쳐 물었다. 많은 사람들이 참을 수 없어, 그를 때려 넘어뜨렸다.

【緹騎(tí jì)】: 漢代의 붉은 옷을 입은 禁衛軍[수도와 궁전을 지키는 군사]의 기마병. 여기서는 「明代 죄인을 검거하는 錦衣衛[금위군을 관장하고 감옥의 관리를 겸한 관청]의 吏卒」을 말한다. 【按(àn)劍】: 칼을 잡다. 【堪(kān)】: 참다, 견디다. 【抶(chì)】: 치다, 때리다. 【仆(pū)】: [사동용법] 넘어뜨리다. 【之】: [대명사] 그, 즉 「이졸」.

9) 是時以大中丞撫吳者, 爲魏之私人, 周公之逮, 所由使也。→ 이때 大中丞 직함을 가지고 吳縣의 巡撫를 지낸 毛一鷺는, 위충현의 하수인으로, 주선생이 체포된 것도, 바로 그의 사주 때문이었다.

【以大中丞撫吳者】: 대중승 직함을 가지고 吳지방의 巡撫를 지낸 자. 이는 蘇州巡撫를 지낸 「毛一鷺」를 가리킨다. 明代에는 「巡撫」를 「中丞」이라 불렀다. 여기서 「大」자는 풍자의 의미를 지니고 있다. 「撫吳」: 吳지방의 巡撫를 지내다. 【所由使】: 사주로 말미암다, 사주 때문이다.

10) 吳之民方痛心焉, 於是乘其厲聲以呵, 則譟而相逐, 中丞匿於溷藩以免。→ 吳郡의 백성들은 마침 (그를) 몹시 원망하고 있었기 때문에, 이에 吏卒이 사나운 목소리로 사람들을 꾸짖는 기회를 틈타, 곧장 소리를 지르며 쫓아가니, 中丞은 뒷간에 숨어 겨우 피습을 면했다.

【吳】: [郡이름] 吳郡, 즉 蘇州를 가리킨다. 【方】: 한창, 바야흐로. 【痛心】: 몹시 원망하다, 증오하다. 【於是】: 이에, 그리하여. 【乘】: (기회를) 이용하다, (틈을) 타다. 【厲(lì)聲】: 사나운 목소리. 【呵(hē)】: 꾸짖다. 【譟(zào)】: 소리를 지르다. 【相逐(zhú)】: 뒤쫓다. 【匿(nì)】: 숨다. 【溷藩(hùn fán)】: 뒷간.

名而詈之，談笑以死。斷頭置城上，顔色不少變。12) 有賢士大夫發五十金，買五人之脰而函之，卒與屍合。故今之墓中，全乎爲五人也。13)

嗟夫! 大閹之亂，縉紳而能不易其志者，四海之大，有幾人歟?14) 而五人生於編伍之間，素不聞≪詩≫≪書≫之訓，激昻大義，蹈死不顧，亦曷故哉?15) 且矯詔紛出，鉤黨之捕徧於天下。卒

---

11) 旣而以吳民之亂請於朝，按誅五人，曰：顔佩韋、楊念如、馬杰、沈揚、周文元，卽今之傫然在墓者也。→ 그 후 중승은 오군 백성들의 난동을 근거로 조정에 (처벌을) 요청하여, 조사한 후에 다섯 사람을 처형했는데, 그들은 顔佩韋·楊念如·馬杰·沈揚·周文元 등이며, 바로 지금 서로 나란히 무덤에 묻혀 있는 사람들이다.
【旣而】: 그 후, 얼마 후. 【以】: …을 근거로, …을 가지고. 【請於朝】: 조정에 처벌을 요청하다. 【按】: 조사하다. 【誅(zhū)】: 죽이다, 처형하다. 【傫(lěi)然】: 서로 나란히 이어져 있는 모양.

12) 然五人之當刑也，意氣揚揚，呼中丞之名而詈之，談笑以死。斷頭置城上，顔色不少變。→ 그러니 다섯 사람은 처형될 때, 의기양양하게, 중승의 이름을 부르며 그를 꾸짖고, 서로 담소를 나누며 죽음에 임했다. (그들의) 목을 잘라 성 위에다 방치해 놓았는데, 안색이 조금도 변하지 않았다.
【當】: …할 당시, …할 때. 【詈(lì)】: 꾸짖다. 【置】: 두다, 놓다. 【不少變】: 조금도 변하지 않다.

13) 有賢士大夫發五十金，買五人之脰而函之，卒與屍合。故今之墓中，全乎爲五人也。→ (이때) 현인 대부들이 50금을 내어, 다섯 사람의 머리를 사가지고 상자에 담아와, 마침내 시신과 접합시켰다. 그래서 지금의 무덤에는, 다섯 사람의 시신이 온전하게 안치되어 있다.
【發】: 내다, 出捐하다. 【脰(dòu)】: 목. 여기서는 「잘린 머리」를 가리킨다. 【函(hán)】: [동사용법] 상자에 담다. 【卒】: 마침내. 【屍】: 시체, 시신.

14) 嗟夫! 大閹之亂，縉紳而能不易其志者，四海之大，有幾人歟? → 아! 위충현이 세상을 어지럽힐 때, 벼슬아치로서 지조를 바꾸지 않을 수 있었던 사람이, 이 큰 천하에, 몇 사람이나 있었는가?
【嗟夫!】: [감탄사] 아! 【大閹(yān)】: 대환관. 여기서는 「위충현」을 가리킨다. 【縉紳(jìn shēn)】: 벼슬아치, 관리. 【四海】: 전국, 천하.

15) 而五人生於編伍之間，素不聞≪詩≫≪書≫之訓，激昻大義，蹈死不顧，亦曷故哉? → 그러나 다섯 사람은 서민 사회에서 태어나, 평소에 ≪詩經≫과 ≪書經≫의 가

以吾郡之發憤一擊，不敢復有株治。16) 大閹亦逡巡畏義，非常之謀，難於猝發。17) 待聖人之出，而投繯道路，不可謂非五人之力也。18)

由是觀之，則今之高爵顯位，一旦抵罪，或脫身以逃，不能容於遠近；而又有剪髮杜門，佯狂不知所之者。19) 其辱人賤行，視

르침을 듣지 못했어도, 대의에 격앙되어, 목숨을 돌보지 않았으니, 또한 무슨 까닭인가?

【編伍(biān wǔ)】: 옛날 백성들의 호구를 관리하기 위해 5집을 1伍로 편성했다. 따라서 「編伍」는 곧 「평민・서민」을 가리킨다. 【素】: 평소. 【蹈死不顧】: 목숨을 돌보지 않다. 【曷(hé)故】: 무슨 연유, 무슨 까닭. 「曷」: 何, 무슨, 어떤.

16) 且矯詔紛出，鉤黨之捕徧於天下。卒以吾郡之發憤一擊，不敢復有株治。→ 그리고 당시에 날조된 조서가 어지럽게 출현하고, 당파와 연루된 사람에 대한 체포가 천하 도처에서 두루 행해졌다. 마침내 우리 吳郡 사람들이 분발하여 일격을 가하자, 감히 다시는 연루하여 처벌하지 못했다.

【且】: 그리고, 또한. 【矯詔(jiǎo zhào)】: 날조된 조서. 황제의 명의를 가탁하여 내린 명령. 【紛出】: 어지럽게 출현하다. 【鉤黨(gōu dǎng)】: 서로 연루된 당파. 여기서는 「당파와 연루된 사람」을 말한다. 【捕】: 체포(하다), 붙잡다. 【徧(biàn)】: 두루 행해지다. ※판본에 따라서는 「徧」을 「遍」이라 했다. 【株治】: 연루하여 다스리다, 연좌하여 처벌하다.

17) 大閹亦逡巡畏義，非常之謀，難於猝發。→ 위충현 역시 大義가 두려워 주저하면서, 황제의 자리를 찬탈하려던 그의 음모도, 서둘러 발동되기가 어려웠다.

【逡巡(qūn xún)】: 머뭇거리다, 주저하다. 【畏(wèi)義】: 대의를 두려워하다. 【非常之謀】: 황제의 자리를 찬탈하려는 음모. 【猝(cù)】: 급히, 갑자기, 별안간.

18) 待聖人之出，而投繯道路，不可謂非五人之力也。→ 聖君께서 출현한 뒤, (위충현이) 길에서 목을 매어 자살했으니, (이는) 다섯 사람의 힘이 아니라고 말할 수 없다.

【待】: 기다리다. 즉 「…한 후, …하고 나서」의 뜻. 【聖人】: 성인. 여기서는 聖君, 즉 「崇禎 황제 思宗」을 가리킨다. 【投繯(huán)道路】: 길에서 목을 매어 자살하다. ※崇禎 황제가 즉위한 그 해에 貢生 錢嘉徵이 고발한 위충현의 열 가지 죄악을 근거로 위충현을 鳳陽[지금의 안휘성]에 폄적시켜 황제의 능을 지키게 하고, 도중에 또 조서를 내려 여죄를 추궁하자 위충현이 죽음을 면할 수 없음을 알고 阜城[지금의 하북성]에서 스스로 목을 매어 자살했다.

19) 由是觀之，則今之高爵顯位，一旦抵罪，或脫身以逃，不能容於遠近；而又有剪髮杜門，佯狂不知所之者。→ 이로 미루어 보건대, 오늘날의 고관대작들은, 일단 죄를 지어

五人之死，輕重固何如哉?[20]

是以蓼洲周公，忠義暴於朝廷，贈謚美顯，榮於身後；而五人亦得以加其土封，列其姓名於大堤之上。[21] 凡四方之士，無有不過而拜且泣者，斯固百世之遇也。[22] 不然，令五人者保其首領，以老於戶牖之下，則盡其天年，人皆得以隸使之，安能屈豪傑之

벌을 받게 되면, 어떤 사람은 몸을 빼서 달아나지만, 결코 세상 어디에서도 용납될 수 없고; 또 삭발한 채 두문불출하고, 미친 척하며 어디로 가야할 지를 모르는 자도 있다.

【由是觀之】: 이를 근거로 보면, 이로 미루어 보건대. 【高爵(jué)顯(xiǎn)位】: 고관대작, 높은 벼슬아치. 【抵(dǐ)罪】: 죄를 지어 벌을 받다. 【脫身】: 몸을 빼다, 탈피하다. 【逃(táo)】: 도망치다, 달아나다. 【容】: 용납하다, 받아들이다. 【遠近】: 먼 곳과 가까운 곳, 즉 「세상 어느 곳」의 뜻. 【佯狂(yáng kuáng)】: 미친 척하다. 【不知所之】: 갈 바를 모르다, 어디로 가야할지를 모르다.

20) 其辱人賤行, 視五人之死, 輕重固何如哉? → 그들의 치욕스럽고 비천한 행위를, 다섯 사람의 죽음과 비교하면, 輕重의 차이가 과연 어떠하겠는가?

【辱(rǔ)人】: 사람을 욕되게 하다. 【賤(jiàn)行】: 비천한 행위. 【視】: 비교하다. 【固】: 실로, 확실히, 과연.

21) 是以蓼洲周公, 忠義暴於朝廷, 贈謚美顯, 榮於身後; 而五人亦得以加其土封, 列其姓名於大堤之上。→ 그래서 周蓼洲 선생은, 충의가 조정에 알려져, 시호를 증여받고 아름다운 이름이 드러나, 死後에 영광을 얻었으며; 다섯 사람들 역시 그들의 묘지를 보수하고, 大堤 위에 이름을 올릴 수가 있었다.

【是以】: 그래서, 이로 인해. 【暴(pù)】: 드러나다, 알려지다. 【贈(zèng)】: [피동용법] 증여받다. 【謚(shì)】: 시호. ※옛날 제왕이나 고위 관직 또는 공로가 탁월한 사람에 대해 조정이 생전의 사적을 근거로 호칭을 내리는 것을 「謚號」라 이른다. 숭정 황제는 周順昌에게 「忠介」라는 시호를 내렸다. 【美顯】: 아름다운 이름이 드러나다. 【身後】: 죽은 후, 사후. 【得以】: 能, …할 수 있다. 【加】: 보수하다, 정비하다. 【土封】: 묘지, 무덤. 【列】: 열거하다, 올리다. 【大堤(dī)】: [지명] 지금의 강소성 蘇州市 虎邱 山塘.

22) 凡四方之士, 無有不過而拜且泣者, 斯固百世之遇也。→ 무릇 여러 지방의 선비들이, 묘지를 지나면서 절을 하고 울지 않는 사람이 없었으니, 이는 실로 百代에 한 번 있는 일이다.

【凡】: 무릇. 【無有不…】: …하지 않음이 없다. 【且】: 또한. 【斯(sī)】: 이, 이것. 【百世之遇】: 百代에 한 번 있는 일.

流，扼腕墓道，發其志士之悲哉?[23] 故予與同社諸君子，哀斯墓之徒有其石也，而爲之記，亦以明死生之大，匹夫之有重於社稷也。[24]

賢士大夫者，冏卿因之吳公，太史文起文公，孟長姚公也。[25]

---

23) 不然，令五人者保其首領，以老於戶牖之下，則盡其天年，人皆得以隸使之，安能屈豪傑之流，扼腕墓道，發其志士之悲哉? → 그렇지 않고, 만일 다섯 사람이 자신의 목숨을 보전하여, 집에서 늙어 죽었다면, (비록) 천수를 다하는 것이지만, 윗사람들이 모두 그들을 노예처럼 부릴 수 있었을 것이니, 어찌 호걸들로 하여금 몸을 굽혀, 묘도 앞에서 주먹을 불끈 쥐고, 志士의 비통한 감정을 토로하게 할 수 있었겠는가?

【令】: 만일, 만약. 【首領】: 머리와 목. 즉 「목숨」. 【戶牖(yǒu)】: 문과 창. 여기서는 「집」을 가리킨다. 【盡】: 다하다. 【天年】: 천수, 수명. 【得以】: …할 수 있다. 【隸(lì)使】: 노예처럼 부리다. 【安】: 어찌. 【屈】: [사동용법] (몸을) 굽히게 하다. 【扼腕(è wàn)】: (격분하여) 손목을 움켜잡다. 즉 「주먹을 불끈 쥐다」의 뜻. 【發】: (감정을) 펴내다, 토로하다, 표현하다. 【志士之悲】: 지사의 비통한 감정.

24) 故予與同社諸君子，哀斯墓之徒有其石也，而爲之記，亦以明死生之大，匹夫之有重於社稷也。→ 그래서 나는 復社의 여러 군자들과 함께, 이 묘소에 (비문이 없이) 다만 비석만 세워져 있는 것을 안타깝게 생각하여, 이 記文을 쓰고, 또한 이로써 생사의 중대한 의미와 더불어, 보통 사람들도 국가에 대해 중요한 역할을 할 수 있다는 것을 밝히는 바이다.

【同社】: 여기서는 「復社」를 가리킨다. 【徒】: 다만. 【石】: 돌비. 여기서는 「비문이 없는 비석」을 가리킨다. 【爲之記】: 이 記文을 쓰다. 「爲」: 쓰다, 짓다. 「之」: 此, 이. 【有重於社稷】: 국가에 대해 중요한 역할을 하다. 「社稷」: 국가.

25) 賢士大夫者，冏卿因之吳公，太史文起文公，孟長姚公也。→ (오군의) 현인 대부들은, 바로 太僕寺卿 吳因之와, 太史 文文起와, 姚孟長이다.

【冏(jiǒng)卿】: 太僕寺卿의 별칭. 九卿 중의 하나로 황제의 車馬에 관한 일을 관장하는 관리. 【因之吳公】: [인명] 吳因之. 明代 吳江[지금의 강소성] 사람으로 이름은 默, 자는 因之이며, 神宗 萬曆 20년(1592)에 진사에 급제했다. 【太史】: 고대의 史官. 明代에는 翰林院에 들어간 관리를 太史라 불렀다. 【文起文公】: [인명] 文文起. 明代 長洲[지금의 강소성 蘇州市] 사람으로 이름은 震孟, 자는 文起이며, 熹宗 天啓 2년(1662)에 진사에 급제했다. 【孟長姚公】: [인명] 姚孟長. 長洲[지금의 강소성 蘇州市] 사람으로 이름은 希孟, 자는 孟長이며, 神宗 萬曆 47년(1619)에 진사에 급제했다.

■ | 번역문

다섯 사람의 묘비(墓碑)에 대해 적은 글

다섯 사람이란 주요주(周蓼洲) 선생이 체포되었을 때 의분에 격앙되어 목숨을 잃은 사람들이다. 오늘에 이르러 오군(吳郡)의 현인 대부들이 당국에 요청하여, 바로 폐기된 위충현(魏忠賢) 사당(祠堂)의 부지를 정비하여 그들을 묻고, 또 그들의 묘문(墓門) 앞에 비석을 세워 그들의 의로운 행위를 표창했다. 아, 이 또한 매우 성대한 일이다!

이 다섯 사람이 죽고 나서 지금 무덤을 정비하여 안장하기까지는, 그 기간이 겨우 11개월에 불과했을 뿐이다. 이 11개월 동안, 무릇 부귀했던 사람이나 강개하게 뜻을 이루었던 사람들조차 질병으로 죽고, 죽은 뒤에 매몰되어 칭찬받지 못하는 사람들이 매우 많은데, 하물며 초야의 이름 없는 사람들이야 말해 무엇 하겠는가? (그런데) 유독 다섯 사람만이 밝게 빛나는 것은 어째서인가?

나는 아직도 주선생이 체포된 때가 정묘년 삼월 15일 이었다는 것을 기억하고 있다. (그때) 우리 복사(復社)에서 행동으로 선비의 선도적 역할을 했던 사람들이, 주선생을 위해 대의를 밝히고 재물을 거두어 그를 전송했는데, 통곡하는 소리가 천지를 진동했다. 이졸(吏卒)이 칼을 잡고 앞으로 나와 : 「(주요주를) 불쌍히 여기는 자가 누구야?」라고 소리쳐 물었다. 많은 사람들이 참을 수 없어 그를 때려 넘어뜨렸다. 이때 대중승(大中丞) 직함을 가지고 오현(吳縣)의 순무(巡撫)를 지낸 모일로(毛一鷺)는 위충현(魏忠賢)의 하수인으로, 주선생이 체포된 것도 바로 그의 사주 때문이었다. 오군(吳郡)의 백성들은 마침 (그를) 몹시 원망하고 있었기 때문에, 이에 이졸이 사나운 목소리로 사람들을 꾸짖는 기회를 틈타 곧장

소리를 지르며 쫓아가니, 중승(中丞)은 뒷간에 숨어 겨우 피습을 면했다. 그 후 중승은 오군 백성들의 난동을 근거로 조정에 (처벌을) 요청하여, 조사한 후에 다섯 사람을 처형했는데, 그들은 안패위(顔佩韋)・양념여(楊念如)・마걸(馬杰)・심양(沈揚)・주문원(周文元) 등이며, 바로 지금 서로 나란히 무덤에 묻혀 있는 사람들이다. 그러나 다섯 사람은 처형될 때 의기양양하게 중승의 이름을 부르며 그를 꾸짖고, 서로 담소를 나누며 죽음에 임했다. (그들의) 목을 잘라 성 위에다 방치해 놓았는데 안색이 조금도 변하지 않았다. (이때) 현인 대부들이 50금을 내어 다섯 사람의 머리를 사가지고 상자에 담아와 마침내 시신과 접합시켰다. 그래서 지금의 무덤에는 다섯 사람의 시신이 온전하게 안치되어 있다.

아! 위충현이 세상을 어지럽힐 때 벼슬아치로서 지조를 바꾸지 않을 수 있었던 사람이 이 큰 천하에 몇 사람이나 있었는가? 그러나 다섯 사람은 서민 사회에서 태어나 평소에 ≪시경(詩經)≫과 ≪서경(書經)≫의 가르침을 듣지 못했어도, 대의에 격앙되어 목숨을 돌보지 않았으니 또한 무슨 까닭인가? 그리고 당시에 날조된 조서가 어지럽게 출현하고 당파와 연루된 사람에 대한 체포가 천하 도처에서 두루 행해졌다. 마침내 우리 오군(吳郡) 사람들이 분발하여 일격을 가하자 감히 다시는 연루하여 처벌하지 못했다. 위충현 역시 대의(大義)가 두려워 주저하면서, 황제의 자리를 찬탈하려던 그의 음모도 서둘러 발동되기가 어려웠다. 성군(聖君)께서 출현한 뒤 (위충현이) 길에서 목을 매어 자살했으니, (이는) 다섯 사람의 힘이 아니라고 말할 수 없다.

이로 미루어 보건대, 오늘날의 고관대작들은 일단 죄를 지어 벌을 받게 되면, 어떤 사람은 몸을 빼서 달아나지만 결코 세상 어디에서도 용납될 수 없고, 또 삭발한 채 두문불출하고 미친 척하며 어디로 가야 할

지를 모르는 자도 있다. 그들의 치욕스럽고 비천한 행위를 다섯 사람의 죽음과 비교하면 경중(輕重)의 차이가 과연 어떠하겠는가?

그래서 주요주(周蓼洲) 선생은 충의가 조정에 알려져 시호를 증여받고 아름다운 이름이 드러나 사후(死後)에 영광을 얻었으며, 다섯 사람들 역시 그들의 묘지를 보수하고 대제(大堤) 위에 이름을 올릴 수가 있었다. 무릇 여러 지방의 선비들이 묘지를 지나면서 절을 하고 울지 않는 사람이 없었으니, 이는 실로 백대(百代)에 한 번 있는 일이다. 그렇지 않고, 만일 다섯 사람이 자신의 목숨을 보전하여 집에서 늙어 죽었다면 (비록) 천수를 다하는 것이지만, 윗사람들이 모두 그들을 노예처럼 부릴 수 있었을 것이니, 어찌 호걸들로 하여금 몸을 굽혀 묘도 앞에서 주먹을 불끈 쥐고 지사(志士)의 비통한 감정을 토로하게 할 수 있었겠는가? 그래서 나는 복사(復社)의 여러 군자들과 함께, 이 묘소에 (비문이 없이) 디만 비석만 세워져 있는 것을 안타깝게 생각하여 이 기문(記文)을 쓰고, 또한 이로써 생사의 중대한 의미와 더불어 보통 사람들도 국가에 대해 중요한 역할을 할 수 있다는 것을 밝히는 바이다.

(오군의) 현인 대부들은 바로 태복사경(太僕寺卿) 오인지(吳因之)와 태사(太史) 문문기(文文起)와 요맹장(姚孟長)이다.

■ | 해제(解題) 및 본문요지 설명

명말(明末)에는 위충현(魏忠賢)을 우두머리로 하는 환관 집단이 나라와 백성들에게 재앙을 가져오고, 평소 백성들의 질고를 동정하는 정직한 관리와 선비들을 박해하여 백성들의 분노와 저항을 불러 일으켰다.

≪오인묘비기(五人墓碑記)≫는 바로 당시 소주(蘇州)의 백성들이 환관 위충현 일당의 폭압을 두려워하지 않고 투쟁한 일과, 안패위(顔佩韋) 등 다섯 명의 장사(壯士)가 이로 인해 피해를 당한 상황을 기술한 비문(碑文)이다.

일반적으로 비문은 형식상에서 보면, 사건을 산문 형식으로 기술하는 외에 흔히 말미에 운문을 추가하는 것이 상례지만 ≪오인묘비기≫는 순수한 산문의 격식으로 썼다. 그리고 비문을 세우는 장소와 용도는, 초기에는 제왕(帝王)의 봉선(封禪)에 사용되었다가 주대(周代)에 이르러 종묘에 사용되었으며, 한대(漢代) 이후에 비로소 무덤 앞에 사용했다. 보통의 묘지(墓誌)가 사자(死者)에 대해 지나치게 찬양한 것과 달리, 장부(張溥)의 ≪오인묘비기≫는 충정(忠貞)과 의행(義行)을 표창하여 보통의 묘지(墓誌)와 다르다.

본문은 「의분에 격앙되어 목숨을 희생하다」라는 주제를 중심으로 여섯 단락으로 나눌 수 있는데, 첫째 단락에서는 다섯 사람이 희생된 원인과 묘비를 건립한 경위를 말했고; 둘째 단락에서는 다섯 사람의 죽음에 대한 평가가 다른 일반 사람들에 비해 영광스럽고 빛이 난다는 것을 말했고; 셋째 단락에서는 다섯 사람이 희생당한 과정과 그들이 용감하게 정의를 위해 목숨을 바친 상황을 기술했고; 넷째 단락에서는 재앙이 두려워 권세가에 빌붙는 고위 관리들의 비열한 모습을, 대의를 위해 발분하여 환관 무리들을 공격한 다섯 사람의 서민 출신들과 대비시켜 비난했고; 다섯째 단락에서는 목숨을 버리고 정의를 선택한 다섯 사람이 주순창(周順昌)처럼 천추에 이름을 남길 것이라 찬양했고; 마지막 단락에서는 경비(經費)를 부담하여 다섯 사람의 장례를 치룬 현인 대부들의 명단을 열거했다.

참고문헌

1. ≪고문관지≫ 역주본

新譯 古文觀止, 謝冰瑩 等 注譯, 台北, 三民書局, 2008. 6.

古文觀止, 謝冰瑩 等, 台北, 三民書局, 民國 60.

古文觀止新編, 台北, 明倫出版社

古文观止, 许啸天 译注, 天津, 天津古籍书店, 1981. 6月.

古文观止译注, 邓英树 等, 成都, 巴蜀书社, 1997.

古文观止译注(修订本), 阴法鲁主编, 北京, 北京大学出版社, 2001.

古文观止译注, 王水照 等, 上海, 上海古籍出版社, 2011. 3.

2. 기타 참고자료(한글 가나다순)

古今文選(精裝本 1 9 集), 台北, 國語日報社, 民國 71.

古代汉语虚词词典, 北京, 商务印书馆, 1999.

古文眞寶, 韓武熙 · 宋貞姬 譯, 서울, 明知大學 出版部, 1979.

古文眞寶, 黃堅 編 · 金時俊 譯, 서울, 正韓出版社, 1977.

古書虛字集釋, 台北, 泰順書局

歐陽修全集, [宋] 歐陽修, 台北, 河洛圖書出版社, 民國 64.

国语译注, 薛安勤 · 王连生 译注, 长春, 吉林文史出版社, 1994.

屈原, 河正玉 편저, 서울, 太宗出版社, 1980.

論語, 朴一峰 譯, 서울, 集文堂, 1973.

論語今註今譯, 毛子水 註譯, 台北, 商務印書館, 民國 66.

唐宋八家文译释, 范羽翔, 哈尔滨, 黑龙江人民出版社, 1983.

唐宋八大家, 張迅齊, 台北, 常春樹書場, 民國 64.

唐宋八大家选译注(上 · 下), 陈霞村 · 阎凤梧, 太原, 山西人民出版社, 1986.

大漢韓辭典, 張三植 編, 서울, 博文出版社, 1975.

陶淵明, 張基槿 편저, 서울, 太宗出版社, 1975.

陶渊明集全译, 郭维森・包景诚 译注, 贵阳, 贵州人民出版社, 1992.
白話史記, 台北, 河洛圖書出版社, 民國 68.
史記, [漢] 司馬遷, 台北, 國史硏究室, 民國 63.
辭海(上,下), 台北, 臺灣中華書局, 民國 61.
尙書釋義, 屈萬里 著, 台北, 華岡出版部, 民國 61.
蘇東坡全集, [宋] 蘇軾, 台北, 河洛圖書出版社, 民國 64.
蘇洵集, [宋] 蘇洵, 台北 , 河洛圖書出版社, 民國 64.
蘇轍集, [宋] 蘇轍, 台北, 河洛圖書出版社, 民國 64.
宋金文学作品译注讲释, 左成文・李汉超 主编, 沈阳, 辽宁人民出版社, 1987.
新譯 書經, 李家源 監修, 서울, 弘新文化社, 1977.
新譯 詩經, 李家源 監修, 서울, 弘新文化社, 1976.
历代书信选译, 曹铁娟 选译, 昆明, 云南人民出版社, 1984.
譯註 蘇東坡散文選, 曹圭百 譯註, 서울, 白山出版社, 2005.
禮記今註今譯, 王夢鷗 註譯, 台北 商務印書館, 民國 66.
完譯 周易, 金敬琢 譯註, 서울, 明文堂, 1977
王安石全集, [宋] 王安石, 台北, 河洛圖書出版社, 民國 63.
柳河東全集, [唐] 柳宗元, 台北, 世界書局, 1975.
战国策全译, 王守谦 等, 贵州, 贵州人民出版社, 1992.
諸葛孔明全集, 諸葛亮, 台北, 先河文化圖書出版社.
左传译注(上・下), 李梦生 撰, 上海, 上海古籍出版社, 1998.
周易今註今譯, 南懷瑾・徐芹庭 註譯, 台北, 商務印書館, 民國 63.
중국고전산문選讀 : 崔奉源, 서울, 다락원출판사, 2007.
中國文學家大辭典(上・下), 台北, 世界書局, 民國 63.
中國歷代文論選(上・中・下), 台北, 木鐸出版社, 民國 70.
中國人名大辭典, 台北, 臺灣商務印書館, 民國 66.
中國地名大辭典, 台北, 臺灣商務印書館, 民國 64.
中國通史(上・下), 傅樂成 著, 台北, 大中國圖書公司, 民國 62.
中文大辭典(1-10), 台北, 中華學術院, 民國 62.
曾巩诗文选译, 祝尚书 译注, 成都, 巴蜀书社, 1990.
汉书全译(1-5册), 刘华清 等, 贵阳, 贵州人民出版社, 1995.
韓昌黎集, [唐] 韓愈, 台北, 河洛圖書出版社, 民國 64.

『고문관지』 편명 색인(한글 가나다순)

편자 **吳楚材・吳調侯**

오초재와 오조후는 청나라 초기 浙江 山陰[지금의 절강성 紹興] 사람으로 숙질간이다. 그들의 생애 사적에 관해서는 康熙 연간에 서당의 훈장 생활을 했고, 오초재의 백부가 兩廣總督을 역임했다는 사실 외에는 정확하게 밝혀진 것이 없다. 당시 문단에서 이름이 잘 알려지지 않은 평범한 문인일 뿐이다. 그러나 그들이 편찬한 ≪고문관지≫는 출간된 후 현재에 이르기까지 300여 년 동안 인구에 회자되며 독자들로부터 환영받고 있다.

역주자 **崔奉源**

성균관대학교 중문과를 졸업하고, 대만 국립정치대학 중문연구소에서 석사・박사학위를 받았으며, 성균관대학교 중문과 교수로 30년 동안 봉직하면서 두 차례에 걸쳐 대만 국립정치대학 교환교수를 역임했다. 현재 성균관대학교 명예교수로 연구와 저술에 전념하고 있다.

역・저서

『중국문학입문』(정범진・김철수・하정옥・최봉원 공저, 성균관대학교출판부), 『中國古典短篇俠義小說硏究(中文)』(台灣 台北 聯經出版社), 『(중・한・로마자 표기) 세계지명표기사전』(최봉원 편, 성균관대학교 출판부), 『중국현대문학사』(李輝英 저, 최봉원 역, 성균관대학교출판부), 『중국역대소설서발역주』(최봉원 외 공역, 을유문화사), 『중국고전산문선독』(최봉원 역주, 다락원출판사)

논문

「唐傳奇俠義小說과 俠의 形象」, 「話本「發跡變泰」故事에 나타난 英雄象」, 「才子佳人小說의 興盛과 天花藏主人」 외 다수

古文觀止 譯注 5

초판 인쇄 2013년 9월 2일 | **초판 발행** 2013년 9월 12일

편 자 吳楚材・吳調侯

역 주 崔奉源

펴낸이 이대현 | **편집** 박선주 이소희 권분옥 | **디자인** 이홍주

펴낸곳 도서출판 역락 | **등록** 제303-2002-000014호(등록일 1999년 4월 19일)

주 소 서울시 서초구 동광로 46길 6-6(반포동 문창빌딩 2F)

전 화 02-3409-2058, 2060 | **팩시밀리** 02-3409-2059 | **전자우편** youkrack@hanmail.net

ISBN 978-89-5556-126-5 세트

978-89-5556-260-6 94820

정가 30,000원

* 잘못된 책은 구입처에서 교환해 드립니다.

이 도서의 국립중앙도서관 출판시도서목록(CIP)은 e-CIP홈페이지(http://www.nl.go.kr/ecip)와 국가자료공동목록시스템(http://www.nl.go.kr/kolisnet)에서 이용하실 수 있습니다.(CIP제어번호 : CIP2013015063)